普通高等教育"十一五"国家级规划教材

健身健美运动

张先松 / 著

华中科技大学出版社
中国·武汉

内 容 提 要

本书是我国普通高等教育"十一五"国家级规划教材中的唯一一本《健身健美运动》教材。

本书独辟蹊径,自成风格,以独特新颖的构思,立体和全方位的创新视角,全面论述和诠释了大众普遍关注的健身健美的原理与实践方法,有较强的前瞻性、科学性、知识性、系统性、针对性、实用性和可操作性,极大地满足了大众对强身、健体、塑形、减肥、养生、饮食营养、休闲、娱乐、康复、保健等不同层面的知识和技能需求。

本书可作为全国普通高等学校体育专业学生专修或选修课教材,也可以作为大学、中学公共体育课的选项课教材,还可以作为健身健美教练员、健身健美类社会体育指导员的参考用书。

图书在版编目(CIP)数据

健身健美运动/张先松. —武汉:华中科技大学出版社,2009.4(2021.8 重印)
ISBN 978-7-5609-5172-0

Ⅰ.①健… Ⅱ.①张… Ⅲ.①健身运动-高等学校-教材 ②健美-高等学校-教材 Ⅳ.①G883

中国版本图书馆 CIP 数据核字(2009)第 025721 号

健身健美运动　　　　　　　　　　　　　　　　　　　　张先松　著
Jianshen Jianmei Yundong

策划编辑:梅进伟
责任编辑:梅进伟
责任校对:祝　菲
封面设计:刘　卉
责任监印:徐　露

出版发行:华中科技大学出版社(中国•武汉)　　电话:(027)81321913
　　　　　武汉市东湖新技术开发区华工科技园　　邮编:430223
录　　排:华中科技大学惠友文印中心
印　　刷:武汉市洪林印务有限公司
开　　本:710mm×1000mm　1/16
印　　张:25.5
字　　数:493 千字
版　　次:2021 年 8 月第 1 版第 14 次印刷
定　　价:65.00 元

本书若有印装质量问题,请向出版社营销中心调换
全国免费服务热线:400-6679-118　竭诚为您服务
版权所有　侵权必究

作者简介

张先松，男，1951年生，湖北江陵人，汉族，中共党员。当过兵，担任过小学校长和基层团委书记，1979年毕业于武汉体育学院。现任江汉大学体育学院学术委员会主任，《健身健美》课程负责人，教授，《江汉大学学报》和《江汉大学学术丛书》编委。武汉市优秀专家和两次政府专项津贴获得者。教育部普通高等教育"十一五"国家级规划教材《健身健美运动》编写组负责人，国家体育总局社会体育指导中心、中国健美协会培训指导委员会委员，中国等级健身指导员及社会体育指导员培训导师，国家职业技能鉴定考评员（健身健美），国家级健身指导员，国家级健美裁判员，武汉市高级专家协会会员，湖北省高新营养健康俱乐部名誉会长，湖北省健身健美运动协会副秘书长，湖北省健身健美运动协会教练培训与裁判部部长。曾获湖北省教书育人先进个人、武汉市教工委优秀共产党员等荣誉。

先后出版了《健身健美指南》等专著10多部，发表学术论文和科普文章300余篇，累计逾600万字，主持完成了多项省部级重点课题，并获得多项全国和省部级奖励，《人体增高的科学》"填补国内空白"，《现代健美大全》获全国"金钥匙"提名奖，《实用长寿全书》被推介为2003年全国十大热点畅销书目之一，《健美模式训练的建模方法再探》在全国健身健美论坛大会上，被国家体育总局社会体育指导中心、中国健美协会的评审专家们鉴定为"我国首创"并获金箔证书一等奖（全国行业最高奖），独立撰写了我国普通高等学校体育专业通用的《健身健美运动》教材，填补了我国高校空白，合作出版了中国第一部《健身私人教练技能大全》（又名《健身私人教练理论与实践》）专著及《体育健身原理与方法》（修订本）等教材，为推动中国的大众健身健美运动作出了应有的贡献。

作者长期致力于健身健美、体育美学、体操等课程的教学、训练、竞赛与科学研究工作达30年，在国内率先开设了"健身健美运动"课程，2003年又创建了国内高校第一个健身专业方向，并在全国第一个提出了小康社会阶段我国大众健身运动的定位和发展理念。特别是根据21世纪休闲时代人们在锻炼内容和方式选择上的多样化、独立化等特征所倡导的"个性化教学和服务"的模式，更是受到了学者们的广泛认同，在全国健身健美界形成了独树一帜的教学研究体系和风格。

　　曾多次带队参加国际、国内健身健美比赛，并在1988年5月举行的全国总工会首届"华康杯"职工健美、健美操比赛中夺得男子单人、女子单人、集体造型等4枚金牌、4枚银牌和全国团体总分第一名。在1991年6月的十国邀请赛中获得了第四、第五名的较好成绩。在2006年11月"英派斯杯"中国大学生健康活力大赛暨首届中国全明星健身健美锦标赛中，夺得了中国高校有史以来首对男女混合双人健美明星赛冠军和《健美先生》冠军杯（最佳形体金像奖）、最佳肱二头肌奖、最佳体能奖、最佳配对奖、集体健康明星赛最佳造型奖、集体健美明星赛最佳造型奖，囊括了混合健美明星赛全部奖牌，还有三位队员获得了全国校园"十大偶像"奖荣誉称号，并以22座奖杯、42个奖项、121分总分的三项纪录名列中国全明星健身健美锦标赛全国省区和高校之首（即奖杯总数、奖牌总数、团体总分数三个第一），夺得此次健身健美锦标赛全国省区团体总分第一、全国高校团体总分第一和大赛唯一的最佳团队奖，江汉大学健身健美代表队因此亦被同行们誉为"全国高校健身健美运动竞技水平综合实力最强的一支团队"。

目录

第一章　健身健美运动概述/1
第一节　健身运动概述/2
第二节　健美运动概述/20
第三节　健身运动与健美运动的区别与联系/31
第四节　健身健美运动的发展策略与构想/33

第二章　健身健美运动锻炼效果的测量与评价/39
第一节　健身健美锻炼效果测量与评价的意义、种类和要求/40
第二节　健身健美锻炼效果的测量与评价方法/43

第三章　健身健美运动的生理与营养学基础/57
第一节　健身健美运动的生理学基础——人体的物质代谢与能量代谢/58
第二节　健身健美运动的营养学基础/63
第三节　健身健美运动的膳食指导/82
第四节　健身健美膳食的最优化方案/106

第四章　健身健美运动教学/111
第一节　健身健美运动教学的任务和特点/112
第二节　健身健美运动教学的阶段与要求/114
第三节　健身健美运动的教学原则/118
第四节　健身健美运动教学方法/124
第五节　健身健美课的教学组织与实施/132
第六节　健身健美运动教学中伤害事故的预防与处理/140

第五章　健身健美运动竞赛表演与欣赏/147
第一节　健身健美竞赛与表演训练/149
第二节　健身健美竞赛规则与裁判法简介/160

第六章　健身运动锻炼方法/175
第一节　不同年龄阶段人群健身运动锻炼方法/176
第二节　有氧与无氧运动锻炼方法/184
第三节　休闲健身锻炼方法/198
第四节　民族传统与自然力健身锻炼方法/202
第五节　运动处方与训练后的恢复锻炼方法/207

第六节　特殊环境与特殊人群的健身锻炼方法/229

第七章　健身美体的修塑和矫正技法/237
第一节　身体局部过胖的修塑技法/238
第二节　不良体形体态的矫正技法/251

第八章　健美训练的基本原理、原则与方法/271
第一节　健美训练的基本原理/272
第二节　健美训练的基本原则/273
第三节　健美训练的基本方法/280
第四节　健美训练的运动负荷/292
第五节　健美训练计划的制订/297

第九章　现代健美训练的最佳动作与锻炼方法建议/309
第一节　健美颈部肌群的锻炼动作/310
第二节　健美肩部肌群的锻炼动作/312
第三节　健美臂部肌群的锻炼动作/317
第四节　健美胸部肌群的锻炼动作/323
第五节　健美背部肌群的锻炼动作/328
第六节　健美腰腹部肌群的锻炼动作/333
第七节　健美臀部肌群的锻炼动作/339
第八节　健美腿部肌群的锻炼动作/342

第十章　体重的控制/349
第一节　肥胖的原因及其调节机制/350
第二节　肥胖的类型与部位/356
第三节　肥胖的标准与测评方法/358
第四节　身体成分的控制与减肥方法/365
第五节　体重控制与减肥塑身新理念/379

第十一章　健身健美运动从业指导/385
第一节　学校健身健美运动专业课与选项课教师/386
第二节　健身健美类社会体育指导员/394

参考文献/402

第1章

健身健美运动概述

本 章 提 要

本章较系统地阐述了健身、健美、健身锻炼、健身运动、健美运动等有关概念,并介绍了健身健美运动的作用、分类、发展概况和健身运动锻炼项目的特征与原则,论述了健身运动与健美运动的区别与联系。提出了我国健身健美运动的定位、理念、发展策略与构想。

现代健身健美是在场馆健美、俱乐部健美等基础上发展起来的充满时尚、内容日益拓展的大众体育锻炼项目,更是一个前景广阔的朝阳产业。健身活动发端于人类的健康意识。进入现代社会以后,健身活动日益成为一类目的明确、目标多元、形式多样、特征鲜明的,以科学、合理、安全、有效为基本原则的运动项群。发展至今,"健身"不仅已经成为特定的广义的健身、健美、健心、健智的活动体系,更形成为内涵不断拓充的一些独立的运动竞技项目及其训练体系。而健美运动、集体健身项群、体能的专项练习等便是健身运动技术方法和理论体系的中坚。健美是在健身和健康基础上的升华和提高,健身运动则是健美运动的母体,它孕育了现代健美运动。从概念上说,一切有益于身心健康的活动皆可以划归为健身体育范畴。

第一节 健身运动概述

一、健身运动的概念

(一) 健身的概念

健身是指为促进人体健康,达到理想的生活质量的一种行为方式。健身包括智力、肌体及社会的行为,这种行为结果使身体健康状况得到明显改善,而不仅仅是一种摆脱疾病的状态。健康的人有很高的心肺功能和智力的敏感性;有良好的社会交往;理想的体质、体力及肌体的灵活性。经常性的健身锻炼,保持健康的饮食,避免滥用药品及不断发展摆脱压力的能力便可以达到这种理想的状态。

"健身"一词,与我国传统的"养生"一词有着共同的含义。我们认为,用"健身"这一现代汉语用词,既代表了古汉语中养生这个词,也概括了当今世界各国所用的"增强体质"、"发展身体"、"完善人体"之类的词语。人类的身体建设,既要由弱到强(强健),又要在种族的遗传变异中由不完善到完善(健全)。所以我们选用健身一词来标记"养生"、"增强体质"、"发展身体"和"完善人体"这些词语。可以明确地说:"健身"这个词概括了增强体质、发展身体和完善身体的几层内涵,具有强健身体和健全身心的综合含义。

(二) 健身锻炼的概念

以强身健体、健全心智为目的而进行的一切身体活动，都可以称之为健身锻炼。随着人类社会的发展、人类文明的进步，健身锻炼已成为一种有目的、有组织、有计划地促进身心全面发展、增强体质、健美体形、延缓衰老、提高和丰富生活质量的手段。它不以夺取比赛优胜、摘取金牌及实现个人功利为主要目的，而是以增强体质、提高健康水平和生活质量、谋求身心愉快、延年益寿为主要目的，有时还包含有提高劳动效率等含义。

(三) 健身运动的概念

健身运动是根据人体生命科学的原理，运用不同的运动方式，通过各种形式练习，以增强人们的体质、提高生活质量、延长人类生命为目的的体育运动。它不是某一个单一的项目，而是一个广义的概念，是所有益于身心的运动项目的概括，包括健美、康复健身、体形修塑及娱乐与休闲健身等。

二、健身运动锻炼项目的分类及其价值

(一) 按从事健身运动锻炼的目的分类

根据年龄、性别、职业、爱好和身体健康状况的不同，人们参加健身锻炼的目的分别有强身健体、增强体质、康复、健美减肥、消遣娱乐及提高运动技能和成绩等。从锻炼的目的性切入，对活动进行分类，有助于我们有针对性地选择和运用适当的方式展开健身锻炼。

1. 健身运动

这里是指狭义的健身运动，主要指普通健康人群为强身健体、延年益寿而从事的身体锻炼。其目的是通过练习，增强身体各器官、系统的机能，发展身体素质，提高基本运动能力，延缓人体的衰老。健身运动可根据个人特点和爱好，选用各种锻炼手段，即可采用各种竞技性运动项目，也可采用日常生活中一些动作，如走、跑、跳、投、举、拉、抬、骑自行车及利用日光、空气和水等自然因素进行锻炼等。

2. 健美运动

健美运动是在健身运动的基础上，为增加身体美感而进行的建设性的身体锻炼(健美运动的概念详见本章第二节)。它是健身运动的升华和提高。当然，健美运动也属于广义的健身运动范畴。通过练习，形成良好的体形和姿态。健美锻炼的针对性较强，如发展肌肉体积，可采用负荷和器械练习；为了养成端庄优美的体形，增加协调和韵律感，可采用艺术体操、健身操、健美操和体育舞蹈及轻器械练习等。在体系上，健美运动又可分为以下两大类。

(1) 竞技健美　包括健美比赛(也称为肌肉竞赛)和健身比赛(即健身先生、小姐竞赛、形体竞赛、体育模特竞赛等)及其训练体系。

(2) 大众健美　为改善形体与健康状况而进行的包括徒手练习(如自抗力锻炼、健身操、健美操和有氧练习)及器械练习等。

3. 康复健身

康复健身又称康复体育和医疗体育，是指疾病患者为了治愈某些疾病或恢复身体机能而进行的健身锻炼。康复健身的内容应根据疾病性质采用适宜的锻炼方法，如动作缓慢、负荷较小的散步、慢跑、太极拳、气功、按摩、保健操等。为提高康复效果，锻炼活动常与药物治疗相结合，在医生的指导下，按运动处方要求进行定量锻炼。

4. 形体修塑

形体修塑又称体形雕塑、矫正畸形或矫正体育，特指为了弥补身体某些缺陷或克服功能障碍或使身体更趋完美而进行的身体锻炼。目前，形体修塑已拓展为功能性极强的、在健身房较受欢迎的健身健美项目，如整体塑造、局部修塑(主要是针对身体局部过胖或过瘦和不良体形体态的修塑)等。形体修塑练习内容应根据身体的特殊情况进行的专门设计，如轻度驼背可做脊柱弯曲矫正操，"鸡胸""后缩背"可用俯卧撑进行矫正等。

5. 休闲健身

休闲健身亦称闲暇体育、余暇体育、休闲体育、娱乐体育等，是人们为了丰富生活、调节情绪、谋求身体满足、善度余暇而进行的自由自在的体育健身娱乐活动。休闲健身以消遣、娱乐、放松为目的，内容选择上以个人爱好为前提，如各种竞技、游戏、球类活动、郊游、钓鱼、艺术欣赏、科学活动及接触大自然等。

6. 增高运动

增高运动是指为了弥补青少年身高不足而采取的专门性的身体锻炼，锻炼者必须掌握增高训练的四大要素。一是最佳时期(即青春发育期)，男子一般到25～26岁，女子到23～24岁就很难再增高了。二是了解增高原理，骨的生长主要靠软骨的增长，通过科学适量的运动可促使骺软骨细胞不断增殖、肥大，并与钙盐沉淀，使骨骼逐渐加长，故运动很重要。三是季节与月份，一般一年中春夏两季长得较快，而五月又是一年中增长最快的月份。四是掌握科学增高的方法等(包括锻炼方法、营养及作息时间等)，这样才能达到"亡羊补牢"的作用。

此外，还有残疾人健身、防卫健身(指为防范各种自然和人为危害，提高人的应变能力和肌体适应能力而进行的身体锻炼)等健身锻炼项目。

(二) 按运动时的能量代谢特点分类

(1) 有氧运动　如强度适宜的步行、慢跑、自行车、网球、高尔夫球、远足、健身健美操等。有氧运动对人们的心肺机能、耐力素质以及生命活动耐受力的提高有积极作用。

(2) 无氧运动　如短距离全力跑、举重、拔河、跳跃项目、投掷、肌力锻炼、潜泳等。无氧运动是人体功能水平、基本活动能力不断进步的基础。

(3) 混合运动　如足球、橄榄球、手球、篮球、冰球、间歇锻炼等。

在健身锻炼实践中，两者不规则而混合存在的锻炼项目较多，而且也有同一项目，由于方法强度的改变，而转变为有氧运动锻炼或无氧运动锻炼的项目，例如长跑、放松慢跑是有氧运动锻炼，而竞赛时全力跑则转为无氧运动。按体力水平，同样的速度，体力强的人为有氧运动锻炼，而体力差的人则成为无氧运动锻炼等。因此，只按项目本身不能一概判定是否属有氧或无氧锻炼，要具体问题具体分析。

三、健身运动锻炼项目的选择

选择最适宜的运动项目进行健身锻炼，是达到身心健美状态的前提。而达到人体健身健美的完美状态也可以说是锻炼者的终极目标。

(一) 选择健身项目的前提

(1) 经过医学检查，身体条件许可。
(2) 运动强度、运动量(也称运动负荷)适合本人的体力，效果好。
(3) 为本人喜爱的项目，并有此项目的运动经验。
(4) 进行运动锻炼的环境适宜、方便，就近有锻炼场所。
(5) 运动锻炼设备、器械、用具齐全。
(6) 应以有氧代谢运动为主(尤其中老年人)，并有适量的力量和伸展性练习。
(7) 有同伴，有保护帮助，有安全保障。
(8) 有指导者。

(二) 最佳健身锻炼项目

新概念健身运动锻炼要求包括三个运动种类，即有氧运动、伸展运动和力量性运动。

第一类，有氧运动的耐力性锻炼。如步行、慢跑、走跑交替、游泳、自行车、滑冰、越野滑雪、划船、跳绳、上下楼梯及室内功率自行车、活动平板(跑台)、健身操锻炼等。

第二类，伸展锻炼。如专门伸展操、太极拳、太极功、气功、瑜伽功、普拉提、五禽戏、八段锦及各种医疗体操和校正体操等。

第三类，负重锻炼。中强度的，足以发展和维持去脂体重、发达肌肉、健美体格的力量性锻炼，必须成为成人身体锻炼的计划中的重要组成部分。美国运动医学学会推荐的力量锻炼形式为有主要肌肉群参与、每组练8~10次，重复做8~12组，每周至少锻炼2次等。

科学合理地选择并安排好上述锻炼项目及内容，处理好有氧、拉伸和力量练习之间比例关系，是获得最佳健身锻炼效果的基础。

四、健身运动锻炼的特征

健身锻炼的目的是增强体质、提高健康水平。因此，健身锻炼必须具备三个基本条件：一是安全性；二是效果好；三是有兴趣。健身锻炼注重健康的结果，锻炼结果不利于健康则无意义；没有效果或效果小的锻炼活动，不论如何爱好，如何安全，也不符合增进健康的目的。从运动心理学角度来看，科学、有效的锻炼活动，如果不愉快、不爱好，也难以持久进行。不能持之以恒地坚持锻炼，也就不能获得真正的健身健美效果。

享受运动的乐趣，保证运动锻炼安全，得到健身效果，是从事健身与健美锻炼的人们所期望的，也是健身运动之所以为"健身"运动的特征。

五、健身运动锻炼的原则

健身锻炼的原则是健身运动过程客观规律的反映，是健身运动实践普遍经验的总结和概括。为了取得最佳健身效果，达到健身的目的，除了要遵循体育锻炼的普遍规律之外，还应遵循健身锻炼特有的准则。

(一) 目的性原则

健身运动是一个主动接受负荷刺激，克服一定的困难和疲劳的活动过程。如果没有明确的健身目的，就会缺乏思想动力，行动上也就不会自觉，健身锻炼就不会坚持下去。只有充分意识到健身锻炼的价值，有着明确的目的才能真正接受困难和疲劳的体验，在吃苦和流汗中找到欢乐，在辛勤中获得硕果。

(二) 超负荷原则

在健身活动中，既有一定的变化，又有一定的身体疲劳程度，才有助于有效地刺激肌体、增强体质。一般来讲，有机体适应某种水平的负荷刺激后，若长此以往，身体的反应就越来越小，工作能力(体力、体能)也只能保持在原有的水平上。因此，为了不断提高体力和体能，就应适时而不断地提高和加大运动负荷，只有这样才能不断获得"超量恢复"，持续实现增强体质的健身效果。

（三）渐进性原则

人体内脏器官系统的功能活动有一定的惰性或处于相对稳定的状态，因此，肌体对外界环境的适应能力和工作能力的提高有一个逐步变化的过程。所以，在参加健身锻炼及学习技能时，必须贯彻运动量由小到大、技术要求由简到繁的原则，使肌体逐渐地进入工作状态，不可急于求成、毫无铺垫，否则，则易发生运动伤害。

（四）个别对待原则

健身锻炼者应根据主客观的需要和条件，有针对性地进行健身锻炼。即从个人的学习、工作、生活的角度出发，根据自己的年龄、性别、健康状况、兴趣爱好、传统习惯、职业特点、作息制度、自然条件、可用的健身器材设备和场地等综合因素，来确定锻炼目标，制订锻炼计划或运动处方，选择针对性较强的项目、内容、方法、负荷等来进行锻炼，以达到增强体质、健益身心、延年益寿的良好效果。个别性原则一般分为可接受性和个别对待两大因素。贯彻个别对待原则就是要做到因人而异，区别对待，不强求一致。

（五）特异性原则

特异性原则是指健身锻炼所产生的适应与锻炼类别的选择有关。比如，两个双胞胎兄弟，一个参加耐力项目锻炼，另一个参加举重锻炼，最后产生的运动适应会有所不同，参加耐力项目锻炼者的身体变瘦，心脏功能增强，另一个则会在肌肉块和力量上发生积极适应。这种由于施加的负荷的类型不同所产生的结果上的差异即为特异性原则。在健身锻炼中，一般将重点放在心肺机能的改善上，并将力量锻炼(主要是健美肌肉练习)包含在其中，合理安排。

（六）系统性原则

在健身运动锻炼中，不论是初练者，还是长年坚持锻炼的人，都必须按计划、有步骤、不间断、科学地安排和进行系统的锻炼。只有这样，才能保证良好的健身锻炼效果，不断提高健身锻炼的水平，最后达到预期的健身锻炼目的。贯彻系统性原则包括制定好健身锻炼计划、循序渐进地安排运动负荷、保证负荷内容间的内在联系等方面。

（七）全面性原则

从整体出发，全面锻炼和发展身体的各个部位、各器官系统的机能、各种身体素质与基本活动能力。健身锻炼以追求身体形态、机能、身体素质与心理等身心全面和谐发展为首要目标。在锻炼过程中，全面性原则主要体现在力量与速度、耐力、协调、柔韧等素质练习相结合，促进身体素质的全面发展；动力性和静力性相结合，大肌肉群和小肌肉群相结合，促进全身肌肉群的匀称发展；练习形式多样化，全方位刺激、发展身体各部位与各器官系统；主动性运动与被动性运动相结合；无氧运动与有氧运动相结合等方面的安排与实践上。

(八) 经常性原则

健身锻炼者根据自己所确定的近期和远期的锻炼目的，保持有计划、持续不断地参加健身锻炼。按照"用进废退"的学说，根据健身运动增强体质靠"积累"、提高锻炼机能有"过程"、锻炼效果"不稳定"(研究表明：停止锻炼后，原来锻炼所获得的效应，将按增长耗时的1/3速度消退)的特点，每周参加健身锻炼不宜少于两次，每天都规律性地锻炼最为理想。克服惰性、排除干扰、形成条件反射般的锻炼需要和生物节奏，以及养成经常性锻炼的习惯即为健身活动经常性原则的具体贯彻。

以上八项原则相互独立、联系密切，并构成健身活动互为依存的整体，在锻炼实践中，应予以全面贯彻、实施。然而，在对待具体问题时，各项原则则各有适宜的指导作用。

六、健身运动锻炼的作用

(一) 全面而积极地影响人体各器官系统

1. 提高和改善运动系统功能

人体运动系统主要由骨骼、关节和肌肉组成。

健身运动对骨组织有重要的影响。人体长期坚持体育健身锻炼，能加强骨组织的新陈代谢，改善骨的血液供应、骨的生长发育，其形态结构和机能也都会发生良好的变化。体育健身锻炼可使骨密质增厚，骨径变粗，骨小梁的排列更加整齐而有规律，有利于抵抗张力、压力和拉力，骨表面肌肉附着的突起更加明显。对于青少年来说，在骨化过程到来之前经常参加体育健身锻炼，可以促进骨的生长，长度增加，横径变粗，骨重增加，骨细胞营养物质供给改善，骨细胞的生长能力提高，并可防止骨的畸形发展。一旦骨产生上述良性变化，就会粗壮有力，骨的坚固性，抗压、抗拉和抗扭转等性能均会进一步提高，骨的杠杆作用更加明显。中老年人则可增加骨密质，预防骨折发生。但由于体育健身锻炼的项目和性质不同，对人体各部分的骨骼形态、结构和机能的影响也是不同的。

系统的体育健身锻炼，可使关节面骨质和关节软骨增厚；肌腱和韧带增粗；

关节囊、韧带、肌腱和周围肌肉的伸展性增加。这样，关节的牢固性、灵活性、伸展性和柔韧性都会得到提高，关节的活动范围增大，承受能力和运动能力加强，同时可以防止伤害事故的发生。

体育健身锻炼对骨骼肌的影响十分明显。经过锻炼，尤其是力量和速度性锻炼可以使肌纤维增粗，肌肉的体积增大；肌纤维中线粒体数目增多(线粒体是肌纤维产生 ATP 能量的供能中心)；肌肉中脂肪减少，从而减少肌肉收缩时的摩擦；肌肉内结缔组织增多(即肌内膜、肌束膜、肌腱和韧带中的细胞增殖、增厚、坚实、粗壮)；肌肉内化学成分发生变化，如肌糖元、肌球蛋白、肌动蛋白和水分等含量都会增加，这些物质的增加可使 ATP 加速分解，氧的结合能力增强，有利于肌肉收缩，表现出更大的力量；可使肌肉中毛细血管增多，改善骨骼肌的供血功能；肌纤维中参与活动的数量增加。因此，经常参加锻炼者的肌肉显得发达、结实、健壮、匀称有力，收缩力强，运动持续时间长。

2. 提高心血管系统机能

经常参加健身锻炼特别是耐力锻炼，对心脏有良好的影响。可以使心肌收缩蛋白和肌红蛋白的含量增加；心肌中的毛细血管大量增生，循环血量增加；心肌纤维变粗，心壁增厚，形成心脏运动性肥大，心脏收缩搏动有力；心脏的容积增大，致使每搏输出量和每分钟输出量增加，这就是所谓的"运动员心脏"。上述心脏形态结构的变化，一方面可使心脏承受大强度的体力活动，另一方面在安静时可造成心搏徐缓和出现机能"节省化"现象。

坚持健身锻炼可以改善血管壁和血管的分布情况。运动可使动脉管壁中的膜增厚，平滑肌细胞和弹性纤维增加；使骨骼肌的毛细血管分布数量增多，行程迂曲，分支吻合丰富；使血液与组织器官进行交换的能力增强，冠状动脉口径增粗，心脏毛细血管的数量增加；静脉血管回流血液增多。因此，身体整个血管系统结构改善，弹性好，机能提高，从而减少各种心血管性疾病。

3. 提高呼吸系统机能

健身锻炼对呼吸系统的直接作用，就在于增强呼吸肌的收缩能力。经过长期的锻炼，呼吸肌逐渐发达起来，变得强壮有力，呼吸功能便大大提高。肺活量明显增大，一般男子肺活量为 3 500 mL，女子为 2 500 mL 左右，而经常参加锻炼的男子可达 5 000 mL，女子可达 4 000 mL 左右。肺泡的弹性增加，气体交换与贮存氧气的能力增强。

健身锻炼可以改善呼吸系统的调节机能。有锻炼基础的人，呼吸系统的神经调节中枢得到改善，在应激情况下反应快，调节准确；在安静情况下呼吸深沉而平缓，频率可降至 8～12 次/min(一般人为 12～18 次/min)。此外，对空气和温度以及异物进入气管内的反应也十分敏感。

4. 提高神经系统功能

人体的一切活动都是在神经系统的调节下进行的。经常参加健身活动，可以对神经系统的结构与功能产生良好的影响，从而提高神经过程的灵活性、协调性和准确性，提高其分析综合能力。健身锻炼可以提高神经传导速度，增加神经传递介质，提高条件反射的速度和灵活性，缩短反应时(一般人反应时为 0.4 s 以上，有锻炼者为 0.32 s 以下)，从而提高动作的敏捷性；锻炼能提高神经过程的强度，使大脑皮层兴奋性提高，注意力集中，人体表现出的肌肉力量大，运动能力强；锻炼可使神经过程的兴奋和抑制更为平衡，中枢神经系统的协调能力增强，从而可以承受较大的刺激和精神压力，有效地预防各种神经性疾病；锻炼可以有效地消除因用脑过度而引起的各种疲劳，缓解人体紧张情绪，提高生命活力；锻炼可改善大脑和中枢神经系统的能量和氧气供应，促进思维和智力的发展。

与此同时，健身锻炼可以提高视觉、听觉、位觉、本体感觉及肤觉等感官的功能，提高视觉神经调节机能，以及视野的宽广度和眼肌的协调性；位觉的提高可使人对应急时的空间、方位、高度和速度等感应更为准确，皮肤对气候、温度和运动等方面的敏感度提高。

5. 改善内分泌系统机能

人体各器官的机能，一方面受神经系统调节，另一方面也受内分泌的调节。后者是通过人体某些腺体或组织细胞分泌的各种类型的激素来调节和控制器官的机能。实验证明，健身锻炼对人体的各种腺体结构和机能均能产生良好的影响。身体运动程度越高，则肾上腺皮质的体积越大，功能越强，对冷热的适应能力和抵御病毒能力均强于一般人。

在危急关头或极度紧张时，有锻炼者的肾上腺分泌速度快，应激水平高；青少年参加体育健身锻炼可使脑垂体分泌生长素，促进身体正常生长发育，故经常参加锻炼的青少年比很少参加锻炼者要高得多。健身锻炼还能促进人体胰岛素的分泌，维持人体正常血糖平衡。

6. 提高泌尿系统机能

泌尿系统由肾、输尿管、膀胱和尿道组成，健身锻炼对其也有一定的影响。

经常参加健身锻炼的人，很少患有泌尿系统疾病，如肾结石、尿道和膀胱结石，在运动员和长期锻炼者身上就极为少见。健身运动可以加强肾的滤过和尿生成机能，提高输尿管、膀胱和尿道等器官肌肉的弹性和排泄机能。

此外，健身锻炼对人体生殖系统、淋巴系统也都有良好的影响。

(二) 发展身体运动能力

身体运动能力是作为人的有机体在运动中所表现出来的机能能力，是人的生命力的重要标志。尽管人的运动也带有与机械运动相类似的性质(即做功等),然而,人作为一个具有共轭作用的机体,其运动都是在大脑和中枢神经系统的支配下,由运动系统为执行器官,并在身体其他器官协助下完成的。人在生长发育过程中,随着肌肉、骨骼的日趋变粗和加长,关节也变得灵活而稳固,身体运动能力也呈增长趋向。但不能高估人的自然生长对身体运动能力的促进作用。事实上,人体从出生到长大成人,如果不参加任何一种形式的体力活动(如体力劳动和健身锻炼),则他们的身体活动能力是相当低下的。劳动在人的运动能力发展中起着重要的作用。

体育健身锻炼是提高身体运动能力的重要手段。通过系统的健身锻炼,可以较大幅度地提高人的走、跑、跳、投等基本运动能力,可以有效地发展力量、速度、耐力、柔韧、灵巧等身体素质,还可以发展并表现出专门性质的运动能力,如短跑能力、跳高能力、投掷器械能力等。与此同时,在发展运动能力的过程中,也有利于人体形态和机能发生趋优的变化。人们在运动时通过多种手段发展速度、力量、柔韧、耐力等素质时,在中枢神经系统的影响下,各器官系统的机能水平也相应得到提高。人们在欣赏优秀运动员的比赛和表演时,常常会为其所表现出的非常人所具有的身体运动能力而慨叹不已,这正是他们日复一日、年复一年地刻苦训练的结果。许多运动项目的优秀运动员,如奥运会110 m跨栏冠军刘翔,破世界纪录的举重冠军陈镜开等,正是以其独具的、非凡的身体运动能力而独领风骚的。

今天,人们从事的许多职业性活动,就其发展趋势来说,已由原来的体力投入型为主转到脑力投入型为主,然而,它仍要求其具有良好的身体素质,才能完成各种复杂的生产劳动动作和精密的技术动作。宇航员飞上太空之前,要进行极为严格的身体和运动能力训练。因此,为了提高人们的职业活动能力和各种生活能力,有必要运用健身锻炼这一手段。

(三) 提高人体适应能力

人体适应能力包括人对外界自然环境的适应力,对疾病的抵抗力及身体损伤后的修复力。人体适应能力是人的体质强弱的一个重要方面,也是人们维持正常生命活动的一种重要能力。

人类是大自然的产物,又是与大自然相依赖相适应的存在物。人类具有征服大自然的能力,人类本身就是在不断地与大自然的抗争中而逐步进化成现代人的。现代人既要用科学的头脑去认识自然界的奥秘以改造自然,又要以强壮的身体、不屈的意志去适应自然界的变化,以保持自身的生存繁衍。这就要进行各种适应性锻炼,而健身锻炼则是其中的一剂良方。

长期在各种气候和环境(如严寒、酷暑、风雨、霜雪或空气稀薄等)条件下锻炼，能有效地改善有机体体温调节和其他相关机能，提高对外界环境的适应能力。人体在受到寒冷刺激时，会引起体内出现不同程度的变化，神经系统也会及时指挥全身各器官系统加强活动，产生一系列防御性反射，如皮下血管急剧收缩以减少热量的散发，保持身体的正常体温。人体遇酷热时，也会在神经系统的指挥下，使皮下血管舒张，身体表面大量出汗来加强散热过程。在严寒与酷热到来时，有的人会感冒或中暑，有的人则安然无恙，这就反映出不同的人在适应能力上和整个体质水平上的差异。

与此同时，人体在各种生命活动过程中，体内平衡及其与外界环境的平衡也时常会遭到破坏，肌体本身也必须及时进行调整，以保证正常的生命活动。当人体调节机能不足以维持这种平衡时，就会产生各种病变。人体的各种免疫机制和各器官的调节机制，对肌体的各种病变有着一定的抵御和"缓冲"作用，从而形成人体特有的对疾病的抵抗能力以及病损后的修复能力。上述各种能力的获得，直接与体质的强弱相关。通过在各种环境下的健身锻炼，全面提高人的体质水平，则有利于提高这类能力。

(四) 提高人的智力水平

提到智力，人们很容易将其与学生时代的学习和生活联系起来。其实，智力与人的一生的工作、学习和健康生活有十分密切的关系。现代生产已经更多地由体力劳动转向脑力劳动，从而使智力因素在生产力中起着愈来愈重要的作用。人类的许多非智力心理因素，如气质、性格、意志、情感等，也与智力密切关联或者发端于智力因素。老年人长寿锻炼中也有一条十分重要的经验，就是在生命的任何年龄均不能放弃必要的知识学习和可能的智力锻炼。

健身锻炼对智力的发展有着重要的作用。我们知道，人的智力首先是大脑和中枢神经系统的机能。良好的体质，特别神经系统的机能，是智力发展的物质基础。现代科学已经证实，一个人智商的高低，与大脑的物质结构和机能密切相关。经常参加体育健身锻炼，能保证大脑的能源物质与氧气的充足供应，使大脑神经细胞发育健全，大脑神经细胞的分支和突起增多，有利于接受更多的信息。另一方面，体育锻炼中人的活动场所进一步扩大，运动动作也大量增多，从而给大脑和神经系统提供各种刺激信息，有利于提高大脑皮层活动的强度、协调性和灵活性。通过体育健身活动，可以培养敏锐的感知能力、灵活的思维能力、良好的注意力和记忆力。上述健身锻炼后大脑和神经系统在形态结构和机能上的适应性变化，能够有效地提高人的智力，促进人的具体和抽象思维能力的良好发展。特别是根据大脑皮层机能定位有关原理进行的健身锻炼活动，更是对人的智力开发、适应职业活动需要有着积极的意义。反过来说，人类对智力优化的企求，也会萌生出许多发展智力的健身锻炼手段。

同时，健身锻炼所造成的"一时性适应"，也有利于提高大脑活动效率。人在参加健身锻炼时，脑部血液和氧气供应充足，体内各种酶的活性增强，血糖水平增高，有利于加速疲劳的消除，使人头脑清醒、思维敏捷、精神焕发。实验证明，人的记忆力与血糖水平有关，当血糖升至 120 mg/100 mL 时，记忆力处于最佳状态。而一旦脑部贫血或缺氧时，则会出现头昏、眼花等现象，大脑活动效率也会急剧下降，活动失误明显增多。

（五）改善人的精神面貌和社会生活质量

首先，系统的健身锻炼能带来良好的自觉效果。

据美国学者研究，跑步能促进人体释放一种称为"β-内啡呔"的脑化学物质，它不仅能改善人体中枢神经系统的调节能力，还能提高肌体对有害刺激的忍受力，使人产生身心强壮的感觉。也有报道说，运动可给肌体神经系统带来一种微电冲击，这种冲击能缓解亢进的肌张力和精神紧张，并使大脑皮层得到休息。因此，人们在运动后会感到身心舒畅或奇妙的纯洁感。许多经常参加健身锻炼的人，其锻炼后的最大感受是"心情舒畅"、"身体轻松"、"有点累，但舒服极了"，可能是这种内啡呔或微电冲击影响的结果。这种自觉效果的存在，不仅能稳定运动者的情绪，还能提高运动兴趣，坚定信念，为坚持运动打下基础。

加拿大著名学者 H·Selye 教授认为，各种疾病都有一些非特异性症状，即疲倦感、食欲不振、头痛、发热等，这些"非特异性症状"，是人体对外界的各种有害因素(应激源)的一种防御性反应(应激)。当刺激过程的作用时间过久时，肌体就会失去适应能力，从而潜伏和染上某种疾病。这种非特异性症状就是一种提示信号。而运动可以带来"非特异性效果"，其意义在于参加运动者程度不同地缓解了体内的某种应激症状，"运动纠正了人体各种脱离健康轨道的现象"。

同时，体育健身锻炼能改善人的精神面貌和社会生活质量。

现代社会中频繁的人际交往和激烈的社会竞争，给人类造成了巨大的精神和社会压力。在漫长的人生道路上，人们总会遇到许多不尽如人意的事情和感情波动的场面。激烈竞争的商品经济使人们精神紧张，忧心忡忡，时常处于满负荷状态。这就会使许多人程度不同地出现"亚健康"状态。适当参加体育健身锻炼，可以调节人的神经过程和个性心理品质，转移人的注意力，改善人的精神和社会生活状况。

美国学者库珀的一项研究证实，从事有氧代谢运动可奇迹般地缓解和消除精神紧张、忧郁症等症状，结果使自信心增强。有氧代谢运动对情绪的良好影响主要表现在两个方面：一是排遣来自精神方面的不良因素，锻炼意志，增强毅力，从而提高肌体的抵抗能力；二是"内啡呔效应"，它缓解了精神疾患的某些症状。许多坚持锻炼者能经常保持饱满的精神状态和生活信心，可能与"内啡呔效应"

有关。这种效应还能影响人的性格,使人们对精神紧张和来自各方面有害刺激的忍受力加强。

以上简述了体育健身运动对人体的积极作用。事实上,用现代体育观看问题,有效组织的健身锻炼对人的整个自然属性和社会属性均有着积极的影响。它是全面增强人的体质,提高学习和工作效率的有力手段,是提高人的健康水平,预防和抗御各种疾病的灵丹妙药,是延年益寿的有力武器。古希腊人在绝壁上雕刻的"生命在于运动"这句格言,简明形象地说明了体育健身与人体发展的辩证关系,生动反映了生命活动的本质属性。现代社会的每一个人,都应该把体育健身作为个人生活方式的一个组成部分,作为个人应当享受的权利和必须向社会承担的义务,自觉地投身到科学的体育健身锻炼中去。

七、健身运动的发展概况

(一) 健身运动的起源

在人类社会形成之初,教育就随之产生了。为了生存和繁衍,人们必须学会劳动作业过程中的跑、跳、投掷、攀登等技能,并将之传授给后人。这就是体育教育当初的主要内容,也是人类体育健身运动的源头之一。

当原始人类在物质生产过程中,逐步积累了愈来愈多的经验时。开始认识到,他们的生存取决于自己同被追逐的野兽之间在力量、速度、耐力、灵巧等方面的差异,于是开始有意识地对上述身体素质进行培养。随着人类的进一步发展,萌芽期的身体教育已开始与社会一般教育分离,成为人类社会的一种以人的自身为其客体的特殊的活动形式,从而导致了"身体练习"的出现。这就是学者们所称的"原始体育的第一次质的飞跃"。

在原始人类的社会活动中,已经出现了最初的艺术、舞蹈、娱乐、祭祀、礼仪等活动。关于舞蹈的产生,古书这样记载:"情动于中而形于言,言之不足,故嗟叹之,嗟叹之不足,故咏歌之,咏歌之不足,……手之舞之,足之蹈之也。"

舞蹈源于人类的生产劳动,但它与人类对自己情感的表达和模仿自然的游戏心理有关(也就是所谓"心理冲动")。舞蹈属于艺术的范畴,但与体育和体育健身活动有着不解之缘,古今亦然。人们在舞蹈过程中,又逐渐产生对自身的朴素的美学要求。伴随着人类的社会需要,与舞蹈相近的活动性游戏也在原始社会出现了。

体育健身运动的另一种渊源是原始的医疗卫生活动。

医学史认为:"……我们不必把医药的起源推崇为伏羲或是神农、或是黄帝的发明,而是原始社会人们向疾病伤害作斗争,……从生活经验的积累中渐渐产生了纯靠经验的早期医学。"在人类的早期医学中,古代舞蹈兼具医疗卫生功能。关于原始社会末期"消肿舞"的记载,就是这方面的典型例子。

《吕氏春秋·古乐》中曰:"昔陶唐氏之始,阴多滞伏而湛积,水道壅塞,不行其原,民气郁闷而滞著,筋骨瑟缩不达,故作为舞以宣导之。"这就证明,原始人类已经认识到舞蹈动作的舒筋壮骨功能并运用于医疗实践中。

关于体育健身运动的起源,还有一种"需要论"。这种观点认为,"需要"是人类一切活动的动因。任何社会现象和生命现象,无不以社会的需要和人的需要为其产生、存在和发展的依据,可以说,人的活动都是由需要引起的,需要是人的能动性的源泉和动力。单就体育健身运动产生的动因而言,除了劳动的需要以外,还有适应环境的需要,对付同类袭扰的防卫需要等。这些需要归纳起来,就是需要一副健康的身体,需要进行强健自身的活动,因此,也就构成了体育健身运动产生的原因。

学者们认为,人类的体育健身运动不是自发产生的,它是适应人们的社会需要而产生和发展起来的。人类体育健身运动的产生,具有三个最为直接的渊源,即最初的教育、文化娱乐和医疗卫生。上述这些活动的发展,推动了体育健身运动的发展。

(二)古代健身运动的发展

1. 东方古代健身运动的发展

当世界绝大多数地区还处于混沌蒙昧状态的时期,古代的东方已从公元前5 000年便已开始向文明社会过渡。东方各民族多生息于大河流域地区,生活环境相对稳定,与世隔绝,宗教盛行。许多民族形成了清静淡泊、自然调和、温顺好养的特点,致使其体育不是以争胜负、表现自我的竞技运动为主要内容,而以保健养身(生)为主要活动形式。这种形式,在历史上得到了极大的发展和丰富,至今仍是世界体育运动的重要手段和内容。

比如,在古埃及,由于社会等级森严,社会阶层人群的体育健身状况存在着很大的差异。许多自由民家庭不仅强调儿童的道德和智力发展,而且对其身体健康也十分关心。当婴儿开始学步时,父母便任其赤裸着身子在空气新鲜、阳光充足的户外尽情活动、嬉戏。进入儿童少年阶段,各种体育游戏活动,如捉迷藏、骑人马、滚铁环、鞭陀螺、球戏等体育游戏活动便成为他们生活的重要内容。只到现在,包括本书作者在内的许多中国人,其孩提时代也是在这些童趣十足的游戏中泡大的。青年时期的体育活动强度则进一步加大,包括剧烈的户外游戏、各种球类活动,特别是跑跳活动、拳击、摔跤等,使他们的身心得到了极大的满足和发展。正如古代史学者底奥多尔所说的那样,古埃及人的生活方式仿佛是由一个按照身体健康的需要来确定生活制度的高明医生拟出的。

在古代印度,体育健身活动相当普及,每个人都有参加体育健身活动的权利,连妇女也不例外。除社会上各种球戏、拳击、狩猎、骑马、战车等活动十分流行外，体育的卫生保健原则和方法手段也开始在宗教的影响下形成。在早期吠陀时代，人们已经产生了长寿的愿望，并演绎出印度独具特色的瑜伽术。

中华民族在几千年的历史长河中，创造了灿烂的文化。植根于祖国医学沃土上的中华养生术，是中国传统文化的奇葩。中华民族地处长江和黄河流域，几乎世世代代生息在一个以自给自足的小农经济为基础的闭塞的静穆环境中，铸成了清静淡泊、顺乎自然、淡情寡欲、洁身自好、温良敦厚的性格；追求个人与社会、伦理与心理、理智与情感和谐统一的理想；重人伦、重情操的美德，从而使萌发于史前时代的、采用控制呼吸等以获得超自然体验的"养生术"得以在中国延续和发展。中国古代的养生活动，一直与哲学、伦理、道德、医学、教育、科学、艺术相互交织在一起，彼此渗透，承担着较重的伦理、道德的功利负荷。但由于它产生于中国重视生存的环境，从而与印度瑜伽术中的弃世绝俗、逃避人生，甚至自我摧残大相径庭。此外，发源于中国古代民间的许多体育健身游戏也备受人们喜爱，并一直流传于世。

2. 西方古代健身运动的发展

古代西方文明比古代东方文明要晚几千年。但是，它一问世，就以咄咄逼人的气势雄踞历史舞台。西方古代体育刚一出现，就显现其鲜明的个性，使世界呈现出两种不同类型的体育交相辉映、平等发展的新态势。

不宜农耕、只宜发展商业的环境，养成了古代希腊人力求开拓、勇于竞争的性格，公民敢于否定自我，对个人的目标有着执著的追求。这样，古希腊体育就以带有个人情感和争夺胜负为特点的竞技运动为主要内容，并酿成古代奥运会的蓬勃兴起。

另一方面，古希腊的审美观在重物理的思辨哲学基础上形成和发展起来，其审视的眼光又必然落到具体的自然物——人体上，其结果，使得人体的健美成为体育实施的主要目标之一。

在古希腊，原始的体操得到了较大的发展，有一种原始的体操称为巴列斯特里卡(Palestrica)，内容包括五项运动：赛跑、跳跃、投掷标枪、投掷铁饼和摔跤等。儿童也时常进行球戏、滚铁环、跑步、投掷标枪及其他一些增加身体素质的体育健身游戏。

在古希腊，有两种有代表性的政治制度，它们的体育健身制度也具有不同的特点，那就是斯巴达和雅典的体育。

(1) 斯巴达的体育健身运动。

古代斯巴达的体育健身运动被严格地纳入军事教育范围之内。12岁以下的儿童，就要在专门的机关中学习游戏、投枪、投重物、跳跃、角力、赛跑、远足和游泳等。12岁以上的青少年被重新编组,进行更加严格和强度更大的训练。意志训练被列入斯巴达青少年教育的重要内容,如鞭笞、惩罚、过极其艰苦的生活等。斯巴达的女子在18岁以前,也要进行严格的身体训练,经常进行的运动项目有赛跑、跳跃、投掷重物和摔跤,以及球戏、舞蹈、爬山活动等。经过运动磨炼的姑娘也具有和男子同样的刚毅性格和健美体型。国家对她们进行系统的身体训练,是为了让她们生育健壮的后代,并在男子出征后,能担负守城的防务。严格的体育制度,使古代斯巴达人具有强壮的体魄、优越的身体素质,从而在古代奥运会的竞技中,保持了100多年的优势。

(2) 雅典的体育健身运动。

雅典的地理条件与斯巴达不同,全境多山,不利于农耕,但沿海良港甚多,具有商业发展的良好条件,很早就成为古希腊的工商业中心。

在公元前600年左右出现的梭伦改革,使雅典成为奴隶主民主制城邦国家。因此,雅典体育的重要特征之一就是民主性,其最突出的表现是公民都享有体育权。雅典的教育制度是一种包括德育、智育和体育在内的全面发展的教育制度,一个雅典公民在尚未成年前,便有资格接受包括体育在内的全面发展教育,各类体操学校和体育馆均向他们开放。成年自由公民也享受国家提供的参加文娱活动和从事体育活动的同等待遇,不因财产多寡而有所差异。在某些节日,雅典人甚至可以倾城参加包括体育竞赛在内的庆典。

值得一提的是,许多古希腊著名学者都是十分注重体育健身运动的专家。苏格拉底(公元前469—公元前399)是古希腊的著名哲学家,他认为身体是事业成功的关键,人的身体越是健康,其工作效率就越高。他注意从国家利益的高度来认识人的体育问题,强调体育于国家存亡至关重要,若无视青年人的体育,到战时便会有亡国之灾。苏格拉底被视为智慧的化身,但他不仅推崇知识,而且十分赞赏健美,并身体力行。他曾经感叹过:如果一个人一生都未曾使自己身体表现出力和美,那是一个极大的悲剧。

柏拉图(公元前427—公元前347)不仅是著名的学者,而且是当时杰出的竞技手。他主张采用斯巴达教育制度的原则,在雅典实施强制性教育,培养青年人的勇敢精神和不畏劳苦的品德。他认为在青少年成长时期,要特别注意进行系统的体育健身训练,教他们舞蹈、骑马、投掷、赛跑、野营等。亚里士多德(公元前384—公元前322)师承柏拉图20多年,也同柏拉图一样注重身心的全面发展教育。他提出"体育先于智育"的观点,在他看来,有了健康的身体,才有进一步进行知识教育的条件。他的教育主张,是把体育作为人的全面发展的有机组成部分,并按年龄分期实施。

中世纪的欧洲,基督教神权在社会中的地位逐步确立,逐渐控制社会政治、经济、文化等各个领域,"它把古代文明、古代哲学、政治和法律一扫光"(恩格斯语),给社会生活带来了巨大的灾难。在基督教的残酷迫害下,包括体育健身运动在内的西方体育运动在几百年内销声匿迹。

导致基督教仇视体育的根本原因,是体育与基督教神学在世界观上的格格不入。基督教神学宣扬人的灵魂是上帝的生气,灵魂是不朽的。肉体不过是灵魂的监狱,它将随人的死亡而化为尘土。为了拯救灵魂,人应当注意自己的行为,要无条件地服从、忍耐,在祈祷、忏悔、冥想中度过不值得留恋的人生,不可图口腹之乐、贪视听之娱、求情爱之欢。这种对未来审判的恐惧,对现世人生的冷漠,导致了禁欲主义的肆行,这就必然否定身体的自我,而以重人贵生的主观需要为前提的体育健身运动也就消失殆尽了。

公元15世纪至16世纪的文艺复兴,对欧洲健身体育的复兴起到了重要的推动作用。作为其思想武器的人文主义,在纠正宗教世界观所形成的人的畸形心理,恢复人的理智方面起到了重要的作用。人文主义的核心是"人",它竭力歌颂人的价值、人的尊严和人的力量,使得人再次被人自身所认识、所重视。这是西方体育得以复兴的前提条件。在这种思潮的影响下,以及在众多社会学家、教育家、思想家的创导下,欧洲的体育健身运动又得到一定的发展,各种户外运动、游戏、球类运动、体操、旅行等又逐渐地兴盛起来。

总之,西方古代的体育健身运动经历了三个重要时期,即人类童稚时期(如古希腊人)对体育健身运动的崇拜,中世纪(欧洲基督教神权)对上帝的偶像崇拜和对人及体育的否定;直到文艺复兴时期,欧洲资产阶级思想家对人的价值重新肯定,体育健身运动才得以回到人们中间,人体美又重新成为人的审美对象。

(三) 现代健身运动的发展

上下五千年,今天承昨天。今天的体育健身运动已不可与昔日的体育健身运动同日而语了,特别进入21世纪以来,世界发生了根本性的变化,这是一个知识产业化、国民经济知识化的新世纪,这也是一个需要终身学习和锻炼的新世纪。在这个世纪,社会经济将得到高速发展,人们的余暇时间日益增多,业余生活丰富多彩。如在我国,仅国家开展的非竞技体育项目(即社会体育项目)就有101个,加上民间开展的各类健身运动项目,那简直就无法计数了,这一切的一切,带来了现代人生活质量的显著提高,体育健身价值观日益更新。在高水平竞技运动受到了人们普遍青睐的同时,以全民参加的,健身、休闲、娱乐为主要内容的体育健身运动正在全世界范围内兴起,被誉为"第二奥林匹克运动"。在这场运动中,首当其冲的,是世界上一些工业发达国家。

在20世纪50年代,一项体力测试结果表明,美国青少年的体质健康水平低于欧洲,这引起了当时的美国总统艾森豪威尔的高度重视。为此,美国于1956年成立了"青少年健康总统委员会",出台了一系列促进国民体育健身运动的措施。

进入20世纪90年代以来，为了对抗"文明病"对国民健康的损害，美国政府联合各体育、健康机构推出了《2000年健康人计划》。在今天的美国，体质与健康已经成为国民可望得到回报的投资。

目前美国体育产业的总值已经大大超过了通讯、农业、汽车等行业的产值(《体育商业》Sport Business Journal，2003)，看来，美国人对体育的重视程度是世界上独一无二的。

第二次世界大战以后，日本致力于发展经济和国民教育。他们总结战败的原因之一是"国民素质不优"，因此，十分重视体育健身运动的开展，有效地增强国民体质。日本已经积累了近百年的国民体质测定材料。到了20世纪60年代，日本政府专门颁布了《体育振兴法》。今天，日本青少年的身体形态、机能和身体素质均有了明显的提高，国民的平均寿命也跃居世界前列。

据日本大阪体育学院的原田宗彦教授2004年7月在中国深圳举行的第二届社会体育国际论坛上的介绍，2001年，日本人年平均工作时间只有1948 h，并呈继续下降趋势，这一措施为人们参加休闲健身增加了不少自由时间和机会，加上全日本健身会所林立，高尔夫球场多达2 000多个，这也是日本人热衷健身运动的见证和国民寿命不断延长的原因之一。

俄罗斯民族是一个崇尚勇武、豪爽的民族，有着高度发达的教育体系。前苏联实行的是高度统一的中央集权制，所有领域的方针、政策都由上而下地贯彻实施。在一段时间内，前苏联曾一度片面强调竞技体育的发展，而对群众体育缺乏应有的重视，造成了竞技场上虽然是金牌大户而人民群众体质健康不佳的局面。20世纪80年代后期，他们着力克服这一弊端。俄罗斯一贯实施的《劳卫制》，在推动群众健身和提高国民体质方面起了重要的作用。1990年，他们专门制定了《居民体育教育大纲》。

德国是一个严谨、自尊、进取的国家，崇尚勤劳与坚强，良好的经济状况和国民的健康意识，为体育健身运动创造了良好的条件。为了推动全民健身运动的开展，它们以兴建体育场地设施为突破口。从20世纪60年代开始，连续推出了三个"黄金计划"(每10年投资100亿马克兴建体育设施)。总体来说，德国的全民健身运动经历了四个阶段："锻炼身体阶段"(1970—1977)、"一道游戏阶段"(1978—1982)、"有氧锻炼阶段"(1983—1989)、"走进大自然阶段"(1990年以后)。

德国科隆体育学院体育社会研究所所长，沃赖克·利特内尔教授追踪研究表明，从1985年至2001年间，德国有规律地从事体育健身活动人群的比例，35～44岁组为56.9%，45～54岁组达到89.7%，65岁及以上组达66.5%，可见德国的中老年人对体育健身运动的参与重视程度也是世界罕见的。

中华民族过去长期受人欺凌，被蔑为"东亚病夫"，民族灾难深重。新中国成立后，毛泽东主席及时发出"发展体育运动，增强人民体质"的伟大号召，各种体育措施相继出台，促进了群众体育运动的发展和人民体质健康水平的提高。改革开放以来，随着我国的综合国力不断增强，广大人民群众生活质量的不断提高，竞技运动水平也有了长足的进步，人们对提高身体健康和体质水平的要求日趋迫切。群众性体育健身活动的滞后已经明显地制约着我国的经济和社会发展。为了适应广大人民群众对健康生活的强烈愿望和要求，国务院于1995年颁布了《全民健身计划纲要》。今天，一个由国家倡导、政府推动、全民参加的大众健身运动热潮正在我国城乡蓬勃兴起。健身运动正逐渐向着生活化、社会化、科学化、产业化和法制化的方向发展。为此，有关学者还为现代社会的体育健身运动总结了如下几个特点。

(1) 参加体育健身活动的人数十分广泛。
(2) 各国政府积极倡导和参与领导。
(3) 体育健身活动形式丰富多彩。
(4) 体育健身活动设施的建设受到全社会的重视。
(5) 体育健身科学化的步伐进一步加快。
(6) 大众健身活动与社会经济发展的联系日趋紧密。

第二节　健美运动概述

一、健美运动的概念

(一) 健美的概念

所谓健美，用审美的观念，顾名思义就是健康而优美、健壮、美观。它是根据健康原则、美学原则以及年龄和性别特征，对人体毛发、肤色、体形、姿态、动作和风度等进行的综合评价。健美通常是指人体内外健康无病，身体外表优美协调，整体匀称，并具艺术感。作为专业概念，健美是指通过各种重力练习以发展全身肌肉、塑造体形为目的的体育运动项目。

(二) 健美运动的概念

"健美运动"英文的意思为身体建设，是通过徒手和运用各种器械，通过专门的动作方式和方法进行锻炼，并根据人类遗传学、运动解剖学、运动生理学、运动保健学、营养学、运动医学、美学等学科原理，以锻炼身体、增强体质、发达肌肉、修塑体形、陶冶情操、促进人体健美为目的的体育运动。用6个字概括为重力、营养和恢复。

二、健美运动的作用与动作分类

(一) 健美锻炼的主要作用

健美运动的每一个动作，虽然都是专门为了训练身体的某一个部位而设计和编排的，但人体是一个完整的有机体，任何一个局部的活动都会对全身产生影响。因此，长期从事科学系统的健美运动，不但能增强体质和体能，发达肌肉，强健体格，增进健康，而且能调节和改善人体的生理机能，陶冶情操，健美体形体态，延缓衰老，防治和矫正畸形，有着健身、健美、健心、健智的重要价值。归纳起来主要表现为以下几方面。

1. 能有效地发达人体肌肉，健美体形

人体各器官系统是按照生物界"用进废退"的自然规律变化的。健美运动中的许多动作，特别是那些用哑铃、杠铃等器械进行的练习，都是直接针对肌肉进行的锻炼。长期科学的健美锻炼，能使运动器官，特别是肌肉产生适应性变化，肌肉明显发达，显著增大，使体型变得健美匀称。同时可以促进骨骼的新陈代谢，促使骨骼的机械性能提高，对关节韧带的生长发育也有良好的促进作用。

2. 延缓衰老，防止肌肉和力量退化

不经常参加锻炼的人在20~25岁达到最大肌肉力量，以后每10年将会损失10%左右的肌肉重量和肌肉力量。60岁后，力量损失加速。经常参加锻炼的人可以把最佳状态保持到60岁以上。研究证实，长期的力量训练者比实际生理年龄年轻5~7岁。

3. 能改善和提高内脏器官的机能水平

健美运动可增大心脏的容积，增强血管的弹性，增强心脏的收缩力和血管的舒张能力，从而使心脏的每搏输出量增加。这样，在安静时会产生"心搏徐缓"现象，而承担大强度负荷的能力却大大提高。

健美运动锻炼需要供给更多的氧，排出更多的二氧化碳，这就要求呼吸肌更加有力地收缩。经常进行健美运动，可提高呼吸系统的机能水平。健美运动对提高消化系统的机能也有良好的作用。

4. 能提高中枢神经系统的机能

健美运动和其他活动一样，都是在中枢神经系统的支配调节下进行的，这就能有效地改善和提高神经系统的功能，提高大脑神经过程的强度、均衡性和灵活性，以及身体对内外环境的适应能力。

5. 能改善和美化体形体态

健美运动的各个动作均有很强的针对性，能对身体相应部位的生长发育产生特异性影响。科学的健美锻炼，能有目的地改变(修塑)体形、体态的现状，使男子的体格魁梧、肌肉发达、英姿勃勃、风度翩翩，使女子体态丰满、线条优美、亭亭玉立。

6. 能消耗更多热量，防止肥胖，改善脂肪代谢

即使在不运动的状态下，每公斤肌肉每天都要消耗 75～110 kcal 的热量。通过力量训练，每增加 1 kg 肌肉，其消耗的热量等于在一年内燃烧掉 3～5 kg 脂肪。经常参加力量训练，可以使血液总胆固醇下降，低密度脂蛋白下降，高密度脂蛋白升高，有利心血管健康。

7. 能改善身体对碳水化合物的代谢机能，预防和帮助治疗糖尿病

力量训练可增加肌肉重量，更多的肌肉组织使肌体对胰岛素的敏感性加强，从而更有效地从血液里摄取所需的糖并加以利用，降低血糖，起到预防和治疗 II 型糖尿病的作用。

8. 能防止骨质疏松，减少运动器官的损伤和疼痛

力量练习可以增加骨密度，减少骨质疏松、关节病及其他相关疾病。可减少运动器官的损伤和疼痛。

肌肉力量的不足和退化会造成肌肉劳损、疼痛及身体形态改变。力量训练可以使颈部和腰部等重要部位的肌肉力量增强，延长工作时间。

9. 能调节人的心理状态，陶冶美的情操

现代社会节奏的加快，往往使人产生压抑感或其他不良情绪。紧张的脑力和体力劳动之后，肌体也会产生疲劳累积。经常进行健美锻炼，有助于消除不良心理，提高人的自信心、自豪感和成功的乐趣。特别是在优美轻快的音乐伴奏下进行协调运动，更有着积极的心理影响，陶冶人们的道德情操，使人产生积极向上、追求美好未来的健康情绪。

随着社会体育的发展和人们体育价值观念的更新，各种类型的健身健美俱乐部和培训中心正在我国广大城乡普遍兴起，健身健美运动产业作为我国体育产业的一部分也呈上升趋势。同时，参加健美运动训练和比赛表演，能够有效地丰富人民的文化生活，为广大人民群众提供健康向上的体育精神产品。

(二) 健美运动的动作技术特点与分类

动作练习是健美运动的基本载体，健美技术练习强调最大限度地集中局部肌

肉即目标肌群或肌肉群的目标部位肌纤维的收缩力量，尽可能不借助或少借用其他肌群或肌肉部位的力量来进行克阻试举，完成动作。把练习的目标部位独立出来进行最大限度的锻炼刺激是健美动作的基本技术特点，为了确保目标肌群在时空上皆能获得充分的刺激效益，动作节奏的"快收缩、慢伸展"，即在克阻上举、收缩肌肉的动作过程中，速度可相对稍快些，在还原动作适应阻力方向伸展肌肉的过程时，速度宜相对稍慢些，以实现肌肉退让性工作。对肌肉的特殊刺激效率的动作发力方式也是健美锻炼的重要技术环节之一。此外，动作的全过程用力、意念的运用皆是健美练习动作的特别之处。比较举重项目或一般意义上力量训练的"举重若轻"，同样的技术结构，健美训练表现的技术实践多为"举轻若重"。

根据目标肌群的结构，一般可将健美训练的技术动作分为(基本的)两类，一类为"双关节"动作或称基本动作；一类为"单关节"动作，或称孤立动作。所谓基本动作，主要是发达肌肉块和力量的训练动作，它是指在一个动作中有两个关节同时进行活动。双关节动作在训练局部位肌肉时，会产生主动肌和其他协同肌群同时参与用力，这些关节的活动类似机械结构的杠杆运动。由于协同肌群用力的结果，重量可举得更重些。例如，卧推时，主要是训练胸大肌，在上推动作中，由于肩和肘关节产生的杠杆作用，因此，三角肌前束和肱三头肌也会产生协同用力。而孤立动作主要是训练肌肉块的线条和形态的训练动作。它能使肌肉的"分离度"更加清晰，单个肌肉"块"更突出。它在一个动作中只有一个关节进行活动，是以局部肌肉群集中用力，其他部位肌肉群很少或不产生协同肌群用力，这样可以集中加深局部位肌肉的刺激。因此，采用的重量较轻些。在单关节动作中，虽然是使局部位肌肉群处于孤立的情况下进行用力，但在试举到最后几次时，局部位肌肉群无法再使上劲，就造成协同用力，在健美训练中，称为助力训练。例如，在站立杠铃弯举时，主要是集中以肱二头肌的收缩力，将杠铃举起，在采用准确的技术动作时，不允许有任何借力。但是在举到最后 1～2 次时，不能再单独靠肱二头肌的收缩力来完成，允许借助以背和腿的协同用力，把杠铃举起来，这就是采用借助发力来完成最后几次试举。

在实践中，不论基本动作或是孤立动作，对目标肌肉进行"孤立"性刺激都是一种技术追求（见表 1-1）。

表 1-1　健美训练动作的分类表

健美部位肌肉群		健美训练动作类型		
		单关节动作(孤立动作)	多关节动作(基本动作)	关节运动形式
斜方肌	上部	耸肩	直立提拉、颈后向上推举、哑铃肩上推举	肩带上旋
	中部	躬身侧平举	体侧下拉	肩水平伸
三角肌群	前束	前平举	双杠屈臂撑起、仰卧推举、扩胸举、过头推举	屈肩
	中束	侧平举	直立提拉、哑铃交替推举、颈后向上推举	肩外展
	后束	躬身侧平举	躬身提拉、颈后引体向上	肩水平屈肩带内收
肱二头肌		杠铃弯举、单臂哑铃弯举、哑铃交替弯举、斜托肘弯举	直立提拉、躬身提拉、引体向上	屈肘
肱三头肌		躬身单手持铃肘屈伸、站姿后双手持铃肘屈伸、站姿双臂胸前屈肘下压	仰卧推举、哑铃交替推举、颈后向上推、双杠屈臂撑起	伸肘
前臂肌		腕(正、反、侧)弯举、拉力器交替握		屈腕、伸腕旋后、旋前
胸大肌		仰卧扩胸(飞鸟)、侧下拉(夹胸)	仰卧推举、俯卧撑、双杠屈臂撑起、仰卧上拉	肩水平屈、肩内展、肩内收
腰腹肌		仰卧起坐、举腿、体侧屈、俯身转体、举髋、侧举髋		屈体侧屈体
背阔肌			躬身提拉、体侧下拉、颈后引体向上、坐姿对握腹前平拉	肩水平伸、肩内收、肩外展
竖脊肌			蹲起、硬拉、躬身展体、俯卧挺身展体	伸躯干
臀大肌			蹲起、硬拉、腿举	伸髋
股四头肌		坐姿脚踝负重伸膝	蹲起、腿举、硬拉	伸膝
股二头肌		俯卧脚踝负重屈膝	蹲起、硬拉	屈膝
腓肠肌群		站姿双肩负重提踵		跖屈

三、健美运动的发展概况

(一) 国际健美运动的发展简况

健美运动最早始于古希腊和古罗马。并深受古希腊人审美观念的影响。早在公元前6世纪，古希腊就已盛行"赤身运动"。为了生存和应付城邦国之间的战争，古希腊人发出了"身体和胸膛就是我们的国防"的豪迈格言。著名的古希腊哲学家苏格拉底(公元前469—公元前399)认为："人的一切活动不能脱离身体，身体必须保持高效率的工作，力量与肌肉的美只有通过身体才能得到。衰弱是耻辱。"苏格拉底的学生柏拉图(公元前427—公元前347)更是提出："要为保卫城邦而练成体魄刚健的战士，为造就完美的人而献身。"柏拉图的学生著名哲学家亚里士多德(公元前384—公元前322)也提出："要养成健美的体格而不是野蛮的兽性的性格。"古希腊人主要是通过体育运动来塑造和发展健美人体的。4年一届的古代奥林匹克运动会等场所，就是展示力量和人体健美的场合。

古希腊人还风行在运动场上从事裸体运动，喜欢欣赏裸体的力量、健康、活泼的形体和姿态。他们认为"健美的人体应具有宽敞的胸部、灵活而强壮的脖子、虎背熊腰的躯干和块块隆起的肌肉"。在艺术上如绘画和雕塑则注重塑造健、力、美三结合的人体。至今仍脍炙人口的著名雕塑"掷铁饼者"(古希腊雕塑家米隆制作)，就是这一时期的健美代表作。后来在米洛斯岛上发掘出来的维纳斯大理石雕像，更是古希腊女性美的化身。

公元130—200年，古罗马著名的医生盖伦著书立说，倡导健身运动。他将运动分为臂部、躯干和腿部运动，并倡导开展一些运动项目，如搬动和高举重物、爬绳、鹤嘴锄挖掘等。到了18世纪，德国著名的体育活动家艾绎伦(公元1792—1846)开设了培训体育师资的课程，开创了哑铃、吊环等运动。这些锻炼形式，既是现代竞技举重的起源，也是现代健美运动和力量举的起源。那时从事锻炼的人们，主要追求力量的增长，而在形体上并无特殊的要求，这些大力士们力大无比，肩宽腰粗，肌肉非常发达。

从19世纪起，大力士们的体形逐渐有了改变。德国大力士山道(Sandow, 1867—1925)是健美运动的创始人，他的原名叫法德勒·穆勒，山道是他的艺名。他少年时体弱多病，10岁时还不知道什么是"体育"，有一次山道随父亲去罗马旅游，在参观佛罗林美术展览时，被古代角斗士的健美雕像的雄健体魄所感染，从此走上了健美之路。山道集健、力、美于一身，他既是体育家，又是表演家、艺术家。他每天锻炼身体，并从实践中摸索出一整套锻炼肌肉的方法。后来又学习了《运动解剖学》，终于练就了一身硬功夫。到22岁时，他的全身肌肉已非常发达。他先后到英国、澳大利亚、新西兰和南美洲等地表演各种健美技艺和力的技巧，演毕即显露其全身发达的肌肉，并塑造出各种优美姿势的人体形象，受到广泛的赞誉。山道还开设体育学校，宣传健美运动，创立健身函授班，向世界各地的健美爱好者传播健身训练方法，并著《体力养成法》等著作。山道于1901年9月14日在英国伦敦皇家阿尔勃特剧院组织了世界首届健美大力士比赛，晚年创办了世界第一所健美运动学校。山道为创建和发展现代健美运动做出了卓越的贡献。由于他力大无穷，竟能和雄狮搏斗而取胜，更由于他对国际健美运动的开创性贡献，后人一致公认他为现代健美运动的开山鼻祖。

20世纪初期，健美运动在英美等国得到了广泛的开展，但后来美国成为这项运动开展最为广泛的国家。美国医学专家列戴民早在1920年前就开办了健身函授班，是当时美国各种健身组织中历史最为悠久、影响最大的一个组织。他还著有《肌肉发达法》和《力之秘诀》等高水平专著。此后，《体育》、《力》、《大力士》、《健与力》、《超人》等健身杂志在美国相继问世，尤其美国《体育》健身杂志主编麦克法登，他一人就著有健身健美著作50余种，可谓著作等身，对健身、健美运动的开展作出了巨大贡献。1903年他在纽约麦迪森广场花园举行了"世界体格最完美人"的比赛，特别是由于他在1928年12月倡导了世界有史以来的第一次全美男子健美大赛，故被称为"美国健美之父"。

20世纪30年代中期，加拿大健美运动的创始人本·韦德和乔·韦德兄弟创办了《您的体格》等杂志，在世界范围内积极推广和宣传健美运动。并在美国和加拿大等国支持下，于1946年发起创建了国际健美联合会(IFBB)，总部设在加拿大的蒙特利尔，制订了健美比赛的国际规则，并开始举行正式的国际业余健美锦标赛。如今，国际健美联合会已经拥有190多个会员国(含地区)。由于本·韦德的卓越贡献，他被推举为该组织的终身主席而名垂青史。

1947年美国的鲍勃·霍夫曼的约克杠铃俱乐部，借在美国举行世界举重锦标赛之际，同时举行了第一次以"环球先生"为称号的国际健美比赛。20世纪60年代，职业健美运动开始崛起，并与业余健美运动一起发展。1965年开始创办了每年度世界水平最高的职业运动员参加的"奥林匹亚先生"大赛。1971年，国际健美联合会开始举行环球先生世界业余健美锦标赛。1980年开始正式举行每年一度的"奥林匹亚小姐"大赛。1995年开始举行每年一度的"奥林匹亚健身小姐"大赛。

从健美运动技术水平来看，不论职业和业余选手都是美国水平最高。如出现过阿诺·施瓦辛格及李·汉尼等优秀选手，他们都曾先后数次获得过"奥林匹亚先生"桂冠，最近几年英国的耶茨以其卓越的体格和宏大的肌肉多次夺得冠军，从而显示了他强劲的实力。

世界女子健美起步较晚，在20世纪40年代，女子只着游泳衣进行"选美"比赛，主要比身段、体姿和容貌，冠军可获"××小组"或"××皇后"称号。

20世纪50年代开始,女子进行肌肉训练已被越来越多的人所承认,到了20世纪60年代,美国的一些大学开始把女子健美作为体育选修课内容之一。1977年10月,在美国俄亥俄州举行了世界第一次穿"比基尼"三点装的比赛。1980年国际健美组织正式成立了妇女委员会。至今,女子健美早已风靡全球,水平仍然是美国最高,曾出现过6次获得"奥林匹亚小姐"称号的科林娜·埃弗荪。其他欧洲国家也出现过一些优秀女运动员,如荷兰的埃里卡·梅斯及玛丽·泽格林等。

同时,"健身先生、小姐"竞赛也受到了广大青年人的追捧,它源于健美又有别于健美,是国际健美联合会新设的项目,它是展示人体通过健身锻炼而获得的健美体格的竞赛,该项赛事源于1993年,由阿诺·施瓦辛格发起,到今天,它已成为与肌肉健美等量齐观并备受推崇的运动项目之一。

1998年1月31日,在日本长野召开的国际奥委会执委会会议上正式承认国际健美联合会,接纳健美运动为奥林匹克大家庭的一员。从此,翻开了世界健美史上崭新的一页。

(二) 中国健美运动的发展简况

中华民族是世界古代文明的发源地之一,曾经创造了灿烂的古代体育文化,尤其是具有较高医疗和保健价值的导引养生术和各种民间体育健身游戏更是受到世人推崇。同时,我们的祖先也是崇尚健美、崇尚力量、崇尚英武的。流传上千年的金刚形象,就是健和力的象征,每当我们踏进千年古庙时,迎面站着的四大金刚的英武形象,立即就会令我们肃然起敬。

古代劳动生活的特点需要有强健的体魄,频繁的部落征战更需要有强壮有力的身体。所以,我国古代早就将健、力、美三者结合在一起而予以提倡。举鼎、翘关(提举城门杠)、举石等健身活动,则早已有了几千年的历史,至今山海关还保留着古时候军队习武用过的重达50 kg的大铁刀。北京故宫大门午城楼上现存的一块重250 kg的方石,两侧刻有凹处以便于提拉,原来这是清朝用来考武举的工具。我国民间早就流传的石担、石锁,是今天杠铃和壶铃的雏形,由此,可以看出我国的健身运动历史悠久。

现代健美运动是一项较年轻的体育运动项目,虽然20世纪30年代才在我国正式诞生,但20世纪之初,欧美等国健美运动的信息就已传入中国。1917年4月,年轻的毛泽东(1893—1976)就在《体育之研究》一文中介绍过德国的山道(当时译为孙棠),毛泽东把山道(孙棠)誉为由柔弱变为强健的世界体育家。到20世纪20年代前后,国外的健美函授学校甚为活跃,并于20年代末影响我国。最初仅在上海、广州等沿海城市兴起,1924年上海沪江大学学生赵竹光(1907—1991)为了寻求健身之道,参加了美国查理斯·爱技斯举办的健身函授课,开始进行自抗力锻炼的练习,进而使用杠铃和哑铃作为发达肌肉和改善体形的现代器械,因效果卓著，吸引了大量爱好者参加练习，1930年，经学校批准，成立了"沪江大学健美会"。后因该组织的训练效果显著，校方还做出了凡是参加健美会的同学都可把其训练成绩作为体育课的成绩，而免修体育课的规定。沪江大学健美会是中国乃至亚洲的第一个健美运动组织，它的出现，为近代中国健美运动理论与实践的发展奠定了基础。

赵竹光先生和他的学生曾维琪先生在传播这项运动上起了重要的作用。当时在上海沪江大学读书的赵竹光身体瘦弱，体重不足50 kg，他困惑于国衰民弱，抱着强身健国的宗旨，倡导和组织了中国第一个健身组织——沪江大学健美会。曾维琪先生也是其中的一员，他们开始时在一同学家里的阳台上，用仅有的一副土杠铃和一些哑铃来锻炼身体。到1940年5月赵竹光和曾维琪一起创办了上海健身学院，当时的校训是"健全的身体、健全的人格、健全的头脑、健全的灵魂"，该学院为我国健美运动的发展培养了一批骨干力量。赵竹光还积极宣传健美、健身运动，利用他在商务印书馆工作之机，先后翻译并出版了《体格锻炼大全》等著作和主办过《健力美》杂志。1942年，曾维琪也在上海成立了"现代体育馆"，培养了中国历史上第一名健美冠军柳颛庵，并主编过《现代体育》期刊，他们都为推动我国的健美运动作出过巨大贡献。当时，在上海的娄琢玉、胡维予等人也相继在上海中华基督教青年会和精武体育会开展健美运动，并利用业余时间担任教练员。

广州南洋归侨谭文彪创办了"谭氏健身学院"，吸引了不少学员。北京体操界比较有名的林仲英先生还专程到上海取经，从曾维琪先生处弄来一副模具，翻砂制作了北京的第一副铁杠铃，凭借它在北京青年会的地下室中开办了健美举重班。后来，他成为新中国第一名举重运动健将。此外，在苏州有李钧祥开展的健美活动，在南京还有戴毅创立的"首都健身院"等。

1946年6月10日，在上海八仙桥青年会小礼堂举行了我国第一次男子健美比赛，比赛按身高分为甲、乙、丙3组，共有20多名运动员参加。柳颛庵获得这次比赛的全场冠军，黄辉和茅冠卿分别获得第二、三名。担任裁判的有我国著名健美专家赵竹光、梁兆安、曾维琪、著名雕塑家张充仁和印度的摄影家泰泰等5人。

在新中国成立以前，我国的健美运动开展很不普遍，这是和广大劳动人民的生活状况分不开的。人民的衣食温饱问题尚得不到解决，就更没有精力搞健美运动了。再加上社会对健美运动存在片面的看法，所以，解放前的健美运动技术水平不高。

新中国成立后，健美运动深受广大青年人的欢迎，尤其在上海、广州等地得到蓬勃发展。20世纪50年代中期以后，健美运动一度被作为"资产阶级的体育观点和唯美思想"加以批判，一时间各健美场所都转项专搞竞技举重，不少健美运动员也随之转项，使健美运动停滞近 30 年。直到粉碎"四人帮"，健美运动才得以恢复和发展。

1980 年前后，上海、广州、北京、武汉等地先后恢复了健美运动。1981 年，《健与美》等杂志相继问世，很多体育场馆和大专院校开办了健美训练班。全国部分体育学院和国际关系学院、武汉教育学院(现合并为江汉大学)、北方交大、深圳大学等高校率先开设了健美选修课。清华、北大等高校大学生的业余健美活动也很活跃，江汉大学的健身健美队还多次参加过国内及国际健身健美比赛，取得过数十枚金牌并多次荣获全国团体总分第一名和全国高校总分第一名。山东、成都等体院还开设过健美专业，江汉大学体育学院更是在国内高校中率先开设了健身专业方向。健美运动迅速在大学、中学得到了积极的开展。

1983 年 6 月 2 日至 4 日，在国际健美协会主席本·韦德(1925—2008)的热情帮助和上海市体委的积极支持下，娄琢玉先生在上海筹备并组织了"全国第一届力士杯健美邀请赛"。其间，国家体委把健美比赛正式列为一年一度的全国性比赛项目，比赛名称定为"力士杯"。从 1983 年到 1986 年的四年之间，先后在上海、广州、北京、深圳举行了四届"力士杯"邀请赛，可以说娄琢玉先生在 20 世纪 80 年代之初为中国健美运动的复兴作出了积极贡献。他是当初全国最著名的且身体力行的健美专家的杰出代表。

1985 年 11 月，在瑞典歌德堡举行的第 39 届国际健美联合会年会上，正式接纳我国为国际健美联合会(IFBB)的第 128 个会员国。1986 年 10 月，由原国家体委主持，正式选举产生了"中国举重协会健美委员会"。

1986 年在深圳举行的第四届"力士杯"健美锦标赛正式增加了女子个人和男女混双比赛。女运动员第一次按照《国际健美比赛规则》的规定，着"比基尼"泳装参赛。四川杂技演员陈静成为中国的第一个女子健美全场冠军。

从 1987 年 10 月在安徽屯溪市举行的第五届全国健美锦标赛开始，国家体委将"力士杯全国健美邀请赛"改为"全国健美锦标赛"，并分别在全国各地举办了"健美精英表演赛"、"健美锦标赛"和"健美冠军赛"、"奥林匹亚先生赛"和"全国健身俱乐部公开赛暨会员风采大赛"等(后来发展到以锦标赛为主)，运动技术水平逐年提高。

1988 年 9 月，中国高等教育委员会决定将"健美运动"列入全国高等院校学生选修的体育科目。

1989 年 9 月 20 日中国健美协会正式加入亚洲健美联合会，并参加当年的亚洲健美锦标赛。

1993 年，"中国健美协会"(缩写 CBBA)正式成立。

1994 年，我国在上海成功地举办了第 48 届世界男子业余健美锦标赛。我国第一位亚洲男子健美冠军是山东运动员秦承勇，他于 1995 年在重庆举行的第 31

届亚洲男子健美锦标赛上，为中国队夺得了 75 kg 级的金牌。

2005 年 11 月，在上海举办的第 59 届世界健美锦标赛上，我国选手钱吉成夺得 60 kg 级冠军并获得进步最快奖，实现了中国选手在世界健美锦标赛上的历史性突破。2006 年 12 月，在卡塔尔多哈第 15 届亚运会健美比赛中，钱吉成再次夺得 60 kg 级金牌，实现了中国选手在亚运会健美项目上金牌零的突破。

2006 年 11 月，在武汉举办了中国大学生健康活力大赛暨首届大学生健身健美锦标赛。来自全国 78 所高校的 1200 余名健儿参加了健身健美、健美操、健康街舞、艺术体操、拉拉队五大运动项目的激烈角逐。本次健身健美锦标赛共设健康明星和健美明星 10 个项组的比赛，实力雄厚的江汉大学队夺得了此次健身健美锦标赛全国省区团体总分第一名和全国高校团体总分第一名，并获得本次大赛唯一的一个最佳团队奖。全国大学生健身健美锦标赛的成功举办，标志着我国高校健身健美运动水平又上了一级新的台阶，有力地推动了我国高校健身健美运动的发展。

目前我国男子的健美水平与国际先进水平的差距在逐渐缩小，低级别进步显著，但是高级别运动员与国际先进水平差距较大。女子健美水平在亚洲则名列前茅，上海马拉松运动员出身的张平成为六连冠"亚洲小姐"，另外，1990 年在新加坡举行的第 7 届亚洲女子健美锦标赛上，她因获得了 52 kg 级金牌而成为我国第一位亚洲女子健美冠军。达坂城的姑娘曹新丽也多次获得过亚洲健美比赛的冠军称号。

随着世界健美运动水平的高速发展和普及，我国于 20 世纪 90 年代中期又开始与国际健身竞赛机制接轨，开设了中国的"健身小姐"大赛项目，随之"健身先生"竞赛也逐渐加入。

中国"健身小姐"和"健身先生"大赛是一项新兴的运动，在我国已取得了可喜的进展。"健身先生"和"健身小姐"作为一种体育竞赛项目的称谓，它是国际健美联合会新设的项目，是一种源于健美又有别于健美的新的比赛形式，尤其鼓励女子从事健美训练，塑造形体，但又不同于侧重展示肌肉与力量的健美比赛，也与侧重外表和形体的选美比赛有着本质区别。它是展示女性或男性通过健身锻炼而获得健美体格的竞赛，该项赛事源于 1993 年，由阿诺·施瓦辛格发起并举办了首届"健身小姐"比赛。健身小姐的特点是健美匀称的形体、综合的身体素质、上乘的表演能力、一定的文化素养等。在评判规则中，充分地体现了这些要求，因而更贴近大众的健美理念，为参赛运动员和观众所接受和欣赏。

1996 年我国举行了"信华杯"首届中国健身小姐大赛，北京体育大学的刘令殊成为我国第一个健身小姐冠军。此外，我国选手程丹彤于 2001 年 9 月在韩国釜山举行的第 3 届亚洲健身小姐锦标赛上夺得 1.60 m 以上组桂冠，成为我国第一位亚洲健身小姐冠军。而"健身先生"比赛一词最早始于 2001 年江苏省无锡市的"健身体育展示会"，这应该是中国也是世界首次"健身先生"比赛了。

2006年我国又在广州举行的全国健身大赛中融进了"体育健身模特、女子形体健身"等项目，标志着我国健身健美运动进入了一个全新的发展时代。

此外，从2000年起，中国健美协会开始着手进行全国等级健身指导员培训。到2008年止，共举办全国性的等级健身指导员培训班近81期，为我国健身健美运动培养和造就了一大批既具有开拓创新精神又具有健身健美理论与实践指导能力的应用型高中级专门人才和骨干力量。

我们相信，随着我国人民精神文明和物资生活水平的不断提高，健身健美将愈来愈受到人们的喜爱和欢迎，中国的健身健美运动之花一定会开遍祖国各地，并步入世界健身健美强国之林。

第三节 健身运动与健美运动的区别与联系

一、健身运动与健美运动的关系

（一）健身运动是健美运动的母体

从历史的演进过程来看，健身运动孕育了健美运动。虽然关于体育健身运动的起源有"劳动说"、"游戏说"和"活动说"之争，但它是健美运动之母却毋庸置疑。而且起源也绝不是一元的，而是多元的。它不但与生产劳动和生活(如狩猎、捕鱼、采集、种植、农耕等)有关，也与军事、宗教、医学、娱乐和教育(如格斗、奔跑、跳跃、投掷、攀爬、游戏、杂技、舞蹈、娱乐、祭祀、礼仪、艺术)等紧密相连。有关学者还认为，人类体育健身运动的三个最直接的渊源应该是最初的教育、文化娱乐和医疗卫生。总之，是上述所有这些活动的发展及其综合因素，推动了体育健身运动的发展，并且孕育了古代健美运动(如古希腊的裸体运动、古罗马的搬动和高举重物)与现代健美运动(其开山鼻祖为19世纪的德国大力士山道Sandow)。反过来健美运动的发展又极大地丰富了现代健身运动的内涵，促进了健身运动的发展。

（二）健美是健身和健康的升华

健身健美都属于体育的范围，都是一种社会现象和社会体育活动的形式，都是以身体运动为基本手段。顾名思义，前者侧重于健身，后者侧重于健美；前者是一种行为和方式，后者则还是一种体育运动项目。同时，它们也都属于体育科学的范畴。但健身运动并非指某一个单一的项目，而是一个广义的概念，是所有健身运动项目的概括，这其中当然也包括健美运动。

从健身健美运动的宗旨来看，两者都主张以健身教育与身体活动的方式，来促进人们身心的发展及健康的维持，但前者以全民健身为主体，后者则在健康的前提下，以肌肉(竞技)健美为主轴。

从所倡导的精神来看，健身运动注重全民健身主体的体现，更追求身心高度完善状态的锻炼，并以健康、活力、长寿为根本。竞技(肌肉)健美运动则要求不断地提升健康水平和技能、技术水平，以体现"更快、更高、更强、更健美"为目标，重在超越自我及他人。

在实施方法及教育方式上，前者主张以健身运动处方式的科学锻炼为主体，并结合娱乐、休闲、旅游及竞赛等多功能活动方式来增强其趣味性及目的性。后者(竞技健美)则较早地完善了处方式的教学训练方式，主张利用树立榜样的方式来鼓励进取和参与，并强调以"运动精神"为主，"夺取金牌"为辅，以求建立在努力中求欢乐及一般伦理基本原则所推崇的新型、健康、科学的生活方式。

从运动水平和层次来看，健身和健康是健美的基础，而健美则是健身的升华和健康的标志。

二、健身运动与健美运动的区别

(一) 目的相近，侧重点不同

健身运动是通过各种方式的身体锻炼，达到心理、生理(各内脏器官及系统)的机能平衡，最终达到增强体质、延年益寿的目的。健美运动则是在健康的基础上，运用不同的器械和各种训练方法，达到增强体质、发达肌肉、修塑健美体型的目的。

从两者的目的看，都可以增强体质，但健身运动侧重于健康，诸如强身健体、疗疾康复、消遣、娱乐、延年益寿等。而健美运动则侧重于身体外形美观，诸如发达肌肉(本质性特点)、增强肌力、修塑体形体态、矫正畸形、减肥、增高等。同时，两者都可以不同程度地改善和提高人体心血管、呼吸、消化及中枢神经系统等的机能水平，调节心境、陶冶情操和培养良好的气质与融洽的社会关系，以及养成良好的生活习惯等。

(二) 锻炼内容和方式方法各异

从锻炼的内容、方式、方法及锻炼效果的评价看，广义上的健身运动包含了健美运动，两者有着非常紧密的联系。但从狭义分析，两者又有所区别，有时甚至是质的区别(见表1-2)。

此外，在锻炼效果的测量与评价方面，两者也各不相同，健美运动侧重于人体形态，尤其是肌肉的围度和质量等。健身运动则侧重于生理功能，如器官系统的机能水平及身体、心理素质与适应能力。

表 1-2　健身健美锻炼方式方法区别

项　目	健　身	健　美
器械使用	徒手为主，器械为辅	徒手为辅，器械为主
锻炼方式	集体为主，个人为辅	集体为辅，个人为主
锻炼方法	重复次数较多，负荷较轻	重复次数较少，负荷较重
供能系统	有氧供能为主，无氧为辅	有氧供能为辅，无氧为主
锻炼内容	按不同的器官系统锻炼	按不同的部位锻炼

(三) 服务对象有别

健身运动和健美运动的区别还体现在各自的教练及其所教的对象上，竞技健美运动员对教练员的意图甚至意志必须服从；而健身教练(尤其是健身私人教练)则恰恰相反，必须为对象提供人性化、个性化、多样化、鼓励化的教学和服务，亦即做到以人为本，全心全意地为对象提供健身技能、技术等全方位的指导。

第四节　健身健美运动的发展策略与构想

现代健身健美运动源自西方，并具有鲜明的西方文化色彩。依据西方文化的普遍思维方式，表面上虽然逻辑清晰而缜密，但实际上由于看待事物总是"从微观而宏观"，加之中西方人在文化及人体审美观念等方面的差异，因此，往往缺乏宽大的视野，也较少吸纳东方的文化思想及内涵，故此，探索中国现代健身健美运动的发展之路，并构建符合中国特色的健身健美思想体系和制订可持续发展的战略就显得尤为重要。

一、现代健身健美运动思想体系的构建设想

(一) 构建现代健身健美运动思想体系的依据

现代奥林匹克的思想体系及内容是构建现代健身健美运动思想体系的首要依据。根据顾拜旦的体育思想、奥林匹克宪章中的有关记载及众多学者的研究，现代奥林匹克思想体系的主要内容如下。

(1) 奥林匹克主义　①奥林匹克主义的核心思想是教育；②教育的手段是以体育运动为主体，并结合其他文化活动来教育人们的身心；③教育的方式是以体育运动竞赛活动形式，利用榜样的方式，来鼓励进取、鼓励参与，以建立在努力中求欢乐及一般伦理基本原则推崇的奥林匹克生活方式；④教育的目标是促进体

质、意志和精神的全面发展。

(2) 奥林匹克宗旨　①体育运动处处为人的身心和谐发展服务；②建立一个维护人的尊严的和平的社会；③推己及人，将奥林匹克主义的目标，由个人逐渐扩大为全世界；④通过没有任何歧视而且具有奥林匹克精神的体育活动，来扩大全世界不同文化、不同种族与不同国家间人民的相互了解，并进而教育全世界青年；⑤建立一个和平而美好的世界。

(3) 奥林匹克精神　①友谊(和平)；②团结；③公平竞争。

(4) 奥林匹克理想　①一切体育为大众，体育是人们的权利；②使体育成为社会活动的一个主要部分，使人人都能接受体育教育；③使人类社会达到尽善尽美的理想境界。

(5) 奥林匹克格言　①更快、更高、更强(激发奋斗)；②重在参与、不在取胜(不在与别人比，而在与自己比)。

从上述思想体系可以清楚看出奥林匹克运动实现其理想的理论设计模式。其中奥林匹克运动所要达成的初级目标为：①增强身体素质；②培养意志品质；③尊重公德情操。终极目标则为"促进世界和平，建立尽善尽美的理想社会"。而其实践方法，则通过身体练习来达成。然而单调的身体练习很难带动人们持续性练习的动机，当然也不易带动社会群众的互动与交流。因此，应结合公平趣味的竞赛活动制度，通过良好榜样的树立及"更快、更高、更强"和"参与比取胜更重要"等格言的号召，来建立"在努力中求欢乐"的奥林匹克生活方式，进而达到奥林匹克运动的初级目标和终极目标。

其次，就是依据我国的国情和实际需要，如文化差异、审美差异和传统习俗差异等，并结合我国健身健美的特点，来构建我国现代健身健美运动的思想体系及内容。

(二) 我国健身健美运动思想体系的内容

依据上述总的框架体系结构，参考他人的研究成果，将我国健身健美运动的思想体系及内容构建归纳如下。

1. 现代健身健美运动的理想

(1) 全民健身，人人健身，天天健身，终身健身，科学健身；

(2) 达到身体高度完美的理想状态及公平、合理而和平的理想社会。

2. 现代健身健美运动的宗旨思想

(1) 核心思想是全民健身教育，主张以健身教育与身体活动的方式，来促进人类身心的发展及健康的维持；

(2) 以全民健身为主体，竞技健美为辅助；

（3）以健身健美运动来促进不同文化、不同种族及不同国家间的体育文化交流，加快人类文化的融合，达到互取所需，强化友谊，进而促进世界和平。

3．现代健身健美运动的精神

（1）全民健身精神(主体)　①科学锻炼；②一举数得的多功能锻炼；③追求身心高度完美状态(以健康、活力、长寿为根本)的锻炼。

（2）竞技健身、健美精神(辅助)　①友谊(和平)、团结、公平竞争；②体现"更快、更高、更强"、更健美(为目标)；③参与比取胜更重要(不在与别人比，而在与自己比)，重在超越自我。

4．现代健身健美运动的实施方法

（1）以全民健身运动为主体并结合其他文化活动来教育个人身心的和谐发展，进而促使人类社会的和谐发展；

（2）教育的方式为两种：在全民健身方面，主张以健身运动处方式的科学锻炼为主体，并结合竞赛、娱乐、旅游、休闲、自卫等多功能活动方式来增强其趣味性及目标性，协助组织社会群众共同参与健身锻炼，来促进人们的互助交流，并加强体育健身意识的宣传，来提高人们的健身运动动机；在竞技健身、健美方面，利用树立榜样的方式，来鼓励进取，鼓励参与(但所要树立的榜样，应以"运动精神"为主，"夺金"为辅)，同时，坚决反对使用兴奋剂等违禁药物，以建立在努力中求欢乐及一般伦理基本原则推崇的新的奥林匹克生活方式。

二、我国健身健美运动的发展策略

要推动我国健身健美运动的可持续发展，扩大健身健美市场和经营产业，首先必须有正确的发展战略作导向，并找准我国社会主义市场经济体制下健身健美运动(市场)的定位，更新健身健美理念，完善和规范健身健美市场，才能引导我国健身健美运动健康有序地发展。

（一）找准我国健身健美运动的定位

坚定现代奥林匹克和健身健美运动的理想，坚持全民健身运动战略，立足发展，面向未来，瞄准世界，市场开发与技术培训并举，以健身指导员(社会体育指导员)培训和服务为主，同时努力推进私人健身教练培训和服务为辅的双轨制培训与服务模式，为社会培养并输送具有开拓创新精神和健身健美理论与实践指导能力的高水平应用型专门人才，并逐步实现由应用型向复合型人才培养的模式转变，为实践我国全民健身运动的基本国策服务。

(二) 更新健身健美理念

与国际健身市场和机制接轨，占领国际健身健美运动的前沿，贴紧我国城市人群，辐射中小城镇及广大农村，大力倡导休闲健身，倡导个性化、人性化、多元化服务，努力做到以人为本，以新型的健康观念为导向，以健身健美运动的深入普及为基础，以科学研究与教学培训为龙头，以培养具有开拓创新精神和健身健美指导能力的应用型(并逐步转变为复合型)高中级人才为手段，以促进人们的身心达到高度完美的理想状态为目标，促进我国健身运动的跨越式发展。

此外，还应本着"健康、健美、快乐、活力、长寿"的健身宗旨，以轻竞技重参与为主导精神，同时尽量体现"更快、更高、更强、更健美"，并以此作为运动或参赛目标，重在超越自我；以健身、娱乐、和谐为活动主体，以学校、班级、社团、社区、企事业单位和健身代表队为载体，以群众性比赛、活动和培训的形式搭建和登上大众健身运动的平台，倡导科学健身；推崇新型、健康、科学的生活方式，活跃在健康与时尚的前沿，引领时代风潮，传播新的健身理念；推广新的健身方法；为大学生及全民健身健美运动的普及和推广发挥良好的示范和带头作用。

(三) 规范健身健美市场

政府主管部门要尽快制定完善和执行行业规范和标准，引导全国的健身行业有序竞争，不打价格战、不抬价、不压价。以质量求生存，以服务谋发展，让人民大众获得实利，同时也使各会所之间真正做到优势互补，实行双赢和多赢。

(四) 扶持和打造中国特色的健身健美"航母"

在引进国外先进健身理念和方法的同时，不忘挖掘中国各民族传统的、优良的养生健身方法如"巴山舞"、"三步踩"等，将之发扬并推向全国和世界，使之成为各民族乃至中国的特色。同时抓住国外健身产业向国内转移并跑马圈地之机，实行有限联合或独立经营，逐步打造或形成自己的健身旗舰和航母。

(五) 增强忧患意识，找准制约我国健身健美运动发展的薄弱点

目前制约我国健身健美运动或市场发展的瓶颈主要有几点。一是人才优先理念不到位，重使用轻培养。健身会所数量扩张快，而质量尤其是教练水平跟不上，大多数教练仅仅只局限于会教学员练几块肌肉或跳几套操，却对营养、保健、养生知识等一知半解或知之不多，无法完全满足现代健身会所学员的求知需要。二是服务设施和专业场馆及器械的规模、质量还不到位。三是健身市场的规范和管理不到位。四是对先进的健康理念的舆论宣传不到位等。这些都成了制约健身市场发展的软肋和瓶颈。

(六) 实行可持续发展战略

要想实现我国健身健美运动和市场的可持续发展战略，就必须在健身市场的发展和运作上注意坚持结构、质量、效益、规模的并举和协调统一，不以牺牲环境、质量、信誉为代价，不搞破坏性、重复性建设，同时健全必要的安全保障体系和行业规范，这才是促进我国健身健美运动大踏步前进的强盛之路。

思考题

1. 试述健身、健身锻炼、健身运动、健美、健美运动、形体修塑、休闲健身的概念。
2. 简述健身运动锻炼项目的分类、项目的选择及锻炼的特征和原则。
3. 简述健美运动的作用、动作分类、起源及发展概况。
4. 简述健身健美运动的区别与联系，以及我国健身健美运动的定位和发展理念。

第2章

健身健美运动锻炼效果的测量与评价

本 章 提 要

本章介绍了健身健美运动锻炼效果测量与评价的意义、种类、要求，身体与心理健康评价，体态与姿态健美评价，锻炼负荷的主观评价，运动行为的整体评价等定性评价方法。并重点介绍了人体的长度、宽度、围度、体重、皮脂厚度、脉搏、血压、肺活量等常用体格测量指标的测量评价方法，以及计算评价、查表评价、达标评价、目标评价等定量评价方法。

健身健美锻炼效果的测量与评价，是指对健身健美锻炼者的身体形态、结构、机能、素质和健康状况等一系列各种属性或其特征的一种定性和定量化的检查与评价方法，它由测量和评价两部分组成。测量是收集资料的过程，评价则是使用所获得资料对照相对稳定的标准而作出科学的判断的过程。

第一节 健身健美锻炼效果测量与评价的意义、种类和要求

一、健身健美锻炼效果测量与评价的意义

科学的健身健美锻炼，有赖于对其效果的测量与评价。健身健美的终极目标，是使身体发生由弱趋强、由病转康的变化，从而达到愉悦身心、健美形体、益寿延年之效。但它是由每个锻炼单元(若干个锻炼日)逐渐积累而成的，只有各个锻炼单元中都能取得良好的锻炼效果，则锻炼的积累效果才有保证。因此，健身健美效果的测量和评价有助于克服健身健美的盲目性，对获得最佳身体锻炼效果，克服伤病等不良反应等均具有重要的意义。具体说来，其意义表现在以下几方面。

(1) 在进行系统地身体锻炼之前进行的身体检查，可以预先了解身体是否患病，明确身体锻炼的禁忌症，从而有针对性地采取必要的医疗保健措施，克服盲目锻炼所带来的不良后果。

(2) 在各个锻炼阶段(如三个月、半年或一年)前进行的身体状况的测量和评价，可以明确锻炼者在身体各机能、各种身体素质和运动能力及形态方面的基础条件，以便科学地确定锻炼的内容、方法和负荷量度，并为阶段性身体锻炼结束后评价健身健美效果提供基础指标。

(3) 健身健美过程中或结束后进行的测量和评价，有利于分析锻炼时身体受到刺激的程度和"一时性"锻炼效果，为锻炼过程的负荷控制积累资料。

(4) 健身健美效果测量与评价中的良性结果，有助于调动锻炼者的积极性和兴趣，其不良结果则为改进锻炼手段和方法敲起了警钟。因此，它为促使健身健

美运动的科学化和提高锻炼效益提供了保证。

二、健身健美锻炼效果测量与评价的种类

健身健美效果的测评有多种多样的方法，可根据不同的需要加以选用。

(一) 自我测评与他人测评

自我测评多采用主观感觉、观察进行定性检查和评价，也可采用较为简易的定量测评方法。这是健身健美锻炼最常用的方法，其特点是方法简便、及时，便于操作，但主观成分较大。

他人测评是根据特定要求进行的，它需要一定的设备和仪器，客观性较好，比较规范，但要有一定的组织工作。

(二) 主观测评与客观测评

主观测评即评价人根据观察、感觉和个人经验等来评价健身健美锻炼效果，既可由锻炼者个人进行，也可由他人进行。该法不需要仪器设备，简便易行，缺点是客观性较差。

客观测评是借助于测试仪器设备，用规范的方法获得精确的数据，用一定的标准去评价锻炼效果。

(三) 单一指标测评与多指标综合测评

单一指标测评是指选择一个指标对身体锻炼的某一方面效果进行测评，如健美锻炼中对某个部位采用围度测评法，长跑锻炼中采用时间测评法，减肥锻炼中采用体重测评法等。这种测评方式较为简便，针对性强，能较灵敏地反映身体锻炼后某一方面机能和能力以及形态的改善情况。要使单一指标测评更为有效，重要的是选择合理有效的测评指标和进行科学的测定。

多指标综合测评是根据锻炼者体质和身体锻炼的特定需要出发，精选若干个测定指标，组成一个测定体系，对锻炼对象进行测定，再利用一定的权重关系对锻炼者身体锻炼情况作出综合评判，如我国的"国家体育锻炼标准"、"中国成人体质测定标准"等。多指标综合测评的具体方法很多，可以有定性评价，但以定量评价为主。在定量测评的若干因素中，可以采用单项评分累加法、平均法、标准化加权法、相关法、指数法等。选用各类指标时要尽可能全面反映身体锻炼不同方面的效果，避免同类指标的重复。

(四) 对个体的测评与对群体的测评

对个体的测评是以某个人作为测定评价对象，运用有关手段和方法进行测定

评价的方法。

对群体的测评是在对个体进行测评的基础上，对某一特定群体的身体状况和健身健美效果进行测评，如对某个学校学生或社区健身锻炼者进行的整体评价。有了对不同群体的身体状况和健身锻炼的测评结果，就可以进行不同群体之间的比较分析，而个体也可以用群体指标作为参照系，评价自身的身体状况，并对体育健身过程加以综合分析。

(五) 对健身健美结果的测评与对健身健美过程的测评

对健身健美结果的测评侧重于对锻炼结果(即某一锻炼单元结束后的成果)的测评，是由果推因的评价。这种评价结果往往对提高锻炼者的积极性有直接的推动作用，但运用的周期较长。

对健身健美过程的测评则是对锻炼过程状态的检查，是一种由因推果的方法。如根据运动处方的要求组织的测评，可使锻炼者达到所规定的运动强度、运动时间和频度。由于它侧重于行为本身的评价，方法简单，标准明确，能直接推动人们参加健身健美锻炼。

(六) 静态测评与动态测评

静态测评是在锻炼者处于静息或相对安静时所进行的测评，如测评锻炼者的基础脉搏、血压、锻炼前的脉搏等。静态测评主要是了解锻炼者的长期适应情况，以评价身体锻炼的效果。

动态测评是对锻炼过程进行的测评与控制，如根据遥测心率计测定和控制锻炼者的心率变化。动态测评有助于了解身体在运动时的反应以及身体运动指标等。

(七) 瞬时测评与延时测评

瞬时测评主要在健身健美锻炼过程中运用，常用于对身体锻炼负荷量度的控制，如测定运动中的各种生理生化指标，身体练习的刺激大小和身体对负荷的适应情况。

延时测评主要是测评身体锻炼的积累效果，通过分析人体处于常态时的身体状况，以评价其效果。

三、健身健美效果测量评价的要求

(一) 要根据锻炼者的需要选择测评手段

健身健美锻炼的测评手段是多种多样的，每一种手段都有专门的功能和作用，对测评器材、仪器和测试者本身均有一定的要求。因此，要根据锻炼者的需要，有针对性地选用。

（二）测评手段要可靠、有效、客观、安全

测评的指标和方法要有代表性和多层次性，采用同类指标时可运用不同的测量手段，选择时要达到可靠、有效、客观和安全"四性"一致。

（三）评价标准要具备可比性

所采用的评价标准必须具有可比性，选择时要考虑不同年龄、性别和锻炼者的身心特点。

（四）特别要注意提高测评的精确度

有关测量最重要的问题是有效性，有效性的首要条件是一致性，而一致性包括了测量本身的可信度和测量者的客观性。因此，要注意测量环境、设备、受试者的正常变化和测试人员等各个不同环节，充分做好组织、准备和测评工作。

第二节　健身健美锻炼效果的测量与评价方法

一、定性评价

（一）视觉观察评价

1. 身体健康评价

车尔尼雪夫斯基说："生命是美丽的，对人来说，美丽不可能与人体的健康分开。"人是美的，因为人体符合美的规律，而其中最本质的规律就是健康。有人把"健"与"美"比喻为"形"和"影"，丢掉了形便消失了影，没有健康，便没有人体的美。健康是内在的本质，以健康作为外形美的基础，人体美才能得到充分的发展。

为此，特将世界卫生组织公布的十条标准列出(衡量健康十大准则)。

(1) 有足够充沛的精力，能从容不迫地应付日常生活和工作的压力而不感到过分的紧张与疲劳。

(2) 处事乐观，态度积极，乐于承担责任，事无巨细不挑剔。

(3) 善于休息，睡眠良好。

(4) 应变能力强，能适应外界环境的各种变化。

(5) 能够抵抗一般性感冒和传染病。

(6) 体重得当，身材匀称，站立时头、肩、臂、臀等位置协调。

(7) 眼睛明亮，反应敏锐，眼睑不发炎。

(8) 牙龈颜色正常(牙齿清洁)，无出血现象。

(9) 头发有光泽，无头屑。

(10) 肌肉、皮肤富有弹性，走路感觉轻松。

2. 心理健康评价

(1) 对现实具有效率的知觉。

(2) 具有自发而不流俗的思想。

(3) 能悦纳本身，悦纳他人，接受自然。

(4) 在其环境中能保持独立，能欣赏宁静。

(5) 注意基本的哲学和道德的理论。

(6) 对于平常的事物，如朝露夕阳，甚至对每天的例行工作能经常保持兴趣；能分辨工作的过程与结果，对两者都能欣赏。

(7) 能和少数人建立浓厚的友情，并有乐于助人的热心。

(8) 具有真正的民主态度、创造性的观念和幽默感。

(9) 能承受欢乐与忧伤的考验。

3. 体态健美评价

(1) 骨骼发育正常，身体各部位比例适当和匀称。

(2) 五官端正，自然分布于面部。女性应眼大眸明，牙洁整齐，鼻子挺直，脖颈修长；男性应面孔轮廓清晰分明，五官和谐。

(3) 双肩对称，男性应结实，挺拔，宽厚；女性应丰满圆润，微呈下削，无耸肩或垂肩之感。

(4) 男性胸廓宽阔厚实，胸肌隆鼓，背视腰部以上躯干呈"V"字形(胸宽腰窄)，给人以健壮和魁伟感；女性乳房丰满有弹性而不下坠，侧视有女性特有的曲线美感。两者都无含胸驼背之态。

(5) 男子上肢粗壮，双腿矫健；女子下肢修长，线条柔和。小腿肌肉结实稍隆起；足弓高，两腿并拢时正视和侧视均无屈曲感。

(6) 背视脊柱呈垂直状态，侧视有正常的生理曲线，肩胛骨无翼状隆起和上翘之感。

(7) 女子臀部圆满，不下塌；男子臀部鼓实，稍上翘。

(8) 腰细而有力，微呈圆柱形，腹部扁平，无明显脂肪堆积，具有合适的腰围。男子在放松状态时也有腹肌垒块隐现。

(9) 男性肌肉匀称发达，四肢肌肉收缩时，其肌肉轮廓清晰；女性体态丰满而不显肥胖臃肿。

(10) 整体看无粗笨、虚胖、瘦弱、歪斜、畸形、比例失调等形态异常现象。

4. 姿态健美评价

(1) 站立　正确健美的站立姿势应该是：头、颈、躯干和脚的纵轴在一条垂线上，挺胸、收腹、立颈、收颌、沉肩、紧臀、两腿上拔、两臂自然下垂，形成一种优美挺拔的形态，这样人体固有的脊柱形态的曲线也就表现出来了。

(2) 行走　正确健美的行走姿势应该是：躯体移动正直、平稳，又不僵硬呆板；两臂自然下垂，摆动协调；两膝盖正对前方，脚尖略微外撇，落地时先脚跟着地，再逐渐过渡到前脚掌，两腿交替前移的弯曲程度不要太大，步伐稳健而均匀。

(3) 跑　正确健美的跑步姿势应该是：手臂微微弯曲，上体稍有前倾，稍有转动，膝、踝关节应该有弹性，重心轻微上下波动，下肢自然放松，注意调节呼吸。跑起来既显得热情奔放，又轻松自如。

(4) 坐　正确健美的坐姿应该是：入座要轻，手托椅把扶手并支撑屈膝，上体前倾，缓缓入座，臀部坐于坐椅前 1/3 或 1/2 处。上体保持挺胸、直腰、收腹、腰髋收合，腿脚稍分，手稍撑于大腿。两腿不要摆得太宽、太大，更不要跷起"二郎腿"或倚东靠西。

5. 影视评价

健身健美在采用各种健身锻炼方法的前后，分别拍摄自己全身体形照片数张进行对比。拍照时，要求男子赤膊、穿短裤；要求女子穿比基尼泳装，这样就便于看清全身肌肉、脂肪的分布和体形情况。同时，照片要有正面、侧面和背面的。以后每隔 3 个月或半年再拍摄数张全身体形照片，然后定期将前后拍摄的照片进行对照。通过对照，可以直观形象地评价出全身肌肉、脂肪的分布情况及体形的变化情况。

6. 照镜评价

即健身健美者在采用各种健身锻炼方法的过程中，要配上一面能照到全身的大镜子。通过照镜子认识自己的体形体态，随时观察自己体形的丰腴健美情况。

(二) 主观经验评价

1. 健身健美锻炼负荷的主观检查和评价

(1) 主观感觉　如果运动负荷安排适宜，则锻炼者的主观感觉应该是精神饱满，体力充沛，倍感舒服，渴望运动。每次锻炼后稍有疲劳和肌肉酸痛感，也是正常的，通过休息能较快地消除。如果运动后感到精神不振，锻炼兴趣降低乃至厌烦，且有无力、困倦、头晕、容易激动等不良症象，以及出现局部关节肌肉酸疼疲软、麻木、胸部憋闷、气短、腹胀、恶心、呕吐等，都说明锻炼负荷过大或内容安排不合理，这时应停止锻炼，迅速查明原因，请医生治疗。如有必要，可暂停运动一段时间，直到症状消失。

(2) 排汗量　人体皮肤会不断地排出汗液。据测定，人体一昼夜共排出约 700 mL 的汗液，散发约 400 千卡的热量。运动时由于新陈代谢加快，产热增加，汗的分泌就成为人体主要的散热形式。人体在轻微运动时，出汗较少或基本不显汗。这种负荷对人体的锻炼价值不大。当运动负荷适宜时，人体可有微汗或中等程度的出汗。如果负荷过大，肌体过于疲劳，则锻炼者会满头大汗，浑身湿透，颊部出现盐迹，甚至夜间盗汗。观察在运动中的排汗量，是一种监测运动中负荷是否适宜的有效方法。

用排汗量监测负荷时需注意以下几个方面。第一，出汗是随运动负荷增加所出现的一种伴随现象，是锻炼身体所必要的，因怕出汗会弄脏衣服而不愿增加负荷的顾虑是不可取的。第二，运动中出汗较多对于减肥锻炼是必要的。但是，急于求成而增加锻炼时间造成大量出汗，会使肌体一时失水过多，对肌体的代谢不利。第三，出汗量受年龄、性别和锻炼水平的影响，并有明显的个人特点，要根据个人承担负荷的能力来确定排汗量的程度。第四，排汗量的多少直接受气温气压的影响，也与饮水的多少有关。夏天气温高，饮水较多，汗液分泌较多。冬天天气寒冷，汗液分泌较少或不显汗。这时，只要肌体的其他指标适宜，运动负荷仍可能是适宜的。

(3) 情绪　情绪是人对客观事物是否符合人的需要而产生的体验，是身体健康状态的"晴雨表"，同时也是衡量人体承担负荷情况的一种主观指标。一般来说，人体具有运动的需要，当这种需要得到满足时，人就会产生愉快的情绪体验。在运动锻炼后，人的精神饱满，情绪乐观，说明运动负荷比较合适，健康状况良好。反之，当运动负荷过大，或身体状况不佳，则会情绪低落，精神不振，焦躁不安，不愿说话等。当这种情绪发展得较为严重时，则应引起重视，及时调整运动负荷和改进锻炼方法，特别要降低运动的强度。

(4) 食欲　人体在从事健身健美锻炼过程中，其能量消耗是很大的。一般来说，如果运动后生理反应正常，健康状况良好，人的食欲是很旺盛的，食量也会增加。相反，如果运动负荷安排过大，生理反应异常，健康状况不佳时，就会出现食欲不振。若不及时调整，就会影响身体健康。因此，食欲是一种重要的运动负荷监测指标。

(5) 睡眠状况　睡眠是反应人体健康状况和身体运动负荷大小的重要指标。睡眠状态不佳本身就是疾病的表征。人体从事适宜的体育运动后，大脑皮层和全身各器官系统会产生一定的疲劳，睡眠是大脑皮层保护性反应和消除疲劳的必然过程。如果身体锻炼负荷适宜，一般应睡眠良好，睡得深沉，较少做梦，觉醒后感到精力充沛，处于良好的工作和应激状态。如果身体锻炼的负荷过大或不太适应，或者由于病变的影响，则可能导致失眠、多梦或嗜睡等不良现象，觉醒后仍感到精力不支。

对于中老年锻炼者来说，要经常检查平时的睡眠情况，如果不适，需要及时控制和调整运动量。如果疲劳长时间得不到恢复，经常失眠多梦，如此恶性循环，容易产生疾病，有害身体。

(6) 工作效率和生活能力　如果健身健美锻炼负荷适宜，锻炼效果明显，则会对工作效率和生活能力起促进作用，在工作和生活中就会精力旺盛，思想集中，思维敏捷，记忆清晰，求知欲旺盛，适应能力强，有信心，生活能力强。如果运动负荷安排不当，疲劳加深，工作和生活中就会心浮气躁，记忆力衰退，注意力不集中，主动性不强，生活能力降低。中老年人可据此对锻炼负荷加以调整。

2. 运动行为的整体评价

运动行为的整体评价也称外部检查，主要用以评价运动动作的外部表现。我们知道，掌握规范正确的运动方法，对于养成锻炼习惯，体会运动快乐，达到和提高健身健美效果都是十分必要的。不同的身体运动项目，对运动动作的要求是各不相同的。比如，跑步动作对动作幅度、速度并无较高的要求，但动作的协调、节奏、下肢着地方法则是极为重要的；打太极拳要求形神一致，身随心动；球类运动练习和比赛则要求充分调整心理状态；如此等等。然而，在观察健身健美运动的外部动作时，也有一些共性的方面，必须引起注意。

(1) 动作的准确性　身体锻炼的动作尽管不像竞技比赛那样准确规范，但其准确性仍然是不可缺少的。只有准确的动作才能有针对性地使相应部位得到活动。对动作准确性可以从以下两方面衡量：① 从动作的目的性衡量其准确性，如投篮是否命中，保龄球击中目标的个数等；② 从动作形式看是否符合动作的技术要求，如健美、健身操等动作是否准确地按技术规范去做。

(2) 动作的协调性　协调即运动练习相关方面的和谐。协调的动作给人以美观、轻捷的感觉。健身健美动作的协调包括身体各部分的协调，各个动作要素之间的协调，身体动作与内部器官活动的协调等。许多健身项目对身体动作与内脏器官活动的协调是十分重视的，如气功、太极拳等。只有协调的动作才具有经济性(即省力)特点。

(3) 动作的实用性　即动作练习尽可能与职业特点相一致，与身体的康复相吻合，与生活劳动的动作互补。

(4) 动作的安全性　在选择和运用健身活动项目时均要注意其安全性，特别要注意运动的弹性和缓冲性。动作的弹性和缓冲性可以减缓器材或地面的作用力，防止受伤。同时，动作的弹性可加强动作的美感，使运动更加轻盈优美，如健身操中的弹簧步。

(三) 自我感觉评价

(1) 日常穿戴感觉　健身健美者身上的一些穿戴之物，如皮带、裤子、裙子、内衣、内裤及手表带等都可为您提供有关健身健美锻炼情况的依据。在您采取健身锻炼措施后，如果原来穿戴的衣物尺寸明显变得宽大起来，即已说明您的体形更趋苗条或消瘦了；如果您穿的衣裤或皮带、手表带更趋绷紧了，即已说明您的体形更趋丰腴健美。

(2) 健身健美锻炼后感觉　这是指健身健美者在参加锻炼后，尤其是参加健身器械锻炼后，自己应感觉到所练部位的肌肉群有酸、胀、饱满、发热和外形明显扩张的反应。这种反应和感觉越强烈，就说明器械锻炼负荷对身体局部肌肉群的刺激越深，而身体局部的肌肉群通过锻炼后达到"饱和度"状态，就表明器械健身锻炼取得了佳效。对"饱和度"的反应目前还没有更为科学的定量方法来测定，故只有通过自我感觉的方法去体会。

二、定量评价

(一) 体格与生理机能的测量评价

1. 体重的测量

体重是身体发育状况的基本指标。测量时，被测量者需穿背心和短裤。平稳地站在体重计上。测量误差不得超过 0.5 kg，因肌肉的比重较脂肪大，故肌肉丰腴健美者可能会超过正常体重标准。但有些脂肪过多的人，也往往会超过正常的体重标准，所以要参考脂肪厚度。

2. 身高的测量

身高是骨骼发育情况的主要指标。测量时被测者不得穿鞋，足跟、骶部和两肩胛骨中间部位与身高计的立柱紧贴；两臂自然下垂，眼睛平视。测量误差不得超过 0.5 cm。人的身高一般在清晨较高、傍晚较低。这是因为经过一天的活动和身体重力的作用，足弓变浅；脊柱椎体间隙变小，椎间盘变薄；脊柱也会弯曲一些。而经过一夜的休息，清晨时身高又复原了。所以身高测量应在相同时间、相同条件下，用统一方法进行测量，以减少误差。

3. 坐高的测量

使用身高坐高计，检查坐板是否水平，高度(成人 40 cm，儿童 25 cm)、前后宽度是否合适。受测者坐在身高坐高计的坐板上，骶骨、两胛间及头部位置、姿势与测身高同。将水平压板轻轻下压。记录以厘米为单位，精确到 0.5 cm。

4. 脂肪厚度的测量

测量时，被测者直立，两臂自然下垂，测量者将其肩胛骨下角 5 cm 处皮肤和皮下脂肪与脊柱成 45°角捏起，用卡尺在距手指约 1 cm 处量得的数值即为脂肪厚度。一般正常人的脂肪厚度为 0.5～0.8 cm，超过这个数值说明脂肪过多；反之，说明脂肪过少。对同样体重的人通过检测脂肪厚度，可确定体型是肌肉型、肥胖型或消瘦型。当您采取健身健美锻炼措施后，若测得脂肪厚度逐渐趋于或低于正常水平，则说明健身锻炼的效果良好。一般测定的部位有：上臂部——肩峰与尺骨鹰嘴突连线中点处；肩胛下部——肩胛骨下方的脐水平线与腋中线交界处；腹部——脐旁 1 cm 处；髋部——髂脊上脐水平线与腋中线交界处；大腿部——腹股沟中点与髂骨上缘中点连线的中点。

某些身体形态学指标还可派生出一些复合指标，更能有效地评价身体生长发育情况，如采用以下指标。

(1) 身高体重指数　可表示每厘米身高的体重值。其计算公式为

$$\frac{体重(kg)}{身高(cm)} \times 1000$$

但该指标受身高的影响较大，身体越高，评价的准确性相对也较低。

(2) 身高胸围指数　表示胸围与身高的百分比，计算公式为

$$\frac{胸围(cm)}{身高(cm)} \times 100\%$$

(3) 身高、体重、胸围指数　计算公式为

$$\frac{体重(kg) + 胸围(cm)}{身高(cm)} \times 100$$

该指数包含了身体的长、围、宽和密度，能较好地反映出体格情况。

(4) 身高坐高指数　计算公式为

$$\frac{坐高(cm)}{身高(cm)} \times 100\%$$

指数越大，说明躯干越长。

在"中国成年人体质测定标准"中，采用"身高标准体重"指标。该指标是在标定身高这一指标的前提下，通过测定体重的变异情况，分析人体体形的优劣，并在调查数据的基础上制定了 5 级评分表。

5. 颈围的测量

颈的围度可反映颈部肌肉的发育情况。测量时，被测者身体直立、眼睛平视、两臂自然下垂，口微开以减少颈部肌肉的紧张，测量者将皮尺水平置于颈后第 7 颈椎上缘，前面置于喉结下方，即颈部最细的部位，这样所测量的围度即为颈围。

6. 肩围的测量

肩的围度可反映肩部骨骼和肌肉的发育情况。测量时，被测者直立，两臂自然下垂，测量者将皮尺放在两腋前线顶点，水平围肩一周所测量的围度即为肩围。

7. 胸围的测量

　　胸的围度，反映着胸廓的大小和胸部肌肉与乳房的发育情况，是身体发育状况的重要指标。测量时，被测者身体直立，两臂自然下垂。皮尺前面放在乳头上缘(女子放在乳房上)，皮尺后面置于肩胛骨下角处。先测量安静时的胸围度，再测深吸气时的胸围度，最后测深呼气时的胸围度。深吸气时与深呼气时的胸围之差称为呼吸差，可反映呼吸器官的功能。一般成人呼吸差为 6～8 cm，经常参加锻炼者的呼吸差则可达 10 cm 以上。测量未成年女性时，测量者应将皮尺水平放在肩胛骨下角，前方放在乳峰上，测出胸廓一周的围度。同时，在测量胸围时应注意提醒被测者不要耸肩，呼气时不要弯腰。

8. 臂围的测量

　　臂的围度可反映上肢肌肉的发育情况。

　　上臂围的测量：应先测量上臂肌肉紧张时的围度，再测量肌肉放松时的围度。被测者单臂侧平举，掌心向上，用力握拳屈肘；测量者将皮尺放在肱二头肌最突出部位测量；然后上臂放松，自然下垂，在同一部位测量肌肉放松时的上臂围。两者之差称为臂围差。上臂肌肉越发达，收缩与放松时的围度差就越大。若将测量出的左右两上臂围值相比较，就可看出其左右两臂肌肉的发育是否均匀。

　　前臂围的测量：被测者两臂自然下垂，测量者应将皮尺放在前臂最粗部位测量出其围度。把测量出的左右两前臂臂围值相比较，也可看出其左右两臂肌肉的发育是否均匀。

9. 腰围的测量

　　腰的围度可反映出腰腹部肌肉的发育情况。测量时，被测者者应直立，两臂自然下垂，呼吸保持平稳，不要收腹；测量者将皮尺水平放在髂嵴以上 3～4 指处，也就是腰的最细部位。这样测出的围度即为腰围。

10. 臀围的测量

　　臀的围度可反映出髋部骨骼和肌肉的发育情况。测量时，被测者应两腿并拢直立，两臂自然下垂，测量者将皮尺水平放在髋部左右大转子骨的尖端最宽大部位，围臀一周所测得的围度即为臀围。

11. 腿围的测量

　　腿的围度可反映下肢肌肉的发育情况。

　　大腿围的测量：被测者两腿分开与肩同宽，两腿平均负担体重。测量者将皮尺放在后面臀下横纹处大腿最粗部位，水平测量大腿一周的围度即为大腿围。将测出的左右两大腿围度值相比较，可看出其左右大腿肌肉的发育是否均匀。

　　小腿围的测量：被测者两腿分开与肩同宽，两腿平均负担体重。测量者将皮尺放在小腿最粗的部位。测量一周的围度即为小腿围。将测量出的左右两小腿围度值相比较,可看出其左右两腿肌肉的发育是否均匀。

12. 脉搏的测量

脉搏是指动脉的搏动。脉搏频率,简称心率。测心率是评价心血管功能的一项重要指标。测量时,被测者坐着或平躺着,测量者以食指、中指和无名指的指端按住被测者腕部的桡动脉,以 10 s 为单位,连续测三个 10 s,当其中两个 10 s 脉搏搏动次数相同,并与另一个 10 s 的搏动次数相差不超过一次时,以 10 s 搏动次数乘以 6 的所得数,即可认定为安静时每分钟脉搏次数。

在正常情况下,成年人安静时的脉搏为 70 次/min 左右。长期参加健身运动锻炼的健身者,安静时心跳缓慢,强而有力,脉搏次数也少,大致在 50 次/min 左右,这是心脏机能加强和提高的表现。

13. 血压的测量

血压是指流动着的血液对血管壁的侧压。我们平时所讲的血压是指动脉血压。动脉血压分为收缩压(高压)和舒张压(低压)两种。测量前要先静坐 10 min,一般正常高压为 100～130 mmHg,低压为 60～90 mmHg。

14. 肺活量的测量

人体尽全力吸气后,再尽全力呼出的气体总量,称为肺活量。肺活量可以用肺活量计测试。测量前先做 1～2 次深呼吸,然后尽量吸气再尽量呼气。在呼气时不能做任何附加动作,要一次呼出。测三次,取其中值最大的一次。成年人的肺活量一般为 3 500 mL。如经常坚持参加健身运动中的有氧锻炼项目,肺活量可达 5 000～6 000 mL。

测量评价还包括力量(握力、背力、俯卧撑、仰卧起坐、立定跳远、纵跳)、速度(反应时间、短距离跑、往返跑)、耐力(12 min 定时跑、定距离跑)、柔韧性(站立体前屈、坐位体前屈)、体质等方面的运动学测量与评价。此外还可采用专门性的屏息(闭气)试验、一次性运动负荷实验、台阶实验、PWC_{170} 试验及最大吸氧量测定等方法来进行测定评价。

(二) 形态与生理机能的计算评价

根据测量所得到的数据,结合现代健身健美运动对人体形态和机能等发展的要求,通过下列计算方法来评价健身健美锻炼的效果。

1. 标准体重的计算方法

$$男子标准体重(kg)=50+[身高(cm)-150]\times 0.75+\frac{年龄-21}{5}$$

$$女子标准体重(kg) = 50 + [身高(cm) - 150] \times 0.32 + \frac{年龄 - 21}{5}$$

2. 身高与体重关系指数的计算方法

$$指数 = 身高(cm) - [100 + 体重(kg)]$$

评定标准：男子标准指数为 5～8，女子标准指数为 3～5。若指数大于 15 时，则身体过于细长，肌肉无力；若指数小于 1 时，则身体过于肥胖。

3. 体格指数的计算方法

它是体重与身高之比和胸围与身高之比的总和，充分反映了人体纵轴、横轴和组织密度，与心肺和呼吸机能息息相关，是一个很好的评价体质、体格状况的指数。计算公式为

$$指数 = \frac{体重(kg) + 胸围(cm)}{身高(cm)} \times 100$$

评定标准：男子指数在 85 以上为体格发育良好，指数在 84～84.9 为体格发育一般，指数在 84 以下为体格发育较差；女子指数在 82.5 以上为体格发育良好，指数在 81.5～82.4 为体格发育一般，指数在 81.5 以下为体格发育较差。

4. 标准体形的计算方法

(1) 女子：

胸围长约等于臀围长；

腰围长比胸围长或臀围长约小 25 cm；

大腿围比腰围长约小 25 cm；

小腿围比大腿围长约小 15 cm；

上臂围长约两倍于手腕围长。

(2) 男子：

胸围长约等于臀围长；

腰围长比胸围长或臀围长约小 13～18 cm；

大腿围比腰围长约小 20～25 cm；

踝围长比小腿围长约小 15～18 cm；

上臂围长约两倍于手腕围长。

5. 健美体形的计算方法

(1) 女子：

胸围长 = 身高(cm) × 0.515

胸底围长 = 身高(cm) × 0.432

腰围长 = 身高(cm) × 0.340

腹围长=身高(cm)×0.457
臀围长=身高(cm)×0.542

(2) 男子：

身长(cm)：胸围长(cm)=1.60～1.65∶1

胸围长(cm)：上臂围长(cm)=2.80～3.00∶1

胸围长(cm)：大腿围长(cm)=1.80～2.00∶1

胸围长(cm)：腰围长(cm)=1.50～1.55∶1

颈围长(cm)=上臂围长(cm)=小腿围长(cm)

6. 全身肌肉群发达程度的计算方法

$$A = \frac{两上臂围+两大腿围+两小腿围+胸围}{两腕围+两膝围+两踝围}$$

经计算，A 值越大，说明全身各部位肌肉越发达，体态越丰腴健美。

7. 全身肌肉群均衡发展的计算方法

通过对两上臂围差、两大腿围差和两小腿围差的计算，得出的差值越小越好。因为围度差值越小，就说明身体的各部位比例越趋于协调、匀称，肌肉的发展也越趋于均衡、饱满、健美。

8. 营养指数的计算方法

人体的营养状况常通过测定腹部和肩胛下皮下脂肪厚度的方法来评定。脂肪和身高、体重存在一定的相互关系，因此，人们往往用由体重、身高等形态发育指标派生出的营养指标来间接地反映人体的充实度、营养状况和体型特点。计算公式为

$$\frac{\sqrt[3]{10 \times 体重(kg)}}{身高(cm)} \times 100$$

评定标准：指数在 100 以上为营养状况优，指数在 95～99 为营养状况良，指数在 90～94 为营养状况差。

9. 合理运动负荷心率的计算方法

通过实验发现，能强身健体的合理运动负荷是本人最大运动心率值的 85%～65%之间，也称为靶心率或叫做目标心率(是指能获得锻炼效果确保安全的心率)。计算方法为

最大运动心率=220－年龄

合理运动负荷心率的上限=最大运动心率×85%

合理运动负荷心率的下限=最大运动心率×65%

比如，年龄为 40 岁的人，他的最大运动心率为 220－40=180(次/min)。那么，

合理运动负荷心率：上限应为 180×85%=153(次/min)，下限应为 180×65%=117(次/min)。这就是说，他锻炼时的心率在 153～117 次/min 之间，表明运动负荷是合理的。高于或低于此范围，就要适当减小或增大运动负荷，把运动心率调整到这个范围。

10. 心脏功能的计算方法

(1) 40 岁以下青年人心脏功能的计算方法。

测评前先测安静时脉搏数的稳定值，接着在 30 s 内做 20 次原地下蹲起立动作(要求下蹲起立必须深蹲，臂部靠近脚跟，两手不得摆动)，以脉搏上升的百分比作为评价心脏功能的指标。计算公式为

$$上升值 = \frac{蹲起后脉搏次数 - 安静时脉搏次数}{安静时脉搏次数} \times 100\%$$

评定标准：上升值达到 25% 以下为优，上升值达到 26%～50% 为良，上升值达到 75% 为及格，上升值达到 75% 以上为差。

(2) 40 岁以上中年人心脏功能的计算方法。

测评前先测安静时脉搏数的稳定值，接着在 60 s 内上四层楼，立即测脉搏次数。

评定标准：心率在 100 次/min 以下为好，心率在 101～120 次/min 为较好，心率在 121～140 次/min 为一般，心率在 141 次/min 以上为差。

(3) 60 岁以上老年人心脏功能的计算方法。

先静卧 10 min，测量仰卧 1 min 的脉搏次数，然后慢慢起立，再测量起立后的脉搏次数。计算公式为

$$差数 = 起立后脉搏数 - 仰卧时脉搏数$$

评定标准：差数在 10 以内为好，差数在 11～16 以内为较好，差数在 17～20 以内为一般，差数在 21 以上为差。

(三) 查表评价

要想知道自己参加健身健美锻炼时体重是否过重、体脂厚度和心率等情况，只要逐项对照本书有关章节评价表中的数据，再按判断标准计算，就可以大体上心中有数了。

(四) 达标评价

达标评价是指同既定的近期和远期目标或同身材相类似的优秀健身、健美运动员进行比较，看看自己是否达到或接近体态健美和力量素质的理想标准，以便客观准确地评价锻炼成效(见本书有关章节评价表)。

三、目标评价

(一) 锻炼目标设定

锻炼前的健康检测与评估是为了因人而异建立适当的健身目标,然后通过运动实践帮助锻炼者达到适当的目标。因此,统一的健康标准对特殊的个体来说不适当或不合理是非常有可能的。

健身教练或健身指导员还可以对个体状况很差的受试者制订亚目标。所以建立目标和亚目标来帮助人们开始和继续健身行为是很重要的。

在目标设定上,本节采用健身与健美运动层级水平的划分方法,并以各级别的基本标准衡量达成目标的情况。

(二) 目标达成评价

1. 级别目标

(1) 初级水平　健身运动或健美运动爱好者以前从未接受过健身、健美教育和参加过任何健身、健美运动的专门学习或训练。

(2) 中级水平　健身运动或健美运动参与者过去曾断断续续地接受过健身与健美教育和参加过专门的健身与健美训练,或一直坚持参加每周至少3~4次的定期业余健身运动与健美运动训练。

(3) 高级及高级后水平　业余健身(健身先生或健身小姐)或健美运动员(健美先生或健美小姐),接受过正规的健身与健美教育和参加过系统的竞技健身与健美训练或每年参加一次省级以上健身或健美竞赛,并且是以健身运动与健美运动作为自己生活方式的人。

2. 体能目标

健身专家们通常选用50 m、1 000 m、立定跳远、推铅球、单杠引体向上等指标分别制订男子(女子)初级、中级、高级健身健美锻炼者的体能分段标准,并采用百分制计分方法,而后逐步达到并实现体能训练的目标。

健身指导员还可根据健身健美锻炼者的不同水平和目的制订肌力增长目标、形态增长目标、减肥瘦身目标等。

此外,如果条件允许,还可采用身体密度测量法(水下称重法)、瘦体重测量法(生物电阻抗法等)、局部脂肪的直接测量法(超声法、双光子X线扫描、核磁共振、CT断层扫描)等先进方法进行测量和评价。

总之,测量是基础,对比是手段、方法,评价是目的、结果,而改进则是健身健美者努力的方向。所以,健身健美者参加正规的健身运动锻炼后,可采用上述方法随时检查,定期复测,以便科学地评价健身健美锻炼的效果和身心健康与体形、体态健美的程度,这样才能从根本上保证您的锻炼获得圆满成功!

思考题

1. 简述常用的体格测量指标及其测量评价方法。
2. 简述常用的体格测量指数及其计算方法。
3. 简述心脏功能和营养指数的计算方法与评价标准。
4. 简述全身肌肉群发达程度的计算方法和合理运动负荷心率的计算方法。
5. 请参照书中的测量评价方法,对自己或他人进行定性或定量评价。

第3章

健身健美运动的生理与营养学基础

本章提要

本章主要介绍了我国居民的营养目标和七大营养素的组成、来源、分类、功能、供能特点、需要量与补充方法,以及摄入过多或不足对身体和运动的影响,重点介绍了健身健美的饮食原则、健康食品的选择与食物的搭配、不同运动形式的营养补充方法、增加肌肉体积和肥胖者的营养补充方法、健身健美膳食的最优化方案,以及人体的物质代谢、能量代谢与运动中能量的来源。

第一节 健身健美运动的生理学基础——人体的物质代谢与能量代谢

物质代谢是指机体与周围环境之间不断进行的物质交换的过程,它包括合成代谢和分解代谢两个相互联系的过程。合成代谢是机体不断从外界摄取营养物质,并在能量存在的情况下将其转化为自身物质的过程;分解代谢是机体把自身物质不断地进行分解,并释放能量的过程。分解代谢所释放的能量转化成热能、机械能和电能等形式,以维持人体正常生命和生理机能的需要。而在物质代谢中伴随着的能量吸收、储存、释放、转移和利用的过程就称为能量代谢。人体内的新陈代谢包括物质代谢和能量代谢两个同时发生和相互联系的过程。新陈代谢是生命活动的基本特征。

一、物质代谢

人体中主要的物质代谢包括糖代谢、蛋白质代谢和脂肪代谢。

(一)糖代谢

1. 糖的生理功能

糖是人体组织细胞的重要组成成分,它在体内的含量虽较蛋白质和脂肪少,但它是人体所需能量的重要来源。人体每天所需的能量约有70%来源于糖的氧化分解,因此糖是人体内最主要供能物质。糖在氧化时所需的氧较脂肪和蛋白质少,所以也是人体内最经济的供能物质。此外,糖在无氧条件下还可进行无氧氧化(酵解),并释放少量能量供组织应急需要。除供能外,糖与脂肪可形成糖脂,是构成神经组织和细胞的重要成分。此外,体内过多的糖还可转化成脂肪和某些氨基酸。

2. 糖在体内的代谢过程

食物中的糖主要是多糖(淀粉)和双糖,它们在消化道经消化酶的作用,大部分分解为葡萄糖被吸收进入血液。葡萄糖经门静脉进入肝脏后,其中一部分在肝脏合成肝糖原(100 g 左右)储存于肝内,一部分随血液运送到肌肉合成肌糖原(150~200 g)储存起来,还有一部分则被直接氧化利用或变成体脂。血糖过高时,多余部分则经过肾脏排出体外。

在体内,糖分解释放能量的方式有两种。

(1) 糖的无氧氧化　即在无氧的情况下,糖原或葡萄糖在体内可通过一系列无氧代谢酶的作用进行酵解生成乳酸,并释放出一定的能量。这一反应过程不需要氧,故称为"糖的无氧氧化"或"糖的无氧酵解"。糖的无氧酵解产生的能量少,但速度快。在强度大和时间较短的运动中,糖原或葡萄糖主要进行无氧代谢,供给肌体急需的能量。

(2) 糖的有氧氧化　即在有氧的情况下糖原或葡萄糖通过一系列有氧代谢酶的作用进行氧化分解,被氧化成二氧化碳和水,并释放大量能量。糖的有氧分解所产生的能量比无氧酵解多 19 倍。肌肉运动时能量的来源以有氧氧化为主,特别是进行强度较低和持续时间较长的运动时更是如此。

(二) 蛋白质代谢

1. 蛋白质的生理功能

蛋白质是生命的基础,是构成细胞和组织的主要成分,也是体内各种酶和激素的主要成分。此外肌肉收缩和神经系统兴奋的产生与传递,都和蛋白质有关。蛋白质也可以通过氧化分解释放能量,供肌体活动需要。体内的蛋白质不断地被分解,又不断的再合成。所以,每天的食物中必须含有一定量的蛋白质,以补充蛋白质的消耗。而生长发育旺盛的青少年,需要的蛋白质就更多。

2. 蛋白质的代谢过程

蛋白质分子是由许许多多的氨基酸组成的,氨基酸是构成蛋白质的基本单位。食物中的蛋白质被消化分解成氨基酸后,才能被肠黏膜吸收进入血液。蛋白质在体内的代谢过程,实际就是氨基酸的代谢过程。

氨基酸进入血液后有三条去路:第一,合成细胞组织蛋白、血浆蛋白、激素和酶等物质;第二,进行氧化分解释放能量,供肌体利用;第三,转变成糖和脂类。

氨基酸在分解释放能量或转变成其他物质之前,需要在肝脏中经过脱氨基作用脱掉氨基。脱下的氨基被合成尿素,由肾脏排出体外。另一部分在去掉氮的成分后,经过一系列复杂的化学分解过程,释放能量供肌体利用,最后生成二氧化碳和水等。

(三) 脂肪代谢

1. 脂肪的生理功能

脂肪是含能量最多的营养物质，也是人体中最大的"能量库"。脂肪既是身体所需能量的一个重要来源，又是组织细胞(如细胞膜)的重要组成成分。脂肪大部分储存在皮下组织、内脏器官周围和大网膜等地方。体内脂肪的储存量很大，一般成年人总储存量约占体重的 10%～20%，肥胖人可达 40%～50%。另外，储存的脂肪还有保温和保护内脏器官的作用。

2. 脂肪的代谢过程

食物中的脂肪经消化后分解成甘油和脂肪酸后，才能被肠黏膜吸收。被吸收后一部分作为能源物质进行氧分解并产生能量供肌体利用，一部分在体内重新合成脂肪储存起来，或作为组织细胞的原料。脂肪除了可由饮食供给外，还可以在体内由糖或蛋白质转变而成。营养较好而又不爱活动的人，其多余的营养物质就会变成脂肪储存起来，久而久之就会发胖。脂肪氧化后的最终代谢产物是二氧化碳和水。

二、能量代谢

人体内糖、脂肪和蛋白质作为人体的三大细胞燃料，经过氧化，将分子内储存的能量释放出来，并被转移和利用的过程，这个过程称为能量代谢。这些物质释放的能量，除一部分以三磷酸腺苷(ATP)的形式储存起来，供肌体各种生理活动利用外，其余都转为热能以维持体温。

三磷酸腺苷(ATP)是一种含有高能的磷酸化合物，是肌肉收缩唯一的直接能量来源，也是人体其他任何细胞活动(如腺细胞的分泌、神经细胞的兴奋等)的直接能源。ATP 由一个称为腺苷的大分子和三个较简单的磷酸根组成，后两个磷酸根上有"高能键"，键上储有大量化学能，所以又把 ATP 这类化合物称为高能磷化物。当 ATP 末端一磷酸键断裂时，便释放出能量，供肌体利用。三磷酸腺苷虽然是体内唯一直接供能的物质，但它在组织中的含量很少，在持续消耗时，必须不断地由其他能量物质分解释放能量供其再合成，用公式表述为

$$ADP+Pi+能量 \rightleftharpoons ATP$$

磷酸肌酸(CP)是体内另一种重要的储能物质，它是由肌酸和磷酸合成的，主要存在于肌肉组织中。当体内三磷酸腺苷分解成二磷酸腺苷(ADP)时，磷酸肌酸就分解释放能量，供三磷酸腺苷再合成，用公式表述为

$$CP+ADP \rightleftharpoons C+ATP$$

在体内能量代谢的整个过程中,三磷酸腺苷的合成与分解是肌体内能量转移与利用的核心。例如,合成代谢所需要的化学能,肌肉收缩所需要的机械能,神经兴奋传导所需要的电能以及维持体温所需要的热能等,都是由三磷酸腺苷分解供能的。

三、能量供应与运动的关系

(一) 能量的种类

人类需要能量去做各种各样的活动(包括脑力活动和体力活动),身体内的能量有以下种类。

(1) 电能　存在于神经肌肉的冲动传递过程中。

(2) 化学能　储存于大分子的合成过程。这些大分子由小分子合成,如蛋白质由氨基酸合成。

(3) 机械能　肌肉收缩导致骨骼运动。

(4) 热能　来自上述各种过程,并维持体温。

(二) 运动中能量的来源

身体做功的能量又从哪里来呢?太阳是能量的最初来源:植物吸收太阳能并利用它将碳、氢、氧和氮转化成碳水化合物、脂类及蛋白质。就是这些食物能源为人体的呼吸、思考和运动提供了能量来源。

能量储存于糖、脂肪、蛋白质的各类物质中的化学键间,但要被神经、肌肉及其他细胞所利用,必须首先转化成三磷酸腺苷(ATP),ATP是细胞可利用能量的唯一形式。必须牢记的是,ATP必须尽快地转运到细胞,否则细胞的代谢将减慢甚至死亡。当一个人进行短跑运动时,ATP必须以最快的速率运输给肌肉细胞,而当他跑马拉松项目时 ATP 必须连续数小时运输给肌肉组织。因此,基于 ATP 转运至肌肉的速度及时间,可将肌肉在运动时的能量供应归为以下三类。

(1) 直接能量供应(来自磷酸肌酸的分解放能)　肌肉细胞储存的 ATP 仅能维持大强度运动约 1 s。而且,肌肉内存在着另外一种高能量化合物磷酸肌酸(CP),它能瞬间地转换成 ATP。然而 CP 也只能维持大强度运动 3~5 s。可以看出,这些直接能量的利用在肌体需要时能迅速地给肌体提供能量,但并不能持久。这种能量供应是不需要氧气的,故又称为无氧代谢能量供应系统。

(2) 短时间能量供应(来自肌糖原的糖酵解放能)　当肌体内 ATP 的直接利用耗尽时,可以通过糖原(储存于肌肉内)的酵解快速地产生 ATP。这一过程也是无氧代谢过程,能维持大强度运动的 ATP 供应不超过 2 min。糖的无氧分解的副产物为乳酸,它能干预能量产生的过程,又能影响肌肉的收缩。尽管产生的乳酸不利于肌体运动,但这种无氧代谢提供的 ATP 使肌体在必须快速奔跑时能帮助顺利地完成任务。健身锻炼计划的目的之一就是减慢这种代谢过程的能量利用,这种代谢过程容易引起肌体疲劳。

(3) 长时间能量供应(来自糖和脂肪,可能还有蛋白质的氧化放能) 在氧气供应充足时,体内多数的 ATP 是由利用脂肪及糖来提供的,我们把它称为有氧代谢能量供应系统。这种有氧过程提供的 ATP 不及无氧代谢过程快,约需 3 min 才能提供 ATP 给肌肉组织利用。另一方面,有氧过程供应能量是"适时供应"的,允许肌肉活动持续很长时间。健身健美锻炼计划中能量供应的形式与心血管系统锻炼的适应性的关系是最关键的。健身锻炼的重点是:通过进行需要肌肉有氧代谢供能的亚极量运动来刺激心脏运输所需的血量。健身运动锻炼中,有氧供能与无氧供能哪个更为重要?这个问题的答案有赖于身体锻炼的形式。在进行 1 min 以下的最大强度运动时,无氧代谢供能提供的 ATP 占了绝大部分;在持续时间为 2 min 的全力运动中,无氧代谢和有氧代谢供能各占一半,而当运动时间持续 10 min 时,由无氧代谢提供的 ATP 仅占约 15%。造成这种无氧和有氧代谢供能比例的变化,部分原因是由于运动时骨骼肌纤维类型的差异。在极大强度运动和快速运动时,骨骼肌肉组织使用的是快肌纤维,该类纤维主要是通过无氧代谢产生的 ATP 来提供能量,这就解释了为何在极大强度的运动时会伴随乳酸的产生。慢肌纤维虽然产生的力量较小,但由于它主要是依靠有氧代谢供能,所以极不容易疲劳。慢肌纤维比快肌纤维有更丰富的毛细血管、线粒体,在氧气充足的条件下,ATP 均由此产生。随着耐力锻炼水平的提高,由于肌纤维(包括快肌纤维和慢肌纤维)内的毛细血管和线粒体数目的增加,依靠有氧代谢供能的能力也越强,进而使运动时乳酸的产生与堆积减少,更能对抗疲劳的出现。

从事不同运动项目时,ATP 重新合成的能量来源途径不同。从事短时间大强度的运动项目,如 100 m 跑,ATP 重新合成的能量来源是 CP 的分解;从事时间长和强度小的运动项目,如马拉松跑,ATP 重新合成的能量来源几乎全部是糖和脂肪的有氧氧化;介于上述两者之间的运动项目,如 800 m 和 1 500 m 跑,则需要有氧氧化和无氧氧化混合供给能量。

人体在进行运动时,肌肉活动强度越大,单位时间内能量消耗得越多(见表 3-1);运动持续时间越长,总能量消耗越大(见表 3-2)。

表 3-1 不同强度运动单位时间的能量消耗

指　　标	短跑 (最大强度)	中跑 (次最大强度)	长跑 (大强度)	超长跑 (中等强度)
能量消耗 /(kcal·s^{-1})	4	0.6～1.5	0.4～0.5	0.3

表 3-2　各项运动的能量消耗(按体重 60 kg 计算)

运动项目	全程能量消耗/kcal	运动项目	全程能量消耗/kcal
100 m 跑	30	自行车 10 km	368
200 m 跑	60	自行车 50 km	1 100
400 m 跑	86	100 m 游泳	86
800 m 跑	111	200 m 游泳	120
1 500 m 跑	145	400 m 游泳	171
5 000 m 跑	385	1 500 m 游泳	428
10 000 m 跑	645	足球(全场比赛)	1 287
30 000 m 跑	1 542	篮球(全场比赛)	772
马拉松跑	2 150	排球(1 min)	8.2
5 km 自行车	197	摔跤(全场)	353

第二节　健身健美运动的营养学基础

营养是谋求(营)养生(身)的意识。营养素是指维持人体正常生长发育和生存的物质，包括碳水化合物(糖)、脂肪、蛋白质、无机盐、维生素、水及膳食纤维七大营养素。每种成分在食物中都起着重要的作用，人们的健康取决于每种成分的合理摄入量及各种成分的合理搭配。

毅力加科学锻炼加合理的营养，是健身健美锻炼的成功之路。如果把健身健美锻炼比做一条船，毅力是它的双桨，那么饮食营养则是载舟之水。换句话说，只有科学的饮食营养，才能获取健身健美锻炼的最佳效果。毫无疑问，营养是运动锻炼的基础。尽管热量的摄取是当前减肥健美热中一个重要话题，但健身指导员帮助健身者解决的问题不仅仅只是会计算热量，一个人所摄取的食物类型对其总体的健康状况起着极其重要的作用。在本书中，每一章节都反复强调了健身健美的法宝是运动锻炼。在此想告诉大家的是：饮食营养+运动锻炼=健身健美。即饮食营养是运动锻炼的基础，运动锻炼又是通向健身健美的必由之路。

一、营养目标与健康饮食

(一) 营养目标

1993 年 6 月，国务院颁布了《九十年代中国食物结构改革与发展纲要》(以下简称纲要)。《纲要》强调了我国 20 世纪 90 年代食物工作的重点，指出为保障人民日益增长的食物需求,要大力发展食物生产,还要大力改善和调整食物结构,尽快建立起适合我国国情、科学合理的膳食结构。要按照"营养、卫生、科学、合理"的饮食原则,继承中华民族饮食习惯中的优良传统,吸收国外先进经验,改革我国食物结构和人民消费习惯。要求20世纪末人均每日营养素供给量达到世界平均水平。城乡居民人均每日的主要营养素供给水平要分别达到:热量 2 520 kcal 和 2 630 kcal,蛋白质74 g 和 71 g,脂肪 81 g 和 68 g。

2007年,中国营养学会在最新出版的《中国居民膳食指南(2007)》中又提出了新的营养目标参数。然而,令人担忧的是,有着五千年文明历史的中国人民,仅仅在 20 世纪 80 年代这很短的一段时期里真正处于完全健康状态之中。如今,我国由于人们物质生活和饮食习惯的改变又进入了亚健康状态,这足以让我们警醒,必须尽快改变饮食结构和生活习惯,否则后患无穷。世界卫生组织(WHO)推荐的饮食结构(饮食计划)是一种平衡饮食结构,值得遵从。WHO 推荐的膳食构成是:来自碳水化合物(糖类)的能量为 55%～65%,来自脂肪的能量为 20%～30%(饱和脂肪宜少于 10%),来自蛋白质的能量为 11%～15%。

总的来说应注意做到以下几点。

(1) 增加糖类(碳水化合物)的摄取(应由原来占食物总量的 46%～58%提高到 55%～65%),而同时要不断减少单糖的摄入量。

(2) 减少总脂肪量(42%～30%)和饱和脂肪 (16%～10%)的摄入量,摄入量应向下限看齐。

(3) 限制每天食物中胆固醇的摄入量,不超过 300 mg/天。

(4) 降低盐的摄入量,应减少 50%～85%,直到每天仅仅摄入 3～5 g,重体力活动者除外。

(二) 健康饮食的基本要求

我们知道,合理营养是健康的物质基础,而平衡膳食又是合理营养的根本途径。根据《中国居民膳食指南(2007)》的条目,并参照膳食宝塔的内容说明来安排日常饮食和身体活动是通往健康的光明之路。

那么,什么是健康的饮食呢?按照"中国居民平衡膳食宝塔"的要求,对成人而言,就是每天 1 杯牛奶(每天饮相当于鲜奶 300 g 的奶制品和相当于干豆 30～50 g 的大豆制品),2 匙油(25～30 g),300 g 左右的水果(200～400 g,最好 3～5 种水果),4 份高蛋白(鱼、禽、蛋、肉等动物性食物总共 125～225 g。例如鱼虾类 50～100 g,畜、禽肉类 50～75 g,蛋类 25～50 g),500 g 蔬菜(300～500 g), 6 g 盐(在2006年,世界卫生组织将盐摄入量的上限改为5 g),7 两左右的粮食(即 250～400 g,其中最好包括 50～100 g 粗粮),8 杯左右的水(在温和气候条件下生活的轻体力活动者每日至少饮水 1 200 mL 以上——即最少应达 6 杯水),9 成饱,10 千步(每天累计进行相当于步行 6 000～10 000 步的身体活动量,如果身体条件允许,最好进行 30 min 中等强度的运动)。但病人、少年儿童、减肥者、60 岁以上老人和孕妇等,普通饮食满足不了,或肠胃功能障碍吸收困难,或负担加重,就需调整膳食结构和食物量,必要时补充维生素和矿物质甚至全营养素(注:膳食宝塔中所标示的各类食物的下限为能量水平 7 550 kJ(1 800 kcal)的建议量,上限为能量水平 10 900 kJ(2 600 kcal)的建议量)。

二、七大营养素介绍

(一) 碳水化合物(糖)

1. 碳水化合物的组成、来源和分类

碳水化合物是由碳、氢、氧元素所组成的。碳水化合物的食物来源主要是小麦及淀粉类,包括面包及谷类,水果及蔬菜等。碳水化合物按其分子结构的不同,可分为三类:单糖,包括葡萄糖、果糖及半乳糖(容易导致肥胖和脂肪积聚);双糖(二糖),包括麦芽糖、蔗糖(食糖)及乳糖;多糖,它由三个以上单糖分子组成,有淀粉、原糖、食用纤维素及葡萄糖分子键等。所有种类的碳水化合物经消化后均会被转化成单糖,然后被吸收。

2. 碳水化合物的功能和供能特点

碳水化合物对人体的总体效应主要是稳定血糖水平,以增进调节食欲和体力的功能,促进脂肪代谢与糖原贮存。而且增加碳水化合物贮存量可避免蛋白质的过量分解和增加脂肪的代谢。一般低糖原贮存量会导致缺水、代谢及体力下降、脂肪的代谢消耗减少、低血糖症及饥饿感等。

(1) 碳水化合物对人体的主要功能如下。

① 制造三磷酸腺苷(ATP)的主要来源,可被人体直接使用。

② 有氧运动及无氧运动的主要能量来源。

③ 中枢神经系统活动的能源。

④ 丰满肌肉。

⑤ 调节脂肪代谢。

⑥ 节约蛋白质。

(2) 碳水化合物的供能特点如下。

① 产生能量快。

② 比蛋白质、脂肪耗氧低。

③ 缺氧时,通过无氧酵解供能。

④ 代谢产物 CO_2、H_2O。

⑤ 提高肌酸利用率。

3. 糖原贮存形式及膳食分配

糖原贮备主要适用于耐力性运动项目，它并非为爆发性或速度性项目而设。其适用人群主要如耐力性项目的训练者(马拉松训练者等)。碳水化合物在人体中作为糖原形式进行贮存，主要分为以下三种形式。

(1) 肝糖　它以糖原形式贮存于肝脏(75～100 g)，需要时用以调节血糖浓度。

(2) 血糖　它主要释放葡萄糖以供身体组织使用，血糖水平受胰岛素控制，而肌肉亦受此控制其糖原的贮存量(约 5 g)。

(3) 肌糖　它以糖原形式贮存于肌肉(360～400 g)，亦用于新陈代谢，超过肌体需要的过多的碳水化合物会转为脂肪，并储存于脂肪组织中。

碳水化合物是食物中最主要的也是最基本的供能物质，每克碳水化合物大约含热量 4 kcal。人们目前一般饮食结构中碳水化合物占总供能的 46%，甚至越来越少，2002 年我国城乡居民谷类食物比 1982 年和 1992 年分别下降 21%和 10%，而肥胖者和糖尿病发病最高的大城市居民谷类食物摄入量最少，提供能量只占总能量的 41%。

然而目标是要达到碳水化合物供能占总供能量的 58%，碳水化合物中包括那些可用于供能的可消化类型(如淀粉和糖)及膳食纤维等不能消化的食物类型。像果酱、软饮料、牛奶中有糖，而杂粮、面包、蔬菜中有淀粉。

通常，碳水化合物在膳食中的分配主要是：膳食中的热量摄入占总热量摄入的 55%～65%，其中 10%为单糖类及 50%为复合糖类，训练者的热量摄入占总热量摄入的 65%～70%。

一般成年人每天摄入谷类、薯类及杂粮 250～400 g 为宜，摄入量最少也不应少于 200～250 g，以防组织蛋白质的过量分解。谷类为主是平衡膳食的基本保证，谷类食物中碳水化合物一般占重量的 75%～80%，蛋白质含量为 8%～10%，脂肪含量为 1%左右，还含有矿物质、B 族维生素和膳食纤维。谷类食物是最好的基础食物，也是最便宜的能源。只有膳食中谷类食物提供的能量的比例达到总能量50%～60%，再加上其他食物中的碳水化合物，才能达到世界卫生组织(WHO)推荐的适宜比例。

为保证肌体的正常工作，一般建议普通人每天需摄入的量为 500～600 g 碳水化合物。也有专家提出，减肥者摄入的碳水化合物应限制在占总热量的 50%～60%，甚至 45%，以利于减肥。健美运动员在赛前减脂期，碳水化合物的摄入量甚至限制在占总热量的 40%，那是为了拉肌肉线条，而减肥者完全没必要像健美运动员在赛前减脂期那样实施低碳水化合物限量，长期这样会产生一系列的副作用。研究证实，选用"食物血糖生成指数"(GI)低且富含碳水化合物的食物，作为肥胖者和代谢综合征患者(尤其是糖尿病患者)的膳食管理,以及健康人群的营养参考依据是有非常积极意义的。然而简单地将糖尿病和肥胖患者增多归因于粮食吃得太多是不正确的。相反,希望增肌和长壮的人则应选择"食物血糖生成指数"高的食物,以利于增加肌糖原的合成和肌纤维的饱满度。

建议需要量:成年人为 4～6 g/kg 体重/天,力量项目运动员为 5～8 g/kg 体重/天,耐力项目运动员为 9～11 g/kg 体重/天,减肥者向下限量(4 g/kg 体重/天)靠近。

关于补糖的几点建议:充分利用训练后补糖的最佳时间,除了运动前、中、后,尽量减少在其他时间食用加工过的糖,而选用富含膳食纤维的食物如全麦食物,最后一次碳水化合物的摄入不要离晚上睡前太近。

提示:豆类、乳类、燕麦、蔬菜等纤维含量高,都是低 GI 值食物,魔芋粉的血糖生成指数只有 17,在几乎所有食物中是最低的。而馒头、米饭、蛋糕、饼干、甜点等淀粉含量较高,则属于高 GI 食物。谷类、薯类、水果常因品种和加工方式不同特别是其中的膳食纤维含量发生变化,而引起 GI 的变化。例如,100 g 土豆食物中淀粉的含量占 17%,脂肪仅含 0.2 g,而油炸土豆的脂肪含量将增加几十倍。此外,选择较粗糙的食物(没有经过太多烹调手续和较少调味、添加物),少吃过于精致的食物,也是一种挑选低 GI 食物的方法。

4. 低碳水化合物饮食对身体和运动的影响

人体能量的 55%～65%靠碳水化合物供能。低碳水化合物饮食在各种不同的情况下,会对身体产生各种不同的影响。例如,肝糖耗尽时,会引起低血糖症,并且由于肌肉糖原耗尽,患者会出现体弱及疲倦现象,同时蛋白质也将被分解,以转化为糖类提供能量。当血糖过低后采用单糖分量高的膳食,会导致血糖过高症。一般正常血糖水平应是每 100 mL 血液中含 80～100 mg,当低于 45 mg 时就属血糖过低症。假若运用低强度运动,就能增加脂肪消耗,避免糖原过量使用;但运动强度过高时,肌肉糖原会减少,而血糖则成为主要能量来源(75%～90%)。以植物性食物为主的膳食还可以避免欧美等发达国家高能量、高脂肪和低碳水化合物膳食模式的缺陷,对预防心脑血管疾病、糖尿病和癌症有益。研究证实,在主食摄入量一定的前提下,每天食用 85g 全谷食品(小米、高粱、玉米、荞麦、燕麦、薏米、红小豆、绿豆、芸豆等粗粮),能有效地减少若干慢性疾病的发生风险,还可以帮助控制体重。

运动员糖摄入不足的后果主要有以下几种。

(1) 运动后糖原的耗竭不能很快恢复。
(2) 运动中不能保持血糖水平,疲劳提早发生,运动能力下降。
(3) 摄糖不足会造成肌肉蛋白分解,围度减小,瘦体重减少。
(4) 摄入过少时,会导致脂肪代谢减慢。
(5) 缺乏糖会导致水分丢失,新陈代谢减慢,增加食欲。

5. 注意事项

为了达到减少加工精制糖类而增加复合碳水化合物和纤维这一理想饮食目标，建议在饮食中作以下调整。

(1) 减少像软饮料、蛋糕、小甜饼和类似的其他含糖食物的摄入量。

(2) 增加全谷面包、粗粮、水果、蔬菜的摄入量。

(3) 增加了复合碳水化合物热量的摄入，相应的脂肪的摄入量就减少了。

(4) 比赛前的数天，进行高碳水化合物膳食及减低训练强度。此方法可增加糖原贮备量。

(5) 训练后，首先须补充水分(用以调节体温及正常生理功能)，然后补充碳水化合物。

(二) 脂肪

1. 脂肪的组成和种类

脂肪是由碳、氢和氧三种元素组成，有的还含有氮和磷。它是由一分子甘油和三分子脂肪酸脱水缩合而成的脂(也称甘油三酯，占95%)。

在人体和动植物组织成分中，含有油脂(即脂肪)和类脂两大类化合物，总称为脂类。类脂主要包括磷脂、糖脂、固醇类等(占5%)。

脂肪按其分子结构的不同，可分为饱和脂肪和不饱和脂肪两大类。饱和脂肪多来自动物，在室温条件下呈固态(在碳键中含所有可能的氢原子并在两个碳原子中间没有双键)，也称为动物油脂，如猪油、牛油、鱼肝油和奶油等。不饱和脂肪多来自植物，在室温条件下呈液态(在两个碳原子中间含双键，碳键中含较少氢原子)，植物的油脂如豆油、花生油、菜油和芝麻油等，它们是由脂肪酸与醇类所生成的脂，可分为单不饱和脂肪酸(可多吸取2个氢原子)和多不饱和脂肪酸(可多吸取4个或更多氢原子)。另外脂肪还具有以下其他一些特点。

(1) 脂肪酸　属多不饱和脂肪，来自鱼油中，可减低血中胆固醇及甘油三酯的水平，有效减低患冠心病的机会。

(2) 胆固醇　肝脏将游离脂肪酸合成为胆固醇，以供身体应用。而肝脏亦使用胆固醇制造胆盐以帮助消化脂肪。其主要来源为动物及蛋、猪油成分的食品。

(3) 脂蛋白　与胆固醇有极大关系，主要有蛋白质、胆固醇、磷脂及甘油三酯。脂蛋白可分为以下三类。

① 高密度脂蛋白(HDL)　其成分构成为高分量蛋白质、中量胆固醇及磷脂及少量甘油三酯。其作用是从动脉壁去除低密度脂蛋白，将其运输到肝脏。这种脂蛋白被称为"好胆固醇"。

② 低密度脂蛋白(LDL)　其成分构成为高分量胆固醇及磷脂、少量甘油三酯及蛋白质。此脂蛋白会附于动脉上，引致动脉粥样硬化。这种脂蛋白被称为"坏

胆固醇"。

③ 极低密度脂蛋白(VLDL) 其成分构成为高分量甘油三酯加少量蛋白质。这种脂蛋白为低密度脂蛋白的先驱。

(4) 磷脂 是细胞膜的构造成分。

(5) 亚油酸 是唯一的必需脂肪酸,为多不饱和脂肪酸,也是脂溶性维生素的载体。

2. 脂肪的主要功能

脂肪在体内的贮存形式包括以甘油三酯的形式贮存在皮下及器官组织周围的脂肪细胞内、以游离脂肪酸贮存于血浆内、以甘油三酯的形式贮藏于肌肉内等。其主要功能如下。

(1) 维持体温。

(2) 保护脏器等重要器官和组织。

(3) 能量贮存,提供必需脂肪酸。

(4) 生产激素的原料。

(5) 参与细胞的构建,构成血浆脂蛋白。

(6) 影响脂溶性维生素的吸收。

(7) 维持生物膜结构和功能,胆固醇可转变成类固醇激素、维生素、胆汁酸等。

3. 脂肪的需要量

脂肪是能量的另一种重要来源,每克脂肪所含的热量(9 kcal)要多出碳水化合物的两倍。WHO 推荐的脂肪能量为 20%～30%,为了保持较低脂肪,食物脂肪不超过总热量的 20%～25%较适宜,每天约 40～50 g(包括植物油)脂肪即能满足必需脂肪酸(亚油酸、亚麻酸、花生四烯酸)的需求并保证脂溶性维生素的吸收,饱和脂肪酸(SFA)、单不饱和脂肪酸(MUFA)和多不饱和脂肪酸(PUFA)之间的比例约为

$$S:M:P=1:1:1$$

健美锻炼者饱和脂肪可占 5%,不超过 10%,单不饱和脂肪酸占 8%,多不饱和脂肪酸占 7%。

同时另一种类型的脂类——胆固醇的摄入量也设定不超过 300 mg/天。为了达到这些目的,请注意保证做到以下几点。

(1) 多吃瘦肉、鱼类、禽类、干豆、豌豆,以作为蛋白质的来源。

(2) 食用去脂牛奶、低脂牛奶和奶制品。

(3) 限制鸡蛋(尤其蛋黄)和动物内脏器官的摄取量。

(4) 限制油脂,特别是那些富含饱和脂肪的种类,如黄油、猪油、奶油及一些含棕榈油和花生油的食物。

(5) 肉类可烤、烧、煮而不应油炸，去除肉中的脂肪组织。

(6) 少饮酒，因为大部分酒精将转化为脂肪。

4. 脂肪摄入过多或不足对身体和运动的影响

脂肪摄入过多的危害有以下几点。

(1) 造成肥胖、高脂血症及相关疾病，影响心血管的健康。

(2) 代谢产物蓄积，耐力下降，引起疲劳。

(3) 蛋白质、铁和其他营养素的吸收下降等。

脂肪摄入过低的危害是必需的脂肪酸和维生素 E 缺乏，并影响脂溶性维生素的吸收及肌肉细胞膜的修复。

提示：在碳水化合物、蛋白质和脂肪这三类产能营养中，脂肪比碳水化合物更容易造成能量过剩。1 g 碳水化合物或蛋白质在体内可产生约 17 kJ(4 kcal)能量，而 1 g 脂肪则能产生 38 kJ(9 kcal)能量，也就是说同等重量的脂肪是碳水化合物提供能量的 2.2 倍。另外相对于碳水化合物和蛋白质，富含脂肪的食物口感好，刺激人的食欲，使人容易摄入更多的能量。动物实验表明，低脂膳食摄入很难造出肥胖的动物模型。从不限制进食的人群研究也发现，当提供高脂肪食物时，受试者需要摄入较多的能量才能满足他们食欲的要求；而提供高碳水化合物低脂肪食物时，则摄入较少能量就能使食欲满足。因此进食富含碳水化合物的食物，如米面制品，不容易造成能量过剩使人发胖。造成肥胖的真正原因是能量过剩，而脂肪摄入过多又是肥胖的主要因素之一。

(三) 蛋白质

1. 蛋白质的组成和种类

蛋白质是人体最重要的生命物质。由碳、氢、氧、氮 4 种主要元素组成。氨基酸是组成蛋白质的基本单位。组成蛋白质的元素先按一定的结构组成氨基酸，再以肽键相连组成蛋白质。大部分蛋白质均由 300 个以上的氨基酸组成。通常，人体需要 20 种氨基酸，以组合成不同种类的蛋白质，供身体正常生长和使用。蛋白质主要来源于食物中的肉类、奶类、豆类等。氨基酸的种类划分主要以是否能在人体内合成为前提的。比如必需氨基酸(8 种)，它不能在人体内合成，所以必须从膳食中供给，而非必需氨基酸(12 种)，它可以在人体内合成。食物中含各种氨基酸的数量是不同的，比如完全蛋白质(来自动物)食物，它含足够量的必需氨基酸，以维持健康及促进发育；而不完全蛋白质(来自植物)食物，它缺少一种或多种必需氨基酸。

2. 蛋白质的功能

蛋白质是构成人体的主要成分，人体的 16%～19%由蛋白质组成。在人体细胞中，蛋白质约占 1/3，蛋白质具有促进新陈代谢(每天有 3‰的蛋白质要更换，整个一年就换掉一个人，即新细胞代替老细胞)、修补旧组织、供应部分能量和调节生理功能(如调节胰岛素、血红蛋白、线粒体内的氧化激素(活性物质)、体液和酸碱平衡及凝血机制)，以及保护肌体的抗体和氨基酸及血脂蛋白的载体等。另外，色氨酸及酪氨酸是生成人体大脑中一种重要神经传递物质。进行高强度运动时，肌肉中的亮氨酸会被分解以供给能量。进行健身健美训练时，蛋白质的主要功能是可以使肌肉发达、力量增长。此外，还可保证体内各内分泌物的平衡。

当足够的氨基酸满足肌体需要后，剩余的是不能贮存起来的。而多余的氨基酸则会通过脱氨基的作用，将含丰富氮元素的氨基释放出来，然后通过尿液及汗水排出体外。氨是一种有毒物质，会加重肝及肾的负担，引致脱水现象，同时还会使患痛风的人感到关节疼痛的程度增加。

肌糖原贮备充足时，蛋白质供能仅占总热量的 5%，肌糖原耗竭时，蛋白质作为能量来源可高至总热量的 15%左右，减肥者在减体重过程中蛋白质可占总热量的 20%～25%。正氮平衡会出现于运动后，因为脱氧核糖核酸(DNA)有增加蛋白合成的功能，而所合成蛋白质的种类则视所参与的运动项目而定。如有氧运动会增加线粒体及氧化激素，而无氧运动则会增加收缩肌的蛋白。

3. 蛋白质供应不足的后果

(1) 减脂速度缓慢。
(2) 女性皮肤粗糙无光泽，易疲劳。
(3) 肌体抵抗力减低，生命脆弱而易病。
(4) 健美爱好者肌肉增长缓慢。

4. 建议摄入量

每克蛋白质提供与糖相等的热量，也是 4 kcal/g，但却不是主要的供能物质。

(1) 建议摄入量。青少年为 2 g/kg/天，成人为 0.8～1.2 g/kg/天，非从事锻炼群体为 0.6～1.4 g/kg/天，少年运动员为 2～3.4 g/kg/天。增肌者为 1.6～2 g/kg/天(具体建议是，一般强度的锻炼需 1～1.5 g/kg/天，大强度锻炼需 1.5～2 g/kg/天，休息日需 1 g/kg/天)，有的增肌者甚至达到 3.4 g/kg/天。减脂者为 1.2 g/kg/天，有的减肥者有时达 2 g/kg/天。

例如，一般成年人每天每千克体重摄入量约为 0.8 g 蛋白质，因此一个 70 kg 的人每天只需要 56 g 的蛋白质，快速生长的婴儿每天每千克体重需要 2.2 g 蛋白质。健康膳食应包括鱼肉、禽类肉和低脂制品，而不是更多的红肉和常规的奶制品。

健美运动员进入比赛状态时，每天每千克体重摄入 2.5 g 左右，最高时达 3 g 以上，因此，成年人每天每 1 kg 体重一般在 1.0～3.0 g，此标准同时也适用于健美训练者和从事耐力或爆发力的训练者。

(2) 注意事项。计算体重时，应将体脂一并考虑(新陈代谢直接与肌肉量有关)。

(3) 所占比例。成人摄入肌体的蛋白质一般应占总热能的11%～15%，增肌人群15%～20%，减脂人群可达20%～25%。

5. 摄取蛋白质的忌点

科学研究显示，鱼类蛋白质含量平均为18%左右，其蛋白质的氨基酸与人体需要接近，利用率高，脂肪含量平均约5%左右，还含有非常全面的维生素和矿物质，故是人体优质的蛋白质来源。其他水产品(如乌贼鱼等)蛋白质含量多为15%左右，禽类蛋白质含量约为16%～20%，蛋类(全蛋)的蛋白质含量平均为12%左右，畜类蛋白质含量一般为10%～20%。上述食物氨基酸的组成均与人体需要接近，营养价值极高，但也不是多多益善，如果过量会对身体造成伤害，应注意营养膳食的平衡。

(1) 高蛋白质的食物往往是高脂肪。在摄入大量蛋白质的同时会带进大量的脂肪。个别健身健美者只摄取蛋白质，而忽略了其他能量物质对身体的影响。以猪肉为例，肥瘦肉的脂肪含量在1/3以上，纯瘦肉的脂肪含量也在6%以上，这样就会导致身体肥胖。过多的蛋白质同样会造成热能过剩、增加体重(主要是体脂)。

(2) 高蛋白质的食物往往也是高胆固醇食物(见表3-3)。

表3-3 每100 g食物中胆固醇含量(mg)

食 物 名 称	胆固醇含量	食 物 名 称	胆固醇含量
鹌鹑蛋	3 640	鳝鱼	264
鸡蛋黄	1 163	海参	0
乌贼鱼	275	豆制品	0
鱿鱼	215.6	蛋白	0

提示：每100 g食物中含胆固醇200 mg以上者，医学上称为高胆固醇食物(每人每日胆固醇摄入量以不超过300 mg为宜)。而海参、蛋白和豆制品中胆固醇含量为零。可见，豆制品、蛋白、海参及牛奶等很适宜中老年人食用。

(3) 高蛋白质的食物使肌体丢失更多的钙。

(4) 过多的代谢产物(废物)增加了肾脏的负担。蛋白质代谢生成的氨，需经过肝脏转化和肾脏排泄，过量食用蛋白质会造成肌体酸性代谢产物过多而导致肌体酸化，故过多地摄入蛋白质会加重肝脏和肾脏的负担。

(5) 高蛋白质食物会造成脱水和活动能力下降。人体的最佳内环境(主要是组织液和血浆)是中性偏碱性的，过量蛋白质会造成体液酸化和脱水，使疲劳提早出现，降低人的活动能力。

(6) 高蛋白质食物有可能会诱发中老年人患心脑血管疾病的危险。

特别提醒那些正处在 40～55 岁(更年期)年龄段的人。在这个年龄阶段易发生多种疾病,如高血压、冠心病、动脉硬化、高血糖、高血脂等。因此,40 岁以上的人以不吃或少吃鹌鹑蛋、鸡蛋黄和无鳞鱼为好。尤其是老年胖人,更应当慎食。如果经常食用含胆固醇较高的食品,胆固醇便会渐渐沉积在动脉血管内壁上,久而久之,即形成动脉硬化症。

(四) 维生素

1. 维生素的种类、功能及来源

维生素是维持人体生命和正常机能不可缺少的一种营养素,它在体内不能合成。维生素在人体内的主要作用为辅酶的功能。人体共需 13 种维生素。维生素也是食物中含量特别少的一种特殊的营养物质,但它对肌体的正常功能却必不可少。根据其溶于水和脂的能力,将其分为水溶性和脂溶性两类。脂溶性维生素包括 A、D、E 和 K,由于它们的溶解性能,它们可储存于人体内,并非每天都需要从外界摄取。脂溶性维生素对人体的一个潜在的危险是,如果你长期摄入过多的脂溶性维生素,会造成维生素中毒症——一种可致神经紊乱、胃肠疾病和对肝脏造成损伤的高维生素症。

水溶性维生素包括维生素 B、C、叶酸、泛酸和生物素,由于任何多余的水溶性维生素都可以通过尿液排出体外,所以很少可能造成维生素中毒症。但是摄入过多的水溶性维生素对人体也有毒害作用,因此也应避免。由于这些维生素的排泄,每天都必须摄入一定量的水溶性维生素,以便补充。对各种维生素,它们的功能及食物来源总结于表 3-4。

表 3-4 维生素的功能与来源

维生素	功 能	来 源
B_1	作为一种辅酶的组成,辅助能量的供应	全谷、坚果、瘦猪肉
B_2	作为一种辅酶的组成,与能量代谢有关	牛奶、酸奶、奶酪、肉类、内脏、蛋类、谷类、蔬菜、水果
PP	促进细胞内的能量产生	瘦肉、鱼类、禽类、谷物
B_6	氨基酸代谢,辅助细胞的生成	瘦肉、蔬菜、全谷、豆类、肝脏
泛酸	辅助糖、脂肪、蛋白质的代谢	全谷、杂粮、面包、黑色或绿色蔬菜
叶酸	作为核糖和蛋白质合成的辅酶	绿色蔬菜、豆类、全麦食物

续表

维生素	功能	来源
B_{12}	与核酸的合成、红细胞的形成有关	只存在于动物性食物中，而不存在于植物性食物中
生物素	脂肪酸和糖元合成的辅酶	蛋黄、黑色和绿色蔬菜
C	骨、牙齿、毛细血管间的营养	柑橘等水果、青辣椒、西红柿
A	与视力有关；形成和保持皮肤及黏膜；抗氧化剂，可延缓衰老	胡萝卜、甜薯、人造奶油、黄油、肝脏、蛋黄、有色蔬菜
D	辅助骨和牙齿的生长和形成；促进钙的吸收	蛋黄、海鱼、肝脏、精炼牛乳、鱼干油
E	保持不饱和脂肪酸；保护细胞膜使其免受损伤	植物油、全谷、谷类、面包、绿叶蔬菜、豆类、蛋黄
K	对凝血起重要作用	绿叶蔬菜、豌豆、马铃薯

维生素与健康关系非常密切。如番茄红素、Vc、Ve、β-胡萝卜素等可防止自由基对机体的伤害，B_1、B_2、PP 等 B 族维生素在能量代谢中必不可少。番茄红素是近年来国际最新流行一种营养素，有研究资料显示，它的抗氧化能力比 Ve 强 100 倍，番茄红素的功能主要是增强免疫力、抗衰老、保护心血管、降低癌症的发生。

提示：一个人完全可以通过摄取平衡饮食而满足每天对维生素的需求，因此额外补充维生素是毫无必要的。然而对那些想确保摄入足够维生素的人来说，每隔一天多服用维生素总的说来是不会有害的。从另一方面说，健身者应注意平衡饮食，从长远的观点出发，保证肌体对营养物质的需要，而不是靠额外的补充。请记住，平衡饮食不仅仅是提供足量的维生素，同时也能满足人们对蛋白质和无机盐的需求。

2. 哪些人需要补充维生素

前面说过，脂溶性维生素可储存于体内，并不需要每日补充(病人及缺乏者除外)；而任何多余的水溶性维生素都可以通过尿液排出体外，故每天都必须摄入一定量的维生素进行补充，特别是处于亚健康状态的人或患有某些疾病的人，此外，也包括从事剧烈运动的人。

1) 维生素不足与缺乏的常见症状

如果您发现自己或家人有以下情况或症状的话，请不妨注意一下维生素的营养状况。

(1) 常感疲劳、常易感冒、咳嗽、抵抗力下降，而无工作过度劳累、环境急剧改变或其他器质性疾病等客观原因。

(2) 消瘦、贫血。

(3) 牙龈出血、牙龈发炎、口腔黏膜发炎及溃疡。

(4) 口角炎、口角裂、唇炎、杨梅样舌、舌水肿、地图舌。

(5) 皮肤粗糙、毛囊角化、皮炎、脂溢性皮炎、皮肤淤点、淤斑。

(6) 眼睑炎、眼角膜干燥、角膜软化、暗适应能力下降、夜盲。

(7) 多发性神经炎、中枢神经系统功能失调、下肢肿胀、脚气病。

(8) 儿童生长发育迟缓或不良、易出汗、毛发稀少、出现帽圈状脱发。

(9) 鸡胸、患珠胸、O 型腿、X 型腿、软骨病。

(10) 中老年人腰背、关节疼痛、容易骨折、骨矿物质量下降。

2) 哪些人需要补充维生素 A

(1) 视力下降和夜盲症患者。

(2) 上皮组织萎缩、皮肤老化、干燥、脱屑、毛囊角化及黏膜组织发生异常现象者。

(3) 人体感觉疲劳、皮肤灼热、发炎、眼球疼痛、眼分泌物增加及角膜炎患者。

但过量服用，可引起中毒现象，如出现脱发、胃痛、呕吐、腹泻、疲劳、头痛、肝脏肿大、视力模糊等征兆。

3) 哪些人需要补充维生素 B

(1) 精神不振、有疲劳感、记忆力差、头痛、心跳异常、食欲不振、浑身及腰膝酸软无力者需补充维生素 B_1。

(2) 精力不济、易疲劳、头晕、嘴唇干裂、脱皮、口腔溃疡、舌头发红或紫红、皮肤发痛、发育迟缓者需补充维生素 B_2。

(3) 脱发、贫血、口臭、皮肤损伤、易发炎、虚弱、走路不稳、协调性差者需补充维生素 B_6。

(4) 贫血、皮肤粗糙、面色发黄、苍白、抵抗力差者需补充叶酸。但不可过量，因为过量摄取叶酸，可能影响医生对恶性贫血的诊断。

4) 哪些人最应补充维生素 C

(1) 从事剧烈运动和高强度劳动的人。

(2) 抽烟的人 多吃含维生素 C 的食物，有助于提高细胞的免疫力，消除体内的尼古丁。

(3) 容易疲倦的人 维生素 C 是一种抗氧化物质。

(4) 脸上有色素斑的人 补充维生素 C 可抑制色素斑的生成并促进其消退。

(5) 长期服药的人 如安眠药、抗癌药、四环素、阿司匹林、降压药、钙制品等都会使人体维生素 C 减少，从而引起不良反应。

(6) 白内障患者　维生素 C 的摄入量不足是导致白内障的因素之一，应多补充维生素 C。

(7) 坏血病患者　饮食中缺乏维生素 C，从而影响结缔组织的形成，是毛细管管壁脆性增加所致。

(8) 在污染环境中工作的人　补充维生素 C 则可减少有毒气体对肌体的危害。

此外，B 族维生素中任何一种服用过量，都会导致其他 B 族维生素的损失，故一定要掌握好补充的量。

(五) 矿物质(无机盐)

1. 矿物质的种类、作用及来源

矿物质是构成人体组织(如骨骼、牙齿及肌肉)的重要元素，也是人体中酶及激素的成分(调节新陈代谢)，它主要来源于植物、动物和水，缺乏时会出现贫血、血压高、癌症、蛀牙及骨质疏松症等疾病。因矿物质只能被身体吸收 10%，所以每天推荐摄入量为真正需要量的 10 倍。此外，矿物质有相互干扰(一种矿物质过多时会影响其他矿物质的吸收)的特性。如锌与铜，钙与镁等，故应特别注意。

矿物质和维生素一样重要，肌体只需要少量矿物质就可维持正常机能。矿物质又可分为两类：常量无机盐和微量无机盐。常量无机盐包括对骨起重要作用的钙、对神经肌肉起重要作用的钾和钠以及对人体内许多酶起重要作用的镁等；微量无机盐包括血液中氧运输所必需的血红蛋白中的铁，调节正常代谢率所必需的腺垂体中的碘，许多与酶正常功能有关的锌、硒、铜等。人可通过摄入全面平衡的饮食获取他们每天所必需的这些矿物质元素。但是妇女常常会缺乏铁和钙，所以有必要考虑给妇女适当补充这些矿物质元素。矿物质的主要作用如下。

(1) 维持细胞内外液的容量和渗透压(维持肌体内环境稳定)。

(2) 维持体液的酸碱平衡。

(3) 维持神经肌肉的兴奋性(如血钙低就会抽筋)。

(4) 影响体温调节。

(5) 构成体质(尤其钙等)。

2. 矿物质缺乏和大量消耗对运动的影响

(1) 疲劳提早发生。

(2) 运动能力下降。

(3) 影响运动后疲劳恢复。

(4) 降低减脂效果。

3. 钙的功能及补钙

钙是人体内含量最丰富的矿物质，约 99% 的钙存在于牙齿和骨骼里，主要是以与磷相结合的形式存在，其余1%则存在于体液和软组织中，大多呈离子状态，与骨骼维持着动态交换与平衡。

1) 钙的功能

(1) 钙对于骨骼及牙齿的形成、正常心跳的维持、神经活动的传导、血液酸碱的平衡等起着重要作用。

(2) 钙能帮助肌肉收缩、血液凝结，并维护细胞膜。

(3) 钙可以在与磷、维生素D的共同作用下防治小儿佝偻症，可以预防和治疗更年期骨质疏松症，细胞内游离钙浓度的平衡有助于维持血压稳定，钙还有助于预防结肠癌。

2) 缺钙的原因

缺钙的原因除了遗传因素外，主要是后天造成的。在日常生活中，钙的摄入量远远满足不了人体所需的标准量，这是缺钙的主要原因。据调查，1992年，上海地区居民平均每天钙的摄入量只及所需标准量的58.33%。人体钙的来源，主要是通过膳食。然而，人体对钙的吸收又非常苛刻，钙盐只有在酸性环境中呈离子状态，溶解于水的钙才能被吸收，而钙的吸收又依肌体对钙的需要、食物的种类和钙的摄入量而定，并且受到很多因素干扰。

当今随着饮食的欧美化和加工食品、速食品、肉食品的摄入量增加，钙的摄入不足将会越来越严重。同时奶与奶制品、豆与豆制品等含钙确实丰富，可是由于受到饮食习惯和食品供应等限制，很难通过膳食满足人体对钙的需求。此外，随着社会的老龄化、缺钙导致对人体健康的危害将会越来越显露出来。

3) 缺钙的症状

虚汗、盗汗；出牙慢、换牙晚，牙齿不坚固；关节酸痛、腰酸背痛、小腿抽筋；骨质疏松；长不高，长得慢；易疲劳。

4) 缺钙的危害

(1) 由于钙有助于神经刺激的传导，缺乏钙将导致神经无法松弛下来，因而疲劳无法缓解，并且引起经常失眠。

(2) 缺钙会引起程度不同的骨质疏松症。

(3) 缺钙可引起的疾病有高血压、冠心病、尿路结石、结(直)肠癌、手足抽搐症等。

5) 哪些人要警惕骨质疏松

(1) 长期饮酒者。

(2) 缺硼、缺镁者。

(3) 自身免疫状况较差者。

(4) 长期缺乏锻炼者。

(5) 缺乏雌激素者。

(6) 月经不正常者。

6) 预防骨质疏松及补钙的方法

(1) 食物弥补　牛奶及奶制品、豆类及豆制品、海藻类(海带)、虾类、鱼类、绿色蔬菜、花生、柑橘、山楂、橄榄、杏仁、番茄、蛋类、瓜子类等。通过饮食调节，增加含钙的食品摄入，这是最重要的。

(2) 加强体育活动　尤其是经常进行户外体育活动是预防控制骨质疏松症发生与流行的一项不可忽视的措施。

(3) 控制影响骨质形成的药品和食品的摄入　①吸烟可促使骨质丢失，饮酒会减少钙的摄入，增多尿钙的排泄，因此不吸烟、少饮酒是很重要的；②含铝的制酸药，如可的松、苯妥英钠、肝素和咖啡因等药品，均会影响骨质的形成，应加以控制使用；③积极治疗引起骨质疏松症的内分泌疾病，如库欣综合征、肢端肥大症、甲状腺功能亢进、糖尿病等。

(4) 选用含钙的保健品　选用原则：①钙含量高；②吸收利用率好；③安全无污染，刺激性小；④口感好，服用方便；⑤含量价格比较经济。

(5) 药物治疗　补充服用各种药物钙剂。

4. 铁的功能及补铁

铁是人体必需的重要微量元素，是维持生命的重要物质，是血液中含量最高的矿物质。

1) 铁的功能

(1) 铁是合成血红蛋白的重要物质，在组织呼吸和生物氧化中起着重要作用，可以防治缺铁性贫血症，促进发育，增强抗病力，改善儿童的精神状态。

(2) 由于铁在血液中的重要作用，可以增强人体活力，防止疲劳，使皮肤恢复良好的血色。

2) 缺铁的原因

(1) 食物中铁的摄入不足。

(2) 妇女因月经过多导致缺铁。

(3) 疾病影响，如溃疡病等导致失血。

(4) 胃肠功能紊乱以及胃肠疾病影响铁的吸收。

3) 缺铁的症状

注意力不集中，精神委靡；贫血，面色发黄，苍白；心跳加快，胸闷；厌食，偏食；腰膝酸软，手脚冰凉。

4) 缺铁的危害

(1) 人体缺铁时不能合成足够的血红蛋白，就会发生缺铁性贫血。

(2) 缺铁导致细胞免疫功能受损，同时还会影响中性粒细胞杀菌能力，铁的缺乏直接影响了肌体的免疫功能。

(3) 缺铁会引起儿童智力下降。

(4) 缺铁可影响人的肌肉运动能力，导致人的肌力减弱，耐力差，表现为易疲倦和软弱无力等。

5) 预防缺铁及补铁的方法

(1) 食物弥补　动物肝、莲子、黑木耳、海藻、菠菜、黄花菜、鸡鸭肉、猪肉、牛肉、羊肉、香蕉、橄榄、蘑菇、油菜、芝麻、酵母、枣、大豆制品、芹菜、海蜇、鱼、蛋、番茄、虾皮、香瓜、谷类、胡萝卜、牛奶、葱等。

缺铁的治疗首选饮食疗法，要选择既富含铁又容易吸收的食物，其中动物性食物不论含铁量和吸收率一般都要优于植物性食物，炒菜最好用铁锅，可以增加铁的来源。

(2) 病因治疗　治疗胃肠疾病，改善肠胃功能，保证铁的吸收，及时治疗妇女月经过多以及其他失血量多的疾病，减少铁的损失。

(3) 铁剂治疗　应尽量采用口服铁剂，以硫酸亚铁、富马酸亚铁、葡萄糖酸亚铁为佳，剂量应按元素铁剂量，每日千克体重 4.5～6 mg 元素铁为最佳剂量，其中硫酸亚铁含元素铁约 20%，富马酸亚铁约 33%，葡萄糖酸亚铁约 11.5%，饭后服用为宜。

5. 维生素与矿物质的一般常识

(1) 维生素和矿物质的重要性　维生素是维持人体生命活动不可缺少的一大类有机物质，而矿物质是构成肌体组织和维持正常生理功能所必需的无机物质。

(2) 维生素易失效和流失，水洗、加热都会令维生素流失或失去效力。

(3) 维生素与矿物质能清除体内氧自由基。氧自由基是引发癌症和衰老的主要诱因之一，抗氧化维生素 A、C、E 及 β-胡萝卜素和微量元素硒能帮助清除体内氧自由基。

(4) 维生素和矿物质能帮助改善体质，增强抵抗力。

(5) 维生素和矿物质主要依靠从外界摄取。

(6) 生活中仅靠日常饮食常常无法从外界摄取足够维生素和矿物质。

(7) 体内维生素与矿物质由于外界因素会过度消耗　紧张的生活节奏、加班、熬夜、烟酒过度、饮食没有规律，这些外界因素都会造成体内维生素和矿物质过度消耗，进而引起疲劳、体质差、抵抗力弱等一系列后果。

(8) 补充矿物质并非品种和数量越多越好　科学实验证实，某些矿物质(如汞)极少剂量就会对人体产生毒性作用。而另一些微量元素如锂、钒等究竟进入人体有何作用至今尚未有科学定论，专家建议，对人体作用不明的微量元素要谨慎服用，谨防毒副作用。

(六) 水

1. 水的来源及功能

1) 水的来源

水被称为生命之源。它约占健康成年人体重的 60%～70%。人体内的水含量因年龄、性别不同而有所差异。以 19～50 岁年龄段的人为例，男性平均占体重的 59%，女性占体重的 50%；过胖人士占体重的 40%；训练者可达至体重的 70%。其中，水在骨骼内占 1/4，肌肉和脑内占 3/4。在缺水的情况下，人体约可维持七天生命。而人体对水的日需要量为 2 kg 左右。一般体内的水分会从下列各方面散失，即排汗、呼吸及大小便(饮用含酒精及咖啡碱的饮品会增加排尿量)。然而，人体中的水分主要是从各式饮品及食物(水果占 10%～90%、主食占 36%)获得。人体内水分的贮存，有 55%在细胞内，45%在细胞外。水与蛋白质、碳水化合物及电解质在体内紧密融合在一起。运动时，350 g 经代谢后的葡萄糖会释放出 1 L 水，以供肌体运动的需要。人体内水分降低时，血浓度会随之上升，水则会从细胞渗出而进入血液，引致脑垂体释放出抗利尿素，驱使肾脏再保留水分。相反，体内水分过多时，更多的水分则会被排出。详细数据见表 3-5。

表 3-5　正常人体每日水的出入平衡

来　源	摄入量/mL	排出途径	排入量/mL
饮水或饮料	1 200	肾脏(尿)	1 500
食物	1 000	皮肤(蒸发)	500
内生水	300	肺	350
		大肠(粪便)	150
合　计	2 500		2 500

提示：值得注意的是，处于高温环境下的劳动者或运动的人，其饮水量是完全不同的，有时甚至存在着惊人的差别。根据个人的体力(运动)负荷和热应激状态水平的不同，他们每日的水需要量可从 2 L 到 16 L 不等。因为，即便不考虑任何影响因素，成人每消耗 4.184 kJ 能量，就需 1 mL 水，考虑到活动、出汗及溶质负荷的变化，所以，一般成人的水需要量也可增至 1.5 mL/4.184 kJ。饮水应少量多次，切莫感到口渴时再喝水。如果活动量大，出汗多，应考虑同时需要补充淡盐水及矿物质。

2) 水的主要功能

(1) 细胞原生质的构造物质。

(2) 保护身体组织(脑部及脊柱)。

(3) 维持体液平衡。
(4) 成为氧气和各种养分及激素的载体，运送各种物质往返于细胞。
(5) 传递各种感觉。
(6) 调节体温。
(7) 补水不仅对保持运动能力至关重要，而且有助于减脂和增肌。

2. 水与运动的关系

(1) 体液丢失大于体重的2%时，运动能力下降10%～15%。
(2) 体液丢失达到体重的4%时，运动能力下降20%～30%。
(3) 体液丢失达到体重的5%时，难以集中精力，头痛，烦躁，困乏。
(4) 体液丢失达到体重的7%时，热天锻炼可能发生晕厥。

此外，体内碳水化合物的储存也需要水，如肝脏和肌肉储存1 kg的碳水化合物需2.7 kg的水。如果一个人摄入低糖饮食，一两天后体内的碳水化合物的储量会急剧下降，同时储存在碳水化合物中的水也随之丧失。这就解释了为什么人们常常在低糖饮食后会经历一个体重迅速下降的过程(但不是脂肪的减少)。请记住，要减少0.45 kg的体脂需要消耗3 500 kcal的热量，但很少有人能一天内达到这一目标。这种能致使体重迅速降低的饮食方案只是使体内的水分减少了，但这种减少终究会被补充。同时请不要忘记只有热量的消耗才能对体重的减轻有意义，并非摄入食物的类型。就上面所提到的理想饮食模式而言，碳水化合物在减体重的过程中应是最后的一个减少的成分。

3. 运动中如何补水

很多人口渴时才饮水，这是一种错误的做法，因为此时缺水已达2%～3%。不少人运动中单纯补水，也是可以的，但最好的补水方法是补水与补糖和电解质相结合(减肥者可不补糖)。补水方法如下。

(1) 运动前2小时可补水250～500 mL。
(2) 运动前即刻补水150～250 mL。
(3) 运动中强度大时每隔15～20 min补水120～240 mL。

(七) 膳食纤维

膳食纤维又叫粗纤维，是一类不能被人体消化吸收的多糖，它一般在小肠不被消化吸收，在大肠发酵。它可分为两类，一类是可溶性膳食纤维，如果胶、树胶；另一类是不可溶性膳食纤维，如纤维素和半纤维素等。

1. 膳食纤维的功能

(1) 润肠通便　由于没有酶可分解它，不提供能量，因此"怎样进来，就怎样出去"，故被誉为肠道"清洁工"和排毒能手。

(2) 减肥作用　纤维遇水会膨胀，从而增加饱胀的感觉，降低食欲，加之没有热量，故可减脂控体重。此外，消化、吸收富含纤维的食物会消耗更多的热量。

(3) 防止心脑血管疾病　在食物四周形成一层保护膜，延缓和降低胆固醇、甘油三酯和单糖等营养物质的吸收。

(4) 预防糖尿病　膳食纤维可减少胰岛素的变化幅度等。

2. 食物来源

谷类、薯类、豆类、蔬菜、水果及植物性食物贝壳等。

3. 推荐摄入量

建议普通成年人每人每天摄入 30 g 左右。

第三节　健身健美运动的膳食指导

一、健身健美的饮食原则

人体所需要的一切营养素与热能都是来自食物。因此，饮食营养是构建身体的基础，同时也是能量的源泉。假如将人体比喻为一座建筑物，那么构建这个"建筑物"的建筑材料就是食物中的碳水化合物、蛋白质、脂类、维生素、无机盐与水等营养素成分。

健身健美锻炼是人体的一个良性刺激，而合理的膳食营养则是人体对于运动刺激做出的积极反应。在促进人体健康，提高人体对环境适应能力的过程中，科学的锻炼与合理的膳食营养是唇齿相连、相辅相成的。如何饮食才能在保证健康的基础上，提高健身健美锻炼的效率，以及获得良好的锻炼结果，以下原则应该由健身指导员经常给锻炼者提醒。

(1) 要将过去以生存为目的的饮食动机，转变到讲究营养，确保工作、学习和健身健美锻炼的饮食目的上来。

(2) 要保证营养素摄取平衡，力求做到能量平衡、均衡及酸碱平衡等。

(3) 要优选物美价廉、热量较低、营养含量较高的食物作为健身健美食品。

(4) 要以少量的食物摄取更多的营养，从较多的营养中获得健美的优势。

(5) 要坚持以粗、素、淡、水果和蔬菜为主的杂食方式。不要过分迷信和追求珍馐、药物等补品。也不可过度限制脂肪。

(6) 要忌偏食，避免暴饮贪食或盲目节食，消除影响健康的隐患。

(7) 要改变有害于健身健美锻炼的饮食习惯，每日进餐多次，并补充足够的水。少吃经过腌、熏、晒、烤的肉和经过加工处理的香肠等肉类食品。少吃热量高的食物,不多吃热量少的食物。

(8) 要纠正不科学的烹饪方法,把营养损失减少到最低程度。科学使用营养补剂。

(9) 要尽量做到膳不过咸、嗜不过甜、酒不过量、烟不沾嘴、食不忌讳、吃不求精、烩不求细、少食多餐、食不过饱、物不单一、定时不缺。

(10) 要切忌快食、蹲食、走食、卧食、吞食、暴食、笑食、愁食、泡食、烫食和挑食。

二、健康食品的选择与食物的搭配

在自然界,人类可以吃的食物种类大约有万种之多。我国通常将食物分为谷类、豆类及其制品、蔬菜和水果、水产和肉类、蛋类与奶类及奶制品六大类。USDA(美国农业部)将食物分为:粮谷类、蔬菜、水果、肉类、奶类及其制品与单纯能量类六大类。

人们决定吃什么、什么时候去吃,甚至是否以极端个人的方式去吃,通常是基于某些行为或社会动机,而不完全是基于有关营养对身体健康的重要性。幸运的是,很多不同的食物选择是有助于身体健康的,但是营养知识将帮助你做出更合理的选择。

(一) 健康食品的选用

1. 谷类、薯类及杂豆

谷类包括小麦面粉、大米、玉米、高粱等及其制品,薯类包括红薯、马铃薯等,杂豆包括大豆以外的其他干豆类,如红小豆、绿豆、芸豆等。这类食物主要供给淀粉,其次供给蛋白质、无机盐和维生素,同时也是膳食纤维的主要来源。这类食物的摄取量应以健身锻炼者身体消耗热能的需要为度。一般人每天摄入量约为 250~400 g,其中最好包括 50~100 g 粗粮。

2. 肉、鱼、禽、蛋、大豆及坚果类

这类食物主要供给优质蛋白质和脂肪,也供给一部分无机盐和维生素。它们之间最大的区别是所含脂肪的质和量不同。一般说来,植物脂肪含不饱和脂肪酸较高,动物脂肪含饱和脂肪酸较高(鱼的含脂量较少)。这类食物能够提供优质蛋白质,并以脂肪形式补充必要的能量,故为健身锻炼者每日膳食中不可缺少的食物,其用量以 125~225 g 为宜,其中动物性食品与大豆类或豆制品最好各占 50%。如果按照中国居民平衡膳食宝塔建议的食物量来具体分配,建议一般人每天摄入肉类(猪、牛、羊、禽肉)50~75 g,水产(包括鱼类、甲壳类和软体类动物性食物)50~100 g,蛋 25~50 g,大豆类(黄豆、黑豆、青豆等及其制品)30~50 g,坚果类(花生、瓜子、核桃、杏仁、榛子等)5~10 g。

3. 蔬菜、水果类

这类食物主要可供给维生素、无机盐和膳食纤维。它们是维生素 C 的主要来源，也是提供无机盐和膳食纤维的主要食品。它们能增加膳食的体积，促进肠蠕动，以有利于消化、吸收和排泄。它们能降低胆固醇的吸收，促进胆固醇的分解代谢与排泄(对减轻高胆固醇血症，预防动脉硬化非常有益)。蔬菜类食物应以叶菜为主，锻炼者每日摄入量以 500 g 左右为宜(一般人 300～500 g 即可满足日常需要)。新鲜水果 200～400 g，锻炼者根据需要可多吃一些。

4. 乳类及乳制品

这类食物主要可供给优质蛋白、脂肪、脂溶性维生素、维生素 B_2 和钙。建议一般人日食量相当于液态奶 300 g、酸奶 360 g、奶粉 45 g，有条件者或锻炼者可多吃一些。

5. 烹调油及食盐

烹调油包括各种动、植物油，这类食物主要可供给热能、不饱和脂肪酸和部分脂溶性维生素。虽然动物脂肪完全可以由第二类食物替代，但植物油则必不可少，因为它是不饱和脂肪酸的主要来源，又是烹调的必备辅料。建议一般人每天摄入量 25～30 g。此外，健康成年人一天食盐以不超过 6 g 为宜。一般 20 mL 酱油中就含 3 g 食盐，10 g 黄酱中含 1.5 g 食盐，如果菜肴中需要用酱油和黄酱类，应按比例减少食盐用量。

6. 健身健美锻炼者的营养建议与膳食安排参照

人们选择食物的原因是多方面的，但是不管出于什么原因，食物的选择将影响健康。长时间的平衡食物的选择将会对健康起到重要作用。由于这个原因，将营养学知识与自己的食物选择密切地结合起来是一个明智的做法。表 3-6、表 3-7、表 3-8、表 3-9 所提供的数据可视为健身健美锻炼参与者的营养建议与膳食安排参照。

表 3-6　营养素功能、供给量及来源表

营养素	功　能	每千克体重需要量		食物来源
		正常值	健美运动员需要量	
碳水化合物	供给热量，构成体质，营养物质交换中心	4.9～6 g	7.5～8 g	谷类、豆类、面包、点心、巧克力、面食
脂肪	供给热量、维生素吸收，是线粒体、酶的组成成分，能量载体	1.3～1.5 g	2.4～2.6 g	黄油、猪油、猪肝、鱼油、香肠、向日葵油
蛋白质	肌肉、骨骼肌、肌腱以及酶的组成成分，调节生理功能，	1.2～1.3 g	3.0～3.2 g	鸡、肉、鱼、蛋、豆类、奶制品、谷类

续表

营养素	功能	每千克体重需要量		食物来源
		正常值	健美运动员需要量	
维生素 B_1	与肌肉收缩参与交换碳水化合物	2～3 mg	8～10 mg	麦芽、肝、土豆、猪肉、黑面包、粗粮、豆类
维生素 B_2	参与氧化物交换	2～3 mg	6～8 mg	鸡蛋、肉、牛奶、肝、蔬菜
维生素 B_6	参与蛋白质交换	2～3 mg	6～12 mg	麦芽、肝、香蕉、花生、蛋、肉
维生素 C	参与蛋白质氧化、结缔组织交换，预防传染病	50～100 mg	150～200 mg	新鲜水果、酸枣、土豆、蔬菜
维生素 E	糖代谢、抗氧化剂、维持骨骼肌功能	10～30 mg	30～50 mg	肝、蛋、粗粮、黄油、豆油
钙	兴奋神经、肌肉系统，参与肌肉收缩，物质交换	1.0～1.2 g	2～3 g	牛奶、奶制品、虾米皮、豆类、萝卜
磷	形成 ATP、骨物质交换	1.4～1.6 g	3～6 g	在所有食物中
钾	兴奋神经肌肉系统、碳水化合物交换、组成酶与激素	2～3 g	4～6 g	蔬菜、水果
钠	兴奋神经肌肉系统、组成酶与激素	3～10 g	20～25 g	食盐
铁	氧化物质交换、氧气运输	20～25 mg	40～50 mg	肝、蛋、菠菜、芝麻、黑木耳、内脏、花生、瓜子、大豆、猪血
锌	激活剂，与生长发育、肌体免疫有关，组成酶的必需成分	15 mg	20 mg	海产品、鲜肉
镁	肌肉收缩必需元素、ADP→ATP 的催化剂	5～8 mg	7～15 mg	干果、海产品、豆类、水果

表 3-7 常用食物营养成分和热量表

食物名称	100 g 食物的含量			100 g 食物的热量 /kcal
	蛋白质/g	糖/g	脂肪/g	
大米	8.3	74.2	2.5	362
标准面粉	9.9	74.6	1.8	363
豆腐干	19.0	5.9	7.4	171
蔬菜	0.6～3.0	2.0～4.0	0.1～0.6	12～34

续表

食物名称	100 g 食物的含量			100 g 食物的热量/kcal
	蛋白质/g	糖/g	脂肪/g	
苹果	0.4	13.0	0.5	60
鸭梨	0.1	9.0	0.1	38
瘦猪肉	16.7	1.0	28.8	340
瘦牛肉	20.3	1.7	6.2	148
鸡	21.5	0.7	2.5	114
鸡蛋	14.7	1.6	11.6	175
牛奶	3.3	5.0	4.0	71
带鱼	18.1	—	7.4	143
蛋糕	7.9	65.0	4.7	343
巧克力	5.5	65.9	27.4	548
食油	—	—	100	930
备注	表里面没有的食物可参照同类食物计算			

表 3-8 常吃食物的热量表(A)

食物名称	单位	热量/kcal	食物名称	单位	热量/kcal
稀饭	碗	140	干饭	碗	270
荷包蛋	个	120	豆腐(生)	块	70
肉松	2 平汤勺	70	油炒青菜	小碟	45
水煮青菜	小碟	不计热量	豆浆(甜)	碗	110
烧饼油条	2 根	300	水煎包	2 个	250
蛋饼	份	250	红烧肉	2 汤匙	160
炸鸡腿(大)	支	320	红烧豆腐	2 汤匙	80
煎鱼	手掌大	180	炒蛋	个	90
猪排	块	250	排骨饭	碗	500
阳春面	碗	250	蛋炒饭	盘	500
牛肉汉堡(大)	个	540	水饺	10 个	350
速食面	碗	350	白面条	碗	140
炒肉丝	2 汤匙	80	糖醋排骨	8 小块	30
红烧鱼	手掌大	180	牛排	8 两	580
酱瓜肉	2 汤匙	160	猪脚	1 块(拳头大)	250
香肠	根	170	鸡肘	个	90
蒸蛋	个	70	煮小排骨	8 小块	14

表 3-9　常吃食物的热量表(B)

食物名称	单位	热量/kcal	食物名称	单位	热量/kcal
鲜奶	盒	170	果汁奶	盒	200
巧克力牛奶	盒	200	脱脂牛奶	杯(240 mL)	80
菠萝面包	个	480	奶酥面包	个	450
奶酪面包	个	430	清蛋糕	片	150
布丁	杯	140	土司	片	70
火腿蛋三明治	份	420	薯条	小包	220
炸肉丸	个	500	肉包	个	220
馒头	个	270	可口奶滋	5片	190
苏打饼干	3片	70	肉粽	个	350
花生米	15粒	45	瓜子	汤匙	45
爆米花	杯	70	啤酒(易拉罐)	罐	90
藩石榴	2个(大)	200	柑橘	1个	40
木瓜	1个	160	杨桃	1个	40
草莓	1个	5	哈密瓜	1个	120
苹果	1个(中)	80	葡萄	1粒	5
荔枝	1粒	8	香瓜	1个	60
龙眼	1粒	3	枇杷	1粒	6
葡萄柚	1个	80	香蕉	1根	80

(二) 健康食物的搭配

食物配膳的科学性很强。配膳合理，能提高食物的营养贡献价值，若配膳不当，不仅丧失营养价值，而且会引发疾病。对于健身锻炼者来说，配比合理的食物即是健康食品。

1. 荤素原料搭配

荤素原料搭配烹调是中国烹调一大特点。它不仅具备色、香、味、型，而且荤菜含有谷胱甘肽的硫氢基，能保护蔬菜里的某些营养素少受或免遭损失，有利于人体充分吸收，并能减少胆固醇的沉积。蔬菜中维生素 A、D、E、K 均属脂溶性维生素，含这类维生素的蔬菜，只有搭配含丰富脂肪的食物才能提高维生素的利用率与吸收率。例如胡萝卜要与肉搭配，这样胡萝卜里的维生素 A 通过溶于肉或卤汁而被人体充分吸收和利用，极大地发挥其营养功能。

2. 混杂式原料搭配

无论是主食还是副食，将粗、细、动、植物性食物等混合搭配烹制，能够保证营养全面、均衡、热量适宜，提高食物的生理与健身价值。

3. 补偿性原料搭配

根据人体某种营养所缺，选择具有补偿价值的食物进行搭配。例如，有些女性身上长痤疹和发落变黄，可长期食用富含锌的酵母发面和对毛的生长及对乌须有明显改善作用的葵花籽油煎烙成的黑芝麻饼，以使痤疹销迹、黑发生辉。这是因为锌是体内多种酶的重要组成部分和激合剂，对促进新陈代谢和维持上皮黏膜组织的正常功能具有重要作用。

4. 同性酶原料搭配

人类的食物可分为酸性食物和碱性食物。判断食物的酸碱性，并非根据人们的味觉，也不是根据食物溶于水中的化学性，而是根据食物进入人体后所生成的最终代谢物的酸碱性而定。酸性食物通常含有丰富的蛋白质、脂肪和糖类，含有成酸元素较多，在体内代谢后形成酸性物质，可降低血液、体液内的 pH 值。蔬菜、水果等含有 K、Na、Ca、Mg 等元素，在体内代谢后生成碱性物质，能阻止血液向酸性方面变化，所以，酸味的水果一般都为碱性食物而不是酸性食物，鸡、鱼、肉、蛋、糖等味虽不酸但却是酸性食物。在配餐中，不要把需要碱性酶消化的食物和需要酸性酶消化的食物搭配在一起，否则会引起酸碱中和作用，导致人体消化道受阻，使其丧失营养价值。例如"淀粉拖黄鱼"这道菜即是减低营养价值的配膳方法，因为淀粉质食物须由碱性酶消化，而黄鱼含蛋白质较多，需要酸性酶消化，故淀粉不要"拖"黄鱼为好。

5. "相克"食物禁忌搭配

所谓食物相克即是讲两种食物之间的各种营养或化学成分相互制约的关系，它们之间的配膳不当，会影响人体对食物营养的吸收。严重的还会造成食物中毒症状。例如，蛋黄、大豆和动物肝脏含有较多的铁元素，当它们与含纤维素较多的萝卜、甘薯、芹菜和含草酸多的苋菜、雍菜配膳或同吃，就会阻碍人体对铁质的吸收；在我国的日常膳食中，大约有120对相克的食物，如配膳不合理或数量比例搭配不当，均会引起人体对某种食物营养素吸收的拮抗现象，甚至出现中毒反应。

三、不同运动形式时的营养补充

不同运动形式时的营养补充如表 3-10 所示。

表 3-10　不同运动形式时的营养补充

运动形式	营养物质
力量练习	肉类、牛奶等蛋白质为主
大强度、短时间运动	水果、蔬菜等碱性食物
小强度、长时间运动	淀粉类食物为主
一般运动	淀粉、豆类、水果为基本营养

四、增加肌肉体积与减肥的特殊营养

目前，在运动界有一些特殊营养品对于壮大肌肉、减缩脂肪、提高健身健美锻炼的效果及运动成绩等有一定的作用。我们除了注重基础膳食营养以外，还可以通过补充这一部分营养品来达到通过健身健美锻炼增加肌肉体积及减脂塑身的目的。

(一) 营养添加剂

满足身体基础代谢和锻炼代谢的能量，以及构成体质的基质材料需求，是达到健身健美锻炼目的的重要条件。为此，在日常膳食的基础上，还可依据不同的生理特点和健身锻炼目标，进行特殊的营养安排和食谱组合。通过特殊的营养手段，即使用营养膳食补充品来干预疲劳、帮助恢复、提高运动能力近年来备受重视。营养添加剂，或称膳食补充品(dietary supplement)，它是 1994 年 12 月美国从"健康补充品"(health food)改称而来的，在日本被称为"功能补充品"(functional food)。这类补充品是随着营养学(尤其是运动营养学)的发展而产生的。

在 20 世纪 70 年代以前，营养学的研究主要从发现和治疗营养缺乏病，制订每日营养素供给量标准或推荐每日膳食允许量(RDA)出发，来保证每日由膳食中取得足够的营养素来预防营养缺乏病，维持身体健康。近年来，营养学的研究已发展到如何运用营养素来促进健康、提高运动能力、防治疾病的阶段。研究发现，仅仅依赖天然食物难以达成健康目标，而在食物中添加某些特殊营养素，如微量元素锌、硒、碘、铁，维生素 A、C、E、B_2、B_6、B_5，特殊氨基酸牛磺酸、精氨酸、谷氨酰胺等，脂肪酸中的多不饱和脂肪酸 18 碳 3 烯酸(亚麻酸)、20 碳 5 烯酸(EPA)、22 碳 6 烯酸(DHA)等及其他活性物质如活菌(双歧杆菌、乳酸菌)、中草药、多糖等，则有助于提高营养效能。这些添加剂可分别为维生素、矿物质、草药、植物性物质、氨基酸及其他可补充到膳食中的膳食物质或浓缩物、代谢产物、组成物、提取物或上述物质的混合物(不包括烟草)等。

目前，运动营养膳食补充品数量很多，根据其功能可将其分为基本营养膳食补充品、专项膳食补充品、营养膳食干预补充品等几种类型。

然而，对于普通的健身人群而言，在已获得平衡膳食的情况下，一般并不提倡再额外补充营养品，因为，过多的营养对健身健康可能有害无利。比如食用过多的蛋白质会增加胆、肾的负担；过量地补充维生素 A，会引起中毒并使头发自然美受到破坏等。强调营养，意味着应该平衡地、合理地摄取人体所需要的各种营养素。

(二) 运动营养补剂

营养补剂是浓缩的高纯度营养素，能够快速、高效地为肌体提供营养。在营养已成为重要内容的现代健美训练体系中，运动营养补剂的作用已获得空前重视。目前，常用的健美运动营养补剂大致有以下几类。

1. 蛋白质类

蛋白质是生命存在的主要方式，是维持生命活动的基础，是构成生命体的最主要的组成成分，健身健美运动员常用的蛋白质产品主要有乳清蛋白、大豆蛋白。

1) 乳清蛋白

乳清蛋白是从牛奶中提取的，富含各种氨基酸和易于吸收的蛋白质，其生物价为 100，是所有蛋白质中最高的。乳清蛋白脂肪含量很少，富含支链氨基酸、谷氨酰胺，同时还含有乳铁传递蛋白。乳清蛋白对运动能力的作用主要表现如下。

(1) 提高肌体免疫功能。
(2) 延缓中枢神经系统疲劳的发生和发展。
(3) 促进肌体蛋白质的合成。
(4) 提高肌体的抗氧化能力。

乳清蛋白是健身健美运动员经常补充的重要蛋白质营养品。在大负荷健美运动训练期间，为了保证蛋白质的恢复和促进健身健美运动员身体机能水平的提高，乳清蛋白的摄入量可以提高到总蛋白摄入量的50%以上，而在一般训练期，补充量维持在每天 20 g 左右，就能够充分体现其对肌体的有利作用。

最近的研究结果表明，乳清蛋白是健身健美运动员在控体重期间最佳的蛋白质补充剂。由于在此期间要求严格限制饮食，避免大量摄入蛋白质而附带摄入过多脂肪和能量以引起体重的增加。因此，乳清蛋白的补充不但可以为控体重运动员提高优质的蛋白质以维持肌体正常蛋白质的合成，降低身体脂肪含量，而且对维持健身健美运动员的运动能力具有积极意义。

2) 大豆蛋白

目前流行的另一类蛋白粉是大豆蛋白。经过浓缩加工的大豆蛋白粉中的蛋白质含量较高，甚至可高达80%以上。研究表明，大豆蛋白的补充对降低血浆甘油三酯和低密度脂蛋白水平、缓解肌体钙的丢失及防治骨质疏松具有积极意义。

2. 氨基酸

1) L-精氨酸

研究表明,L-精氨酸具有促进人体内源性生长激素的分泌,并可以调节下丘脑—垂体—性腺轴的机能,从而有利于健身健美运动员身体机能的提高和训练后各种能源物质的恢复。但是由于精氨酸对胃肠道具有一定的刺激作用,故一般不提倡大剂量服用,目前推荐剂量为每天 10 g。

2) 鸟氨酸

鸟氨酸具有与精氨酸相类似的生物学功能,以前的研究通常将精氨酸与鸟氨酸同服来发挥其生物学功效。近年来的研究和实践表明,鸟氨酸与 OKG(α—酮戊二酸)同服同样具有促进胰岛素和生长激素分泌、提高免疫系统功能的功效,而且能降低对胃肠道的刺激,而单独服用则不具备这种协同作用。目前在市面上出售的鸟氨酸与 OKG 的合剂为鸟氨酸与 OKG 按 2∶1 混合配制而成,长期服用,每天 10~15 g,可以促进内源性胰岛素、生长激素的分泌,抑制体内蛋白的降解,对于提高健美运动员肌肉质量和促进能源物质恢复具有积极意义,而且没有发现明显的副作用。因此,OKG 是替代精氨酸促进健美运动员身体机能恢复、提高肌肉质量的良好营养补充品。

3) 支链氨基酸

支链氨基酸包括亮氨酸、异亮氨酸和缬氨酸,它们同为必需氨基酸,其中以亮氨酸最为实用。支链氨基酸是健美运动员经常服用的氨基酸,其作用主要表现为以下几点。

(1) 可以改善中枢神经系统的兴奋性,对维持长时间健美运动训练具有积极作用。

(2) 可以促进肌肉力量的增长。

(3) 对提高肌体的免疫能力具有一定的作用。

但是,大量服用支链氨基酸对身体具有一定的副作用,其主要表现为,引起血氨大幅度上升,对肌体产生不利影响;为中和大量的氨,造成丙酮酸的消耗增加,从而影响有氧氧化能力;抑制糖原异生;刺激胃肠道,引起肌体对水吸收能力下降。因此,在补充支链氨基酸时,一定要注意剂量。研究认为,支链氨基酸在健美运动前的 30 min 以低剂量补充效果较好,长时间运动多采用 0.5 g/h 剂量补充。低剂量支链氨基酸不但口感好,能够预防血浆支链氨基酸水平的降低,而且可以防止血氨的大幅度升高,并且不会刺激胃肠道。

4) 谷氨酰胺

谷氨酰胺是人体肌肉、血液和氨基酸池中含量最丰富的氨基酸,是蛋白质、核酸、谷胱甘肽及其他重要生物大分子合成的必需营养素。谷氨酰胺对健美运动能力的作用主要表现为以下几点。

(1) 谷氨酸是主要的中枢兴奋性递质，具有促进记忆的作用，有利于运动技能的形成。

(2) 补充谷氨酰胺可以维持和提高肌体的免疫机能水平，有利于健美运动员抗感染能力的提高，减少患疾病的几率。

(3) 补充谷氨酰胺可以促进肌体抗氧化能力的提高。

(4) 谷氨酰胺的补充有利于肌体胰岛素的分泌。

谷氨酰胺是运动员维持身体机能水平、促进恢复、提高肌体免疫机能的重要营养补充剂。但是，大量补充谷氨酰胺也具有一定的副作用，主要表现为氨的升高，对运动能力产生消极影响。为克服谷氨酰胺的副作用，建议谷氨酰胺服用量为每天 5～10 g，在健美训练或比赛后服用。

5) 牛磺酸

牛磺酸是正常人体肌肉中含量十分丰富的氨基酸，最近才发现它是促进肌肉快速增长的健美运动营养补剂，其发挥生理作用的方式类似于胰岛素作用。研究显示，一日三餐中分别补充 500 mg 牛磺酸，发现血液中 3-甲基组氨酸的浓度下降了 20%，而 3-甲基组胺酸是肌肉蛋白分解过程中的代谢产物，它反映肌肉蛋白质的分解速率。因此，3-甲基组氨酸的下降说明肌蛋白分解作用已受到牛磺酸的抑制。在许多复合型运动营养补剂中，牛磺酸都扮演着重要角色。在健美训练后 1 h 内、正餐前 30～45 min、晚上睡前食用 OKG、牛磺酸、钙、镁、钾等多种矿物质和营养素的糖饮或果汁，可使肌肉变得更大、更强壮。

6) 磷脂酰丝氨酸

磷脂酰丝氨酸是一种豆浆提取物。研究发现，它能够影响皮质醇的分泌释放。皮质醇是一种与睾酮作用拮抗的起分解作用的激素，一般在大强度健美训练后，极度疲劳或过度训练时明显升高。此时体内分解代谢大于合成代谢作用，肌蛋白分解加速，体重下降。如果能有效抑制健美运动员强化训练期间皮质醇的增长，则可以为提高健美训练效果创造良好的激素环境。目前，已有一些关于磷脂酰丝氨酸增长肌肉和力量及提高人体训练应激水平的研究报道。在一项双盲对照实验中，一组受试者每天服用 800 mg 磷脂酰丝氨酸，另一组服用同等剂量的安慰剂，10 天后两组进行同样的大强度训练，然后测两组受试者血液的皮质醇浓度。结果发现，对照组的皮质醇水平比训练前显著升高，而服磷脂酰丝氨酸组的受试者皮质醇浓度被控制在较低的水平。研究人员推测磷脂酰丝氨酸的作用可能是参与了下丘脑—垂体—性腺轴(激素反馈系统)对应激的反应过程。最近有报道，磷脂酰丝氨酸还能促进人体内源性睾酮分泌。所以，磷脂酰丝氨酸是一种颇具潜力的营养强力物质。

3. 肌酸

从 20 世纪 90 年代起，健美运动员开始大量使用肌酸。国内外学者对补充肌酸进行了大量的研究，发现补充肌酸可以提高肌肉内的磷酸肌酸含量，使健美运动后磷酸肌酸的再合成速度加快，同时使 ATP 的利用率增加，从而提高肌肉的最大收缩力。目前肌酸制剂已由原来的单纯肌酸发展为含有糖、磷酸盐、牛磺酸等能够促进肌酸吸收与利用的复合肌酸制剂。

1) 补充肌酸的强力作用

肌肉收缩时，需要 ATP 提供能量，而磷酸肌酸是高能磷酸基团储存库和线粒体内外的能量传递者，能满足最迅速合成 ATP 的要求。补充外源性肌酸，有利于体内肌酸和磷酸储量增多。

2) 肌酸的服用方法

(1) 短时间冲击量。

每天服用 20 g 左右的肌酸，连续服用 5~9 天，可以使骨骼肌中肌酸贮量增加 15%~30%，磷酸肌酸贮量增加 10%~40%。

(2) 长时间小剂量。

每天服用 2~5 g，连续服用一个月以上。采用这种方法可以在一定程度上提高肌体的肌酸贮量，但更主要的是维持肌肉中高肌酸浓度。

(3) 复合法。

这是冲击量与长时间小剂量相结合的一种方法。健美运动员每天服用 20~25 g 的肌酸，连续服用 5~9 天，然后第 2 天服用 2~5 g，持续数十天以上，可以使肌体肌酸贮量明显提高。

大量的研究结果表明，肌酸如果与含糖饮料同时服用，效果较单独服用肌酸更佳，可使肌肉中肌酸含量进一步增加。在健美运动实践中，肌酸的服用效果与体内的肌酸水平，对于那些原来肌体内肌酸水平较高的健美运动员，采用长时间小剂量补充对维持高肌酸含量十分有利。对于肌体内肌酸水平较低的健美运动员采用复合法，可以明显提高肌体的肌酸贮量，并且保持的时间长。因此，实践中应对健美运动员血浆的肌酸水平进行测试以后再选择补充肌酸的方法，这样更为科学合理。

3) 口服肌酸的副作用

肌酸不属于国际奥委会颁布的违禁药物，因此已被广泛使用。但是，从目前使用的情况来看，口服肌酸也相应的存在以下一些副作用。

(1) 抑制内源性肌酸的合成。

(2) 增加体重　对于需要控体重或降体重的健美运动应慎重使用肌酸。

(3) 肌肉酸胀感　采用肌酸补充措施后，会出现肌肉酸胀的感觉。有研究认为，采用理疗、按摩、泡热水浴，以及在训练前做好充分的准备活动等措施，可以缓解这种不利现象。国外有学者证实，增加饮水量可消除肌肉酸胀感。

4. 丙酮酸

丙酮酸是糖在细胞质中无氧代谢的中间产物，也是进入线粒体进行有氧代谢的起始物。丙酮酸可以通过生成乙酰辅酶 A 和三羧酸循环将糖、脂肪和蛋白质代谢联系起来，并实现糖、脂肪、蛋白质的相互转化。因此，丙酮酸在三大能源物质的代谢中起着极为重要的中心枢纽作用。

目前丙酮酸开始被广泛作为健美运动营养品使用。丙酮酸对肌体的主要作用表现在以下几个方面。

(1) 丙酮酸和二羟丙酮的服用可以改变肌体的代谢速率和身体成分，促进脂肪酸的氧化速率，有利于改善肌体的体成分，对降低体脂十分有利。

(2) 长期服用丙酮酸有利于代谢能力的提高。

(3) 服用丙酮酸对改善心血管机能具有一定的作用。

健美运动员控制体重时期可以通过服用丙酮酸促进脂肪酸的代谢，降低体脂，改善肌体的体成分，缓解瘦体重的下降。丙酮酸的适宜服用量为 25 g/天、二羟丙酮为 75 g/天，结合高糖膳食效果更好。

5. L-肉碱

L-肉碱是目前健美运动界常用的一种运动营养品。肉碱是转运脂肪酸的载体，是脂肪酸氧化供能必需的前提。对于健美运动员来说，L-肉碱在体内的作用主要体现在以下几个方面。

(1) L-肉碱是活化的长链脂肪酸穿过线粒体内膜的载体，可以促进长链脂肪酸进入线粒体基质内被高活性的 β-氧化酶系统所氧化，有利于减少体脂，控制体重。

(2) 加速丙酮的氧化作用，减少乳酸的堆积。

(3) 促进支链氨基酸的氧化利用，维持运动时的能量平衡。

(4) 促进乳酸和氨的消除，有利于疲劳的恢复等。

L-肉碱富含于动物食物中。由于在健美运动训练过程中肉碱的消耗量增加，食物是否能够提供充足的 L-肉碱，目前尚无定论。因此，补充一定量的 L-肉碱具有重要意义。每日分两次服用肉碱 2～6 g，便可显著提高血浆和肌肉内肉碱的浓度。由于肉碱是肌肉的天然成分，小剂量的补充未发现任何副作用，但大剂量补充会引起腹泻等不利影响。补充肉碱应注意其构型，K-肉碱有毒，会影响 L-肉碱的合成和利用，导致 L-肉碱的缺乏。

6. 抗氧化剂

大量的研究证实，运动训练会使自由基生成激增，使肌体发生脂质过氧化，导致细胞和生物膜系统的损害。脂质过氧化反应程度增加是导致运动性疲劳的发生和发展，造成健美运动员身体机能水平下降的重要原因。因此，通过抗氧化剂的服用可以有效地降低由于大强度健美运动训练所导致的自由基的增加，使肌体的脂质过氧化程度下降，维持健美运动员的身体机能水平，预防运动性贫血的发生和发展。

目前，健美运动界普遍应用的抗氧化剂有维生素 E、维生素 C、谷氨酰胺和谷氨酰胺肽、β-胡萝卜素、辅酶 Q、番茄红素(Lycopene)、螺旋藻系列产品、牛磺酸、N-乙酰半胱氨酸等。其中效果最好的抗氧化剂是维生素 C、维生素 E 和番茄红素。这些抗氧化剂在蔬菜和水果中含量丰富。但是，由于我国烹调蔬菜大都经过高温油的爆炒，许多维生素在高温作用下失活，使得有活性的抗氧化剂真正被吸收进入人体的较少，因此应额外补充抗氧化剂，维生素 C 和 β-胡萝卜素应以生吃的蔬菜和水果作为主要补充方式，同时还应以片剂形式摄入一定量的维生素 C 和 β-胡萝卜素。番茄红素是近几年国际上最新发现的一种抗氧化效果最好的抗氧化剂，它同 α-胡萝卜素、β-胡萝卜素及黄体素一样，属类胡萝卜素的一种。番茄红素存在于许多蔬菜和水果中，其中番茄中含量最多。目前的研究结果认为，每天服用一定量的番茄汁，或服用番茄红素胶囊(番茄红素每天的摄入量在 10~20 mg)即可达到良好的抗氧化效果。

7. 碱性盐

碱性盐有柠檬酸钾、碳酸氢钠和柠檬酸钠等。在健美训练前让运动员摄取碱性盐，可起到缓冲剧烈运动时大量产生的乳酸，使血液和肌肉中的 pH 值升高的作用，有助于维持身体内环境的稳定，并促进运动后使肌肉收缩的有关酶的功能和细胞膜的电位恢复正常。

碱性盐类的补充剂量，少者每日 1.5 g，多者可达 20 g。另外，服用方法也不一样。有人在赛前 1~2 天饭后服用，在比赛当天的 5 h 内停服。但也有人认为，在赛前补充碱性盐对强度大、时间在 30 s 至 2 min 的健美竞赛性表演效果较好。

8. 磷酸盐

磷是食物中必需的一种营养物质。体内磷以磷酸盐的形式存在。磷与体内 ATP—CP 供能系统有关，它与有机化合物腺嘌呤和肌酸结合生成 ATP 和 CP 中的高能键。磷酸钾和磷酸钠可作为体内缓冲剂，维持正常的 pH 值。磷酸还可通过几种途径协助有氧供能系统。磷酸是一些 B 族维生素发挥正常功能的必需物质。磷酸也是红血球的部分成分，可帮助血红蛋白释放氧进入肌细胞。由于磷有多种功能，从理论上讲磷酸盐有助于提高运动能力。

实验表明，在赛前受试者服用磷酸盐确能提高运动能力。有人发现，受试者赛前连续三天服用 4 g 磷酸钠，可增加 2,3-二磷酸甘油的水平，最大摄氧量提高 6%~12%，并且在参加亚极限强度水平运动如竞赛性健美表演等项目时，乳酸产生减少。

9. 激力皂甙

大强度的健美运动训练会造成下丘脑—垂体—性腺轴机能水平的下降，从而导致肌体内源性睾酮分泌减少。睾酮是肌体中促合成作用最有效的激素，睾酮水平的高低对健美运动员肌肉块的塑造和身体机能的恢复及反复承受负荷的能力具有十分重要的作用。近年来研究发现，从刺蒺藜中提取的主要活性成分——激力皂甙（植物固醇类物质）能够刺激人体垂体促黄体生成素的分泌，进而促进人体内原睾酮的分泌，提高血睾酮的水平，并对增加肌肉体积、围度和饱满度的大小、肌肉力量和促进骨骼肌的代谢具有重要的作用。研究还发现，激力皂甙还具有改善免疫功能、增加血红细胞、提高心肌收缩力、抗氧化作用等。目前的实验和临床研究表明，激力皂甙时肌体无任何不良副作用，健美运动员服用量一般为 300～700 mg/天。因此，激力皂甙是目前改善健美运动员下丘脑—垂体—性腺轴机能的较为理想、且安全有效的天然运动营养品。

运动营养补剂必须审慎而合理地使用，专业的建议包括：使用前，应该明确自己所需，从而有的放矢地选择适合品类，进行针对性地补充；必须懂得辨别商品标签上的功效说明，以免使用假冒伪劣或误用含有违禁成分的运动补充品；应当教导健美运动员，特别是青少年健美运动员要寄希望于通过多年的刻苦训练和良好营养逐渐提高健美运动成绩。运动营养补剂不会"迅速解决"运动成绩问题，对于提高健美运动成绩，运动营养补充品不是灵丹妙药；健美运动员每天需要 2.0～2.5 g/kg 体重的蛋白质，这些蛋白质可来自正常食物。大多数健美运动员的肌肉生长不需要蛋白补剂；健美运动员每天需要摄入 8～10 g/kg 体重的碳水化合物，碳水化合物应来自谷类、水果和蔬菜，如果你不能从正常食物中摄取足够的碳水化合物，你可以添加高能高碳水化合物饮料或固体补剂；健美运动员每天需要 0.45～0.9 g/kg 体重的脂肪，大多数应来自不饱和脂肪（如橄榄油、花生油和亚麻油）。一定不要依赖运动营养补剂，不要掉入运动营养膳食补剂的陷阱，不要把大量的钱花费在形形色色的"肌肉组建"补充剂上，没有什么能取代充满活力的阻力训练和全面合理的营养。与科学训练和合理营养的作用相比，运动补剂对非优秀健美运动员的作用通常微不足道。此外，有些运动补剂可能引起严重的副作用。如果考虑用运动补剂，请向专家咨询，不要听信运动营养补剂和保健补充品营销员的介绍、杂志上的广告、网上的消息，或在健身房训练、工作的人的一"家"之言。平时进行高强度训练的健美运动员考虑使用运动营养补剂时，一定要向知识丰富的运动生理学家、精通运动营养膳食补剂的运动医学大夫，以及优秀的运动营养学家或健美运动膳食专家进行咨询。

10. CLA

CLA 即为结合性亚油酸，可在很多种天然食物中得到，尤其是牛肉、猪肉、鸡蛋、火鸡和一些乳制品中。正因为如此，CLA不是药，而是食品补剂。CLA摄入可使体脂明显下降而使去脂体重增加，促进肌肉合成。CLA的有效剂量为每天2~6 g，与餐同服。

11. 刺蒺藜

刺蒺藜是一种常年蔓生植物，生长于中国、印度、东欧、非洲等地。在我国，刺蒺藜的使用已有5千年的历史。我们的祖先早就发现刺蒺藜有壮阳作用，用其入药治疗阳痿。近几年来研究发现，刺蒺藜能够刺激人体垂体促黄体生成素的分泌，进而促进睾酮的分泌，提高血睾的水平。通过提高自身睾酮的分泌，刺蒺藜对增加肌肉的大小和力量具有明显的作用。使用方法：每天服用250~350 mg刺蒺藜提取物。

12. HMβ

HMβ是β-羟基-β-甲基丁酸盐的简称。HMβ是人体代谢的正常产物，除人体可通过摄食产生外，HMβ也可在植物和动物中找到，特别是紫苜蓿、新鲜的玉蜀黍、柚子和鲶鱼。HMβ在肌肉组织的生长过程中左右蛋白质代谢的平衡，同时具有抗分解效应，能减少肌肉蛋白分解，增加肌肉体积，增长力量，而且可以促进耐力增长。HMβ补充既可以使去脂体重增加，又使脂肪减少。HMβ已成为肌体生长过程中必需的一种物质，因此它是一种安全的营养补充剂。HMβ的推荐服用量为3 g/天，每次1 g，分3次服用，同时补充肌酸、磷酸盐效果更佳。

五、保健营养补品与天然"食物补品"

(一) 保健营养补品

近年来，"送礼送健康"已成为一种社会时尚。富裕起来的人们除给亲朋挚友馈赠高档保健品之外，已不再满足于一日三餐的膳食营养，开始流行补充氨基酸口服液、蛋白质粉、复合维生素、松花粉、深海鱼油、排毒养颜胶囊、人参燕窝等高档保健营养补剂(品)。下面针对时下流行的营养保健补品做一些简单的介绍。

1. 蛋白粉

1) 蛋白粉的功能

蛋白质粉是如今比较时兴的保健(营养)补品。对于一般人群而言，它的主要作用在于改善蛋白质营养不良，恢复与改善人体免疫功能。

2) 蛋白粉适宜人群

蛋白质粉适用于免疫力低下的亚健康人群，以及成长发育中的青少年、儿童、孕产妇、老年人、糖尿病患者和体力耗费巨大的人群(如运动员、增肌和减肥者、重体力劳动者)。

3) 蛋白粉不宜人群

(1) 慢性肾脏病患者由于肾脏结构受到损伤,肾脏排泄、人体代谢产物的功能下降,因此这类病患者不宜摄入过多的蛋白质,特别是植物蛋白质。过多的植物蛋白质会增加肾脏病的负担,加速慢性肾脏病患者的肾脏损失,加快慢性肾脏病的进展。

(2) 3岁以下儿童不宜吃。

4) 蛋白粉服用方法

(1) 服用时,应注意按推荐摄入量服用。

(2) 不宜空腹服用。

(3) 不宜和酸性饮料一起服用。

(4) 有基础疾病的患者应事先征求医生意见后服用。

2. 复合维生素

(1) 复合维生素适宜人群　孕妇、挑食偏食的少年儿童,工作疲劳、压力大的亚健康人群是复合维生素的主要适用人群。如果平时食用的蔬菜、水果量不够,可以适当补充维生素;而经常出差、旅游等饮食不平衡者,则可以按需补充复合维生素。

(2) 复合维生素服用方法　参考医生意见和推荐摄入量服用。服用维生素并非多多益善,因为过量服用维生素也会产生依赖性甚至毒性。

"天然食品永远是摄入营养素的首选途径"。再昂贵、成分再复杂的膳食补充剂都比不上天然食物中所含的营养。依靠人工合成的各类维生素、矿物质,无论技术多高明,其作用始终难与天然食物媲美。

3. 降脂产品

(1) 降脂产品的种类　主要有深海鱼油、银杏叶茶、卵磷脂等。

(2) 降脂产品的主要功能　质量合格的深海鱼油、银杏叶茶、卵磷脂等产品确实有防止血液凝固,预防脑溢血、脑血栓和老年痴呆等疾病发生的功能。

(3) 降脂产品的适宜人群　40岁以上、体态偏胖、血压偏高或有高血脂、糖尿病史的人可以适当选用。

DHA含量高的深海鱼油还适合婴幼儿服用,可以帮助婴幼儿视神经和脑细胞发育。

(4) 服用降脂产品的注意事项　①由于鱼油易氧化,购买时要注意保质期,在服用期间需低温保存;②有降脂功效的保健品一般需要长期服用,且也只能起到一些预防作用,因此不能单纯依赖这些产品达到治病的目的。特别应注意对症补充,不产生依赖性。

（二）天然食物中的"保健品"

优质的深海鱼油、维生素 E、维生素 C、卵磷脂及钙等对缺乏人群的保健作用非常巨大，然而，它们也是从天然动植物或某些元素中提炼出来的，我们完全可以从天然食物中寻找到这些"保健"佳品。下面仅就深海鱼油、维生素 E、维生素 C、卵磷脂及钙等保健品的替代食物作一下简要介绍。

1. 深海鱼油

（1）主要作用　调节血脂、降低甘油三酯、稀释血液等。

（2）替代食物　黄花鱼、三文鱼等海鱼。但由于部分海鱼受到重金属污染，故每周最多吃两次，而且尽量选择体积小的海鱼。

2. 维生素 E

（1）主要作用　维生素 E 在人体细胞内能通过消除对肌体有损害作用的自由基而延缓细胞的衰老过程，有防止脂褐素形成的作用。维生素 E 中的抗氧化物可以综合自由基，保护一氧化氮。

（2）替代食物　坚果、种子、豆类、谷类，尤其是赤小豆、黑芝麻、核桃、植物油。

3. 维生素 C

（1）主要作用　可以防治坏血病、感冒等疾病，有消除疲劳的功效。

（2）替代食物　绿色叶菜、绿色花菜、番茄等蔬菜，柑橘、柠檬、山楂、猕猴桃、枣等水果。

4. 卵磷脂

（1）主要作用　能够把人体内多余的胆固醇代谢排出体外，还具有降脂作用。

（2）替代食物　豆类、蛋黄，由于蛋黄中同时含有胆固醇，建议胆固醇超标的人最好多吃豆类。

5. 钙

（1）主要作用　构建骨骼必不可少的元素，在血液的凝结、肌肉的收缩以及神经冲动等生命活动中起主要作用。

（2）替代食物　牛奶、连刺或连壳的小鱼和小虾等。

六、肥胖者的营养

（一）单纯肥胖者摄入膳食营养时应注意的事项

（1）每天摄取营养素平衡的低热能膳食，根据肥胖者每天的热能消耗计算出其每天的热能摄取量(每天热能摄取量小于每天的消耗量),一般热能摄取量每天在 1 200~2 000 kcal,可根据每个个体的具体情况适当调整,但不能少于 1 000 kcal。

(2) 蛋白质/脂肪/碳水化合物在膳食总热量的百分比分别为 20%~25%/15%~20%/50%~60%。提高蛋白质的摄入比例,是防止瘦体重的流失,并通过运动适当增加瘦体重。蛋白质以选用禽肉、鱼肉及大豆为佳,限制猪肉、鸡蛋(黄)的摄入,忌吃蔗糖、蜜糖、饴糖和含糖量多的饮料及糕点。

需要说明的是,无论碳水化合物还是蛋白质和脂肪摄入过多,都会变成脂肪在体内储存,而食物碳水化合物的能量在体内更易被利用,食物脂肪则更易转变为脂肪储存。近年来我国肥胖和糖尿病发病率明显上升,最主要的原因是由多吃少动的生活方式造成的,并不是粮食吃得多,而是其他食物特别是动物性食物和油脂吃得太多了。近 20 年我国城乡居民的主食消费呈明显下降趋势,2002 年城乡居民谷类食物比 1982 年和 1992 年分别下降 21%和 10%。而肥胖和糖尿病发病最高的大城市居民谷类食物摄入量最少,提供能量只占总能量的 41%。因此简单地将我国糖尿病和肥胖患者增多归因于粮食吃得多了是不正确的。

(3) 养成良好的饮食习惯,做到少吃多餐,晚餐少吃,一日可进餐 4~6 次,但总热能须在限度以内,这样可减少餐后胰岛素的分泌和体脂合成,且可使胃的容积逐渐减小,减少饥饿感;少吃或不吃零食,少喝含糖量高的饮料;戒除劝食、诱食、勉强进食、饮酒等不良习惯。

(4) 减少膳食中的主食和脂肪摄入量,免食黄油、花生米、巧克力,少吃或不吃油炸食品。

(5) 增加水果和蔬菜的摄入量,确保充足的维生素供应。水果包括橙子、香蕉、苹果、西瓜等,蔬菜包括洋葱、大蒜、木耳、大豆、黄花菜、香菇、青椒、胡萝卜等。

(6) 保证足量的奶制品、豆制品的摄入,确保充足的无机盐和微量元素的供应,以满足饱腹感。

(7) 应增加食物纤维的摄取量,因为食物纤维具有饱腹感而不提供热量,同时还能减少热量的吸收。食物纤维含量高的食物有全麦制品、粗粮、蔬菜和水果等,因此在主食中应增加粗粮或粗加工的粮食比率。

(8) 少吃刺激食欲的食物,如辣椒、味精等。饮食清淡,减少盐的摄入量,保证充足水的摄入。

为了达到更好的减肥效果,肥胖者除应注意基础膳食营养摄入以外,还可以摄入一些特殊营养品,如 CLA、丙酮酸盐、L-肉碱等,这些营养品可以促进脂肪酸进入骨骼肌细胞线粒体,增加肌体对脂肪酸的氧化利用,从而达到良好的减肥效果。但是社会上有一些只追求经济利益而出售的快速减肥药物,如能量消耗增强药、食欲抑制药、抑制消化吸收药(促进排泄药物)、影响脂类代谢药等都有一定的副作用,影响肌体正常功能和健康状态,有的还具有成瘾性,因此不应提倡服用这类药物(减肥者的运动与饮食控制方法可详见第三章)。

(二) 肥胖人伴有其他各种疾病时的营养要求

1. 伴有高血脂症患者的膳食营养特点

(1) 由于中老年人对胆固醇的降解能力下降,应严格限制胆固醇的摄入。一般轻度高胆固醇血症者每天摄入量应低于 300 mg,中度及以上者每天摄入量低于 200 mg。

(2) 限制动物性脂肪的摄入 增加植物油的比例,使不饱和脂肪酸与饱和脂肪酸的比值达到 2∶1 左右(适当增加不饱和脂肪酸的比率)。

2. 伴有冠心病、动脉粥样硬化症患者的膳食营养特点

(1) 严格限制胆固醇和脂肪的摄入量 胆固醇摄入量每日低于 250 mg;蛋白质营养中增加大豆的比例。

(2) 适当增加对冠心病有益的矿物质 如吃含镁、铜、硒、锰、钙等较多的食物。

3. 伴有高血压、脑血栓症患者的膳食营养特点

(1) 限制钠盐的摄入量 轻者每天的钠盐摄入应低于 4 g,而中度以上者应严格控制盐的摄入量,逐渐养成口味清淡的饮食习惯。

(2) 严格限制胆固醇和脂肪的摄入量,胆固醇摄入量每日低于 250 mg,增加植物油的比例。

(3) 适当增加镁的摄入 多吃香菇、豆类、芥菜等食物。

(4) 适当增加锌、镉的比值 如坚果、豆类、茶叶、各种粗粮。

(5) 适当增加铬的摄入 铬在糖代谢中的作用是增强肌体对葡萄糖的利用,具有降低血糖的作用,而铬、镁、锌等富含于麸皮、胚芽、豆类及各类坚果中。

(6) 常吃有降血压作用的食物 如菠菜、芥菜、山楂、香蕉、莲藕、蜂蜜、醋等。

(7) 适当补充钾盐 使钾/钠比值维持在 1.5∶1 水平。

4. 伴有骨质疏松症患者的膳食营养特点

(1) 增加每日钙的摄入量 每日的钙摄入量应在 1 200~1 500 mg,补充钙的方法是摄入大量的奶制品、深绿色的蔬菜、大豆制品和各种硬果。蔬菜如芹菜、雪里红(鲜)、苋菜、青扁豆、油菜、圆白菜、菠菜等,其中以芹菜叶含量最高,在吃芹菜时应将芹菜叶一齐进行烹调;硬果以炒熟的西瓜子和南瓜子含量最多,

其次为杏仁(炒熟)、核桃仁、花生仁(炒熟),可以作为中老年人的日常零食补充,还可以补充一些动物骨粉等。

(2) 通过食物和经常接触阳光获得充足的维生素 D,多吃未精加工的粗粮。

(3) 适当控制膳食中的蛋白质摄入量　过多摄入蛋白质会抑制钙的吸收和利用。

5. 伴有糖尿病患者的膳食营养特点

(1) 严格控制总热量的摄入　每天的总热量摄入应根据活动量、病情的轻重,按标准体重来计算。

(2) 适当控制碳水化合物的摄入量　碳水化合物以占总热量 55%左右为宜,对碳水化合物的摄取时间、总量、每次量以及组成均应保持适当的稳定。一般对于糖尿病患者可以采用增加餐数,减少每次量,碳水化合物的每天摄入量在 200～300 g 左右。碳水化合物摄入不能过少,否则会引起体内脂肪代谢过度而造成酮症酸中毒。

(3) 蛋白质的摄入量　蛋白质供应应占总热量的 15%～20%,以摄入优质蛋白质为宜。这是因为糖尿病患者体内糖原储备低下,肝脏糖异生旺盛造成了蛋白质消耗量大,但对于肾功能障碍者应适当减少蛋白质摄入量。

(4) 适当控制脂肪和胆固醇的摄入量　脂肪以占总热量的 20%～25%为宜,其中适当增加植物油(不饱和脂肪酸)的比率;胆固醇的摄入量应低于 250 mg。

(5) 注意无机盐和微量元素的补充　例如,糖尿病患者接受利尿剂与胰岛素治疗时,可能出现钠、钾、氯等元素的缺乏,适量补充铬可激活胰岛素,改善糖耐量,促进糖进入组织储备。

(6) 适当增加食物纤维和维生素的摄入　食物纤维具有降低血糖的作用,以大豆、豌豆、豆角类等和水果为食物纤维的主要来源,效果较好。而维生素是人体正常代谢的必须物质,尤其是维生素 B_1、维生素 B_2 及尼克酸在糖代谢中具有重要作用。因此,对于糖尿病患者还应注意维生素 B_1、维生素 B_2 及尼克酸的补充。

七、营养早餐及食物选择

(一) 为什么要吃营养早餐

早餐距离前一晚餐的时间一般长达 12 h,每当人们一觉醒来,体内储存的糖原已被消耗殆尽,这时急需补充能量与营养,以免出现血糖过低。血糖浓度低于正常值会出现饥饿感,大脑的兴奋性随之降低,反应迟钝,注意力不能集中,影响工作或学习效率。而科学合理的早餐则是最佳的能量与营养来源。早餐吃得太少或者不吃,或者选择了不当的食物,都会影响你一天之中的思维、行为和情绪,早餐还可以决定人一整天的精神状态并影响身体的健美。研究表明,儿童不吃早餐导致的能量和营养素摄入的不足很难从午餐和晚餐中得到充分补充,久而久之还可能引起胃痛和十二指肠溃疡及结石病等。因此,合理地搭配有价值的营养早餐,对人体健康极其重要。

(二) 早餐的最佳时间

对于较早就必须进入工作或学习者,早晨起床活动 20～30 min 后,在人的食欲最旺盛时,吃早餐是最合适的。一般情况下,早餐安排在 6∶30—8∶30 进行比较适宜,习惯于早自习或早锻炼的同学,其早餐时间亦不宜迟于 8∶30。

(三) 早餐的能量标准

成年人早餐的能量应为 2 930 kJ(700 kcal)左右,不同年龄、不同劳动强度、不同健身目的的个体所需能量有所不同(注: 1 kcal=4.181 55 kJ)。

(四) 早餐能量及三大营养素的比例

(1) 早餐能量比例:以一日三餐为例,早餐提供的能量应占全天能量的 25%～30%(午、晚餐可各占 30%～40%),也可将正常一日三餐饮食热能量分配为 30%∶40%∶30%;而减肥者科学的三餐热量分配应为 28%∶39%∶33%。

(2) 早餐中三大营养素的比例:研究证明,蛋白质、脂肪、碳水化合物的供能比例接近 1∶0.7∶5 的早餐,能更好地发挥餐后快速的升血糖作用,同时又利用了蛋白质和脂肪维持进餐 2 h 后血糖水平的功能,两者互补,使整个上午的血糖维持在稳定的水平,来满足大脑对血糖供给的要求,这对保证上午的工作或学习效率有重要意义。

(五) 早餐的一般内容

(1) 谷类 100 g 左右,可以选择馒头、面包、麦片、面条、豆包、粥等。

(2) 适量的含优质蛋白质的食物,如牛奶、鸡蛋或大豆制品。

(3) 100 g 新鲜蔬菜和 100 g 新鲜水果。

不同年龄、不同劳动强度、不同健身目的的个体所需的实物量可以有所不同。

(六) 塑身减肥者早餐食物的选择

(1) 早餐是学子们大脑的"开关",其能量主要来源于碳水化合物,因此早餐一定要进食一些淀粉类食物,最好选择没有精加工的粗杂粮并且掺有一些坚果、干果。这样的食品释放能量比较迟缓,可以延长能量的补充时间,如馒头、花卷、包子、馄饨、豆沙包、坚果、面包、玉米粥等。

(2) 维持人体充沛精力和灵敏反应力的蛋白质也不能少，因为含蛋白质的早餐能在数小时内持续地释放能量，使学子们更"经饿"。可以选择鸡蛋、酱牛肉、鸡翅、素鸡豆制品等食物。

(3) 好的早餐一定要有些蔬菜和水果，如凉拌小菜、鲜蔬菜、水果等。这不仅仅是为了补充水溶性维生素和纤维素，还因水果和蔬菜含钙、钾、镁等矿物质属碱性食物，可以中和肉、蛋等食品在体内氧化后生成的酸根，以达到酸碱平衡。

(4) 试图减脂的女同学应选择含脂肪少的谷类早餐食品。有人研究发现，涂有黄油、果酱和奶酪的小面包，另加一个鸡蛋的早餐所含的脂肪量比全脂牛奶、水果和谷类食物的早餐脂肪量高约 7 倍。近年来，谷类为主的早餐尤其受到女性青睐，因为一顿好的早餐应包括谷类食品(如粗面粉面包、八宝粥、黑米面包、窝窝头、茴香菜包等)、水果和奶制品(最好喝含脂肪少的牛奶)这三样东西。谁吃这样的早餐，谁就能够同时获得丰富的碳水化合物、少量的脂肪、丰富的维生素和矿物质。

(5) 注意摄取维生素、叶酸和铁，特别是维生素 C 和铁的需要量。当今，大多数女性都没有从食物中摄取足够的铁和叶酸。如有可能，可从午餐和晚餐予以补充。肉、内脏、小米、茴香可满足人每日所需的 10～18 mg 铁的需求量，维生素 B 则可从瘦肉、鱼、肝、全麦面包、土豆、花生等食物中摄取。

(6) 早餐不宜吃太多油炸食物，如油条、油饼、炸糕等。虽然食用后饱腹感会比较明显，但因摄入脂肪和胆固醇过多，消化时间太长，易使血液过久地积于消化系统，造成脑部血流量减少，可能会使人整个上午都觉得无法集中精神。

(七) 科学的营养早餐形式

早餐搭配的基本形式：1 个鸡蛋(或 25～30 g 肉)+1 杯牛奶(加一点麦片更好)+100 g 主食+1 碟小菜(凉拌新鲜蔬菜)。

除此之外，同学们还可以根据自己的身体需要和经济承受能力，尤其是要根据体重和体形，制订出适合自己的健康早餐、营养早餐、素食早餐和绿色早餐等方案。

八、一般健身健美锻炼者饮食指导

不论是增加肌肉体积还是减缩多余脂肪，都必须通过科学的健身健美锻炼才能实现，但是如果不注意科学合理的营养就达不到预期的效果。科学合理的健身健美锻炼与营养有机地结合是取得良好效果的基础。

健身界有句行话，叫"一半靠练，一半靠吃"；健美界也有句行话，叫"三分练，七分吃"。这确是一条通俗的经验总结。当然，"练"是指科学地练，"吃"是指合理地吃。那么如何吃才算合理呢？根据我们对健身健美训练者多年的跟踪调查和实践经验的总结，得出健身健美锻炼者的每日食谱配备公式，即

每日食谱＝适度的蛋白质食品＋较低含量的脂肪食品
＋高含量的碳水化合物食品

在健身健美训练的过程中，不少锻炼者对每日进餐次数和时间产生兴趣，这种对健身健美餐食的新态度，无疑有利于建立符合自己健身健美训练目标的良好餐食习惯。那么参加健身健美训练的人每天吃几餐？什么时间吃好？我们认为，应根据人体一天消耗能量的需要和消化规律来确定。同时，也要将进餐与健身健美训练相适应，让食物所释放的能量和营养素及时地去满足"身体建设"的需求，从而发挥维护和提高身体健与美的更大功效。实践证明，根据我国的国情和大众健美训练的特点，对健身健美锻炼者来说，采用"日食五餐法"较为合适。即每天吃五次，每次吃 6～7 成饱为度，每餐间隔 3 h 左右成为基本的建议模式，或五餐达到每日应摄取热量之和的进餐方式。采用"日食五餐法"是因为眼下市场上供应的食物质量已逐渐优质化，烹调技术趋于科学化，食物选择实现多样化，食物被消化吸收的进程相对缩短，打破了人体生物钟的规律。对于参加健身锻炼的一般人来说，控制热能平衡非常重要。理想的膳食结构比例是蛋白质应该占总量的 18%～25%，脂肪占总量的 20%～30%，碳水化合物占总量的 55%～60%。同时，一日五餐热量的摄入也必须保持适当比例。即早餐应占全天总量的 20%，午前餐占 10%，午餐占 30%，午后餐占 10%，晚餐占 30%等。这样，就从根本上解决了健身健美锻炼者在老式三餐模式的每餐之间，容易产生饥饿感(在这个时间内的工作、学习效率滑向低谷)的"两饿"(锻炼前饿和锻炼后饿)与"偏食"(必须的营养成分不足而供能太多，或必要的营养成分过剩而供能缺乏)的问题。健身健美训练与进餐的相隔时间，一般是小到中等运动量，休息半小时后即可进餐；如果大运动量，应至少休息 1 h 后再进餐。

九、健美运动员训练膳食指导性建议

(一) 主要营养比例

蛋白质：碳水化合物：脂肪=(30%～35%)：(55%～60%)：(10%～15%)

(二) 进餐次数

平均每天进餐 6～7 次。

(三) 食物种类

谷类食物以米饭、馒头为主，蔬菜以西红柿、小白菜、芹菜梗、油麦菜、黄

瓜为主。此外，芦笋、冬瓜、莴苣、芫荽、小红萝卜、菠菜、苦瓜、南瓜、白薯、红薯、山药、土豆、大蒜、海藻、绿豆芽、韭菜、辣椒、魔芋也可有选择地食用。水果以香蕉、西瓜和苹果为主，肉蛋类以牛肉、蛋清、无皮鸡脯、鱼、豆腐为主。

(四) 烹调特点

肉类食物以水煮或清蒸为主，蔬菜以生吃为主，限制烹调用油、盐及含盐量高的佐料如酱油等。

(五) 赛前饮食期营养补品建议

为了降低体脂，保持瘦体重，要尽可能保存食物中的维生素，降低糖、盐、油的摄入量。每天还应补充以下种类和数量的营养补充品：①超级乳清蛋白——早晨、上午及下午训练后，睡觉前各口服 25 g，也可服用正氮乳清蛋白；②谷氨酰胺粉——上午、下午训练后和睡前各口服 1 勺(13.5 g)；③维他保——训练量最大时每天口服 2 粒；④左旋肉碱——每次 6 粒，训练前用；⑤电解质活力胶囊每天口服 2 粒；⑥胺肌 3 000——上午、下午训练前口服 6 粒；⑦激励皂甙——每日 3 次，每次 2 粒，两餐之间服用；⑧蛋白棒——上午、下午训练后补充。

总之，健身健美训练者应根据自己的年龄、体重、训练状况及经济条件等精心安排营养食谱，切勿照搬别人的。要明白只有丰富的营养物质、科学合理的膳食结构与调摄，才能使健身健美训练者在较短的时间内达到健身健美的目的。

第四节 健身健美膳食的最优化方案

营养是现代健身健美运动尤其竞技健美训练中最重要的组成内容之一。在相当程度上，膳食方案是达到健身健美锻炼效果和竞技健美巅峰的重要途径之一。故健美界有"七分吃三分练"之说，但目的不同吃法各异。

一、不同活动目的热量需求(kcal/kg 体重/天)

极轻体力活动：37~40。轻体力活动：41~43。重体力活动：50 以上。

二、不同锻炼目的热量需求(kcal/kg 体重/天)

(一) 健美增肌的热量需求与合理比值(≥50 kcal/kg 体重/天)

蛋白质	碳水化合物	脂肪
15%~20%	60%~65%	20%

(二) 减脂瘦身的热量需求与合理比值(30 kcal/kg 体重/天)

蛋白质	碳水化合物	脂肪
20%~25%	55%~60%	15%

减肥者应减少总热量的摄入，且能量摄入要小于能量的消耗。

轻度肥胖：0.5~1.0 kg/月减，125~250 kcal/天少摄入。

中度肥胖：0.5~1.0 kg/周减，500~1 000 kcal/天少摄入。

此外，控制食量不等于禁食，如果摄入糖、脂肪过少，"脂库"中储存的脂肪转化为热量一时难以满足人体的正常活动需要，就会导致低血糖，出现头晕、心悸、乏力等症状。因此，控制饮食既不能禁食也不能减得太快，要逐渐递减。食量控制应以有饥饿感又能保持正常活动的精力、体力为宜，一般是逐步降低到正常需要热量的 60%~70%。

需要说明的是，运动是减脂和消耗热量的最佳方法。每减少身体中 0.454 kg 的脂肪，须消耗 3 500 kcal 热能。如果一个人每天有 500 kcal 的能量的负平衡，那么每周可以减少 0.454 kg 的脂肪。建议每周降低体重的最大数量为每周 0.454~0.908 kg，即每周减脂 0.5~1 kg 较适宜，因此，每天的能量负平衡不宜超过 1 000 kcal。研究还证明，男子降体重后保持每周 3 次、每次消耗 500 kcal、时长为 35~60 min 的有氧运动，这种运动方式可使体重反弹最少。

(三) 健美竞赛的热量需求与合理比值

一般将常规的赛前 12 周分为 4 个阶段，依据不同目的和时期执行此膳食计划。

(1) 增肌期(第 1~3 周，同健美增肌)。

(2) 维持期(4~6 周，≥39~44 kcal/kg 体重/天)。

蛋白质	碳水化合物	脂肪
15%~20%	60%~65%	20%

(3) 减脂期(7~9 周，≥35~38 kcal/kg 体重/天)。

蛋白质	碳水化合物	脂肪
20%~25%	60%~65%	15%

(4) 快速减脂期(10~12 周或赛前 1 周)。

① 快速减脂期的热量需求(30~33 kcal/kg 体重/天)。

蛋白质和碳水化合物基本上维持上阶段量，视实际情况可适当增加碳水化合物摄入量和减少脂肪摄入量。

② 赛前一周的营养方案如表 3-11 所示。

表 3-11 赛前一周营养方案(供参考)

比　赛　前	第 6 天～第 4 天	第 3 天～第 1 天
蛋白质	70%～80%	20%～30%
糖	20%～30%	70%～80%
水	多饮水	少饮水
钠	正常摄入	少摄入
钾	适当减量	适当增加

(5) 体脂的标准　非竞赛期在 15%～18% 之间；竞赛时体脂应控制在 8% 以下，优秀的健美选手可控制到 4%～7% 之间。

三、不同的人群营养素需求不同

根据最新研究成果，健身、营养专家们于 2007 年制定了不同人群蛋白质及健美训练者脂肪需求量的新标准。

(一) 不同人群蛋白质的需求量(详见第二节)

非从事锻炼群体　0.6～1.4 g/kg 体重/天　　　增肌　2～3.4 g/kg 体重/天

少年运动员　2～3.4 g/kg 体重/天　　　减脂　2 g/kg 体重/天

(二) 健美训练者的脂肪需求量

为保持较低体脂，健美锻炼者在膳食中，食物脂肪不超过总热量的 20%～25%。其中饱和脂肪为 5%～10%，单不饱和脂肪酸为 8%(适量橄榄油)，多不饱和脂肪酸为 7%。

四、不同体力活动热量消耗的简易计算方法（见表 3-12）

表 3-12 体力活动分级及其热量消耗

分　级	心率/min	能耗/(kcal/min)	分　级	心率/min	能耗/(kcal/min)
极轻	<80	<2.5	轻	80～100	2.5～5
中等	100～120	5～7.5	重	120～140	7.5～10.0
很重	140～160	10.0～12.5	过重	160～180	12.5～15.0

五、不同食物提供热量的简易计算方法（见表3-13）

表3-13 不同食物能量计算范例(下列食物均提供90 kcal 热量)

食 物	份 量	食 物	份 量	食 物	份 量
米饭	75 g	蔬菜	500 g	豆腐干	50 g
瘦肉	50 g	水果	200 g	花生米	15 g
鸡蛋	50 g(1个)	烹调油	1 汤匙	牛奶	160 mL(2/3 袋)

此外，100 g 薯片含热量612 kcal、1个汉堡含热量300～600 kcal、1片蛋糕含热量300 kcal、1个炸鸡腿含热量300 kcal、1g 酒精含热量7 kcal。水果中，西瓜以一般水果的0.5倍计算能量，香蕉以一般水果的2倍计算能量，胡萝卜以一般蔬菜的2倍计算能量，土豆以一般蔬菜的4倍计算能量。

六、健美训练营养膳食方案举例

表3-14所示为源于中国健美队训练实践的某一个健美营养膳食方案，仅供参考。

"一高三低"即高蛋白、低碳水化合物、低脂、低盐(低钠)是该方案的基本特点。该方案在施行时的食物做法、进餐次数、进餐时间间隔及各餐热量分配方面均较为合理。同时，该方案也有值得商榷之处，如上午运动前碳水化合物多、蛋白质少，这将减弱运动时脂肪的分解，而运动后蛋白质多，碳水化合物少，这会影响到运动后肌糖原的恢复，错过了最佳恢复时间；长期低脂摄入会导致脂溶性维生素和必需脂肪酸摄入不足，同时降低体内激素睾酮的合成；长期低钠盐摄

表3-14 营养膳食方案

餐 次	食物种类	热量/kcal	蛋白质/g	脂肪/g	碳水化合物/g
第一餐	蛋清、棕子	596	48	0.57	10
第二餐(上午运动前 30 min)	面条、菠菜(水煮)	354	13.2	0.3	74.7
第三餐(上午运动后 60～90 min)	鸡胸、米饭、青椒、芹菜(水煮)及其他蔬菜	493	62.9	9.1	39.5

续表

餐次	食物种类	热量/kcal	蛋白质/g	脂肪/g	碳水化合物/g
第四餐(下午运动前30 min)	鸡胸、芹菜及其他蔬菜	504	64.0	9.3	41.1
第五餐(下午运动后120 min)	鸡胸、蛋清、胡萝卜及其他蔬菜	495	62.9	15.3	26.5
第六餐	同第五餐	338	52.6	6.5	17.5
加上营养品总计		3 205	366	44	333
三大能量物质供能比			46%	12%	42%

入,会影响体内水分代谢以及细胞渗透压等多方面的功能,而这些与人体运动能力、肌肉生长又是密切相关的。制订健美训练膳食方案时可以此为鉴,但不宜照搬,并在此基础上行改良之举,以扬长避短。

思考题

1. 简述我国居民的营养目标及要求有哪些?
2. 简述运动员糖摄入不足的后果、脂肪摄入过多或过低的危害、运动中补水的方法及水与运动的关系各有哪些?
3. 简述不同人群对碳水化合物、脂肪、蛋白质、维生素、碳物质、水及膳食纤维的需要量各是多少?
4. 简述不同运动形式的营养、增加肌肉体积的营养、肥胖者的营养及补充方法。
5. 简述健身健美的饮食原则、健康食品的选择与食物的搭配。
6. 简述人体的物质代谢与能量代谢及运动中能量的来源。
7. 简述不同锻炼目的、不同人群的热量与营养素的需求有何不同。

第4章 健身健美运动教学

本 章 提 要

本章重点阐述了健身健美运动教学的任务和特点、教学的阶段与要求、教学的原则与方法、教学的组织与实施、伤害事故的预防与处理等。

完成健身健美运动的教学任务所采取的教学途径和手段。教学原则与方法的选择和运用是否正确,直接影响课程目标的实现和教学任务的完成质量。鉴于健身健美运动教学是一门理论与实践并重,且实践性教学多于理论性教学的学科,所以,从技术动作和竞赛动作的教学来看,健身健美的教学与训练是掌握动作技术的两个不同阶段,这两个阶段即有明显的区别,同时又先后有序而密切联系、不可分割、互相渗透。教学是对技术动作包括竞赛动作从不知到知、从不会到会的阶段;训练则是从知之不多到知之较多、从初步学会到逐步熟练的阶段。前者重在学习,后者重在提高熟练,但教学阶段中离不开不断的重复练习,因而教中有练习,同样在训练中有学。作为教学对象,亦即未来的健身健美教师或者健身指导员(社会体育指导员),必须很好地掌握正确的教学方法,才能胜任自己岗位的工作。

第一节 健身健美运动教学的任务和特点

一、健身健美运动教学的任务

(1) 培养学生具有优良的思想和道德品质、顽强的毅力和正确的审美观念,树立良好的体育风尚。

(2) 提高学生的身体机能水平,增强体质,强健体魄,改善体形体态,陶冶美好情操,促进身心全面发展。

(3) 使学生掌握健身健美的基本技术、基本技能和基本理论知识,以及健身指导、发达肌肉、修塑体形体态的基本方法。

(4) 使学生具有从事体育健身健美指导与健身健美运动教学、训练、竞赛组织、裁判和科学研究等工作的基本能力。

二、健身健美运动教学的特点

健身健美教学是实现课程目标、任务和学校体育总目标的途径之一,是体育学科尤其社会体育中比较重要的一个研究方向。与其他学科相比,虽然具有一些普遍的规律,但个性特点更加显著,因而在教学上也更具特殊性。在教学实践中,只有将体育教学的普遍规律和健身健美教学的特点紧密结合起来,才可收到最佳的教学效果。

(一) 健身健美运动教学的社会性

健身运动是追求身心完美、强身健体和延年益寿的大众行为方式；健美运动则是在健身运动的基础和健康的前提下表现人体外形健、力、美的体育运动项目，是反映社会自然人的一种身体造型艺术。健身健美运动形成了人们广泛的理解、接受和参与的社会性，并已逐渐成为人们新型、时尚、健康生活方式的重要组成部分。

健身健美运动教学的对象亦即学生，也是未来社会健身健美运动的师资力量和生力军。故健身健美运动教学应根据时代的发展和社会的需求而进行，除培养专门的健身健美运动家、健身健美教育和社会体育健身指导人才外，该项运动的教育对象还遍及社会的各个阶层及广大民众。故此，健身健美运动教学既具有广泛的群众基础，又担负着特殊的社会教育使命。因为高等学校体育院系的毕业生不仅面向广大的大、中、小学和全国的健身会所及俱乐部，也面向政府体育职能部门及体育组织，还直接面向广大人民群众，所以对学生的教育程度及他们所掌握的知识方法，会在某种程度上直接影响到整个社会群众健身健美运动的发展进程。

(二) 健身健美运动教学的针对性

健身健美运动本身就是完善和建设身体的运动，故教学中应与人体运动解剖、生理、营养、遗传、康复保健等有关学科知识紧密结合起来，以便于学生全面掌握健身、健美、养生、减肥、增高及体型修塑的原理和方法。这项运动教学本身又是根据不同教学对象而进行的教学训练和身体建设创造力的造就，教学中就应该区别学生不同的生理、心理、思想、体能及文化等素质差异和体型(尤其是骨骼条件)，进行个性化、独特化和多元化的针对性教学，以减少盲目性。

此外，教学的针对性还体现在以下两方面：一是要针对教学对象在该项运动技术、技能和技巧上存在的不同问题，采取不同的措施予以解决；二是要针对学生不同的体形特点、训练技巧和竞赛表演能力，采取不同的教学对策或教学方案，为促进全体学生运动技能、技巧和表演竞赛能力的提高，以及发挥其运动才能创造良好的条件。

(三) 健身健美运动教学的艺术性

在健身健美教学中，应将健身操等有氧练习动作、发达身体各部位肌肉的各种练习动作，以及健身先生、健身小姐、健美(肌肉)竞赛的表演动作的教学与音乐、舞蹈、造型等各种美育以及健康情操的培养结合起来。教学中要广泛运用音乐伴奏，提高音乐素养；学习一些节奏明快的舞蹈和健身健美操；提高节奏感、韵律感；提高美术、造型等方面的素养，以及加强健康情操的培养，从而提高审美能力和综合表演能力，以使动作更加准确、协调，幅度更大，节奏感更强，姿势更优美。

(四) 健身健美运动教学的实践性

健身运动的各种身体练习动作、健美运动中发达身体各部位肌肉的练习动作及健身美体的各种修塑动作等，都是根据人的身体机能的需要和各部位肌肉的功能而设计的练习动作，它们大多数动作简单，技术性不强，容易学会。然而要使身体机能和肌肉发生明显的变化，以及使学生竞赛表演的艺术表现力和创造力明显提高，则必须经过一定时间的重复练习，才可见到教学效果。尤其是竞技健美运动，它是属于竞赛性表演艺术，不论是健身先生、健身小姐竞赛还是肌肉健美竞赛都是发展学生健美艺术创造能力，巩固学生所学知识技能，培养学生竞赛心理的主要渠道，也是反映教学效果、体现健身健美教学质量的主要依据。但要想取得该项运动成绩并非一日之功，故它又是一门实践性教学多于理论性教学的学科。健美运动技能、技巧的教学训练和竞赛性表演实践是健身健美运动教学的组成部分。因此，教师应根据学生的特点和健身健美学科教学内容和技能、技术的需要，指导学生进行不断反复和不断巩固的技能、技术训练及培养学生健美艺术创造能力的训练，甚至利用参与健美运动竞赛、表演、实践、业余训练及课外作业等多种形式进行，以巩固和发展课堂教学中所掌握的技能、技术和竞赛知识，提高竞赛表演能力。

第二节　健身健美运动教学的阶段与要求

一、健身健美运动教学的阶段

健身健美动作技能的形成有其特定的规律，根据运动生理学的研究，学生从不会到掌握完整的技术动作一般要经历三个阶段：①学习并初步掌握健身健美动作技术阶段；②改进提高动作质量阶段，亦即用轻重量反复练习健身健美动作阶段；③巩固完善动作技能阶段，亦即增加次数、重量练习健身健美动作技术的阶段。此外，根据健身健美运动的特点，还必须采用特定的重量负荷和时间、密度、数量的练习，有计划地对人体各器官系统尤其局部肌肉群不断地、反复地加深刺激，并不断地提高练习动作的难度，才能促进生理机能的提高，达到肌纤维的迅速粗壮和快速增重及减肥、塑身的目的。而健美竞赛动作的教学在三个阶段也各有侧重,即分为技术动作的分解教学阶段、肌肉协调控制阶段和肌肉控制表现阶段。这三个阶段既反映了条件反射逐步形成的过程,又反映了人对技术要求认识的逐步深化和进一步提高,同时还反映出学生或训练者体质、体能、机能和形态由量变到质变不断提高的过程。因此,健身健美运动的教学过程除了要考虑本身的特点和具备一般健身健美运动教学的内容外,还要遵循认识论的一般规律和人体机能活动的一般规律,只有这样才能保证教学任务的完成。

(一) 学习并初步掌握动作技术阶段

根据动作结构把完整的技术动作分成几个部分来学,最后连接成一个完整动作,也就是用分解教学法来进行教学。分解法的优点是简化教学过程,有利于更快更好地掌握动作,但要注意动作的有机联系。这一阶段主要是通过讲解、示范、练习,使学生明确技术动作各部分的作用、要领、肌肉用力时机,初步建立分解和完整动作的概念,粗略地掌握各个分解动作和完整的技术动作。这一阶段的特点是大脑皮质的条件联系处于泛化阶段,动作表现紧张、僵硬、不协调,缺乏肌肉控制能力,并伴随着一些错误的动作。教师要善于根据学生的特点,进行讲解示范,引导学生积极思维,边练习边想,培养学生观察和分析动作的能力,并利用各种方法和措施来帮助学生较快地掌握健身健美动作与技法。

(二) 改进和提高动作质量阶段

在初步掌握完整健身健美动作之后,就应用轻重量负荷反复练习。它能使学生和健身训练者把注意力集中在对技术的要求上,更好地掌握健身健美动作要领,以适应学生和训练者的身体机能状况,从而不断改进和提高动作质量,逐渐消除多余动作及紧张、牵强的错误因素。这一阶段的特点是条件联系处于分化阶段,运动逐渐变得连贯、准确和轻松(快)起来。教师还应善于引导学生学会肌肉的收缩和放松,并在反复练习的过程中不断地钻研动作技术,掌握健身健美动作的内在联系,不仅要知其然,而且要知其所以然。在教学过程中,采用比较、对照、分析、综合的方法,以利于改进和提高健身健美动作的质量。

(三) 巩固完善动作技能阶段

当学生能用轻重量轻松地、正确地完成健身健美动作后,随着动作技术的改进和力量的增长、肌纤维的增粗,对健身健美器械的重量可适当增加并经常变换动作的练习方式。这个阶段中应更多地采用"个性化"教学方式,并针对每个学生的情况,重点纠正某些主要错误动作。还要根据个人特点(如体形、肌肉素质、营养等)选择合理的组数与次数。这一阶段训练的内容已经增多,并且由于反复练习、不断改正和提高动作质量,使动作趋于巩固和运用自如。此时一般性动力定型已初步形成，学生应能准确熟练地完成健身健美动作。

而此阶段健美竞赛动作的教学任务则是要在肌肉发达的基础上，通过肌肉控制能较正确地展示肌肉的动作。在练习中主要以肌肉的协调控制用力，来表现出高度发达的肌肉、清晰的肌肉线条及密而不混淆的肌肉块。但此时学生的竞赛动作还可能不巩固，肌肉块状也未必硕壮，故应防止为突出肌肉及其控制而片面地追求表现，以免破坏正确的动作。此阶段还可以根据需要采用一些形体、舞蹈等辅助项目来提高肌肉控制表现力，同时亦可采用音乐及观看优秀运动员表演的录像带，提高学生的理性认识和直观认识。不断提高竞赛动作质量，以期达到战胜对手的目的。

动作技能的形成是一个有机的整体，三个教学阶段的划分也是相对而言的，并没有明显的界线，不应截然分开，只不过在不同阶段中的任务、内容和要求有所侧重，各阶段教学方法的选择、设计和运用也要因人而异。由于学生的基础、体形、肌肉素质和教师水平、动作特点、教学时间以及其他有关条件不同，教学工作应从实际出发，灵活运用，以加速掌握和提高健身健美动作技能、技术及发达肌肉、改善体形体态的科学方法。

二、健身健美运动教学的要求

课程结构确定之后，课程的教学质量就取决于教师、教材、教学内容、教学方法与教学条件。健身健美课程也不例外，其教学任务的完成和课程目标的实现关键在于教师，重点在于优化教学内容，难点在于改革教学手段与方法。因此，健身健美运动的教学必须根据上述认识过程和人体机能活动的特点，以及学科特点来安排教学工作，并贯彻好以下具体要求。

1. 理论课程的教学以掌握健身健美的原理和方法为重点教学内容

教师应科学、系统、全面地讲授和阐释健身、健美、减肥、增高、体型雕塑、养生长寿等基本原理和方法，以及教学、训练、竞赛、裁判、营养等有关知识，充分利用多媒体等教学手段加深学生对健身健美运动的理解及提高其欣赏水平。并给学生安排或提供一些实践、实习机会，同时布置适量的课外作业或练习，以促进学生知识、能力和素质的协调发展。

2. 实践课程的教学以掌握健美运动的基本练习动作和方法为重点教学内容

教师应该科学、规范、熟练、准确、细致地讲解和示范动作技术要领，及练习的主要肌肉群的位置和名称，并根据学生的身心素质等具体情况区别对待。同时，坚持理论联系实际，进一步深化巩固和运用所学知识，注意培养学生团结协作、互帮互学的良好风气。

3. 专选课程的教学以突出实践能力为特色

在专选课程教学中，应注意培养学生的独立性与创造性，以促进学生个性的全面发展。一方面以复习巩固和提高健美动作技术质量，促进和培养健美运动的自我训练能力为重点教学内容；另一方面是实施因材施教的同时注意全面发展，加强各种健身动作与体形体态雕塑技巧的教学，两者不可偏废。并通过技术动作教学和各种实习、实践使学生掌握体格测量评价、保护与帮助、集体有氧练习等各种技法，掌握制订各种健身健美锻炼计划和运动处方的技法，以及教学、训练、竞赛与裁制的基本方法等，提高学生科学合理地运用健身健美理论知识和技能方法指导实践能力。

4. 贯彻以学生为本的主体思想，充分发挥教师的主导作用

（1）健身健美运动课程教学质量的好坏取决于健身健美教师，健身健美教师要想发挥主导作用，应做好以下几点。①首先应具有高度的责任心，要充分了解和研究教材，精通健身健美运动理论知识和动作技术，深入理解培养目标和健身健美教学大纲的内容，熟练地运用教学方法，注意培养学生的能力，激发学习的积极性和求知欲望，充分发挥学生的创造才能。②要了解学生的学习态度、知识水平、学习能力、体形特点、肌肉类型、身体素质和心理发展水平，使健身健美教学内容更符合学生的实际，调动学生的学习自觉性。③正确制定健身健美教学任务和所要达到的标准，教学组织要严密，采用的教学方法要恰当。④必须加强思想教育，启发学生的学习积极性，使学生树立明确的学习目的。健身健美教师要严格要求、严格训练。对学生的表现和完成的动作要客观、准确、恰当地评定，任何偏见和偏袒的评定，都会影响学生的积极性。⑤坚决贯彻以学生为本的主体教育思想，特别应该根据21世纪休闲时代广大学生在教学内容和方式等选择上的多样化及独立化特征，努力开展"个性化和多元化的教学与服务"，并依据学生的个性差异，有针对性地进行教学指导，来满足不同层次和水平学生的愿望，并最大限度地适应社会发展的需要，以利于学生更好地面向未来、面向社会、面向学校，增强学生的就业、创业能力。

（2）教学过程一定要符合学生认识事物的规律、动作技能形成的规律、身心发展的规律和机能活动的规律，要遵循循序渐进的教学原则。故此，健身健美课的教学内容、教学方法要由易到难，由简到繁，从不知到知，从已知到未知，逐步深化。引导学生扎扎实实地掌握健身健美运动知识、动作技术和技能，特别要注意合理安排运动量，运动量应由小到大，小、中、大相结合，波浪式上升。不同对象采用不同的次数、组数和重量。

（3）根据健身健美运动的特点，合理安排有氧运动、无氧运动和混合运动的教学内容及运动量，同时，要注意采用多样化、小型化、个性化、综合化、基础

化和趣味化的练习方法，促进学生身心素质的全面发展。

(4) 健身健美课程教学内容的安排一定要注意学生身体的全面发展，在健身健美运动教学中，教材内容的选择与安排要全面多样，组织教法运用要恰当，使学生身体各个部位、各器官系统的机能和基本活动能力都得到全面、协调发展，才能使身体发育平衡、体态匀称健美。若安排不当，会造成体形畸形发展，从而影响学生的身心健康与健美。在健身健美教学中就某一动作来说，它既具有主要发展身体某一部位肌肉群和活动能力的特点，又具有改善学生生理机能的功能。所以，在健身健美教学中，应注意内容多样化。特别是青少年一代，由于他们的身体正处于生长发育时期，可塑性大，更应注意全面发展，这对促进他们的身心健康与健美有着重要的意义。因此，要做到根据健身健美教学计划、大纲、教材来制定教学进度和教案。制定健身健美教学进度时应注意各类教材的搭配，尽量保证全面训练学生的身体。如练四肢，要注意左右肢、上下肢的搭配，练体形要注意与锻炼内脏器官功能搭配。安排一次课的内容时，要包括全身各个部位的训练。器械练习和健身健美操、舞搭配进行，还应适当增加跑、跳、游泳、滑冰等有氧运动项目的练习内容。

总之，健身健美运动的教学应根据"宽口径、厚基础、强能力、高素质、广适应、重创新"的人才培养模式要求来进行，以促进学生素质与能力、个性与特色，德育、智育与体育、美育的全面发展。

第三节 健身健美运动的教学原则

健身健美教学原则是健身健美教学规律的反映，是长期教学经验的总结和概括，也是健身健美教学工作必须遵循的准则。它作为特殊的、专门组织的、有明确目标的一种教育过程，其活动就具备了与其他教育过程活动不同的特点，故它的每条原则都有针对性，它们共同指导着健身健美运动的教学过程，并对健身健美运动教学过程起着调节和控制作用。因此，用健身健美运动教学实践揭示健身健美运动过程的客观规律，指导健身健美运动教学理论与训练实践，完成教学与训练任务，就必须自觉、熟练地遵循和贯彻以下几条特殊原则。

一、教师主导作用与学生主动性相结合的原则

健身健美运动的教学过程，实质上就是教师教和学生学的过程，教和学是两个相互统一的整体，只有充分发挥学生和教师双方的积极性，才能圆满完成教学任务。而教师与学生积极性的发挥，既是相互独立的，又是相互依存、相互影响

和相互促进的，但起主导作用的是教师。教师主导作用的实质在于调动学生的主动性和积极性。但根据辩证唯物主义的观点，外因只是变化的条件，内因是变化的根据，学生才是接受知识、技能和技术的受体。因此，在实施教学过程中，教师的教起着决定性的主导作用，学生的自觉积极性是在教师的指导、传授、调节和控制下发挥出来的，一旦学生有了学习的自觉积极性，才能充分发挥自己的主观能动性，才会学习目的明确，态度端正，才能主动自我调节，并与教师的调节和控制协调一致，从而形成互联互动，认真主动地进行学习和训练。

教师在健身健美运动教学的过程中，应充分发挥其自身的积极性和创造性，根据自己对健身健美运动的理解和亲身体验，结合运用科学的教学方法，使学生尽快掌握健身健美运动的基本知识和技能。在教学过程中，教师的主导作用首先体现在教师必须为人师表、以身作则、作风严谨，具有亲切耐心的教学态度和作风，有丰富的专业知识和技术水平，并能进行准确优美的动作示范，具有一定教法手段和组织能力。同时要不断吸收新的知识信息，丰富和更新自己的知识，并运用于健身健美运动教学之中。其次在实施教学过程中，要善于做学生的思想工作，掌握学生的心理、生理特点和思想状态，建立起新型的师生关系。在练习内容、教法手段、教学组织、示范和语言表达等方面应从培养学生的兴趣爱好为出发点，严格要求和积极鼓励相结合，做到客观、准确、实事求是地评定学生的表现和成绩。把培养、发展、教育紧密结合起来，使学生认识到掌握健美运动和发展身心的关系，树立终身健身健美运动教学训练的观念，培养健身健美运动的兴趣爱好，指导启发学生对在健身健美运动中的体形美、姿态美、肌肉美、动作美、音乐美、心灵美的感知与表现，不断培养学生的创造力和自我表现力，发展学生的自我个性和潜力，提高学生的自信心，使学生自觉主动积极的学习态度得到提高。只有在充分发挥教师和学生双方积极性的情况下，才能完成好健身健美运动的教学任务。

二、直观性、启发性与实践性相结合的原则

这条原则是以教学与学生的身心发展相适应，教学与学生的认识规律和掌握动作技能的规律相适应，以及教学方法依存于教学任务和内容等规律相适应为依据而提出的。直观性和启发性反映了从感性到理性的认识发展规律，而实践又是唯物主义的基本观点，是认识真理和检验真理的唯一标准。

在健身健美运动教学中，教师的示范动作是主要的直观教学手段，要求教师动作示范准确、优美、规范、有表现力。这对于建立正确的动作形象及了解和掌握动作起着重要作用。在学习动作及动作练习过程中，教师要不断进行动作示范，同时结合多媒体教学，通过观摩技术教学片，使学生对动作技术有更深刻的形象

感性认识，更加有利于动作的掌握和提高。此外，教师生动形象的讲解，对技术进行透彻的分析，能使学生明确技术要领及动作要求。在课堂中要积极启发学生进行思维，帮助学生独立思考，发挥学生的想象力和创造力，要求学生善于观察，用心听讲，能对动作正确与错误进行比较分析，建立正确的技术动作概念。使感性认识上升到理性认识，从而达到举一反三、灵活运用的效果。

在健身健美运动教学中采用的一个很重要的教学方法那就是反复练习，也就是实践，同时要正确处理好直观、启发和实践三者的关系。直观是前提，启发思维是核心，实践练习是关键。三者是一个相互有机联系的整体，其教学的具体情况不同，三者结合的具体方式也不同，只有科学有机地结合与运用，才能提高教学质量。通过不断的巩固和提高练习，促使大脑皮层建立牢固的动力定型，达到运用自如。要求精讲多练，但要防止由于单一重复练习使学生产生厌烦情绪。

三、循序渐进原则

循序渐进原则是以健身健美运动教学的社会制约性与身心发展的适应性为基础，以健身健美教学的教育性、教养性、发展性统一规律为依据的。它主要是指导选择和安排健身健美运动的教学内容、进度、方式及教材的质量、分量、难度、运动负荷的大小等。注重内容和方法的科学性、运动负荷的适量性，使学生既健美身心，又掌握健身健美运动知识、技能和方法。

贯彻循序渐进原则，教师首先要正确地认识和把握"序"的实质，即知识技能的序、学生认识的序、身心发展的序和身体机能活动的序，当然也包括把握好教材的序、课堂教学的序、学生学习的序等。循序渐进是提高健身健美教学和训练质量的关键。人的认识规律是由简到繁、由浅入深、由未知到已知，条件反射由简单到复杂、由低级到高级逐步形成的。同样，人体各器官机能的改善、肌肉的发达及竞赛技术动作的形成都要经过一个逐步提高的过程。如以发展肌肉为目的的基本动作到孤立动作或专门动作，以及采用分部位教学与训练这一过程，只有循序渐进地进行教学和训练，才能收到良好的效果，否则只能是欲速则不达，适得其反。

健身健美运动的技术教学和训练是多种多样的，在教授学生学练时，要根据学生的具体情况和目的需要，由简单易学和基础性基本动作技术开始，逐渐向综合和高难度过渡，使学生能够在由浅入深、从简到繁、由易到难的循序渐进的学习过程中，逐步学习掌握和理解运用所学的健身健美运动的知识、技能、技术和方法。

四、统一要求与因材施教相结合的原则

这一原则反映了教学受制于学生身心发展的规律。学生身心发展在一定年龄阶段或时期上具有一定的稳定性和普遍性,其个体差异和具体情况不尽相同,教师应利用不同的方法进行教学,在统一要求的基础上注意个别对待,因材施教。

统一要求是要坚持面向全体学生,而不仅仅只为少数尖子学生服务。要坚持所有学生德智体美全面发展,而不偏废任何一个方面。要处理好个性与共性的关系,全面实现教学目标。

因材施教是对身体条件好、接受能力强、自觉主动性高的学生,应增加教学内容和提高练习要求,精心培植,鼓励冒尖并超过统一要求。而对于身体条件不理想、接受能力较差的学生,就要安排较简单较容易掌握的技术,给他们逐步增加学习内容和加强个别辅导,积极鼓励,逐步赶上教学进度,最终同样达到学习目的。

对于不同特点的学生,如体形条件好、体能好的学生,就要根据他们的特长专门进行教学,使他们能够在全面发展的前提下,重点发展其各自的优势特长和才能,形成自己的特长和优势技能,为提高健身健美运动成绩进行有目的的教学和训练。

区别对待是现代健身健美教学和训练的特点。由于学生之间存在着各种差异,如性别、年龄、体质、素质、体形特点及思想意志品质等方面种种不同,为了在教学训练中发挥学生的最大潜力,取得良好效果,必须对学生进行认真的分析研究,才能"对症下药",在体能和动作技术教学与训练中扬长避短,并落实到教学和训练计划中去,使条件较好的学生不受限制,对条件不是较理想的学生能够通过刻苦学习和训练,克服不足,充分挖掘他们的潜力,且通过刻苦学习训练,达到一定的健身健美运动水平。因此,要求教师在制订计划及教案时,要抓住学生的特点,区别对待,加以培养。同时改进授课和教学组织形式,既要保留班级教学的优点,又要克服其大课不利于因材施教的弊端,将班级教学与小组教学、个性化教学与多样化教学、普及性教学与特色化教学结合起来,使多种教学形式形成一种互补效应。

五、合理运动负荷原则

在健身健美教学过程中要使学生承受适当的生理负荷和心理负荷,并使练习与休息合理交替,以便高质量地完成教学任务,全面发展学生个性。运动量是指人体在身体练习或专项练习中所能承受的生理负荷量,科学地进行大运动量训练则是指在一定的范围,接近人体所能承受的最大生理负荷量。在具体的贯彻执行中,不仅仅表现于一堂健身健美教学和训练课,而是要贯彻在全年和多年的健美

教学与训练计划中。安排运动量要有节奏，大、中、小运动量相结合。"量"是健身健美运动的基础，"强度"是提高健身健美运动能力的关键。此外，针对不同的对象要区别对待，循序渐进，逐步加大运动量。运动量过小对肌体和肌肉刺激不深，引起人体反应不大，会使肌体和肌肉发展缓慢。反之，运动量太大，超过肌体所承受的最大生理负荷量，则引起肌体和肌肉的过度疲劳，这不但不能有效地强健身体和发达肌肉，而且易使肌体或肌肉急性损伤。运动量的大小都是相对的，只能从学生的实际出发，考虑他们的学习能力、训练水平、个人的体质、年龄特点、体形特点、体能特点、伤病情况和学生的意志品质和思想精神状态，以及各种具体条件(主要指营养与恢复)，逐步适应，逐步提高，逐步加大运动量，波浪式地前进。在健身健美运动教学中应强调在保证动作质量的前提下，合理地安排运动负荷。

上述内容主要是指由教学训练活动所引起的生理机能的变化，叫生理负荷；而由教学活动所引起的学生心理机能的变化称为心理负荷。这两种负荷同时存在，由此保证实现教学目标。健身健美运动教学是在科学理论指导下所进行的一种有序的活动。生理负荷与心理负荷高低起伏，波浪式地发展。在负荷中有必要的间歇，以利于调整课的节奏，消除疲劳，活跃气氛，提高学习效率及陶冶情操等。安排心理负荷时要特别注意"情绪、注意、意志"三个方面，即要与教学进度配合，又要与生理负荷配合，以便起到互相调节、互相补充的效果。

六、系统性原则

系统性原则是由人们认识事物的规律、动作技能形成的规律、人体生长发育和体质增强的规律及事物发展的规律所决定的。系统性原则主要体现在学习内容和学习与训练过程中。一名学生或健美运动员，从他开始接受健身健美运动训练，到他成为一名合格的教师或优秀的健美运动员，他学习的每一部分技术、方法，以及学习中积累的经验，都是一步一步地、科学地、系统地学习形成的。这就要求教师在教学时，根据学生的具体情况，结合所学内容，系统而有计划地安排好不同学生、不同时期、不同目的的学习。教法上可采用多种形式的教学手段，利用多种辅助学习和练习方法，科学、系统、有序地进行健身健美运动教学。在教动作技术的同时，也要相应的根据所学动作技术，进行理论教学，使理论和技术同样体现出系统性。这样，学生就会系统地掌握技术和理论，为学好、练好健身健美运动的动作技术和方法，提高健美运动成绩打好坚实可靠的基础。

为此，贯彻这一原则时应注意了解本项教材的系统性及与其他教材的关系；制定切实可行的教学工作计划文件；安排教学内容由易到难，先后有序；对重点内容多加关照；运动负荷要有节奏地逐渐增加，有高有低，波浪式发展。

七、巩固与提高相结合的原则

学习的过程既是学习掌握新动作技术、方法的过程，同时也应是复习提高所学知识、技术和技能的过程。即使是最简单的俯卧撑动作，如果你不进行反复练习，就不能在学习和训练中很好地运用起来，发挥其效能。巩固与提高相结合原则，是根据认识规律和运动技能形成的规律及"用进废退"原理总结出来的，学生学到的知识与技能如不经常复习就会遗忘或消退，故它又是学生学习知识、掌握技能的重要环节。掌握和巩固所学动作技术与方法，也是学生顺利学习新的动作技术与方法的基础，是学生熟练地运用所学动作技术和方法的基本条件。所以说，巩固与提高相结合，是学生丰富学习内容必不可少的原则。只有在充分理解和掌握所学动作技术、方法的基础上，进行新的动作技术和方法的学习，及时把获得的知识与技能在各种不同条件下运用，才能达到"学以致用"的目的。

为此，教师讲授的知识要清晰而深刻，以便于学生透彻地理解教材，因为感知和理解是记忆的前提，只有学生感知清晰、理解深刻的事物，才便于记忆和巩固。同时要帮助学生提高记忆效率，如教学生对学习材料进行有效的组织，使之条理化、系统化、规律化等。增加运动密度和动作重复的次数，反复强化，不断巩固运动条件反射，提高技术水平、身体素质和体育能力。同时不断提出新的目标，培养学生的兴趣和进取动机。特别是要多给学生练习和运用知识技能的机会，使学生对知识技能的掌握真正达到完善化、自动化的熟练程度，在实践中去运用和巩固知识。

八、身体全面发展与专项技术训练相结合的原则

身体全面发展与健身健美专项技术的密切联系与结合，这是现代健身健美运动教学和训练的主要特点。要想使学生的身体形态和机能协调和匀称，全身各部位肌肉就都应得到发展。除采用多种多样的教学方式与方法外，还应进行全面的体能训练(力量、耐力、速度、灵敏、柔韧等)。从总体来说，身体全面发展对打好专项技术基础，以及弥补专项技术的不足，可以起到促进作用。如健美运动员在竞赛舞台表演时的动作完成过程中，有些运动员能很好地利用肌肉控制完成动作，给人一种稳健、矫健的姿态，而有些运动员则给人一种举足不定、躯干晃动的不稳定的急躁感觉。造成这种差异的原因，主要是平时学习和训练中忽视力量耐力、协调等体能素质的训练所致。随着我国健美运动水平的发展和提高，专项素质训练的目的性更加明确，即有效地发展强大、协调、有力的肌肉块，而全面的体能素质训练是为如何展示宏大肌肉块服务的。因此，教师和教练员在制订教学与训练方案时，应考虑在进行专项体能素质训练的同时注意与身体的全面发展结合起来，只有这样才能收到良好的效果。

九、全面训练与分部位训练相结合的原则

在健身健美运动教学中,尤其在健美训练中,要使全身各部位肌肉群高度发达,就必须进行全面训练与分部位训练相结合。前者是基础,后者是提高,两者有机结合起来,是创造优异成绩的关键所在。一名刚开始从事健身健美训练的学生,应着重以全面训练为主,使身体各部位肌肉群全面发展,塑造一个和谐、对称的体形,为今后进一步强化训练创造条件。若在基础训练阶段,忽视整体布局的训练,不仅导致身体畸形发展,而且影响学生今后的发展。所以,要求学生在基础训练阶段中,应注意全面发展,决不能凭个人的爱好或需求出发,偏向某局部肌肉群练习。分部训练应经过一年时间后方能得以实施。随着肌肉群不断增大,必须逐步提高训练负荷强度和动作的变化。在一次健身健美教学或训练课中不能把全身各部位肌肉群都训练到位,只有把全身各部位肌肉群分成几部分(两三部分),每次训练课一般只练两部分,逐次轮换进行。这种训练方法从人体生理承受负荷原理看,使某些肌肉群得到超负荷训练,并保证另一些肌肉群得到充分休息,来达到补偿的实现,以及加强局部肌肉群的运动量与加强肌肉的刺激深度,从而取得理想的训练效果,实现将全面训练与分部位训练科学性地统一起来。全面训练在掌握发展肌肉群的动作基础上,有利于提高身体机能和体格全面发展,为今后的分部位训练打下扎实的身体素质和专门素质基础,使之朝健美运动专项化方向发展。

以上阐述的九条原则虽然具有相对的独立性,但在教学中的作用是密切联系、相互制约的,是在健身健美教学过程中统一实现的。要实现教学最优化,并不是某一个原则所能实现的,而是需要一个完整的教学原则体系。所以,只有全面地、灵活地贯彻这些原则,才能获得良好的教学效果。但健身健美教学的原则也不是固定不变的,它必然随着人们认识水平的不断提高和教学方法的日趋改进而逐渐完善,并在不断总结经验和创新的基础上逐步充实和发展的。

第四节 健身健美运动教学方法

按照现代教学论的观点,教学方法包括健身健美教师的教法与学生的学法两个层面。而这里的健身健美教学方法指的是健身健美教师的教法,即教师为完成健身健美教学任务所采用的方式、途径和手段的总称,它在实现健身健美教学目标中起着桥梁和中介的作用。

健身健美教学方法是指在健身健美教学过程中,根据健身健美教学的目的、内容、任务所采用的方法和手段,亦是健身健美教师把自己所掌握的基础理论知

识和技术、技能、组织方法在实际教学中应用的具体表现。

在科学技术飞速发展的今天，健身健美科学广泛地吸收各类学科的知识。在科学的方法论——即系统论、控制论、信息论的指导下，健身健美教学方法在原有的传统教学方法的基础上发展很快，创立了不少内容新、效果好、学生易掌握的健身健美教学的方法，在科学性、程序性、经济性、实效性、兴趣性等方面均达到了最佳化的教学效果。因此可以说，健身健美教学方法必然会随着健身健美运动的不断发展，在丰富的教学活动推动下，依据教育学和教育心理学的规律，创造出更多更新更科学的教学方法来。

在体育教学理论中曾提到的一些教学方法，如讲解法、直观法、完整教学法与分解教学法、练习法、循环练习法、竞赛法、纠正错误法、相似技术教学法、发现式教学法、程序教学法、网状教学法、断面教学法等都适用于健身健美课的教学过程，但要结合健身健美课的特点灵活应用，这里就不再重述了。我们知道，健身健美动作或健身健美套路的技术是由动作的方向、幅度、角度、力量、四肢和躯干的屈伸、重心所处的位置等因素协调配合而形成的。既有在时间上的要求，又有在空间上的要求。因此，健身健美教师在教学中，如果仅仅采用某一种教学方法，很难使学生有完整的概念和掌握正确的动作技术。所以，健身健美教师应把多种教学方法高度优化地结合起来，才能更有效地进行健身健美教学。当然，这种结合并非是平均的结合，而是根据具体的健身健美教学任务确定以哪种健身健美教学方法为主。健身健美课教学内容的多样性要求健身健美教学方法的多样化，但每种具体场合必须以某一种教学方法为主，有机地结合其他方法，这样才能使健身健美教学起到事半功倍的效果。

随着教学改革的不断深入，教学实践和教学思想的不断发展，当代教育将更加注重学生智力、能力、创造性和非智力因素的培养和发展，启发式教学又成了现代教学法的重要特点之一，故健身健美教学中运用各种教法时，亦要遵循并贯彻启发式教学要求。

另外，在健身健美教学中，健身健美教师把各种教学形式高度优化地结合起来，即把大众、个人等诸种形式有机地结合起来，这样才能把健身健美课上得有声有色，有利于学生较快地掌握健身健美知识、技术和技能。

下面就将国内外专家经过多年健身健美教学实践总结出来的健身健美教学方法介绍给大家，以供参考。

一、讲解与示范法

（一）讲解

讲解是健身健美教学中运用语言法的一种最主要、最普遍的形式。它主要是指教师向学生说明或论证原理、概念，进行逻辑推理，使学生形成科学概念。在技术教学中则要说明所学动作的名称、要领、教法、要求及指导学生进行学习和训练，着重揭示完成动作的关键及原理。讲解法主要有直陈法、分段法、概要法、侧重法、对比法、提问法、比喻法、引证法、温故法及联系法等，教学中可根据需要灵活运用。

(二) 示范

示范是教师(或指定的学生)以自身完成的动作，作为健身健美教学的动作范例，用以指导学生进行学练的方法，是最生动、最逼真的直观教学方法，可使学生建立正确的动作表象和概念。好的示范能引起学生学习动作的欲望，激发学生的积极性。

讲解与示范是健身健美教学方法中普遍采用的最有效的教学方法。正确而优美的动作示范，可以激发学生的练习兴趣，引导学生自觉积极地进行模仿练习。讲解则可配合示范加强动作概念的建立。一般来说，为提高示范讲解法运用的效果，采用边示范、边讲解的方法效果最好。但根据实际情况，在运用时也有所不同。

(1) 只示范，不讲解　如果学生有一定基础，动作又比较简单，可只示范，提出要求即可，不必讲解。

(2) 只讲解、不示范或先讲解后示范　如果为了培养学生的独立思考能力，加深对动作的理解，亦可只讲解、不示范或先讲解后示范。

(3) 先示范，后讲解　如果动作比较复杂，应首先让学生建立起正确的动作表象，然后再讲解。

(4) 一边慢动作示范，一边讲解　如果是对初学者，学习比较复杂或较困难的动作，可采用边慢动作示范，边讲解要领与要求，边让学生跟着模仿做的方法。

(三) 运用讲解与示范法时的要求

(1) 讲解要正确　一定要围绕本堂课的教学内容和任务进行。讲解的知识必须前后衔接，能起到承前启后的作用。错误和夸张的讲解会误导学生形成错误的概念、错误的认识和错误的动作技术。

(2) 要精讲多练　精讲不是少讲，而是要简明易懂，突出课的主题或动作要点。要用精练的语言把动作要领讲得一清二楚，讲在点子上，一语道破关键所在。

(3) 讲解要具有启发性　要用术语讲解，语气要肯定，表达要生动形象，比喻要恰当，举一而反三，并富有趣味性，把学生注意力吸引过来，调动学生的情绪，启发学生学练的动机、兴趣和自觉主动性的思考，使学生有跃跃欲试的积极性。要使讲解达到精确、扼要、简练、有感情、有说服力，并不是一件容易的事情，因此，每位健身健美教师应加强语言艺术的修养。

（4）示范动作要优美、准确　示范要正确，以使学生建立正确的动作概念。要能引导学生自觉积极地进行模仿练习。

（5）示范要有目的性　根据健身健美教学过程需要，可采用完整动作示范、分解示范、重点示范、慢速示范以及正误对比示范等，加深学生对动作的理解和掌握。

（6）要选择最佳的示范方向、距离和时机　使每个学生能清楚地看到所示范动作的起、止过程和活动的主要部位，以收到良好的示范效果。示范方向根据不同动作和示范目的，选择正面、半侧面、侧面和背面示范。示范距离可根据学生人数、排列队形、动作幅度大小和场地大小来确定远近。示范时要站在全体学生都能一目了然的位置，即学生队形等边三角形的顶点。学生人数多时，最好在高位置上进行示范。在调动队伍时，或学生做练习及背向教师时不宜讲解和示范。

（7）示范面要根据每个动作的结构而定　健身健美动作的结构是围绕人体前后轴运动时，教师应面向(镜面)或背向(背面)学生示范，如髋部的侧顶、身体的侧屈或侧移同时两臂经肩侧屈上举等。若是围绕身体左右轴运动要做侧面示范，如体前、后屈，前后踢腿，立卧撑举单腿等。对于结构复杂的动作，则要根据需要解决的主要问题确定示范面。初学动作时常用两种以上的示范面来给学生示范，以建立正确的运动表象。

（8）示范与讲解要有机结合　优美、正确的示范是作用于视觉器官的直观方式，易于收到感知动作形象的效果。生动形象的讲解则是通过语言作用于听觉器官的直观方式，可准确揭示动作技术的内在联系。如果能把动作示范、讲解和启发学生的积极思维结合起来，即把学生的看、听、想结合起来，可以收到更好的学练效果。故在健身健美动作技术要领的讲解时，除应遵循语言简练、生动形象和注重启发的原则外，主要应讲清动作的方向、路线、发力部位、用力顺序、身体姿势和速度、节奏的变化等。

运用只示范不讲解的教学方法时，应采用背面示范，使学生清楚动作的路线、方向、出脚等，便于学生模仿。同时动作应比正常速度稍慢些，以便于学生加深对动作的印象。

总之，健身健美教师的讲解示范应正确而富有感染力，有激情，能最大限度地调动学生学练的热情，提高学生学练的积极性、参与性和实践性。

二、完整与分解法

（一）完整法

完整法是指把健身健美运动单个动作或成套动作从动作开始直到动作结束不

分部分或段落完整地进行教学和练习的方法，给学生建立完整的动作概念。健身健美训练中用杠铃、哑铃等器械所做的动作，大多数是属于单关节的或身体局部的活动，技术不复杂，简单易学，故多以完整法为主进行教学。即通过整个动作的示范、讲解、练习来完成该动作的教学。

（二）分解法

分解法是指把结构复杂的一个健身健美动作，按身体环节合理地分解成几个局部动作分别进行教学和练习，最后完整掌握动作的方法。例如，把整套健身操先分节进行教学，再逐步串联成套的教学就是这种方法。分解法可用于单个复杂动作，也可以用于联合或成套动作教学。采用分解教学时，最后还应用完整法来教。在健身健美运动教学中，对徒手、轻器械及自由重量器械健美动作或健身操，以分解—完整教学法为主进行教学。

（三）运用完整与分解法时的要求

（1）采用完整法时应突出教学重点，简化动作的某些要求，还可选用辅助练习或诱导性练习逐步过渡。通常是在学习结构简单的动作时采用完整法进行教学。

（2）学习较为复杂的动作时，可采用慢速完整练习方法，即放慢动作的过程，在每个姿势中停止几秒(拍)，以加强学生的本体感受，待学生建立了动作概念之后，再按正常速度进行完整练习。

（3）对于协调性要求很高的复杂动作，往往预先把它分解成几个局部动作分别进行教学，待学生基本上掌握了分解动作之后，再进行完整动作的教学。例如，可以把健身操的成套动作分解成头部动作、上肢动作、躯干动作、髋部动作和下肢动作，先分别进行练习，然后再头部、上肢、躯干、髋部和下肢配合完整练习。但在划分动作的段落部分时，应使学生明确所划分段落或部分在完整动作中的地位和相互联系，不可破坏动作的结构，以便为分解动作的连接完成做好必要的准备。

（4）分解法应与完整法结合运用。分解法的主要作用在于减少学生学习中的困难，最终达到完整掌握动作的目的，所以分解动作的练习时间不宜过长，只要基本掌握即可与其他段落或部分连接练习，否则有可能影响完整动作的动力定型。采用完整法时，也可对动作的某些环节或困难部分进行分解练习。同时不管运用何种教学法，都应注意发展学生体能，在不影响动作技术结构的前提下适当增加负重量，增大速度或增长距离、幅度以及增加重复练习的次数等，这既有助于提高完成该项动作所需的身体素质，如身体机能能力或肌肉力量，又有利于动作技术的加速掌握。

三、口令、手势与音乐伴奏法

(一) 口令提示

在健身健美教学,尤其健身操教学及健美竞赛动作的教学中,使用口令、手势与音乐伴奏相结合的教学方法是该项运动教学的又一大特点。在健身健美动作教学中,恰当地运用口令来指挥或强化练习,将有助于学生正确掌握动作、速度、节奏与用力强度等。在教学过程中通常采用的口令有数字、单字或短词。另外,为了使学生更好地完成练习和活跃课堂气氛,在健身健美运动教学的过程中,还可以加入一些调动性、指示性和警告性口令。常用的调动性口令有"用力"、"加油"等;指示性口令有"一上"、"二下"等;警告性口令包括"伸直"、"绷紧"、"停顿"、"意念集中"等。下面以反握弯举动作口令提示运用为例(见表4-1)。

表4-1 反握弯举动作口令提示运用方法范例

口令形式\动作过程	预备姿势	向上弯起	向下还原
哨音口令	预备	1.↗笃	2.笃↘
数字口令	预备	1.↗ 1	2. 2↘
		1.↗ A	2. B↘
单字口令	预备	1.快	2.慢
		1.吸气	2.呼气
		1.上	2.下
		1.起	2.放
短词口令	预备	1.用力	2.放松
		1.屈紧	2.伸直
		1.快起	2.慢放
备 注	"↗"表示口令短促有力,要求动作快、用力大。 "↘"表示口令平稳缓慢、长而软,要求动作速度均匀、动作平稳,用力逐渐减弱。		

(二) 手势提示

手势是身体语言的一种,它是在健身健美教学课中,健身健美教师运用各种手势指导学生完成练习的方法。其特点是直观、简单、明了,有利于学生连贯完成动作。手势提示方法主要运用于健身健美动作的复习及巩固阶段。通过手势引导,提示学生按顺序、方向、要点完成动作,保证学生能将健身健美动作连贯、完整地完成。

(三) 音乐伴奏

在健身健美教学中,尤其在健身操和竞技健美动作的教学中恰当地运用音乐伴奏,可以明显地提高教学效果,特别有助于提高动作的节奏感和韵律感,同时激发学生的求知欲望和训练激情,还可以活跃场内气氛。学生在这种环境中学练不易疲劳,又乐于接受新的知识技能,有助于教学质量的提高,有助于提高学生的音乐素养。在健身操和健美竞赛动作的教学中,应该选择与教学内容特点相一致的伴奏音乐,通常选一些曲调欢畅明快、节奏感强烈的音乐,以与动作的节拍相符合。而在练习动作的教学中,则多以曲调优美抒情、旋律悠扬起伏、欢畅轻快的乐曲为主,目的主要在于优化教学氛围,提高学练的积极性,启迪学生智慧,让他们展开想象的翅膀。

(四) 运用口令、手势与音乐伴奏法时的要求

(1) 口令要有号召性和鼓动性　健身健美教师生动的、带有鼓励性的口令,可以活跃课堂气氛,调动学生情绪。使学生在愉快、轻松的心境下学练健身健美动作,能激励学生学习的自信心和想象力。

(2) 手势要准确、果断、适时　在健身健美动作教学中,教师手势的运用要果断,有明确的目的性,做出什么样的手势,应做到心中有数。要注意运用的时机和效果。也就是说在上个动作没结束之前,就应将下一个动作的要点、方向及时地用手势提示出来,帮助学生准确地完成动作。此外,健身健美教师根据学生完成动作的情况,在易出现问题的地方,提前向学生发出准确信号,如击掌或口头提示,引起学生注意,然后给予手势提示。

(3) 音乐的选配要科学　音乐是健身操和健身健美竞赛中重要的组成部分,雄健而潇洒的自由造型动作,伴上优美悦耳的乐曲,可达到完美的舞台效果。选配音乐通常有两种:一是从现有音乐中去选取,应考虑到音乐的基调(风格)、音乐与动作及运动员的个性与音乐应协调一致;二是请音乐家给配曲。两者相比,后者是十分困难的,目前至少在我国没有运动员或运动队聘请音乐家专门配乐。

根据目前世界与我国在自由造型中的音乐选配方面存在的差异看,国外运动员的选配音乐基本上都经过按音乐旋律把"声"与"形"两者完善和谐地结合于一体,而我国还有部分运动员均采用没有裁剪的音乐,自由造型与音乐存在着肌肉、表演、动作、音乐分离的现象,使编排的成套动作雷同,且缺乏艺术感染力和审美价值,妨碍着我国健美运动水平的提高和发展。对此,作为健身健美教师或教练员必须全面提高编排与选配音乐的素质,将肌肉、表演、动作、音乐有机地结合成一体,在实战中提高师生编排与选配音乐的水平。

(4) 口令、手势与音乐节奏要相吻合，要与音乐的韵律、节奏相一致 例如，在教学健身操的过程中，健身健美教师口令的音量、语调的轻重要适宜，手势要恰到好处，不适宜的口令、手势和音量会削弱学生学习的情绪和效果。

四、变换与放松法

(一) 变换法

健身健美运动教学的变换练习法是根据教学任务和教学对象的实际需要，在变换的条件下进行练习的方法。变换的条件有动作的形式及其组合结构、运动负荷的表面数据以及环境、场地、器材等。变换练习法有连续变换和间歇变换两种。如健身跑练习中跑速时增、时减的变换，减肥训练中健身操练习与功率自行车练习及跑步机练习不断变换就称为连续变换。间歇变换则是在间歇后改变运动负荷的表面数据或动作的形式结合，再进行练习的方法。间歇后的练习负荷根据需要可大可小，练习姿势也可各不相同。

由于健身健美运动动作种类繁多，用途各异，教学中应根据教学任务和教学对象的条件有针对性地选择有效的练习方法，即同一动作由于变换不同的握法(正握、反握、对握、正反握等)，变换不同的握距(窄握、中握、宽握)，变换不同的体位(立、坐、仰、俯卧、侧卧、斜卧)，变换不同的器械位置(胸前、颈后、膝下、膝上、胯下)，变换不同的速度(快、中、慢)来进行，都会产生不同的健身健美与学习效果。

(二) 放松法

健身健美教学训练中常采用的放松练习法有肌体活动性放松练习法、心理放松练习法及物理放松练习法等。但健美专家运用和研究最多的是肌肉张弛教学法。其目的是使学生学会肌肉的收缩与放松，收缩时要达到最大的围度，放松时能恢复到自然状态。要做到这一点，首先要学会肌肉收缩，这是控制肌肉的第一步。练习时可先从某一块肌肉练习起，如上臂肱二头肌，收缩时使其达到非常坚硬的程度。然后进行双侧肌肉收缩或局部肌肉收缩，最后学会全身肌肉收缩。第二步就是学会肌肉放松，从某种意义上讲，"健美练习中,放松和恢复比训练更为重要"。不会放松肌肉，也就不能更好地收缩肌肉，休息和整理活动是最好的放松肌肉手段。因此，在练习中的间歇时间要充分放松肌肉。目前运用心理训练的方法使全身肌肉得到充分的松弛，其效果也很好。第三步就是学会肌肉紧张与放松的交替，也就是让肌肉群做到"软如棉花硬如钢"，通过肌肉群的张弛练习，使肌肉富有弹性，收缩时达到肌肉饱满凸起，放松时要做到圆滑柔软，进而加大肌肉群的围度差。一名优秀健美运动员的上臂围度在紧张和放松时，围差可达 5 cm 以上。

(三) 运用变换与放松法时的要求

(1) 运用连续和间歇变换练习法时，应选择安排好变换的条件和变换后的运动负荷，要使变换的条件和负荷有利于动作技术的掌握，有利于运动水平的提高，有利于学生身体的全面发展。

(2) 运用肌体活动性放松练习法时，应注意使放松练习的运动负荷逐步降低，不可大起大落。要侧重健身健美运动教学中身体负荷较大的部位或肌群的放松练习，并可不拘形式，或引之以笑，或简单的游戏，或轻松、愉快的舞步练习等，以求达到生理、心理上的放松目的。

(3) 运用心理放松法时，一是要让学生相信和注意意念，让学生闭目"冥想"，并建立起信心。二是练习的环境和意念要"入静"，入静的方式除采用意念套语法外，还可采用意念脉搏频率法，听息法(用意念"听"自己的呼吸)，意守外景法(设想自己坐或躺在一个环境优美、安静、十分舒适的境界中休息)，或用轻音乐、良性单调音响诱导法等。此外，初学者应由教师或有经验的学生领做，放松练习不必要求过高，操之过急，只要坚定信心，持之以恒，必然会收到意想不到的奇特效果。

随着健身健美教学实践和科学技术的发展，教学中还将总结出越来越多的教学方法。但任何一种教学方法都不可能是万能的，教师应从实际出发，根据健身健美教学的任务、内容、学生特点、教学条件以及教法间的联系等和不同的教学阶段，有针对性地、选择性地、创造性地运用，实行各教法间的优势互补，使教师的教学水平不断提高，以便出色地完成健身健美运动的教学任务。

第五节　健身健美课的教学组织与实施

一、健身健美课教学的组织形式

健身健美课的组织工作是根据教学的具体任务、内容、学生的特点和作业条件等所采取的各种组织措施，包括教学常规、教学分组和分组教学、场地器材的布置及老师的行动计划等，是完成课的任务的保证。由于与其他体育项目教学基本相同，这里不再赘述。健身健美课的组织形式一般包括理论作业和实践作业两类。理论作业有理论课、自学辅导、电化教育(多媒体课件、电影、幻灯、录像等)、课外作业等形式。实践作业中有技术课、教法作业、教学实习、教学比赛等形式。其中，理论课和技术课是健身健美教学的基本组织形式。

二、健身健美课的结构

健身健美课的结构指的是在一堂课中合理安排教学、训练和教育工作的顺序。它是由健身健美教学训练的目的、任务、教材内容、教学方法以及学生的特点所决定的。根据健身健美运动教学过程的客观规律，健身健美技术课的组织结构有四部分，即开始部分、准备部分、基本部分和结束部分。各部分的任务、要求与其他体育项目的教学基本相同。基本部分是健身健美课的主要部分，这部分内容可有新学教材、复习教材或以训练为主的动作。内容安排的顺序以新教材在前，复习教材在后；上肢动作在前，下肢、腰腹动作在后；使用器械由轻到重。这部分的徒手、轻器械练习，一般是列队集体进行。使用杠铃、哑铃等自由重量器械进行练习时，最好将学生分成2～3人为一小组，轮流使用一套器械。这样可使训练的密度适当，学生之间又可相互帮助和保护。初学者使用较轻的杠铃、哑铃做动作时，可以用口令指挥，分批集体进行。水平较高或器械较重的则可以小组个别进行训练。以集体形式进行时，使用的器械不宜频繁更换，以免影响训练密度；小组个别进行练习时则可灵活使用多种自由重量器械。

健美课的四个部分是相互联系的，是为完成课的总任务服务的。所以，在健身健美教学过程中应从实际出发，灵活运用组织形式和方式方法。

三、健身健美课的备课工作

健身健美教师为了按计划、有步骤地进行教学活动，必须认真地备好课。备课是上好课的前提，没有准备的课是肯定不会成功的。备课，就是要写好教案（即课时计划或训练方案），它是根据教学进度和单项教学计划，结合教学的实际情况，对一堂健身健美课设置的教学方案的简称，是健身健美教师进行教学工作的主要依据。

课前写好教案是对每位健身健美教师的基本要求。由于健身健美课的教学过程的复杂性和上课环境的多变性，所以对健身健美课的教学组织提出了更高的要求。因此，课前充分准备、写好教案不仅是顺利地完成教学任务的重要保证，也是提高健身健美教师的思想、业务水平和教学技巧的一项有效措施。

要编写好教案，必须事先做好钻研教材、研究组织教法、了解学生和场地器材等方面的准备工作。

（一）编写健身健美课教案前的工作

1. 备教材

钻研教材、分析教材是备好课的基础。钻研教材的目的是要求健身健美教师对教材有较深刻和较广泛的理解，能明确各项教材的目的、任务、内容、分布要求。各项教材在不同层次的学生中有着不同的任务与要求。健身健美教师就应根据不同要求而选择教学方法，安排课的密度和运动量。在钻研教材时，健身健美教师还必须运用自己掌握的解剖、生理、生化、力学、心理、教育等有关科学知识去分析教材，搞清教材的结构、动作要素、技术特征和技术原理。在了解技术结构和技术原理后就能更好地了解健身健美教学的重点和难点。在理解技术的基础上必须根据学生掌握技术时可能出现的心理问题，设计合适的教学方法。在钻研教材的同时，也应了解该教材的发展概况，这对正确传授技术、知识有直接关系。健身健美教师要不断了解健身健美运动技术发展的趋向，向学生传授正确的新的技术信息，这样必然会引起学生学习的兴趣和积极性。

2. 备教法

健身健美教师课前还必须在钻研和分析教材的基础上进行有关教材的示范动作练习，在实践中体会动作的肌肉运动感觉，从学生的角度来体会怎样才能更快、更好地掌握动作，对技术的重点和要领在什么地方，可能产生的错误和教学中应注意的事项等问题心中有数。经过自己亲自预演和设计，才能做到正确选择教学的手段和方法，做到如何结合教材进行健身健美意识教育，妥善处理好健身健美教学的先后顺序和必须采取的组织措施。

3. 备学生

课前准备工作还包括了解学生，即通常说的备课时要"备学生"。健身健美课教学是健身健美教师和学生的双边活动，只有充分了解学生的实际情况才能做好备课的准备工作。健身健美教师在上课前要了解自己所教班学生的人数、性别、年龄、健康状况、训练基础、学习态度、兴趣爱好、组织纪律、健身健美骨干情况和个别学生的特点等。对这些内容了解得越清楚，越有利于备好课和上好课。如年龄越低或身体素质越差的学生由于生长发育和心理上的原因，他们所能承受的运动负荷比身体素质好的成年学生要低。但由于他们当中有的学生好学、好动、注意力不能长时间集中等特点，又需要比较大的练习密度，所以在教学的组织工作中，由健身健美教师直接指导下训练比较好，多采用集体练习，不宜过多采用分组轮换的方法，在组织教法上也要多样化，多选择竞赛性、游戏性较强的活动，使学生不感到单调枯燥，进而诱发他们的练习热情，使课堂上能呈现出生动活泼的局面。相反对成年或高年级学生，由于发育的成熟和心理上的逐渐稳定，就可在课内承受比较大的负荷量和运动强度。又由于高年级的学生思想上比较成熟，学习和训练的目的性与动机比较正确，自觉性较强，相应的在组织纪律和自理能力方面较强，所以在健身健美教学的组织工作中，可采用分组轮换的方法，这样不但可以提高运动负荷，满足他们掌握多种技术的愿望，而且又可在活动中训练他们组织工作的能力。在组织教法上则应采取精讲多练，使学生从技术原理的理解上去掌握多种技术动作。

4. 备场地、器材

课前准备工作还包括了解场地、器材设备及同时上课的其他教学班级的教学内容和所需的场地器材情况。要了解和检查器材质量、规格、性能等，同时还要实地察看场地状况和进行安全检查，如场地的硬度、地面的平整度、器材的牢固性，同其他健身健美课教师协商场地、器材的使用计划等，然后才能进入编写教案工作。

（二）编写健身健美课教案

编写教案的要求：课的任务要明确，教学要求要具体，教材要符合实际，教学重点要突出，课的组织要严密，教学要科学、多样化，运动负荷要恰当，安全措施要落实，场地布置要合理，文字要简练清楚，做到简明、扼要，图文并茂。

健身健美课的教案内容包括教学任务、教学内容、教学组织形式、教学方法、练习时间与次数、场地器材和课后小结等方面。教案的格式有表格式和文字式两种，一般采用表格式。编写教案的方法和步骤如下。

1. 确定课的任务

编写教案首先从确定课的任务开始。健身健美课总的任务是增强学生体质，健美体形体态，健益身心，传授健身健美的知识、技能和技术，对学生进行道德品质、健美思想和健康体育教育。

课的具体任务是根据健身健美教学的目的任务和本课的基本教材结合学生具体情况而确定的。任务应定得具体、明确、有针对性，要结合客观实际。课的任务应包括教学任务、身体素质练习任务、教育任务和培养学生健身意识与终身健美的行为四个方面任务。课的任务提得具体才能选择有效的组织措施和教学方法，提高课的教学质量。

2. 编写准备部分

一般可把开始部分包括在准备部分中，所以准备部分的主要任务是组织教学，集中学生注意力，使学生明确本课的任务和要求。同时，通过准备活动，使肌体各器官系统迅速进入工作状态，为基本部分的学习(训练)做好准备。主要内容包括以下几点。

(1) 组织教学工作。整队，交代课的任务与要求，队列练习或集中注意力练习 2~3 min。

(2) 准备活动(约 10~15 min)。包括队列队形练习、徒手操、轻器械操、游戏、模仿练习等，活动方式可以是定位，也可以是行进间或按队形变化而进行。选择准备活动的内容要与基本教材相结合，为基本教材服务。在安排上要循序渐进，不同性质的练习应交替进行，一般性准备活动安排在前，专门性准备活动安排在后。

在编写准备部分教案时，一般课堂常规可以省略不写，但课的任务、思想动员的内容纲要、队列队形、练习名称、图示较复杂动作的做法、要领以及注意事项都要写上。

3. 编写基本部分

基本部分是健身健美课的主要部分，一堂课的任务主要在基本部分完成。内容包括基本教材、专门性辅助教材、理论知识和思想教育工作。

在课的内容和组织教法一栏，首先应合理地安排好基本教材的教学顺序。然后根据本课的教学任务、教材特点及学生掌握动作情况提出本项教学要求、动作要领、教学的重点和难点。最后安排练习的组织形式、教法手段和步骤及为下一个教材安排的专门性准备活动等。这些都应用简练的文字和图示加以说明。

教法手段和步骤包括健身健美教师的讲解和示范、学生的练习顺序和练习方法、练习次数和练习时间、保护与帮助、纠正错误动作、竞赛方法、安全措施等，均要求用文字和图示表达清楚。

从一种教材转入另一种教材时，应做好专门性准备活动，同时还应根据本课教材特点需要适当安排一些体能等身体素质的练习，以提高学生身体训练水平。以上几点也应写进教学内容一栏内。

基本部分的健身健美教学组织形式，应根据教学任务、教材性质、学生人数和场地设备情况来确定是采用分组轮换或分组不轮换，分几个小组、如何轮换都应写明。

4. 编写结束部分

结束部分要选择简单有效的放松活动或游戏内容，也可选择一些轻松活泼的舞蹈。对放松活动、游戏或舞蹈只需写明名称、方法(或手法)、要求或图示即可。

在编写教案中，要安排课的小结内容。

健身健美课结束后，健身健美教师或教练员要及时填写课后记录，以备积累资料，总结研究之用。

(三) 健身健美课教案中运动负荷的安排

1. 安排健身健美课运动负荷的影响因素

在安排一次健身健美课的运动负荷时，要注意练习的强度、数量、难度、密度、时间等几个因素，它们是构成一次课运动负荷的基本要素，其中练习的数量是运动负荷的基础，练习的强度是运动负荷的关键，练习的难度、密度、时间都是调节强度的辅助因素。这几个因素是密切相关，又是互相制约的。强度大、数量多、密度大、时间长，运动负荷就大，反之则小。有时根据教学任务或调节运动负荷的需要，可以突出其中一个因素，但总的肌体负荷不一定增大，如练习时间长，但强度小、密度小，运动负荷不一定大。要综合几个因素来合理安排运动负荷。

例如，通过健身健美操音乐速度的选用来安排运动负荷量。健身操的音乐速度通常是以 10 s 为单位作为设计动作速度的标准。健身健美操的音乐速度分为慢、中、快三个速度。一般慢速为 16~20 拍/10 s，中速为 20~24 拍/10 s，快速为 24 拍/10 s 以上。竞技健美操为了表现健美操的特点与风格，音乐速度通常能达到 26~30 拍/10 s 之间。这种音乐节奏具有强劲的感染力，能使学生或运动员在多姿多彩的跳跃中激发情绪，产生兴奋，发挥最大潜能。而大众健身操的音乐选用为 20~24 拍/10 s，则能充分体现大众健身操的健身性。

2. 安排健身健美课运动负荷的原则

（1）安排运动负荷的原则是在一定练习数量的基础上，逐步加大练习的强度，在一定强度保证下，不断地加大练习的数量。

（2）健身健美课的运动负荷还应遵循教学原则，根据课的任务、教材的性质、学生的特点、气候季节、场地设备等具体情况，进行全面科学地安排。

3. 安排健身健美课运动负荷时应注意的几点

（1）安排健身健美课的运动负荷，应根据人体生理机能活动变化的规律，从小到大。在基本部分后半段达到最高水平，然后逐渐下降，由大到小。在整个教学过程中，应随着学生体质的增强和运动能力的提高，根据人体对运动负荷的适应过程和机能恢复过程的生理学规律，进行"加大—适应—再加大—再适应"，大、中、小运动负荷相结合，有节奏地逐步地加大运动负荷。

（2）由于健身健美教学对象不同，运动负荷也应有所区别，如女同学要比男同学的运动负荷小些，体弱的与体强的，训练水平低的与训练水平高的，运动负荷均应有所不同。但一堂课的运动负荷应以大多数学生的可接受性为准，同时，注意区别对待，提出不同要求。

（3）由于各教学阶段的教学任务不同，运动负荷安排也不相同。如在教学开始阶段，新授课的开始几节课或考核阶段，运动负荷要适当小些，以后再逐渐加大。又如同一教材的教学，新授课时由于健身健美教师讲解示范占去一部分时间，学生的动作不熟练，运动负荷相对要小些，复习课时学生已初步掌握了基本技术，为了进一步巩固和提高技能、素质，就必须反复多练。因此，课的运动负荷就要大些。

（4）课的组织教法也会直接影响课的负荷量。一堂课的组织工作严密与否，会直接影响学生练习的密度。如果在备课时没有认真考虑课的组织教法这一环节，上课时就会出现松松垮垮，队伍调动频繁，练习队形不合理，从而导致学生实际练习时间和次数大大减少。这样会直接影响到合理地增大课的负荷。在教学方面也是这样，如采用分解教学法，负荷量可能小些，而采用循环练习法，则负荷量就会大大增加。采用游戏和竞赛的方法，不但可以加大课的密度和练习数量，而且也可以加大学生的心理负荷量。

(5) 安排课的运动负荷时，还必须考虑到其他因素，如由于场地器材不足、气候和教材的搭配不合理、学生学习情绪不佳等原因，也会影响运动负荷，所以健身健美教师在制订教学计划、编写健身健美课教案时应全面考虑、精心设计。

如何充分利用场地器材提高练习的密度和运动负荷量有很多方法，一般的说，可以从增设辅助器材，主副教材搭配，器材空间、时间的充分利用以及改变组织教法等方面着手来提高。

(6) 为了控制学生的合理运动负荷，健身健美教师可根据学生脉搏频率随运动负荷变化而变化的规律，在教案中"运动量预计"这一栏内，对脉搏的变化曲线和全课的平均脉搏频率作出正确的预计。一般来说，准备部分，脉搏频率在120~130次/min，基本部分的脉搏频率在140~180次/min，结束部分逐渐下降，到课后5~8 min恢复正常。但这一脉搏控制的模式不是绝对的，可根据具体情况而有所改变。

(四) 做好备课与上课的衔接工作

在健身健美课教案写好之后，不能束之高阁，放在一边，必须立即通过积极的思维活动，先把课仔细地默想一遍。即把一堂课的各个环节、各种练习方法及具体组织与要求，通过想象在头脑里形成各种清晰图像，使上课的过程像放电影一样，一幕一幕在头脑里过一遍，然后再进一步把健身健美课教案带到上课的现场去自编自导默想对照一遍，并按全课不同部分顺序、练习内容、组织教法、示范讲解、调队路线、场地器材的安排及可能发生的问题等，一一与现场条件对照。以便找出教案中不切实际的地方，及时加以弥补和修改。这种方法尤其适合缺乏教学经验的年轻教师。

附：江汉大学健身健美课教案示例
江汉大学体育学院健身健美课教案示例

课次：_____   日期：_____

(一) 课的内容

(1) 健美肱二头肌(弯举、臂固定弯举)教学。

(2) 复习男子7个规定动作。

(3) 薄弱部位练习。

(二) 课的任务

(1) 通过站姿反握弯举和臂固定弯举的教学，初步掌握其动作要领及技术规范，并通过训练达到发达肌肉的目的。

(2) 通过复习规定动作，在上次课的基础上，进一步巩固技术动作，并要求逐步学会肌肉用力控制和表演自如的技巧。

(3) 通过薄弱部位的训练，逐步达到身体各部的平衡发展。

(4) 通过队列练习，提高学生的情绪和注意力，培养学生的组织纪律性。

(三) 开始部分(时间约 5 min)

(1) 体育委员整队集合。

(2) 师生问好。

(3) 点名、检查服装、处理见习生。

(4) 布置本次课的教学任务与要求。

(5) 集中注意力练习：停止间转法(反向练习)。

(四) 准备部分(时间约 15 min)

(1) 上肢运动　4×8

(2) 伸展运动　4×8

(3) 扩胸运动　4×8

(4) 体侧运动　4×8

(5) 转体运动　4×8

(6) 腹背运动　4×8

(7) 全身运动　4×8

(8) 膝绕环　4×8

(9) 腕、踝绕环　4×8

要求：动作准确、整齐、美观、有一定幅度。

(五) 基本部分(时间约 60 min)

1. 教学　站姿反握弯举

(1) 示范　做 3~4 次反握弯举。

(2) 讲解动作要领：直立，站距同肩宽，双手反握杠铃(哑铃)同肩宽，位于体侧，以肘为轴做屈伸动作。向上弯举时吸气，放下时用口呼气，用胸式呼吸。

(3) 提示：不借上体摆动完成动作，前臂放松，靠肱二头肌收缩完成动作。

(4) 分组练习。

① 每组 2~3 人进行练习。

② 练习方法：(65%~75%)×16±10×4 组

2. 教学　斜板臂弯举

(1) 示范　做 3~4 次斜板臂弯举。

(2) 讲解动作要领　坐姿，双臂置铃位于 45° 斜板，上臂紧贴斜板，以肘为轴进行屈伸，呼吸方法同上。

(3) 提示　上臂不能离开斜板，伸臂时缓慢。

(4) 分组练习。

① 每组 2～3 人进行练习。

② 练习方法　(65%～75%)×16±10×4 组。

3. 复习男子 7 个规定动作

(1) 集体做规定动作　按教师口令统一进行。

(2) 对规定动作进行比较分析，指出正确与错误动作。

(3) 请学生做正反两方面的动作示范，并进行比较分析，找出易犯错误及纠正方法。

(4) 集体做规定动作。

(5) 分 3～5 人一组练习，并相互观察动作，纠正错误动作。

4. 薄弱部位练习　(结合个人特点及薄弱部位，选择一些动作进行练习)

(六) 结束部分(时间约 10 min)

(1) 肌肉拉长和放松练习　同学间互相按摩、倒悬垂等。

(2) 小结　保证任务完成情况及指出本课次存在问题，以提醒大家引起注意。

(3) 布置下次课的任务及课外作业。

(4) 整理场地器材。

第六节　健身健美运动教学中伤害事故的预防与处理

一、健身健美运动损伤的预防

在健身健美运动技术动作的教学过程中，由于各种不利的客观条件或人为的各种不良因素的影响，很可能引起身体各部位的损伤。而一旦出现身体损伤，就会影响健身健美教学训练的顺利进行，严重时还可能阻碍健身健美教学训练的进程，乃至耽误掌握动作技能技术的最佳时机。所以，怎样尽可能地避免在健身健美教学训练中出现各种身体损伤，是教师或学生在训练中必须注意的一个重要方面。

(一) 造成健身健美运动损伤的原因

根据多年的观察和调查及有关资料，发现造成身体损伤的原因，基本上有如下几个大的方面。

(1) 缺乏准备活动或准备活动不充分　训练时缺乏基本的准备活动或准备活动不充分，这是造成运动损伤的常见原因。相当一部分学生甚至老师在进行教学训练或体育锻炼时容易忽视这个问题，往往是一到训练时就直接投入了专门或专项练习，或者只是随便地活动几处肢体就进行大强度健身健美教学训练的练习，这样就极容易造成身体各器官的损伤。因未做准备活动，神经系统和内脏器官都没有充分动员起来，身体缺乏必要的协调性，肌肉温度没提高，关节韧带的伸展性不够，故而容易受伤。另外，有些锻炼者虽然做了准备活动，但准备活动的内容与将要进行的健身健美教学训练专门练习的项目不相符合，因而没有起到准备活动的作用。如要训练的是脊柱矫正体操，而准备活动却仅仅是跑一圈，随之就进入正式练习，这也是不恰当的。正确的做法应该是：慢跑一圈后再做一些体侧、体转、腹背等练习，接着再活动一下全身各关节并压一压躯体的大关节，这时再做矫正驼背和脊柱侧弯的体操就可以避免损伤的出现。

(2) 运动量过大　特别是身体局部负担量过大，往往是造成身体损伤的另一重要原因。身体发育较差的学生由于有强烈的训练欲望，因而在健身健美教学训练中急于求成，产生急躁情绪，总想快点提高运动技能和发达肌肉块，而忽视了循序渐进的训练原则。在健身健美教学训练中由于多次重复地练习某一项目，而使身体的某一局部负担过重，不能适应运动量的增加而出现损伤。

(3) 身体机能状况不佳　睡眠或休息不好，带伤带病或伤病初愈及身体疲劳、情绪不佳时，身体机能都相对较差，肌肉力量较弱，动作协调性下降。如果这时期进行健身健美教学训练且运动量过大时，就非常容易受伤。所以，在上述情况下应尽可能地作适当的休息调整，减小运动量或减少训练内容，尤其应降低练习的难度和强度。

(4) 场地设备不良　训练场地不平，跑道、沙坑过硬，训练器械年久失修或不符合标准，天气过冷过热，光线不良，这些情况都容易出现伤害事故，引起锻炼者在训练时产生身体损伤。此外，训练时服装鞋子不合适，缺乏必要的护具，也可能引起训练者身体损伤。

(5) 训练方法有误　如未按教学要求细心钻研动作要领，尚未掌握正确的动作方法就盲目练习，缺乏科学的训练手段或态度等也极易造成身体损伤。

(6) 不会进行保护或帮助　健身健美教学训练的部分内容往往需要相互的保护帮助或自我保护，如负重下蹲、悬垂、拉振、器械训练等，稍有不当，亦可能导致伤害事故的发生，引起训练者的身体损伤。这些都是必须注意的。

(二) 预防健身健美运动损伤的具体措施

针对上述引起身体运动损伤产生的原因，提出下列各条预防措施，如能认真执行，就可以有效地减少和避免教学训练中的运动损伤。

(1) 竖立观点　教师和学生要在思想上树立运动损伤是完全可以避免的观点。不要认为健身健美运动教学训练中的身体损伤是难免的。只要胆大心细，科学地训练，不急于求成，健身健美运动训练中的身体损伤是完全可以避免的。

(2) 合理安排　教师在健身健美运动教学训练中，要适当合理地安排运动量和运动项目，尤其要注意身体运动器官的局部负担量，要避免主观上为了尽快增长肌肉块而采取"单打一"的训练方法，应注意全面身体训练。

(3) 做好训练时的准备活动　准备活动的内容和量，应依练习内容、个人机能状况、气候条件等而定。准备活动要充分和有针对性，既要做一般性准备活动，也要做专门性准备活动，对运动中负担较大的身体部位要特别做好准备活动。习惯上，健身健美教学训练的准备活动一般先简单活动一下下肢各关节并以慢跑开始，接着进行以伸展练习为主的体操，然后进行专项准备活动。现在多数专家认为，准备活动中进行适当的力量练习，对于加快提高肌肉温度，改善肌肉功能很有好处。

(4) 加强身体薄弱环节的训练　据分析，受伤的部位往往总是在身体的某个固定的部位，这种现象的原因主要是锻炼者身体的这个部位力量相对薄弱，机能较差。因此，加强易受伤部位和相对较弱部位的训练，提高它们的机能，是预防身体损伤的一种积极手段。例如预防膝关节损伤，就可以用加强大腿肌群力量的训练方法。不仅注意大腿前面的肌群力量训练，也要注意大腿后面的肌群，它们对增强膝关节的稳定性和保护膝关节都有重要作用。

(5) 加强自我保护和自我监督　在健身健美教学训练中学会自我保护方法。如摔倒时立即屈肘、团身、以肩背着地顺势滚翻；高跳时，以前脚掌先着地以增加缓冲作用。再者，应运用自我监督的方法进行身体检查。这样，能够及时发现身体的各种不适状态，对及时预防运动损伤有很好的积极意义。

(三) 健身健美训练中最易损伤的部位及预防

肩、肘、膝是健身健美训练中最易损伤的部位，下面的锻炼方式常常会引起上述部位的损伤，为此，我们也给出了一些针对性的改进和预防办法。

(1) 肩部　杠铃颈后推举。不论是站姿，还是坐姿，都容易使肩关节在非自然异位上扭曲，这将是非常有害的。因为随着人们年龄的增长，关节侧韧带、肌腱的柔韧性都在不断衰减，要避免损伤，就应改为哑铃颈后推举。因为哑铃颈后推举时，在关节允许的范围内有较大的灵活性，不至于让人感到不舒适，又易于选择恰当的重量。

(2) 肘部　颈后臂屈伸。这是锻炼肱三头肌的动作，不论是站着练还是坐着练，如采用的运动量过大，都会慢慢地导致肘关节的劳损，因为这也是一种非自然位的人为运动。另外，关节、韧带或关节囊炎，都可能导致大约半年内不能进行训练，甚至难以动弹。一旦产生这种伤病的预兆，就应赶快放弃上述锻炼方式，而用哑铃俯身臂屈伸而代之。

(3) 膝部　杠铃负重深蹲。由于重量过大，若控制不好，特别是在深蹲位置时，最易引起膝关节损伤。在这种时候，关节的拉伸超过了正常的生理弹性范围，尤其是在扭曲时就会引起这个部位的剧烈疼痛。当你一旦发现膝关节疼痛就应停止深蹲动作2～3周。如2～3周后疼痛消失，可以重新开始训练，但必须减轻重量，控制强度。可用轻重量多次数(20～30次)来达到预定的运动量。若疼痛没有消失，就必须毫不犹豫地停止深蹲运动。当然可以找到许多其他的方法来代替，比如坐姿腿屈伸等。

(四) 健身健美训练中的保护与帮助方法

尽管健身健美运动是一些相对而言比较安全的运动项目和练习动作，但如果在练习时疏忽大意，仍有可能发生伤害事故。为了避免运动损伤，使教学训练能够安全地进行，对部分练习应进行保护与帮助。所以，在教学训练中应使学生学会保护与帮助的方法。下面介绍三种常用的方法。

(1) 双人保护与帮助法　这个方法一般是在用杠铃做练习时使用，两个保护者分别站在杠铃两端进行保护与帮助。例如，做卧推动作时，保护者将杠铃从卧推架上支起做好预备姿势；帮助动作维持平衡；动作过程中可略微施加阻力来增加练习者的用力强度，或者施加助力来帮助完成动作；出现危险情况时立即予以保护，或帮助放下杠铃。采用这一方法时，两人的动作要协调一致，不能一快一慢、一高一低，或用力一大一小，否则可能因重量偏于一端而导致受伤。

(2) 单人保护与帮助法　这一方法可在用杠铃或其他器械做练习的过程中使用。同样以卧推动作为例，保护者应站在练习者的头端、杠铃横杠的中间位置进行保护与帮助。在做单杠的引体向上或双杠的双臂屈伸动作时，也可进行单人保护与帮助，即在动作过程中，保护者对练习者的腿部施加阻力或助力来提高练习的效果。

(3) 自我保护法　有些动作在完不成时，练习者可丢下杠铃，使自己摆脱困境，以避免发生伤害事故。例如，在做后深蹲动作时，若向上起立至一半而因腿力所限站不起来时，这时务必注意继续收紧腰背肌，同时利用因站不起来而不得不回降至深蹲状态时所出现的向下的冲力，再及时向上反弹，同时用力向前挺胸挺髋，使杠铃由颈后肩上向后掉落下来，从而达到自我保护的目的。

二、健身健美运动教学中伤害事故的处理

虽然我们坚持以预防为主的方针对待运动损伤，但一旦在教学训练中由于不慎已出现了身体损伤，我们就要以明智认真的态度和正确的方法来处理。处理得当，会有效地减少损伤的危害作用和更快地恢复。否则，就会久拖不愈，影响健身健美教学训练的效果。

根据健身健美教学训练的特点，训练中主要出现的运动损伤有外伤、挫伤、肌肉拉伤(多在大腿、小腿肌肉)、关节韧带扭伤(多在肩、肘、膝、踝、腕指等关节)。下面，分别介绍其症状、原因及处理方法。

(一) 健身健美运动教学中伤害事故的现场处理

(1) 外伤　外伤包括擦伤、撕裂伤、刺伤和切伤等。健身健美教学训练中可能出现的是擦伤和刺伤。

擦伤主要是在跑跳训练中不慎摔倒时引起的皮肤擦伤。小面积擦伤可用红药水或紫药水涂抹，但关节处擦伤不可用紫药水；大面积擦伤则最好用消毒纱布覆盖伤口，再用纱布绷带包扎。要注意，一定要用药水把伤口的污染刷净，不要怕痛。如身边无药水，可用冷开水加盐制成盐水冲洗伤口。

刺伤常常由铁钉、玻璃等引起。刺伤发生后，要用药水洗净伤口和用粘膏黏合。如伤口过大过深，就需要去医院缝合，还要注射破伤风类抗毒素，以防破伤风。

(2) 挫伤　挫伤是钝力直接作用于身体某部位引起的闭合性损伤。如冲撞、踢打、身体碰到器械上等皆可使皮下肌肉组织挫伤。肌肉被挫伤后有疼痛、肿胀、皮下出血、皮肤变青紫等现象。

挫伤后 24 h 内要采用冷敷和加压包扎、抬高伤肢等措施。也可服用跌打损伤药水药丸和外敷中药。两天后开始按摩和理疗。几天后待肿胀疼痛基本消除后就可开始进行恢复性活动，但最好戴上保护装置，以防再度损伤。

(3) 肌肉拉伤　在外力作用下使肌肉过度收缩或被动拉长时易发生肌肉拉伤。拉伤是健身健美教学训练中最易见的一种损伤，容易发生于蹲、跑、跨、跳、拉引、伸展等练习中。拉伤主要是由于准备活动不充分或疲劳而引起，多见于大腿前后肌群，小腿后肌群。肌肉拉伤后，伤处疼痛、局部肿胀、压痛、肌肉紧张或痉挛、摸之发硬等。严重的肌肉拉伤是肌肉断裂。

当肌肉被拉伤后，可即刻给予冷敷、局部加压包扎，并抬高患肢。疼痛重者可服止痛药，也可内服和外敷中草药。24 h 后可开始理疗。如肌肉严重拉伤至断裂，应加压包扎后立即送医院治疗。伤后健身健美训练的强度和量，应以无痛或疼痛不加重的情况为准则，以避免肌肉拉伤部位再次拉伤。

(4) 关节韧带扭伤　这是外力作用下使关节发生超常范围的活动而造成的关节内外的侧韧带损伤。健身健美训练中最易损伤的关节韧带是肩、肘、膝、踝关节韧带以及腕指关节韧带。肩、肘、膝关节扭伤往往因负重过大或异位扭曲所致，踝关节和膝关节在跑、跳等项目练习中也容易发生扭伤，而腕指关节多是在排、篮球项目练习中发生扭伤。其原因多是技术动作不正确，或准备活动不充分，以及场地设备较差所致。

关节韧带损伤后有疼痛感、肿胀、关节功能障碍，局部有压痛，牵拉时疼痛加重。处理方法与肌肉拉伤基本相同。但要注意，如是关节韧带严重损伤至断裂，应尽快去医院进行缝合或固定处理。当关节疼痛和肿胀减轻后，应尽早进行轻微活动，以防组织粘连。当然，这是在不使疼痛加重的前提下进行。

运动损伤的种类还有许多，如关节脱位、骨膜炎、骨折等。学生在训练中身体受到创伤后，如自己不能解决，应马上报告老师或教练，认真对待，积极治疗。当然，从另一方面讲，也不要一有了伤痛就完全停止训练。如损伤不重，受伤后的两天起就可开始活动。积极性恢复往往比躺在床上好得多。人体是一个有机整体，各部位机能互相迁移。因此，训练身体的一侧部位对另一侧也有影响作用。如你伤在上肢，受伤期间训练下肢和腰腹，也就等于部分地对上肢进行了训练。对此，健身健美教师或教练员应有清楚的认识。

(二) 止血、按摩及冷、热敷方法的运用

(1) 止血法　在外伤中常因皮肤和皮下组织的血管损伤而发生出血，这时需要止血。

止血一般多用压迫绷带止血法止血，即在伤口上放上药棉或纱布，然后再用绷带紧紧包扎起来，以压住创伤部位血管，止住出血。但有时身边无绷带，或者有些部位不适宜于用绷带，且是动脉血管创伤，出血速度较快，这时，就常常采用指压止血法。这是止住动脉出血最迅速的一种临时止血法。其要领是在出血部位的上端，用拇指或其余四指把动脉血管压在相应的骨面上，以止住出血。在动脉走向中最容易压住血液流动的部位叫压迫点。受伤部位的压迫点，一般根据血管的走向，是在受伤部位的上方，用手触摸到血管搏动处，就是血管走向的方向，即压迫点。

(2) 冷敷法　冷敷是用于挫伤(无外伤)、肌肉拉伤、关节韧带扭伤的一种简单有效的手段。在损伤发生后，应及早施行冷敷，越早越好。它的作用是使血管收缩，减少局部充血，降低温度，有止内出血、退热、镇疼的作用。

冷敷的方法是：用冷水浸透毛巾放在伤部，2 min 左右换一次。也可用冰块、冷水袋或冷水瓶进行外敷。还可将损伤部位直接浸泡在冷水中或用自来水冲淋。我们在运动场上或电视中看到专业队足球运动员摔倒受伤时，随队医生往往用手枪一样的器械喷射"雪霜"至运动员的损伤部位,其原理就是冷敷,只不过手段高级,效果较快而已,冷水已被氯乙烷(一种皮肤表面冰冻麻醉药)替代。

(3) 热敷法 冷敷是使血管收缩,而热敷的作用恰恰相反。它使局部血管扩张,改善损伤部位的血液循环和淋巴循环,提高新陈代谢,缓解肌肉痉挛,因而有利于伤处淤血和渗出液的吸收,有利于损伤部位的再生和修复,有消肿、止痛、解痉、减少粘连和促进愈合的作用。

但一定要注意,冷敷是用于受伤的当时至 24 h 内;而热敷一定要在受伤 24 h 之后,当赤热消退、出血停止时才能采用,千万不能倒错。热敷的方法是用热水浸透毛巾放于伤部皮肤上,无热感时应立即更换。每次敷 30 min 左右,每天 1～2 次。此外,也可用热水袋或热水瓶进行热敷,但要注意不要烫伤部皮肤。

(4) 按摩法 按摩法适用于挫伤、肌肉拉伤以及关节韧带扭伤等各种闭合性软组织损伤。在损伤部位 48 h 后或处于恢复期时,可采用按摩。它能舒筋活络、宣通气血、消除肿胀、活血散瘀、减轻疼痛、缓解痉挛、剥离粘连、疏通狭窄。按摩不仅可用于治伤,还可用于健身健美运动训练前使身体尽快达到最佳竞技状态;运动训练后迅速使身体解除疲劳。所以,按摩是体育运动中很有用处的手段。

按摩的手法很多,有推摩、擦摩、揉捏、搓按压、叩打、抖动、运拉等。在作为治疗方法上按摩手法又可分为滚动、弹筋、分筋、理筋、镇定、刮法、切法和点穴等。只要在实践中逐渐运用,加上理论指导,就可学会掌握。按摩方法总的说,若受伤部位是在关节处,则以揉为主,开始作轻推,然后揉与重推结合,最后以轻推、运拉结束。若受伤部位是肌肉,则以揉捏为主,以轻推开始,再以揉捏与重推,按压、叩打、抖动等手法交替进行,最后以轻推结束。

在按摩中,还应注意按先轻后重,先大肌群后小肌群的次序进行。

思考题

1. 简述健身健美运动教学的任务和特点。
2. 简述健身健美运动教学的阶段与要求。
3. 健身健美运动教学有哪些原则?如何应用?
4. 简述健身健美技术动作的教学方法及运用时的具体要求。
5. 如何编写健身健美课程教案及安排课的运动负荷?
6. 简述健身健美训练中常见的运动损伤及简单处理办法。
7. 试制订一份健身健美课教案。

第5章

健身健美运动竞赛表演与欣赏

本 章 提 要

本章较系统地介绍了健身健美竞赛与表演的训练内容与技巧,概括性地阐述了健身和健美竞赛的规则与裁判法,以及健身先生、健身小姐、女子形体健身、男子体育健身模特、女子体育健身模特和健美竞赛的规定动作等,以期能为同学们欣赏健身健美表演与比赛提供借鉴和帮助。

健身健美表演与竞赛是建立在大众健身健美基础之上的高水平运动形式,是大众健身健美锻炼直接结果的反映。同时,健身健美表演与竞赛对丰富大众健身健美活动内容、提高人们对人体美的欣赏水平、陶冶人们情操及提升锻炼方法等都有着积极的促进作用。

美学家认为,人体是一种高贵的存在,对它的观赏将会在人们的心里唤起强烈的青春和生命的意识,那就是健身健美运动及竞赛。所以,把它从画家、雕刻家、小说家的表现程式中解放出来,活生生地推向健身房和竞技舞台,以启导人们更真实、也更浪漫地去认识自身、发现自身、超越自身,是对人类进步与文明的贡献。

健美竞赛不同于其他体育项目竞赛的独特之处,就在于它是以人体本身作为评判目标,是以人体姿态和造型的美为追求目的的。健美比赛绝对不是孤立静止地展览体形和肌肉,而是要通过体形和肌肉的位移,即通过由此而产生的动感去追求整个身体的表现力和人体的动态美,同时呈现出非凡的壮实感和强劲的力感。运动员只有使自己的身体和各个部分由内而外地充分显示出力度、强度和人体的美,才能充分地显示出人的生命的本质——优美雄壮而不可战胜。

而健身先生、健身小姐、女子形体健身、男子和女子体育健身模特竞赛则因更贴近大众,而受到了广大年轻人的欢迎,它们源于健美,又区别于健美,它们既可以展示人体通过健身锻炼而获得的健美体格,又可以充分展示个人的运动特长和气质、风度,还可以挖掘人体健、力、美、智的潜能,故而备受人们推崇。

由于健身健美表演与竞赛本身有着一种高度的气韵和创造的神采,因而它可以促使观赏者激动和陶醉。它不同于文学家用语言来描写人体,不同于画家用颜料来描绘人体,不同于雕塑家用刻刀来塑造人体,也不同于服装设计大师用衣饰来装扮人体,而是直接把活生生的人体,通过艺术化的姿态和造型推向前台、推向观众,以至让广大的观众直接感受到人的肉体的明亮和肉体的人的光辉,感受到一种具有真实的人体才能激活起来的荡人肺腑的审美气息。可以说,健身健美运动及竞赛是表现人体艺术的最高手段和最高层次。为了提高自身修养,大学生们不妨也学习一点健身健美运动的表演技巧和了解一些裁判知识。

第一节 健身健美竞赛与表演训练

目前中国的健身健美比赛分为健美比赛、健身先生、健身小姐、女子形体健身、男子和女子体育健身模特竞赛等。几类比赛虽各具特色和魅力，却也有着近似的体态展现与艺术追求。

一、健身竞赛与表演

依据健美竞赛规则，各项健身比赛内容主要有以下几项。

(1) 健身先生、健身小姐比赛设形体、运动特长、晚(正)装展示(简称晚装展示)三项比赛内容。

(2) 女子形体健身比赛设分体式比基尼和连体式泳装二项形体比赛内容。

(3) 男子体育健身模特、女子体育健身模特比赛设形体、服装展示(运动装和晚装)二项比赛内容。

如健身先生、健身小姐形体比赛的内容为：自然站立，四次向右的转向；在规定的位置、线路上造型、行走三个部分。运动特长表演的内容为：参赛者以各种形式展示其个人运动素质和艺术特点等综合能力。可以有表演伙伴协助表演，或使用安全的道具进行表演。晚装展示的内容为：按规定的位置和线路站立、行走等。

(一) 健身竞赛规定造型动作的学与练

1. 形体比赛规定动作的基本技术——自然站立

动作要领：自然站立，吸腹挺胸，头部正直，两眼平视，两臂垂于体侧，两脚并立；站立时展示全身肌肉线条的流畅和"V"形的外观，掌握重心，自下而上收紧身体、挺拔向上；在到达指定位置后，在尽可能短的时间内，先伸展后收缩、先放松后收紧、先呼气后吸气，充分展开背部肌群，收缩上臂、臀部、腿部等部位肌群，动作完成后保持一定时间并控制呼吸，进行连续小呼吸。

易犯错误：全身各部肌肉收缩过度，僵硬或未收腹挺胸或松弛疲沓以及耸肩等。

训练提示：面对镜子按要领反复练习动作及表情；学会肌肉收缩与放松，使各部肌肉群协调配合。

2. 形体比赛规定动作——四个转向

动作要领：动作干净，角度精确；过渡自然流畅，转体过程不生硬，动作衔接自然，包括表情的连续性。

易犯错误：角度不到位没有展现出身体侧面的线条，转体过程中身体松懈、表情呆滞。

训练提示：面对镜子按要领反复观察表情、练习转体与站立动作，重点放在连接部分；多练习以锻炼肌肉的身体的控制能力。

3. 形体比赛规定动作——行走及自选造型

动作要领：步伐挺拔平稳、行走及表情自然，行走时要收腹挺胸，双臂自然摆动或扶于髋上，并展现出健康、时尚、朝气；路线准确，造型到位。

易犯错误：行走时身体起伏过大、左右摆动过大、髋部扭动过大，身体过于松懈，女子因竞赛用鞋而导致屈髋、屈膝的体态。

训练提示：对镜子进行行走的练习，适当增加舞蹈形体部分的练习，以纠正错误体态及不良身体习惯；女子适当进行身体柔韧的练习，并多穿着比赛用鞋进行行走练习。

建议：四个规定位置上的自选造型动作很具观赏价值，它是一种体育与艺术综合能力的反映。因此，编排的自选造型要有艺术性和独创性，能充分展现个人健美的体态和个性特点。另因服装的限制，女子尽量不要选用身体位置过低的和单腿直腿举的造型动作。

运动特长展示的动作规定内容如下：

(1) 编排　成套动作形式健康、编排新颖、流畅、富有激情，具有感染力。在成套动作中，以下各类型的动作每类至少出现一次，动作自行选择。

① 俯卧撑类　例如分腿俯卧撑或俯卧撑、单腿或单臂俯卧撑、单腿单臂俯卧撑、夹肘或侧倒俯卧撑、后倒俯卧撑等俯卧撑类，及俯卧撑转体360°成俯卧撑、俯卧撑腾空转体360°等俯卧撑腾起类。

② 支撑类　如分腿支撑或分腿支撑转体，直角支撑或直角支撑转体，高直角支撑或高直角支撑转体，分、并腿水平肘撑或加转体，单臂水平肘撑或加转体等支撑类。

③ 跳跃类　例如，(a)直体垂直向上跳转360°、跳转180°成纵劈腿、跳转720°、身体向上腾空前倒手脚同时着地以俯卧撑动作结束的自由倒地及自由倒地转体180°俯卧撑、自由倒地360°成俯卧撑等；(b)团身跳、屈膝跳、跨交换腿跳、剪踢跳等。

④ 柔韧类　如高踢腿、垂直劈腿、纵劈腿、横劈腿、仰卧劈腿等。

(2) 音乐　成套动作的风格、设计要与音乐和谐一致，有利于表现参赛者的个性特点和技术风格，如有衔接要转换流畅，音效音质高低适宜，并有相配的动作与之呼应。音乐碟片只能有一首参赛曲目。

(3) 表演　参赛者通过成套动作展示出表演技巧，以高质量的动作展示运动能力，形神一致，以自然的表演及表情展现出激情和自信。

(4) 服装道具　服装道具与成套动作风格相一致，禁止使用危险道具。

（二）健身竞赛的表演技巧

要在健身比赛中取得优异的成绩，具有适度发达的肌肉、健康体格、比例匀称的骨骼和漂亮出众的容貌是获胜的必要前提。但表演技巧的好坏也是成败的关键。因此，在平时训练时就必须思考如何做好各种造型动作及成套动作，如何保持在各种状态下的良好体姿，展现优良的竞技水平。

1. 形体比赛的表演技巧

在行列中站立时，表情和姿态不容丝毫松懈。在赛场上的任何时候，参赛者都要表现出自信、光彩照人的一面。

2. 运动特长的表演技巧

首先，在编排上有独特性、艺术性，同时要展现出与自己运动能力相匹配的技术水平，把个人的力量、柔韧、个性特征表现得淋漓尽致。其次，要选择与成套动作的风格、节奏、特点相匹配的乐曲，音乐要节拍清晰、旋律优美，具有激发、振奋人心的效应，并具欣赏价值。最后，参赛者要全身心地投入到音乐中进行表演。

3. 晚装（正装）展示的表演技巧

服饰要得体，符合个人的外形和气质。女子或仪态端庄、气质高雅；或清纯可人、阳光朝气；或魅力时尚、高雅大方，尽显个人风格魅力。男子要在展现个人健康形象时，充分地突显男性的阳刚之气。

4. 肌肤色彩的调配技巧

肤色的美化是健身竞赛的一个重要部分，健身运动员的肌肤色调必须符合规则的要求。棕色是运动员整体的色调，它使皮肤健康、显现光泽、富有弹性，能展现出参赛者的健康魅力。每位参赛者都有自己的皮肤色调，有的偏黑，有的偏黄，有的偏红，有的偏白。健身竞赛所用的油彩根据型号不同有深浅之分，就是为了调整和改变肤色的基调，遮盖瑕疵与缺陷。

二、健美竞赛与表演

依据健美竞赛规则，健美竞赛性表演动作包括自然常态站立（含四个转向）、规定动作和自由造型动作三个部分。

（一）健美竞赛规定造型动作的学与练

1. 自然站立动作

动作要领：自然站立，吸腹挺胸，头部正直，两眼平视，两臂外展垂于体侧，两脚左右开立，各部位肌肉不得故意收缩。

易犯错误：全身各部肌肉故意收缩、僵硬，未收腹挺胸或松弛疲沓、耸肩等。

训练提示：面对镜子按要领反复练习；学会肌肉收缩和放松；保持自然常态姿势行走，使各部肌肉群协调配合。

2. 男子个人竞赛7个规定造型动作

1) 前展肱二头肌

预备姿势：面向裁判员自然站立，而脚间距约同髋宽，吸腹挺胸。

动作要领：两臂经体侧上举至肩部高度，然后弯曲双肘，肘与肩齐平，两手握着拳，拳心向下，用力收缩肱二头肌及全身肌肉，吸腹形成空腔。如图5-1所示。

易犯错误：耸肩，吸腹挺胸不够；全身肌肉未收缩。

训练提示：按动作要领面对镜子反复体会；三角肌放松使肩部下沉；肱二头肌收缩后，再用力收缩全身肌肉；吸腹使胸腔上提，保持挺胸。

图 5-1　　　　　图 5-2

2) 前展背阔肌

预备姿势：面向裁判员自然站立，而脚间距约同髋宽，吸腹挺胸。

动作要领：两臂经侧向正前方伸展，然后沿弧形慢慢收回两臂，并屈肘握拳，拇指伸直置于胸廓下缘，吸腹形成空腔，用力伸展背阔肌，同时收缩全身肌肉。如图5-2所示。

易犯错误：耸肩，未收腹挺胸；两肘过后，使背阔肌无法展示；全身肌肉未收缩，尤其腿部肌群。

训练提示：按动作要领面对镜子反复体会；三角肌放松使肩部下沉，这样更易展示背阔肌；双肘略朝前移，把肩部留在后面；收缩背阔肌的同时收缩全身肌肉。

3) 侧展胸部

预备姿势：侧向裁判员自然站立，其他同上。

动作要领：以左侧为例，左肘弯曲，紧握拳，右手握住左手腕，左腿屈膝，前脚掌着地，吸腹挺胸，使左臂肱二头肌收缩隆起，同时收缩胸部及全身肌肉，所展示一侧的肩低于另一肩。如图5-3所示。

易犯错误：身体前倾或后仰，使胸部无法隆起；肱二头肌及腿部肌群收缩；未吸腹挺胸，影响胸部收缩。

训练提示：按动作要领面对镜子反复体会；收缩胸部，将弯曲的大腿紧靠直立的大腿；展示侧的肩要低于另一肩，用力收缩肱二头肌；用力收缩大腿肌和小腿三头肌及全身肌肉。

图 5-3

图 5-4

4）后展肱二头肌

预备姿势：背向裁判员自然站立，两脚间距约同髋宽，吸腹挺胸。

动作要领：两腿前后开立，后腿自然弯曲，前脚掌着地，抬两臂，屈肘与肩齐高，两手握拳，拳心向下，收缩肱二头肌及全身肌肉。如图 5-4 所示。

易犯错误：耸肩，两肘尖上抬过高；两臂太向前内收；未吸腹挺胸及收缩全身肌肉。

训练提示：按动作要领面对镜子反复体会；三角肌放松使肩部下沉；两肘不能高于肩或不能太内收；吸腹挺胸，用力收缩肱二头肌及全身肌肉。

5）后展背阔肌

预备姿势：背向裁判员自然站立，两脚间距约同髋宽，吸腹挺胸。

动作要领：两腿前后开立，后腿自然弯曲，前脚掌着地；两手以握拳或张开的方式置于腰部，髋关节略前顶，肘部张开，伸展背阔肌，同时收缩全身肌肉。如图 5-5 所示。

易犯错误：耸肩，未收腹挺胸；两肘过后，使背阔肌无法展示；全身肌肉未收缩，尤其腿部肌群。

训练提示：按动作要领面对镜子反复体会；三角肌放松使肩部下沉，这样更易展示背阔肌；双肘略朝前移，把肩部留在后面；收缩背阔肌的同时收缩全身肌肉。

6）侧展肱三头肌

预备姿势：侧向裁判站立，其他同前。

动作要领：以右侧为例。左腿后移，自然弯曲，前脚掌着地，右臂贴体侧伸

图 5-5　　　　　　图 5-6　　　　　　图 5-7

直，左臂经体后，手握住右手腕，收缩肱三头肌及全身肌肉，尤其腿部肌群。如图 5-6 所示。

易犯错误：耸肩，未吸腹挺胸；肩部前移，肱三头肌展示不充分；身体前倾或后仰；弯曲腿的足趾未用力跷起。

训练提示：按动作要领面对镜子反复体会；三角肌放松使肩部下沉，上体略后仰，肩部略后移，背阔肌收缩顶住展示的肱三头肌；收缩全身肌肉。

7) 前展腹部和腿部

预备姿势：同前展二头肌。

动作要领：一腿前伸半步，脚尖着地，膝向外略分，身体重心置于后腿，微屈，双手置于头后部，收缩腹部、腿部及全身肌肉。如图 5-7 所示。

易犯错误：身体前倾，影响腹部收缩；前伸腿肌，未收缩全身肌肉。

训练提示：按动作要领面对镜子反复体会；前伸腿脚尖着地用力收缩小腿肌及大腿肌；吸气后缓慢吐气至闭气，收缩腹直肌及全身肌肉。

3. 女子个人竞赛 5 个规定造型动作

(1) 前展肱二头肌　除在要领上两手可张开、放松或握拳，髋部重心移向一侧腿，另一腿向侧蹬伸，足趾跷地外，其余皆同男子。如图 5-8 所示。

(2) 侧展胸部　如图 5-9 所示。

(3) 后展肱二头肌　如图 5-10 所示。

(4) 侧展肱三头肌　如图 5-11 所示。

(5) 前展腹部和腿部　如图 5-12 所示。

上述女子五个动作的预备姿势、动作要领、易犯错误、训练提示等皆同男子。

4. 男女混合双人 5 个规定造型动作

男女混合双人的 5 个规定动作同女子规定动作。

(1) 前展肱二头肌　如图 5-13 所示。

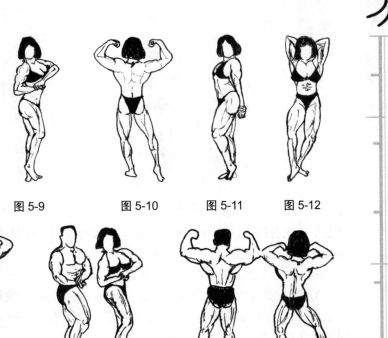

图 5-8　　　　图 5-9　　　　图 5-10　　　　图 5-11　　　　图 5-12

图 5-13　　　　　　图 5-14　　　　　　图 5-15

宣布入场后，女参赛者在前，男参赛者在后，两人相距约两步远的距离走到赛台中央，同时立定后一起转向裁判，自然站立。宣布动作开始后，男女参赛者同时做动作，其侧伸的腿部朝向对方，以使动作对称。

(2) 侧展胸部　如图 5-14 所示。

动作做法与单人规定动作相同，男女参赛者要注意整个动作的一致性。两人转向同一侧，双腿紧靠，同时展膝抬起脚跟(前脚掌着地)，收紧小腿二头肌和整个大腿肌群。然后同时完成两臂动作，将胸和头转向裁判。

(3) 后展肱二头肌　如图 5-15 所示。

两名参赛者一起转体将背部朝向裁判，同时举起两臂，并收紧肱二头肌、上下背肌和股二头肌、小腿三头肌。两人相距位置要适中，既不能离开太远，又不能让两个人的身体重叠，以免影响造型质量。

(4) 侧展肱三头肌　如图 5-16 所示。

男女参赛者选择同一侧面向裁判，转体时动作要一致，然后同步做两臂动作，双臂伸直贴在身后，绷紧背阔肌，使肱三头肌更加突出。

(5) 前展腹部和腿部　如图 5-17 所示。

男女参赛者可将动作分为两个步骤，每个步骤同时完成。两运动员同时将两

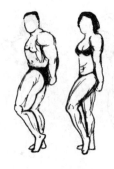

图 5-16　　　　　　　　图 5-17

臂上举，屈肘抱头，选择靠近对方的一侧大腿前伸，这是第一步。第二步为双方同时将上身前压，腹部成空腔后收紧。

（6）男女混合双人规定动作训练指导。

① 配对要协调。如身高、脸型、发型及肌肉匀称和发达程度应相近。

② 做动作时要协调大方，配合要默契。如两人应在同一时间完成动作，给裁判与观众以整体和谐之感。

③ 除前展和后展动作外，其他可采用相同方向或相反方向完成动作，但站位要对称。

④ 男女参赛者在各自完成动作中，男子可采用男子规定动作的技术要求，体现其雄健的力量；女子可采用女子规定动作的技术要求，体现其柔美的特征。刚柔相济以构成整体的美。

5. 自由造型动作

（1）造型　应从前、后、左、右、上、下等方位展示身体各部位肌群和体形。

（2）动作数量　男子不得少于 15 个，女子不得少于 20 个。每个造型应有停顿。

（3）造型时间　男子个人为 60 s，女子个人为 90 s，男女混合双人为 120 s。

（二）健美竞赛造型动作的表演技巧

1. 自然站立与转体动作的表演技巧

健美比赛第一轮的"自然站立加向右转体四次"的动作似乎比较简单，实际上，要站好，要时刻保持良好的站姿也非易事。在赛场上曾见到过不少运动员，在行列中站着站着，就懒散疲沓起来，显得精神不振，特别是当站在后排时，以为可以放松一下；还有些运动员比赛表演的时候一肩高，一肩低，或是让其脊柱斜向一边，这样就会破坏身体的匀称状态，从而给裁判员留下一个不良印象。在赛场上运动员任何时候都不要表现出缺乏自信，畏畏缩缩；也不可狂妄自大，盛气凌人。

２．规定动作的表演技巧

在完成基本的规定要求的前提下，可以基于个人的体格特点，做出利于展示自己长处的做法，应该找到如何做对自己最为合适而仍符合规则的规定动作。如大腿前部肌肉线条很好，那就不必在做"前展双肱二头肌动作"时，把一腿横置在侧面，因为把两腿靠在一块，更能显示大腿前部的优势。同样的在做"侧展胸部"和"侧展三头肌"时，两腿的位置也可以有所不同，但都要注意收缩腿部肌肉。好多运动员一做侧面动作就只注意显示胸、臂、肩而把腿部忘记了。实际上裁判们在看完某个动作的重点部位之后，就接着看你身体的其他部分，而腿部占全身的一半，不论做任何动作，切记不可忘掉收缩你的腿部肌肉群。在做"后展双肱二头肌"动作时，必须展开你的背部和肩部。许多运动员由于缩紧肩胛骨就更无法展开背阔肌，这种形象显得很怪异。在这个动作中，你还有最好的机会来充分显示你的小腿发达状态。要把小腿转移向身后而不是身侧，你也要收缩大腿的股二头肌。腿部要微屈，不要把腿部伸直。在做"前展腹部和腿部"动作时，并不要求运动员全力收缩腹部肌肉，也不需尽量把气呼出，而是用局部肌肉控制法来显示自己的腹部肌肉群。当然要尽力收缩腿部肌肉，也不要忘了收缩臂部肌肉。还要注意避免下列毛病：两肘夹得过紧和让你的下颚下垂到触及胸部。

做规定动作时，往往会耗能很多，气喘不止。要学会对各种肌肉进行自如的控制，并学会调整呼吸。在台上不要精神紧张而应时时微带笑容。

３．自由(自选)造型动作的表演技巧

一般人在最初参加比赛时，往往模仿选用一些名手们的动作，这是正常的。但当你的水平和经验逐步提高到一定程度时，就应努力寻求和创编能充分表现出自己体格、个性、气质和感情特点的动作套路。

要做好任何造型动作，都必须掌握平衡和提高控制能力，这两者都是从动作经验中产生和增强的。如果没有良好的运动能力和强大的肌肉，就不要做幅度很大、转动猛烈的动作。在台上时，眼神要有意和观众和裁判相接触，造型动作应是出自内心的呼声，是个性的表现、内在的感情流露。只有这样，才能架起同裁判及观众的思想和感情交流的桥梁。如能这样，则不论所获名次高低，都会体验到成功的愉悦。

三、健身健美竞赛准备与表演

（一）健身健美化妆

健身健美运动员的化妆区别于生活中的淡妆，称为"彩妆"。"彩妆"的画法有一定的规律，并需要特殊的化妆品。

(1) 化妆品　人工棕色涂剂、棕色油彩、油脂、清洁乳、收缩水、粉底霜、胭脂、眼影色、定妆粉、唇膏、睫毛膏、假睫毛、酒精胶等。色(油)彩和型号可根据需要而定。

(2) 化妆用具　睫毛卷曲器、睫毛梳、眉毛刷、眼影刷、眉毛、眼线笔、唇线笔、腮红上色刷、上粉刷、海绵块、棉签、纸巾、毛巾等。

(3) 处理体毛　胸中、臂上、腋下和大腿跟处的体毛不去掉，在健身健美造型表演时就会显得很不雅观。表演时需将其清除干净。镊子、剃刀、脱毛剂是清除体毛的不同方法，应因人、因部位而用。

(4) 化妆　化妆包括面妆和肤妆。用化妆来调整和改变脸部的肤色，使之产生与脸部相统一的色调，是化妆的一个步骤。健身健美运动员的肌肤色调必须符合健美竞赛规则要求。

(5) 发型　脸型、头型与发型的比例关系，发型与健美造型表演风格的相互关系，发型轮廓与气质个性的和谐关系等是健身健美运动员化妆的依据。其中，发型中的"型"是关键，不同的发型可以改变健美运动员整个外部轮廓，塑造不同的视觉形象。而发型的"色"则要求与健美造型的韵味相协调。

(二) 后台热身准备活动

(1) 热身　是指竞赛前的后台热身准备活动。即用徒手自抗力或抗器械阻力练习进行活动，使肌肉充血进行赛前应激状态的环节。

临出场前的热身准备活动，包括在对全身每个部位的肌肉群(大腿不要练)做1~2组轻重量、多次数练习，对薄弱肌肉群做4~5组多次数练习，以及把各种造型动作或整套自选动作按顺序活动复习一遍等内容。

(2) 调整情绪　竞赛情绪的培养主要是克服不良情绪，使自己进入竞技应激状态。

(三) 健身健美竞赛

健美竞赛性造型表演时尽量不要环顾观众，要集中精力于造型表演效果和感情状态，不能显得焦躁不安，对观众的评头论足要不卑不亢。

如果比赛中出现了造型动作套路的表演错误或者遗忘了造型动作等情况时要镇定自若，继续表演，因为裁判员和观众并不知道你预先设计的造型动作套路的编排情况。有经验的健美运动员还会连贯地把动作衔接上，使观众看不出漏洞。无论谁出了问题，教练员都不要当场指责。走错了方向，自如地改过来就是了；签号牌掉到了舞台上，任由它去，等竞赛演出结束以后再拣起来；假使舞台音响出了毛病或放错了音乐，就当有音响和自己的配乐曲一样继续走台表演；你的心绪不要受到干扰，整个心思要依然放在竞赛造型表演上，听从裁判长的临时调整。

当你表演完，谢幕后彻底走进后台，确认观众看不到你时，健美造型表演才算结束，不要过早地松弛下来。

（四）征服裁判员的技巧

1. 把握裁判的评分标准

作为一名参赛的健美运动员或教练员，如果不清楚裁判的评分标准，想要赢得比赛获得好成绩就会有困难。据了解，在参加全国性健美赛事的运动员和教练员中没有阅读过《健美竞赛规则裁判法》的人数大约占到92%，可见"法盲"人数之多。其实只要认真阅读学习《健美竞赛规则裁判法》，就能把握好裁判的评分标准。

一个好的裁判员在评分时，会从头到脚客观地观察运动员身体的发展情况。在比较规定动作时，裁判首先注视运动员所显示的主要肌肉群，然后会从头到脚观察体格的每一个部分，从整体印象开始进而观察肌肉群的发达程度、肌肉群的分离度、肌肉群均衡发展的情况、肌肉的密度和轮廓的清晰度。在比较自由造型动作时，观察运动员是否把肌肉、匀称、造型、肤色、外表、气质和音乐和谐地融为一体，表现出一个充满健、力、美的完整艺术形象。同时，裁判也会观察其他外观状况，如肤色是否协调，有没有斑痕、斑点、文身等皮肤缺点。头发梳理是否整齐。脚与脚趾等细微处是否清洁干净等。对于出现违规或违禁的造型动作，如运动员屈体背向裁判员展示臀部肌肉群的造型动作、面对裁判员两腿大开立接后仰下桥展示阴户部位的造型动作或是以拉扯赛服(裤)、夹塞裤裆显示臀(沟)部位肌肉群的造型动作也会被降低名次甚至会被裁判长依法取消比赛资格。为此特别提出如下建议。

(1) 场上与场下同样重要　有的运动员在场上表现得温文尔雅、彬彬有礼，可是下了场后就原形毕露，污言秽语，缺乏修养。这一切，都将映入裁判员的脑海，影响总体印象分。

(2) 穿着打扮既要时尚也要突出个性　个性化的赛服(规则允许范围)能够展示欣赏品位和气质特征，并与别人区分开来，给裁判员留下深刻印象。

(3) 要热情投入，情绪要饱满　千万不要萎靡不振、垂头丧气，令裁判员感觉没有朝气和活力，严重影响印象分。

2. 了解影响评分的可变因素

在公平公正的总原则下，裁判员在评分过程中有可能会因一些心理变化及其他外在因素，而不可避免地出现评分上的波动和分歧。简单地说，评分可能会受以下一些因素的影响。

(1) 不同的专业角度　在一次综合性的健美大赛中，裁判员可能是来自各个行业，有的是体育教师，有的是运动员，有的是非体育界的职员，他们从各自的专业角度出发，对规则理解角度不同，评分自然会有所不同。

(2) 不同的喜好和倾向　即使是在同一类型的健美大赛中，裁判员的个人喜好和评分倾向也不可能都是相同的，这也是为什么在当前的大赛中通常都会采用去掉两个最高分和去掉两个最低分的方法来计算平均分的原因。

(3) 评分心理的变化　一般来说，裁判员在评分时或多或少都会有这样一种心理的变化，那就是：先紧后松，先抑后扬。这是因为，一方面裁判员心里总期待着下面会有更好的运动员出现；另一方面，在给前面的运动员打分时没有参照标准而容易过于苛刻。

(4) 评分的阶段性　在不同阶段，裁判员的要求也会有所变化。在初赛中裁判员主要是凭着第一印象给你打分；到了复赛阶段，裁判员会对你的自由造型动作的展示投以更多的关注；而在精英荟萃的决赛中，参赛者往往在体格外形和造型才艺上都不分上下，于是，裁判员们更多地就要考察参赛者的内在素质了。对参赛者来说，越接近终点，你就越需要用脑子和实力来比赛。

(5) 外部环境的影响　现场气氛、观众反应、主办者意见以及当时整个社会的健美时尚等都是影响裁判员评分的外部因素。

俗语说："师傅引进门，修行在自身。"和人生一样，健美之路也是一个"布满分岔小径的花园"，该如何走下去，最终还是要看自己。我们相信，只要具备了扎实的基本功、良好的健美素质，有一颗丰富而充实的心灵，再加上一点点赛场上随机应变的能力，在健美之路上，等待你们的一定是鲜花和掌声。

第二节　健身健美竞赛规则与裁判法简介

根据比赛的性质、形式及其规格，一般将健身健美比赛分为职业赛、锦标赛、冠军赛、公开赛、邀请赛、选拔赛、沙滩赛、综合运动的专项比赛等几种类型，以及国际比赛、洲比赛、全国比赛、省市比赛、区域比赛、大学生比赛等多个层次。鉴于健身健美运动的特色，不论是开展健美比赛、健身先生、健身小姐比赛，还是举办女子形体比赛和体育模特比赛等，组织不同性质、规格与规模的健身健美比赛基本上皆服从相同的规则、程序与要求。为了让同学们更好地欣赏健身健美表演与比赛，特将健身健美竞赛的规则和裁判法做一些简单地介绍。

我们知道，规则既是法则又是方法，裁判法既是方法又是裁判工作的程序与依据。从裁判操作的角度来说，评分、计分及其方法等是规则裁判法的主要精神、内容与导向。

一、健身健美竞赛的组别与级别

(一) 健身竞赛项目及分组(按身高分组,根据需要也可分 3 组)

  (1) 健身先生、健身小姐比赛设 A、B 两个组。

  健身先生:A 组(1.78 m(含)以下)、B 组(1.78 m 以上)。

  健身小姐:A 组(1.64 m(含)以下)、B 组(1.64 m 以上)。

  (2) 女子形体健身设 A、B 两个组。

  A 组(1.63 m(含)以下)、B 组(1.63 m 以上)。

  (3) 体育健身模特设男子(1.78 m(含)以上)、女子(1.68 m(含)以上)两个组。

  (4) 以上三项比赛之间可以兼项,但必须符合各项(组)对参赛者身高的要求。

每位参赛者只允许兼一项(兼项参赛者要服从大会竞赛日程安排)。

(二) 健美竞赛组别与级别(按体重、年龄分级和分组)

1. 男子成年组(21 周岁以上)

  (1) 羽量级 体重 60 kg 以下(含 60 kg)。

  (2) 雏量级 体重 60.01~65 kg。

  (3) 轻量级 体重 65.01~70 kg。

  (4) 次中量级 体重 70.01~75 kg。

  (5) 轻中量级 体重 75.01~80 kg。

  (6) 中量级 体重 80.01~85 kg。

  (7) 轻重量级 体重 85.01~90 kg。

  (8) 重量级 体重 90 kg 以上。

2. 女子成年组(21 周岁以上)

  (1) 羽量级 体重 46 kg 以下(含 46 kg)。

  (2) 雏量级 体重 46.01~49 kg。

  (3) 轻量级 体重 49.01~52 kg。

  (4) 次中量级 体重 52.01~55 kg。

  (5) 中量级 体重 55.01~58 kg。

  (6) 重量级 体重 58 kg 以上。

3. 男子青年组(21 周岁以下)

  (1) 轻量级 体重 65 kg 以下(含 65 kg)。

  (2) 中量级 体重 65.01~70 kg。

  (3) 次中量级 体重 70.01~75 kg。

(4) 重量级　体重 75 kg 以上。

有时只设轻量级(75 kg(含)以下)和重量级(75 kg 以上)两个级别。

4. 女子青年组(21 周岁以下)

(1) 轻量级　体重 49 kg 以下(含 49 kg)。

(2) 中量级　体重 49.01～52 kg。

(3) 重量级　体重 52 kg 以上。

5. 男子元老组(45 周岁以上)

(1) A 组　45～50 周岁。

(2) B 组　50 周岁以上。

6. 女子元老组(35 周岁以上)

(1) A 组　35～40 周岁。

(2) B 组　40 周岁。

注：各组别的年龄界定以出生年月日为准。

二、健身比赛评分依据及评分方法

(一) 健身先生、健身小姐竞赛评分依据

1. 健身形体(占 50%)

(1) 体形　呈倒三角体形；各部分比例匀称，富有美感。

(2) 肌肉　身体各部位肌肉发达适度；男子富有力度，女子线条流畅；轮廓清晰，形状美观。

2. 运动特长表演(占 40%)

(1) 编排　整套动作的编排具有新颖性、独特性(占 40%)。

(2) 音乐　音乐的选配具有完整性、独特性(占 30%)。

(3) 表演　整套表演与音乐相融(占 30%)。

要求主题突出，有激情，富有表现力。表演套路应当包括力量因素、柔韧性因素、速度和节奏因素等。

① 力量因素　如支撑分腿、并腿的各种造型，单臂俯卧撑等。

② 柔韧性因素　如高踢腿、横叉、竖叉。

③ 速度和节奏因素　如各种移动、跳跃、翻转动作、节奏快。

3. 晚装展示(占 10%)

(1) 服装　与参赛者的形象相符，服饰须为晚(正)装服系(占 40%)。

(2) 形象　五官端正，化妆、发型、服饰与形象相融(占20%)。
(3) 气质　高雅(阳刚)、大方(占20%)。
(4) 仪态　仪容端庄、健康，站姿优雅(占20%)。

(二) 女子形体健身比赛内容与评分标准

女子形体健身比赛中形体轮竞赛内容、程序与健身小姐形体轮比赛一致。

1. 分体式比基尼比赛评分

第一轮(分体式比基尼)比赛将按照以下标准进行评分。

(1) 裁判首先应该从选手的整体形象进行评分。这个过程要求从头部开始，依次向下，把整个体格考虑在内。评分由整体印象(考虑发型和容貌)、肌肉的整体运动发育、是否呈现平衡和对称的体形、皮肤的条件和状态及参赛者展现出的自信、姿态和气质等方面组成。

(2) 体格的评分是评判通过训练达到的肌肉的整体水平。肌肉群的外观要浑圆结实，少量体脂。体格既不能肌肉太多也不能过于消瘦，而且不能有明显的肌肉块儿或分格。肌肉过多或过于消瘦的体格，名次都会低。

(3) 评分还要考虑皮肤的松弛度和状态。皮肤的状态应该外表光滑、健康，不能有脂肪团。脸部、头发和化妆是参赛者"整体形象"的组成部分。

(4) 裁判对参赛者体格的评分要包括整个表演过程，即从走上台的那一刻到走下舞台。任何时候，参加健身比赛的选手都要强调在展示动人的"整体形象"时是否有一个"健康的、适度的、运动型的"体格。

2. 一体式泳装比赛的评分

一体式泳装比赛的评分内容与标准和分体式比基尼的大致相同，另外裁判还必须注意，选手在穿着泳装配高跟鞋与比基尼配高跟鞋时可能展示出不同的"整体形象"。因此，裁判必须保证本轮比赛要从一个"新"的角度进行评判，以确保依据每名选手本轮着装得到公平的评估。

3. 决赛中分体式比基尼比赛的评分

决赛阶段分体式泳装比赛将按照本轮比赛评判标准与第一轮相同的原则进行评分。但是，裁判必须注意，选手在穿着自选的比基尼时可能展示出不同的"整体形象"。因此，裁判必须保证本轮比赛从一个"新"的角度进行评判，以确保依据每名选手本轮着装得到公平的评估。

(三) 体育健身模特运动服装评分依据

(1) 整体评价选手应健康、美丽、时尚、动感，是具有魅力的优秀健身运动员和体育健身模特。

(2) 气质应展示出健康女子、男子独特的风情和气质。

(3) 运动服装的款式色彩选择与运动员的形象相符,可携带相关项目的运动器材(赛前检查),整体搭配和谐独具风格。

(4) 表现大方得当,展示出运动员的文化修养和独特神韵。

(四) 健身先生、健身小姐竞赛评分方法

1. 形体竞赛

(1) 骨架比例　从前、后面观察参赛者身体脊柱的左右比例对称度,同时对比骨架整体与局部的协调程度,如脊柱两侧比例是否对称,上体是否呈"V"字形,躯干与四肢的长短比例是否协调等;从左、右侧面观察运动员上下肢体的比例是否对称,同时对比整体骨架与肢体形态协调与否,如身体重心高低、臀部和腿部长短是否协调,整体是否美观等。

(2) 肌肉

① 女子肌肉评判标准　从前、后面观察参赛者身体各部位肌肉的发展、松紧度及轮廓,如肩、背、臀、腿部肌肉适度发达与否,肌肉轮廓是否清晰,整体是否协调、美观等;从左、右侧面观察参赛者上下肢体的松紧度、轮廓及比例,以及胸、臀弧度,如臀部和腿部围度比例是否协调,肌肉轮廓是否清晰,胸部和臀部的"S"曲线是否明显、有美感,以及臀部是否圆翘,整体是否美观等。

② 男子肌肉评判标准　从前、后面观察参赛者身体各部位肌肉大小和肌肉轮廓、线条的清晰度,如肩部、背部、臀部、腿部肌肉的围度要大、有力度,轮廓要清晰,整体要美观等;从左、右侧面观察参赛者上下肢肌肉围度的大小及其比例、各部位肌肉轮廓等,如臀部和腿部围度及其比例是否协调,肌肉轮廓和线条是否清晰,整体是否和谐美观等。

2. 运动特长表演

(1) 编排特点。

① 完整性　观察参赛者整套动作搭配与衔接是否合理,过渡是否自然、连贯和流畅,前后能否相呼应。

② 独特、新颖性　观察参赛者整套动作的设计和衔接过程中,素材是否丰富,有否独特和创新内容,表演是否有个性和感染力。

(2) 音乐特点。

① 完整性　考察整套乐曲音符高低、节拍强弱所构成的整体。如不同的乐曲经剪辑合成后的音乐旋律其音符高低、节拍强弱是否连贯、完整。

② 独特性　是指整套乐曲的主旋律其音符高低起伏及音乐节拍强弱所表现

的明显特点。

(3) 表现特点。

① 动作与音乐　考察音乐选配与动作造型的融合。如参赛者的动作变化、节奏与音乐起伏和节拍强弱是否吻合，音乐与动作性质是否相一致等。

② 个性表现特征　是指参赛者表达音乐与动作融会的内涵时，其独具个人特点与风格的表现。

3. 晚装展示

形象展示，观察参赛者脸型、发型与着装等形象修饰的相融性和独特性。形象、气质与服饰的选配是否和谐、庄重、格调高雅。

(五) 女子形体健身比赛评分角度与方法

形体健身比赛的竞赛内容和程序与健身小姐形体比赛一致。

(1) 裁判首先应从选手的整体形象进行评分。这个过程要求从头部开始，依次向下，把整个体格考虑在内。评分由整体印象(包括面容和发型)、骨架比例是否对称、肌肉发展是否适度、皮肤状态是否光滑而有弹性、运动员是否展现出优雅的姿态及积极自信的精神风貌。

(2) 体格的评分是评判选手通过训练达到的肌肉整体水平。各部位肌肉要浑圆结实而富有弹性，有少量体脂。肌肉既不能太多也不能过于消瘦，而且不能有明显的肌肉块儿或分格，肌肉过多或过于消瘦的体格都会导致名次降低。

(3) 评分还要考虑皮肤的状态。皮肤的状态应该是光洁、健康，不能松弛或有脂肪团和有创伤疤痕。

(4) 形象端庄大方，面部化妆得体、发型和整体气质相配是运动员"整体形象"的组成部分。

(5) 裁判对运动员体格的评分要包括运动员的整个表演，即从走上台的那一刻到走下舞台。任何时候，参加健身比赛的运动员都要强调在展示动人的"整体形象"时是否有一个"健康的、优美的、运动的"体格。

(6) 裁判必须注意，选手在穿着泳装配高跟鞋与比基尼配高跟鞋时可能展示出不同的"整体形象"。因此，裁判必须保证本轮比赛要从一个"新"的角度进行评判，以确保依据每名选手本轮着装得到公平的评估。

(六) 体育健身模特比赛评分角度与方法

体育健身模特设形体和服装展示(运动夏装和晚装)两项内容。其形体比赛、晚装展示内容和评判与健身比赛一致。运动服装的评分要点如下。

(1) 运动服装的款式和色彩应与运动员的形象相符，整体搭配和谐，独具风格。

(2) 整体评价选手是否健康、亮丽、时尚、动感。
(3) 选手应充分展示服装的功能和特点。
(4) 选手是否具有独特魅力和个性气质。

三、健身竞赛内容及其计分方法与名次评定

(一) 健身竞赛轮次及其比赛内容

1. 健身竞赛轮次

(1) 每一级别参赛者不超过 10 名(含 10 名)时，直接进入决赛。
(2) 当参赛者超过 10 名但不超过 15 名(含 15 名)时，参赛者将进行半决赛，半决赛的前 10 名参赛者进入决赛。
(3) 参赛者超过 15 名时，须先进行预赛，选出 15 名参赛者进入半决赛。

2. 健身各轮次比赛的内容

(1) 预赛　四次向右转体，按规定路线行走并在指定的造型位置做身体造型动作。
(2) 半决赛　四次向右转体，按序号在规定线路上行走，并在指定的造型位置做造型动作、运动特长表演、晚装展示。
(3) 决赛　四次向右转体，按序号在规定线路上行走，并在指定的造型位置做造型动作、运动特长表演、晚装展示。

(二) 裁判员评分方法

(1) 预赛　每位裁判员选出 15 名入围参赛者。依据临场裁判员的评分结果，选出 15 名选手进入半决赛。比赛中，裁判长应指挥 3~5 名为一组的参赛者做四次向右转体。
(2) 半决赛　每位裁判员应对参加半决赛的 15 名参赛者给出 1 至 15 的名次分，不能有相同的分值。造型动作和运动特长表演评分方法相同。
(3) 决赛　每位裁判员应对参加决赛的参赛者给出 1 至 10 的名次分，不能有相同的分值。健身体形、运动特长表演和晚装展示评分方法相同。

(三) 健身比赛计分方法与参赛者名次排定

(1) 预赛　依据裁判员的评分结果，选出前 15 名选手进入半决赛。
(2) 半决赛　按每位参赛者的积分选定参加决赛的选手。裁判员为 11 名或 9 名时，去掉 2 个最高分和 2 个最低分，将其余 7 名或 5 名裁判员的分值相加；若设 7 名或 5 名裁判员时，应去掉 1 个最高分和 1 个最低分，将其余 5 名或 3 名裁判员的分值相加，积分最低的前 10 名参赛者进入决赛。如遇健身形体、运动特长

表演和晚装展示得分之和相等时,以健身形体的分值排名,不允许出现相同名次。

(3) 决赛 按每位参赛者在健身形体、运动特长表演和晚装展示中获得的总积分排出 1 至 10 名。然后,将参加决赛的选手的半决赛和决赛的得分之和相加,得出该参赛者的总分,分值小者名次列前。

如遇参赛者总分相等时,以在决赛中小分值多者名次列前;如再相等,以在半决赛中小分值多者名次列前。不允许出现相同名次。

(四) 奖励办法

(1) 特别奖评选在各项(组)进入决赛的参赛者中产生,单项比赛特别奖每项评选 1 名。

① 健身先生、健身小姐比赛评选最佳表演奖、最佳着装奖。
② 女子形体健身评选最佳形体奖。
③ 体育健身模特评选女子最佳形象奖、男子最佳风度奖。

(2) 此外,获得健美和健身先生、健身小姐等竞赛的前 3 名选手可申请国家体育总局"运动健将"称号,4~8 名选手可申请国家体育总局"一级运动员"称号。

四、健美比赛评分依据及评分方法

(一) 健美男子个人的评分依据及方法

1. 健美男子个人竞赛评分依据

(1) 肌肉 身体各部位肌肉发达、结实、饱满,肌肉线条清晰、精细,围度差显著。

(2) 匀称 骨骼发育良好,各部分比例协调,全身肌肉均衡发展。

(3) 造型 动作规范、协调,重点突出,富有美感。

(4) 肤色 皮肤光洁,色泽和谐。

2. 健美男子个人竞赛评分方法

(1) 肌肉。

① 肌肉围度 观察参赛者身体各部位肌群围度的大小。
② 肌肉质量 观察参赛者肌肉线条的清晰度、分离度、力度等。如皮脂薄,肌纤维排列清晰,密度大。
③ 肌肉状态 肌肉收缩和放松的围度差要大,形状美观;皮脂要薄;全身各部位的大小肌肉要均衡、协调。如在肌肉造型和非造型状态下,其围度和形状的变化是不同的,围度变化越大则说明肌肉质量越高;反之,围差越小或无变化,

则其肌肉的质量不高。

(2) 匀称。

① 骨架匀称　观察参赛者躯体的左右对称比例、四肢与躯干的比例。如双肩高低、宽窄对称，脊柱无病理性弯曲，无"鸡胸"，无"O"型或"X"型腿等。

② 肌肉匀称　观察参赛者身体各部位的肌群布局和大小肌肉块比例。如肩部、胸部、臂部、背部、腹部、腿部肌肉的大小比例协调，形状，布局匀称。

(3) 造型——规定动作造型评分方法。

① 前展双肱二头肌　正面观察参赛者肱二头肌的大小、形状，以及与前臂、肩部、胸部肌群的比例是否对称，再观察其他部位肌群的整体比例是否匀称、协调。

② 前展双背阔肌　正面观察参赛者背阔肌伸展的"V"字形状大小，以及与肩部、胸部、腿部等肌群的比例是否对称，再观察其他部位肌群的整体比例是否匀称、协调。

③ 侧展胸部　侧面观察参赛者胸部的厚薄度，以及与肩部、臂部、大小腿肌群的比例是否匀称，再观察其他部位肌群的整体比例是否匀称、协调。

④ 后展双肱二头肌　背面观察参赛者肱二头肌的大小、形状，以及与肩部、背部、腿部等肌群的比例是否对称，再观察其他部位肌群的整体比例是否匀称、协调。

⑤ 后展双背阔肌　背面观察参赛者背阔肌伸展的"V"字形状大小，以及与肩部、背部、腿部等肌群的比例是否对称，再观察其他部位肌群的整体比例是否匀称、协调。

⑥ 侧展肱三头肌　侧面观察参赛者肱三头肌的大小、形状，以及与肩部、胸部、大小腿肌群的比例是否匀称，再观察其他部位肌群的整体比例是否匀称、协调。

⑦ 前展腹部和腿部　前面观察参赛者腹肌和腿部肌肉块的大小、形状，再观察与其他部位肌群的整体比例是否匀称、协调。

(4) 造型——自由造型评分方法。

① 造型　观察参赛者肌肉造型的控制力，以及造型动作的规范和美观程度。如造型动作准确流畅，并充分体现运动员肌肉的耐力和控制力、表现力等。

② 表演　观察参赛者动作设计、编排与音乐选配的融合，以及与观众的神情交流。如整套动作的造型衔接流畅，造型与音乐的节拍相吻合，且根据音乐的旋律其眼神和手势与观众的情感交流得体，富于激情等。

(5) 肤色。

① 皮肤　观察参赛者皮肤的健康与光洁。如皮肤是否过敏，有疤痕、斑点、文身等。

② 色泽　观察参赛者人工着色的深浅与整洁。如颜色均匀、整洁，擦油适量。

(二) 健美女子个人的评分依据及方法

1. 健美女子个人竞赛评分依据
   (1) 匀称　骨骼发育良好、各部分比例协调，全身肌肉均衡发展。
   (2) 肌肉　身体各部位肌肉发达，肌肉形态、线条清晰，富有女性特征。
   (3) 造型　动作规范、协调，重点突出，富有美感。
   (4) 外表　容貌端庄，肤色光洁、色泽和谐。

2. 健美女子个人竞赛评分方法
   (1) 匀称　与男子个人竞赛评分方法相同。
   (2) 肌肉。
   ① 肌肉围度　观察参赛者肌肉围度的大小，特别要注意女性发达肌肉与男性肌肉的区别。
   ② 肌肉质量　观察参赛者肌肉清晰度、分离度，如皮脂要薄，肌纤维排列清晰，密度大；要特别注意女性减脂后发达肌肉与"干瘦"肌肉的清晰区别，如减脂后的肌肉显得"饱满"、有力，而"干瘦"的肌肉显得"干瘪"、无力。
   (3) 造型　包括规定动作与自由造型，评分方法与男子个人竞赛相同。
   (4) 外表。
   ① 五官　观察参赛者是否五官端庄，发型、脸型是否和谐。
   ② 皮肤　观察参赛者皮肤的健康和光洁度，如皮肤是否过敏，有无疤痕、斑点、文身、脂肪球、花纹等。
   ③ 色泽　观察参赛者人工着色的深浅、整洁，如颜色均匀、整洁，擦油适度。

(三) 健美男女混合双人的评分依据及方法

1. 健美男女混合双人竞赛评分依据
   (1) 匀称　男、女体格及各部位肌群和谐、相配。
   (2) 肌肉　男、女各部位肌肉发达、清晰、相配。
   (3) 造型　造型规范，动作流畅，配合默契，变化中蕴含统一。
   (4) 配对　外表、气质和谐，整体感强。

2. 健美男女混合双人竞赛评分方法
   (1) 匀称　观察配对参赛者身体骨架的比例是否和谐，身体各大小肌群的比例和布局是否美观。如男女参赛者的肩部宽窄、身体重心高低、四肢长短的匀称、协调；臀部、腿部围度的大小，腹肌的发达程度和形状，背阔肌扩张后大小的协调程度等。

(2) 肌肉　观察配对参赛者肌肉的形状、清晰是否相配。如男女参赛者肌束的长短、皮脂的厚薄、肌纤维的密度和清晰度的相近程度。

(3) 配对　观察配对参赛者身高、体型、脸型、发型、肤色、气质等整体是否和谐。如男女参赛者身高、身体重心的比例是否协调，脸型、发型、皮肤颜色、气质是否相近，风格是否统一或互补等。

(4) 配合　观察配对参赛者的动作连贯、神情交融、音形和谐等整体的表现力。如男女参赛者之间动作的配合是否协调，根据音乐的旋律其眼神、脸部表情、手势的变化是否配合默契，神情交融是否恰到好处。

（四）健美单项特别奖的评分依据及方法

1. 健美单项特别奖的评分依据

(1) 最佳健美表演奖。

① 造型　动作编排合理、流畅、创新。

② 造型与音乐　动作与音乐融合。

(2) 男子最佳小腿肌奖。

小腿肌群发达、清晰，形状美观。

(3) 女子最佳腹肌奖。

腹部肌群发达、清晰，形状美观。

(4) 进步最快奖。

① 首次参赛者　获前六名的选手，可作为候选人。

② 屡次参赛者　该届比赛与上届比赛名次相比，进步大。

2. 健美单项特别奖的评选方法

(1) 最佳健美表演奖。

① 造型音乐　感受所选配音乐的完整、新颖。如剪辑后的音乐，其起势、高潮、结尾旋律的完整，独具特点。

② 表演艺术　观赏音乐、造型、个性、气质的一致，以及动作造型的独特性。如参赛者选配音乐旋律的强弱与其个性、气质的刚柔吻合，表演动作与音乐节拍的吻合，其造型独具特点。

(2) 男子最佳小腿肌奖。

观察参赛者小腿肌肉的围度、形状以及清晰度。如左右小腿肌肉的围度大、对称，皮脂薄，肌纤维清晰，肌束的长短适宜、美观。

(3) 女子最佳腹肌奖。

观察参赛者腹肌的发达和清晰度、布局和形态的美观。如腹肌块大、均匀，皮脂薄，沟纹清晰，块状对称，整体美观。

（五）健美男女全场冠军评分方法

参照健美男女个人竞赛评分方法进行。

五、健美竞赛内容及其计分方法与名次评定

（一）健美竞赛轮次及其比赛内容

1. 健美竞赛轮次

(1) 每一级别参赛者不足 6 人参赛时，直接进入决赛。

(2) 参赛者超过 6 人但不超过 15 名时，参赛者将进行半决赛和决赛两个轮次的比赛。半决赛的前 6 名参赛者进入决赛。

(3) 参赛者超过 15 名时，须先进行预赛，选出 15 名参赛者进入半决赛。此时，该级别的比赛将分为三个轮次。

2. 健美各轮次比赛的内容

(1) 预赛　预赛分为两轮进行。第一轮比赛的内容为四个转体，第二轮比赛的内容为分组进行规定动作的比赛。比赛动作为前展双肱二头肌、侧展胸部、后展双肱二头肌、前展腹部和腿部。

(2) 半决赛　参加半决赛的参赛者呈单列并按序号排列，自然站立，做两次向后转体后，进行规定动作的比较评分。比赛动作为前展双肱二头肌、前展双背阔肌(仅男子有)、侧展胸部、后展双肱二头肌、后展双背阔肌(仅男子有)、侧展肱三头肌、前展腹部和腿部。

(3) 决赛　决赛中，每位参赛者将进行两个阶段的比赛。第一阶段，参赛者按序号逐个入场，在音乐伴奏下做自由造型。音乐长度：男子为 60 s，女子为 90 s，混合双人为 120 s。第二阶段，参赛者在裁判长指挥下，统一做规定动作(男子 7 个、女子和混双 5 个)的比赛；集体做 1 min 不定位的自由造型表演。

（二）裁判员评分方法

(1) 预赛　每位裁判员应在评分表中选出 15 名入围参赛者。统计所有裁判员的评分表，选出 15 名选手进入半决赛。比赛中，裁判长应以 3~5 名参赛者为一组，指挥其同时做 4 个规定动作。

(2) 半决赛　每位裁判员应对参加半决赛的 15 名参赛者给出 1 至 15 的名次分，不能有相同的分值。

(3) 决赛　每位裁判员应对参加决赛的参赛者给出 1 至 6 的名次分，不能有相同的分值。

(三) 健美比赛计分方法与运动员名次排定

(1) 预赛 统计所有临场裁判员选出的各 15 名参赛者，获得选择最多的 15 名参赛者进入半决赛。

(2) 半决赛 按每位参赛者的积分选定参加决赛的选手。裁判员为 11 名或 9 名，去掉 2 个最高分和 2 个最低分，将其余 7 名或 5 裁判员的分值相加；若设 7 名或 5 裁判员时，应去掉 1 个最高分和 1 个最低分，将其余 5 名或 3 名裁判员的分值相加。积分最低的 6 名选手进入决赛。出现积分相等时，小分值多者名次列前。

(3) 决赛 按每位参赛者在规定动作和自由造型比赛中获得的总积分排出 1 至 6 名。

六、健身健美竞赛服饰要求

(一) 健美比赛服装要求

男子穿单色三角赛裤(赛裤两侧不得小于 2 cm)，女子穿单色比基尼赛服。

(二) 健身先生、健美小姐比赛服饰要求

1. 形体比赛项目服饰要求

女子穿后交叉式的比基尼泳装，穿高跟皮、凉鞋(后跟高度不少于 10 cm、不超过 12 cm 细根，鞋跟直径不超过 3 cm，鞋底前掌厚度不得超过 2 cm)；男子穿平腿式紧身短裤，赤足，否则取消比赛资格。

2. 特长表演项目服饰与道具要求

(1) 参赛选手必须着运动装，且与表演风格统一。

(2) 可使用的道具：仅限于为表演主题服务的、安全性高的轻小型可随身携带或拿在手中的物品。

(3) 当使用有可能将物品材料遗落于赛台上的装备时，赛台在使用前后必须保持干净。

(4) 特长表演的内容必须健康、积极、向上、充满活力，拒绝带有宗教、迷信倾向的内容。

3. 晚装展示服饰要求

男子着西服或休闲西服，女子着晚礼服或旗袍。比赛时按照规定线路行走，且赛前进行排练。

(三) 形体健身着装及鞋的要求

第一轮比赛着比基尼(后交叉式)。赛服必须由纯黑色、不透明、无花纹、无光泽的布质材料制成。可以适度使用衬垫和装饰物。

第二轮着连体式泳装，泳装的款式、颜色、材料由参赛者自己决定。可以适度使用衬垫和装饰物。

第三轮着比基尼赛服(后交叉式)。赛服的颜色、材料由参赛者自己决定。可以适度使用衬垫和装饰物。

比基尼赛服和连体式泳装都须覆盖二分之一的臀部以及整个前部。

比赛用高跟鞋，其前掌厚度不能超过 0.6 cm；后跟高度不少于 8 cm，不超过 12 cm；鞋跟直径不超过 2 cm。禁止穿坡跟式高跟鞋和袜子。

除第一轮要求穿高跟皮鞋的颜色必须是黑色且包住脚趾和脚跟外，其他轮次的鞋的颜色与款式由参赛者自己决定。

(四) 体育健身模特的服饰要求

男、女体育健身模特形体及服装展示中的晚装展示比赛的内容、评分标准及服装要求等均与健身先生、健身小姐比赛中的这两项比赛相同，服装展示中的运动服装展示要求见体育健身模特运动服装评分依据。运动服装必须是夏装，比赛时按照规定线路行走，且赛前进行排练。

思考题

1. 简述健身竞赛与表演训练的主要内容。
2. 简述健美竞赛与表演训练的主要内容。
3. 简述健身健美各项目比赛的评分依据与评分方法。
4. 简述健身健美竞赛的内容及其计分方法与名次的评定。

第6章

健身运动锻炼方法

本 章 提 要

本章介绍了不同年龄人群的健身运动锻炼方法,有氧、无氧、休闲健身、民族传统、自然力、训练后的恢复等健身运动锻炼方法,重点阐述了健身运动处方的特点、作用、种类、要素和范例及特殊环境与特殊人群的健身锻炼方法。

自古以来,人们在寻觅健身运动锻炼技术手段的同时,亦从来没有放松过对锻炼方法的探索,两者密不可分。如古代的导引术和太极拳,既是传统的健身手段,又是特殊的健身锻炼方法。在现代,既有与锻炼手段日益分离的专门性健身方法,如有氧运动健身方法、无氧运动健身方法、发达肌肉健身方法;也有与其手段融合在一起的健身方法,如间歇锻炼法、组合(循环)锻炼法、变换锻炼法、重复锻炼法等,可谓纷繁复杂,不一而足。

选用健身运动锻炼方法时,要因人而异。其一,可根据健身的目的和任务来选:以改善和提高肌体内脏器官功能、去脂减肥、降低血压等为主要目的者,可选用有氧运动健身方法来锻炼;以形体健美为目的者,可选用发达肌肉健身方法来锻炼;以养生保健、延年益寿为目的者,可选用传统养生方法来锻炼。其二,可根据锻炼者自身的特点来选:年轻、体壮且性格活泼、喜欢交友和竞技者,可选用游戏、球类比赛等健身方法锻炼,并将有氧与无氧健身方法等混合运用;体弱、年龄偏高者,可选用气功、太极拳(剑)等单纯重复性的传统健身方法锻炼。其三,根据锻炼者所处的环境条件来选:即选用健身方法时必须考虑现实环境和物质条件。其四,要根据健身锻炼项目的特点和要求选择相应方法。总之,如人所说,健身有法,但无定法,灵活用法,贵在得法。

第一节 不同年龄阶段人群健身运动锻炼方法

一、婴幼儿健身锻炼方法

婴幼儿处于人生的最初阶段,这一时期又分为三个时期:乳儿期(0～1岁)、婴儿期(2～3岁)和幼儿期(4～6岁)。从小开始锻炼对于增强身体素质,奠定日后的健康体魄极为必要。婴幼儿尚无自主意识,他们的锻炼全靠父母加以实施,其主要途径有两条,一是充分利用大自然赐予的空气、阳光和水,二是开展适合于婴幼儿生理发育水平的简单运动。

(一) 婴幼儿健身锻炼的内容与手段

(1) 空气浴 使小儿全身裸露，以接受大气的抚摸。在寒冷的早春和冬季宜在室温 18～20℃的房间里进行；夏秋季节气温较高，可选户外避风处实施。作空气浴的时间宜先短后长，每次可由 7～8 min 渐渐增加到 15～20 min。不足 9 个月的婴儿每天以一次为宜，9 个月后可增加到一天 2 次。空气浴有利于提高身体素质，改善皮肤营养状态，促进新陈代谢和血液循环。

为配合空气浴，应常将婴幼儿抱到户外去呼吸清新空气。当室外气温在 10℃以上时，足月儿在出生后一星期，未成熟儿在出生后一个月就可抱到户外溜达，每次约 10～20 min。当室外气温不低于 5℃时，健康的足月儿也可在室外呆上 10～20 min。随着婴幼儿的成长，对室外气温的要求可逐步降低，在外时间也可适当延长。

(2) 类日光浴 婴幼儿的日光浴概念不同于成年人，务必选择在阴处进行，或者让柔和的阳光穿透玻璃后再进行日光浴。出生 3～6 个月的婴儿应选择 20～30℃的气温环境，每次以 2～10 min 为限，完毕后用 30～35℃的温水冲洗全身。时间最好安排在上午 9～11 时或下午 2～4 时；出身 6～12 个月的婴儿则应选择 12～20℃的气温环境，每次以 6～12 min 为限，完毕后用 32～36℃的温水冲洗全身。这样既可避免阳光中紫外线的有害影响，又可增进血红蛋白数量，有利于皮肤中的固醇类物质转化为肌体成长所需的维生素 D。

(3) 温水浴 利用水的物理、化学性质使婴幼儿获得体质上的锻炼。由于婴幼儿出生前一直生活在羊水中，因此，只要水温适宜，他们都愿意水浴。对周岁内的小儿，水浴时水温应以 36℃为宜，方式以盆浴为主，辅以轻柔的擦浴，即孩子浸泡在水中，使水温水压作用于肌体，然后仔细洗净皮肤。因浴后毛孔扩张，应及时用浴巾把婴儿包裹起来，并擦干身体，穿上衣服，防止着凉。

(4) 赤足行走 人的脚部皮肤分布着大量血管和神经末梢，经常搀扶婴幼儿赤足行走，能使足底肌肉群受到很好的按摩，有利于防治足癣、鸡眼和软组织炎症，同时也可减少足底出汗，提高肌体对外界环境变化的适应能力和增强皮肤的温度调节功能。相反，让娇嫩的双脚成天裹在汗气潮湿的鞋子里，只能有损健康。另据日本学者证实，赤足行走不仅能锻炼踝关节的柔韧性，而且能有效防治扁平足。正因为如此，日本国内已有相当多的教育机构正在大力推行"赤足运动"，并且取得了显著成效。所以，在生活水平日益改善的今天，家长们更有必要从婴幼儿的成长特点出发，有意识地鼓励孩子赤足在床铺或草坪、沙滩等处行走嬉戏，以促进身体健康。

(二) 婴幼儿健身锻炼指导

(1) 婴幼儿缺乏独立锻炼的能力，健身锻炼要在成人的引导下进行。

(2) 婴幼儿的身体各器官、系统远未发育成熟，在身体锻炼时不宜进行持续时间过长的激烈运动。

(3) 婴幼儿时期竞争意识发展较快，可安排某些游戏性竞赛活动。

(4) 婴幼儿自我控制能力差，锻炼时要特别注意安全监护。

上述各项锻炼应遵照循序渐进的原则，做到因人而异，持之以恒。在此基础上，也可增加一些必要的为婴幼儿所能接受的启蒙游戏和简单运动(如幼儿体操)。

二、儿童健身锻炼方法

儿童期又称学龄初期，一般指从六七岁至十一二岁这个年龄阶段，即小学阶段。

儿童期的生长发育为两个快速增长期的过渡阶段，因而其形态机能发育处于稳定增长的阶段。从整体上看，身高的发育快于体重的发育，孩子多呈现细长型。由于男女孩进入青春发育期的年龄不同，一般女孩要早于男孩两年左右，因此男女孩的形态发育方面存在着两次交叉的现象。这样，在十一二岁时，女孩的各项形态发育指标平均水平多超过男孩，出现第一次交叉。神经系统在这一时期已基本发育成熟，从事各种复杂运动的身体能力已基本具备，且具有较高的智力水平。

(一) 儿童健身锻炼的内容与手段

从儿童的健身锻炼环境来分，儿童期的健身锻炼可以分成两个部分，即学校教育中的健身锻炼和生活中的健身锻炼。

1. 学校教育中的体育健身锻炼

在我国，体育课是从小学到大学都作为必修课被列入各类教育计划，是教育计划的一个重要组成部分。在我国的学校里，有专门的体育教师，有体育场地和器材作为保证。我国小学体育的任务是促进学生身体的全面发展，使他们掌握一定的动作技术和技能，培养他们的道德和意志品质。在一些条件较好的学校里，基本上能做到每个学生每天有一小时的体育活动时间，在一般的小学，基本上也能做到每周两节体育课，坚持做广播操，开展有益于学生身心的课外体育活动。特别是贯彻实施"小学生体育合格标准"，对促进小学生的身心发展起到了极为重要的作用。

2. 生活中的健身锻炼

应当说，单靠学校的体育活动，对促进小学生的身体发育是明显不足的。国外研究认为，小学生的体力活动要占其全部活动的一半以上。因此，应当重视日常生活中的健身锻炼，这主要包括：家庭健身锻炼、儿童在校外自发进行的健身游戏、节假日健身锻炼、时令性健身锻炼等。对儿童来说，日常生活中的健身活动是必不可少的。它不仅是学校体育活动的继续，而且是儿童全面教育不可缺少的部分，对培养儿童锻炼身体的习惯和促进个性发展也是十分必要的。日常生活中的健身活动多是儿童自发组织的，他们对此兴趣高，自觉性强，通过日常健身锻炼，能有效地增强体质，促进运动能力的全面提高。

(二) 儿童健身锻炼指导

(1) 要加强对小学生体育兴趣的培养。
(2) 要把体育课、课外体育健身、家庭体育健身活动有机地结合起来。
(3) 要科学组织小学生的各项健身锻炼活动。

三、青少年健身锻炼方法

青少年处于人体发育最旺盛的阶段，各器官系统已基本发育成熟，大脑皮层形态结构和思维过程日臻完善，心血管机能和骨骼肌肉也得到迅速发展，因此，有针对性地加强健身锻炼，不仅能使身体素质达到较高水平，而且也易于获得良好效果，对提高一生的健康水平和劳动能力大有好处。

(一) 青少年健身锻炼的内容与手段

运动医学认为，青少年健身锻炼必须考虑到自身发育特点。青少年前期即11～12岁时，正值心肺发展期，运动应以增强心肺功能为主，13～20岁是肌肉发展期，则应参加发展肌肉的锻炼项目。按照运动专家的意见，青少年各年龄段的健身锻炼可作如下安排。

(1) 11～12岁是青春期的开始阶段，可进行一些兼备速度和灵敏度的运动，如跳绳、短跑、游泳、武术、体操和各种运动性游戏。同时适当做些力量练习，如仰卧起坐、提举或抛接有一定重量的物体。

(2) 在13～14岁时，随着体重的迅速增加，神经系统对运动器官的调节有所降低，内脏器官的发育也跟不上肌体生长的需要，一般可进行中等速度、耐力和力量的练习，如跑步、骑自行车及各项球类活动等。

(3) 在15～16岁时，身体各部分基本发育成熟，可做些旨在提高力量和耐力的练习，如单双杠、举重、哑铃、实心球等，器械重量要轻些，运动量要小些。同时，也可从事跳跃、投掷、跑步和球类活动，但时间不宜过长。

(4) 在17～18岁时，身体发育已接近成年人，几乎可以参加各种体育项目的健身锻炼，但运动量要低于成年人。

(二)青少年健身锻炼指导

(1) 青少年前期力量锻炼最好选择伸展肢体和限于支撑自身体重的运动项目,不宜过多作超负荷训练,可做中小重量的力量练习。因为青少年的骨骼发育尚未最后定型,身体负担过重不仅会造成骨骼畸形,而且也会影响身体长高。

(2) 在进行耐力训练时,不宜做长时间的激烈活动,因为青少年的心肺功能还比较弱,无氧代谢能力不强,应循序渐进,逐步提高运动量,如有不适,应及时进行调整。

(3) 由于男女在性别和生理上的不同,运动项目的选择也要有所区别。女性发育一般较男性早一两年,且脊椎弹性好、骨盆大、重心低,宜于做韵律活动和平衡练习,如体操、滑冰、游泳、高低杠和平衡木等。但不宜进行举重、摔跤、撑竿跳等活动。此外,女性肌肉力量也较男性小,心肺功能也不如男性强,因而运动量掌握上应作相应变动。

四、青壮年健身锻炼方法

青壮年期包括青年和壮年两个时期,一般是指从 18~35 岁这个年龄阶段。

在我国,进入 18 岁,已经是成人的标志。此时,身体的正常生长发育已基本完成,身高等的发育一般已达到一生的最高水平,性的发育已完全成熟。青壮年期是人的一生中体力最为旺盛的时期,身体素质的发展达到了一生最高水平,具备了参加各种体育项目的健身锻炼特别是竞技运动的身体条件。在青壮年时期,身体的横径仍有一定的发展,体重一般随年龄的增长而增长,身体力量和一般耐力呈提高的趋势,速度、灵敏等素质能在较长时间内保持在较高水平上。

(一)青壮年健身锻炼的内容与手段

青壮年期是由学校体育走向社会体育的重要时期,是人的终身体育的重要环节。它要将学校里所学各种体育知识和技能在个人的体育健身生涯中得到运用。在活动方式上,要由有组织的集体体育活动转变为分散的、以个体需要为前提的、注重锻炼实效的健身锻炼上。在活动场地条件上,会显现明显的个体差异。青壮年期的健身锻炼在内容上有如下特点。

1. 青壮年期的健身锻炼的内容具有多样性和多层次性

青年人的兴趣广泛,爱好多样,因此,在安排健身锻炼内容时,要考虑这一特点。由于前二三十年的人生道路不同,所受的教育及体育素养存在着巨大的差异,他们在运动技术水平和身体素质上均有很大的不同。在考虑青壮年健身锻炼时,要十分注意其个体差异,选择适合自己的锻炼内容、手段和方法,开展多种类型的健身锻炼,为每个人提供身体锻炼的机会。

2. 青壮年期的运动负荷具有较大的变异性

青壮年的身体肌肉、骨骼系统和内脏器官的机能均已发育到人生中的最高水平阶段，身体远端环节的控制能力和感觉运动的竞技能力均有十分明显的发展，这就为系统地从事竞技运动和大强度的健身运动创造了良好的条件。因此，这一时期，可从健身、健美、娱乐、竞技的多样需要出发，进行较大强度和较大量的锻炼、训练和比赛活动，以扩大身体的机能潜力。当然，所谓大强度和量是一个相对的概念，是因人而异的。不要片面追求大的强度而使身体受到伤害。

(二) 青壮年健身锻炼指导

(1) 要进一步明确对健身锻炼重要性的认识。
(2) 要根据生活和工作的实际需要，调整好健身锻炼的内容与方法。
(3) 要注意发挥健身锻炼的多种功能。

五、中年人健身锻炼方法

一般将 36～60 岁年龄阶段称为中年期。中年是人生旅途的一个重要里程碑，它一方面表现出精力充沛、极富魄力和创造力的特点；另一方面从最大呼吸量、肺活量、肾脏血流、肾小球清除率、基础代谢、传导速度、心脏指数、细胞含水量八大生理指标看，均开始走向衰退，许多疾病或病理变化也相继出现。

为了挽回这种趋势，最明智的选择就是加强健身锻炼。俗语说，生命在于运动，运动确实是减缓衰老进程、增强身体素质的最好方法。

(一) 中年人健身锻炼的内容与手段

鉴于中年人的血管和运动器官的发病率较高，他们的健身锻炼方法应当有自己的特点。一般说来，宜多进行全身性的轻缓项目，尽量不要参加短跑、踢足球等竞争激烈的活动，否则会使血管系统承受的压力过大，造成心动过速、血压过高，以致引起全身不适，甚至危及生命。根据一些运动专家的意见，中年人的健身锻炼应从以下几方面入手。

(1) 改善心脏功能，预防血管过早老化　适宜的运动项目有慢跑、快走、骑自行车、游泳等。行进距离可逐步增加，时间宜在 30～60 min 左右。这些有氧代谢活动可增强呼吸、促进血液循环、降低血脂在血管壁的沉积，对推迟肌体衰老有积极意义。

(2) 注意形体锻炼，防止肌肉过早萎缩　适宜的运动项目有匀速跑、徒手体操、俯卧撑、哑铃和拉力器练习等，强度可随运动的深入而加大。在此要特别强调腿部的锻炼，俗语说"人老腿先老"，只有通过深蹲、拉韧带等有利腿部四头肌、小腿和足部肌肉的力量练习，才能增强肌体的弹性、延伸性和灵活性，以保持矫健的青春步态。

(3) 依照自身特点,加强锻炼的针对性　患有高血压、神经衰弱或各种慢性病的中年人,可进行太极拳、气功、迪斯科舞的练习,有颈、肩、腰、腿痛的患者可进行"练功十八法"锻炼。长期坚持,均对病体有缓解和康复功效。

(4) 调节紧张情绪,增强锻炼的娱乐性　中年人由于负有事业和家庭的双重担子,平日很少有机会进行适当的娱乐和休息。因此,应尽量利用节假日安排自娱性较强的活动项目,如旅游、垂钓、周末舞会等,对于调节情绪、强身健体有独特效果。

(5) 科学安排,讲究锻炼的实效性　中年人进行锻炼的时间、次数和强度要适当,运动量太小,起不到健身的作用;运动量过大,超过肌体所能承受的生理限度,则易造成各种损伤,于健康反而不利。一般应以运动后精力充沛、食欲增加、睡眠改善、全身舒适,或虽有疲劳,但经一夜休息后症状消失为适宜。

(二) 中年人健身锻炼指导

(1) 在参加锻炼前要做好医务检查和健康诊断,并听从医生的指导与安排。
(2) 要养成良好的锻炼习惯,运动前做好准备活动,事后放松调整。
(3) 锻炼既要持之以恒,又不要勉强进行,在睡眠、食欲和情绪不佳时,可以停止几天。中年朋友们应当充分认识健身锻炼带来的益处,多多参与符合自身特点的各项运动,以延长自己的青春活力和生命旅程,为人类作出更多的奉献。

六、老年人健身锻炼方法

进入老年阶段,人的身体结构和各项生理指标也随之进入衰老状态,其中一个重要原因就是缺少运动。因此,加强健身锻炼一直被视为老年保健的必由之路。

大量实例证明,健身锻炼有助于增强体质,能促进新陈代谢,改善各系统器官功能,提高对环境变化的适应能力,起到预防疾病、延缓衰老和健康长寿的作用。

(一) 老年人健身锻炼的内容与手段

老年人的身体健康状况千差万别,且生理年龄和实际年龄相差悬殊,如有些人年事虽高,但生理功能还相当强;有些人年纪虽较轻,却已不能从事某些活动,因此,不可能规定统一的健身锻炼标准。在这方面,主要应结合各人的习惯、爱好和平时的锻炼基础等情况作出适当安排,其总体要求有以下几点。

(1) 锻炼项目的挑选　一般可选择散步、慢跑、爬山、游泳、骑自行车等有氧运动项目进行耐力锻炼,同时进行适量的肌力锻炼和柔韧锻炼。

对不大喜欢运动的人来说,可选择太极拳、太极剑、保健按摩、医疗体操及日光浴、空气浴、冷水浴等项目。此外，也可进行自娱性较强的老年迪斯科、健身操、钓鱼、球类和棋类等活动。对运动量大、对抗性强、速度快、可能出现摔跌或憋气的活动不宜参加，以免引起心肌缺血、脑血管破裂、骨折或其他伤害事故。(老年肥胖者可用 5 km/h 左右的速度进行减肥锻炼，因为 4.8 km/h 的速度减肥效果最好)

(2) 锻炼时间的安排　清晨是老年人锻炼的最好时机，有利于促进肾上激素的正常分泌，对人体健康十分有效。另外，上午 9~12 时，下午 15~21 时之间，人体的生物节奏也处于机能的高峰期，也可依据自己的日常习惯安排适宜的运动项目。但不要在空腹(空腹锻炼易得胆结石，且早晨是心肌梗死、心脑血管发病最高的时候，最起码要喝一杯温开水)、疲惫、有病时勉强参加锻炼活动。

(3) 锻炼强度的确定　要注意使运动量不要超过心脏负荷。体弱和高龄者在运动后每分钟增加的心率应控制在 20 次以内，体质较强者可控制在 40 次左右。例如，平时心跳频率在 60 次/min 以下的，那么每分钟增加的心率可掌握在原来的 50%~75% 之内，否则就会酿成不良后果(运动强度的监控可参照体重的控制一章中的靶心率范围法)。

(4) 锻炼场合的择定　应多到户外活动，尤其是冬季，户外空气清新，有利肌体吐故纳新。有资料表明，冷空气(14℃以下)或清凉空气(14~20℃)可使皮肤表面血管产生舒张压，对增加肺活量、加强造血器官的能力、提高红细胞和血红素含量颇有好处，也有助于年老体弱者恢复和治疗疾病。此外，活动地点应平坦宽敞，较少有车辆和行人，以防发生危险。

(5) 锻炼方法的讲究　要注意运动卫生，养成良好习惯，运动前应做好准备活动，使关节、肌肉和内脏器官能够满足运动中的需要；运动后要做好调整活动，以消除体育健身锻炼时出现的疲劳和缺氧状态。同时还应做到循序渐进、持之以恒。

(6) 锻炼医疗的实施　为了保证安全和增强运动效果，老年人在参加运动前后或运动期间均应配备医学监督，依照医生的检查结果，合理而有针对性地安排锻炼计划和确定锻炼项目，并改进锻炼方法。有较好锻炼基础的老年人参加球类、长跑等大运动量和对抗性强的项目时，更需注意这个问题，以确保运动中的安全。

(二) 老年人健身锻炼指导

(1) 要组织或参与群体性的健身锻炼，满足老年人怕孤独、喜交往的心理。
(2) 要与防病、治病、延年益寿结合起来。
(3) 锻炼内容方法要从简，贵在养成锻炼习惯。

第二节　有氧与无氧运动锻炼方法

一、有氧运动锻炼方法

(一) 经典的有氧运动锻炼方法

有氧运动锻炼法是指锻炼者通过呼吸能够满足运动对氧气的需要，在不负氧债的情况下进行健身锻炼的方法。这种锻炼的运动负荷强度适中，运动时间较长，以增强心血管系统和呼吸系统功能为主要目标，是近年来国外和国内较流行的一种锻炼方法。

有氧运动锻炼法的发明者是美国学者库珀。库珀是一位美国军医，负责指导美国飞行员、宇航员的体育锻炼。他目睹工业国家文明病四起，便利用其有利条件，埋头钻研四年，研究了3万多人的资料，从而创造了闻名世界的"有氧锻炼法"。特别是他创造的 12 min 跑，曾经为世界大多数国家所采用，几乎成了运动场上众人皆知的通用方法。

库珀认为，只有根据吸氧能力才能判定一个人体力的强弱。平时对氧的最小需要量和激烈活动时对氧的最大需要量之间的差别大小，就成为测量人的体力强弱的标准。从事这种有氧锻炼的目的，是使身体每一部位都能得到充分的氧的供应，促使参加循环的血量增多。这种锻炼需要强而有力的心血管和呼吸系统作基础，通过锻炼，又能使其变得坚强有力。

1. 有氧运动锻炼的好处

(1) 有氧运动可以有效地改善心血管系统、呼吸系统功能，提高人体的最大摄氧能力　主要表现为：①降低心率；②增强心肌力量；③能增加开放的血管的数量并增大其口径，从而增加血流量，并充分地把氧送到每个组织；④能提高最大耗氧量，增强整个身体特别是心肺、血管等功能，提高抗病力。

(2) 改善脂肪代谢，燃烧多余脂肪：①有氧运动可以消耗身体脂肪，有效防止脂肪在体内过多地贮存；②预防动脉粥样硬化。

(3) 增强肌肉耐力(红肌纤维为主)及体力。

(4) 减肥塑身　采用60%～75%最大心率(或50%～70%最大摄氧量)时，脂肪氧化的绝对速率处于理想状态，也就是说这时脂肪燃烧最快)运动，持续时间超过40分钟，就可使脂肪代谢的速度增加。当持续时间达120分钟以上时，脂肪供能成为主要方式，可达50%～70%之多。此时，脂肪细胞释放出大量游离脂肪酸，脂肪细胞的体积随之变小。同时，体内多余的血糖也被消耗殆尽而不再转化为脂肪。

(5) 预防和治疗糖尿病(同力量训练)　经常参加运动的人发生糖尿病的危险

比不经常参加运动的人少 20%。

(6) 预防和治疗高血压　有氧运动能使肌肉和血管的张力改善，使软弱无力的肌肉和血管变得坚韧，可以消除紧张消极情绪，缓解紧张状态，同时减少脂肪沉积，延缓血管硬化，从而有效地降低血压。

(7) 提高骨密度，保持或增加瘦体重(LBM)。

(8) 增加胰岛素的敏感性，改善内分泌系统的调节机能。

(9) 有氧健身能健脑，并延缓老年人认知功能的下降。

美国哥伦比亚大学神经学家斯莫尔在经过近 10 年动物研究的基础上，第一次把这个原理运用到人身上：连续锻炼 3 个月之后，所有参加实验的人都有了新的神经细胞。美国伊利诺伊州立大学神经学家查尔斯·希尔曼认为，肌肉与大脑之间存在着某种关系。

2. 有氧运动锻炼的方法

在进行有氧锻炼前，要进行身体检查，这是保证锻炼安全的前提。

在身体检查合格以后，要进行体力测试，以确定锻炼者的体力程度，为确定有氧活动的时间和距离提供依据。确定锻炼者的体力水平可采用 12 min 跑，其标准如下(见表 6-1)。当然，也可采用 24 min 跑或定距离跑。通过体力测试，将锻炼者的体力分成五个等级。体力水平达到四、五级者，说明其体力水平较高，可以直接按照锻炼方案进行锻炼。体力水平为一、二、三级者，需要进行预备性体力锻炼。

表 6-1　体力评价标准表(12 min 跑)　　　　　单位：m

体 力 级 别	30 岁以下	30～90 岁	40～49 岁	50 岁以上
Ⅰ 极差	1 600↓ 1 500↓	1 500↓ 1 400↓	1 400↓ 1 200↓	1 300↓ 1 000↓
Ⅱ 差	1 600～1 999 1 500～1 799	1 500～1 799 1 400～1 699	1 400～1 699 1 200～1 499	1 300～1 599 1 000～1 399
Ⅲ 稍差	2 000～2 399 1 800～2 199	1 800～2 199 1 700～1 999	1 700～2 099 1 500～1 799	1 600～1 999 1 400～1 699
Ⅳ 好	2 400～2 799 2 200～2 599	2 200～2 599 2 000～2 399	2 100～2 499 1 800～2 299	2 000～2 399 1 700～2 199
Ⅴ 极好	2 800↑ 2 600↑	2 600↑ 2 400↑	2 500↑ 2 300↑	2 400↑ 2 200↑

注：表中各栏数字，上为男，下为女。

有氧锻炼最常用的运动项目为三大运动：长跑、游泳、骑自行车。此外，还有步行、原地跑、耐力体操和球类运动等，这些运动项目的特点是：运动持续时间相对较长，运动负荷强度相对较小，运动中负荷变化相对不大。

如何确定每周有氧锻炼的量度，这是一个运动适度的问题，同时也是一个十分棘手的问题。库珀提出以标准分作为每周有氧锻炼量的标准。他曾对数千人进行测试和训练，结果是每周取得 30 分的人，有 80%都达到了理想的体力水平，他结合本人的实践经验和瑞典的体力标准，提出每周锻炼量应达到 30 分。

制订标准分的要领是运动的强度(即每分、每公斤体重的耗氧量)，其基本数据如表 6-2 所示。

表 6-2　有氧锻炼计分标准

1 600 m 跑或走的时间/min	分　　数	耗氧量/(mL/kg·min)
20～14.30	1	7
14～12	2	14
12～10	3	21
10～8	4	28
8～6.30	5	35
6.30↓	6	42

其他的运动项目，只要达到相应的时间和强度，也可得到相应的评分。甚至劳动和日常生活的体力投入，都可加入相应的评分。譬如，每周锻炼要取得 30 分，其典型方案是：长跑 2 400 m，用时 12 min，每周一、二、四、五锻炼 4 次，每次取得 7.5 分，总计 30 分，这是取得 30 分的最快的方法。也可以采用跑步、游泳、骑自行车、球类运动等相结合的办法，以获得相应的分数。

在开始正式的有氧锻炼之前，体力较差者必须先进行预备性身体锻炼(如年龄小，训练水平低的就以匀速低强度为主)。库珀认为，一、二、三级体力者，要进行 10～16 周的预备性体力锻炼，才能按照正常的锻炼标准进行运动(见表 6-3)。

采用有氧锻炼法的关键是掌握练习强度，这种练习强度既要处在有效健身价值阈以上，又不能超过无氧阈值，以保持"有氧"的性质。国内外较为流行的是用运动时心率控制练习强度，可以用 130 次/min 左右，不高于 150 次/min 作为控制指标，或以 180 减去锻炼者年龄的差值，作为控制强度指标。最新科研成果表明，心率低于 130 次/min 则锻炼效果不佳，高于 160 次/min，则不会出现更好的健身效果，高于 180/min 则易于产生疲劳和运动伤害。随着锻炼者年龄的不同，最佳心率范围值也应有所变化。

表 6-3　预备性体力锻炼方案

Ⅰ级		Ⅱ级		Ⅲ级	
周数	每周应达到的分数	周数	每周应达到的分数	周数	每周应达到的分数
1～2	5	1～2	5	1～2	5
3～4	10	3～4	10	3～4	10
5～7	15	5～6	15	5～6	15
8～11	20	7～9	20	7～8	27
12～14	27	10～21	27	9～10	30
15～16	30	12～13	30		

另一种意见认为，运动强度处于最大吸氧量的70%以下，属于有氧锻炼强度范围。此外，运动强度与年龄有一定的依存关系。日本学者在广泛研究的基础上，提出了运动强度与不同年龄锻炼者心率对照表(见表6-4)，可作为有氧锻炼者的参考心率指标。有了这种对照表，要保持最大吸氧量的70%以下，就显得容易多了。

表 6-4　运动强度与不同年龄锻炼者心率对照表

年龄 强度	20～29岁	30～39岁	40～49岁	50～59岁	60岁以上
100%	190	185	175	165	155
90%	175	170	165	155	145
80%	165	160	150	145	135
70%	150	145	140	135	125
60%	135	135	130	125	120
50%	125	120	115	110	110
40%	110	110	105	100	100

生理学分析得出，5 min(持续运动)是全身有氧耐力运动所需的最短时间，60 min 对于坚持正常工作的人是最长时间。一般中老年都以健身为目的，应选择强度小而时间长的方法；青少年则可选择时间相对较短、强度相对较大的方法进行锻炼。一般以 30～60 min 为宜。

从锻炼的次数看，研究也证明，一周运动1～2次，锻炼效果不明显；一周运动3次，基本是隔日运动，不仅不会疲劳，反而锻炼效果会产生积蓄；一周运动4～5次，效果最佳。当然最好要以自己不感觉疲劳为原则。

3. 有氧运动锻炼时必须注意的事项

(1) 在从事有氧锻炼之前要进行医学检查，以确定身体是否能够从事有氧运动　这种检查的目的是了解其心脏、血管、肺脏等器官的功能是否正常，是否存在运动中可能发生意外的隐患。患有严重的心脏病、高血压、糖尿病和过分肥胖者，除步行外，绝不可从事长跑等激烈运动；上述疾病症状较轻者，以及肾脏病、贫血症、肺病、下肢血管病、关节炎患者，也应"相对地禁止运动"。相对禁止运动并非完全不可运动，但要在医学监督下因人而异地进行。

(2) 要根据有氧锻炼的特点选择锻炼项目　有氧锻炼以提高心血管和呼吸系统功能为目的，以有氧耐力水平提高为标志，其项目特点是长时间小强度匀速运动。因此，在项目选择上，不宜采用肌肉等长运动方式，一般不采用举重、肌肉健美、力量体操等一类运动，也不主张运用短跑等无氧运动手段。因为这些项目或手段是与有氧锻炼的目标不相吻合的。当然，也不是说这些项目或手段对身体无锻炼价值，从身体全面发展的角度来说也是必要的。

(3) 锻炼的强度和时间要因人而异　每个个体在不同的年龄阶段，其心血管和呼吸系统的功能是有差异的，有氧锻炼的强度也应有所不同。为此，首先要通过耐力测验的结果来衡量锻炼者的体力情况，据此定出个人的有氧锻炼方案。库珀根据自己研究的测验方法所得出的结果，把锻炼者的体力分成五级，各自提出了不同的负荷标准，这种方法值得我们借鉴。此外，在锻炼的时间安排上，也应因人而异。

(4) 要做好准备活动和整理活动　心血管和呼吸系统从相对安静状态转入功能较高的运动状态，要有一个准备过程。否则，关节、肌肉就容易受伤，对于40岁以上的人来说更是如此。跑的准备活动应使全脚掌着地，以利伸展下肢和关节，准备活动的节奏也要由慢到快，逐步达到基本练习的要求。

许多人往往不太注意整理活动，运动结束后马上坐下休息，这就难免发生眩晕或昏迷。因此，在有氧锻炼后进行 5 min 左右的走步或慢跑是合适的。

(二) 理想的有氧运动锻炼方法

当今世界最常用的有氧运动锻炼项目是长跑、游泳、骑自行车，还有步行、甩手、爬楼梯、有氧健身操及球类运动，有条件的还可以进行滑雪运动等。下面仅就上述部分健身技法进行简要介绍。

1. 步行健身锻炼方法

步行，就是轻松的散步。是最简便、最安全、最受人喜爱的健身方法。它不受年龄、性别、身体健康状况、场地器材设备等条件的限制，不论男女老幼，谁都可通过步行达到健身的目的。步行时，四肢动作自然而协调，全身关节筋骨都可得到适度运动,可使人气血流通、经络畅达,壮筋骨、益五脏,能防治神经衰弱、冠心病、肥胖病、糖尿病、消化不良等多种疾病。特别是年老体弱和脑力工作者,尤其适合在空气清新鸟语花香的环境中散步。散步是非常有效的精神调节剂和健身法。

散步虽不拘形式,但也要讲究要领。散步时,应放松全身,调匀呼吸,悠然自得,百事不思,心空脑静。步行要做到:身体端正,挺胸收腹,两肩放松,目视前方,不低头,不驼背,步履轻松自如,犹如闲庭信步。其呼吸方法一般是两步一吸,四至六步一呼。

散步时间,可安排在清晨、饭后或睡前。清晨,如在空气清新的花前树下,从容踱步,优哉游哉,乃是人生一大享受。饭后散步可健脾消食,但应稍事休息一下后再去散步,若行走中以手摩腹,效果尤佳。睡前散步,可使人心平气静,解乏安神,有益睡眠。

步行锻炼方法可归纳为以下五种。

(1) 缓步锻炼法 以 60～70 步/min 的慢速和 80～90 步/min 的中速,每天步行锻炼 1～2 次(隔天一次也可),每次 30～60 min。此法最适于年老体弱者和一般人饭后活动。

(2) 快步锻炼法 指步履速度稍快的行走,约 120 步/min 左右,每次锻炼约 30～60 min。此法适用于中老年人增强心力和减轻体重。步行时最高心跳应控制在 120 次/min 以下。

(3) 逍遥步锻炼法 指散步时且走且停,且快且慢。步行一段距离后稍事休息,接着再走,或快步走一程,再换缓步走一段。走走停停,快慢相间,量力而行,自由随便。此法适用于病后康复或体弱者锻炼。

(4) 摆臂散步法 步行时两臂用力向前后摆动,可增进肩带和胸廓活动,此法适用于肺结核、慢性支气管炎等呼吸系统病人锻炼。

(5) 摩腹散步法 指一边散步,一边自我按摩腹部。此法适用于消化系统疾患者锻炼。

另外,患病者进行步行锻炼,还应根据病情,选择好环境。如肝气郁滞、心情不畅的人最好到花香鸟语的公园;心情烦躁、心火较重者宜去湖边和密林深处;水肿病人和风湿性关节炎患者,应选择沙地干燥处;口干舌燥者宜去梅林、水果园;畏寒者宜选阳光充足处。

步行的运动量要自我掌握。最佳标志是:呼吸平稳,不气喘,四肢发热,身体稍有汗,感觉轻快,稍有疲劳感,心率比平静时增加 10～20 次,经 5～10 min 后可恢复正常。

2. 慢跑健身锻炼方法

健身慢跑是一项轻松的具有中等强度的健身运动,特别适合中老年人进行有氧运动锻炼。实践证明,健身慢跑能增强心肺功能,减少体脂贮存,促进新陈代谢,增强消化能力、免疫能力及肌力,调节神经系统功能,预防高血脂症、冠心病、肺气肿、肌肉萎缩、便秘及消化不良等疾病。平时如果能坚持慢跑,一定能使精神状况得到明显改善,推迟人的衰老。

当然,进行慢跑锻炼,要掌握正确的方法,才能取得良好效果。跑步时,上体正直稍前倾,头和上体应成直线,两臂屈肘前后自然摆动,前摆时稍向内,后摆时稍向外,全脚掌落地,然后到脚外侧,最后再用前脚掌蹬离地面。身体各部肌肉、关节尽量放松,配合协调。呼吸要有节奏,可采用二步一吸、二步一呼,或三步一吸、三步一呼。尽量做到吸气要深,呼气要充分,最好采用口鼻兼用,以鼻为主的呼吸方法,呼吸时应半张开口,轻咬牙,舌头上卷,轻抵上颚,让空气从牙缝中进入。跑步强度要适当,跑速一般 120～130 m/min 为宜,开始时,每次可跑 5～10 min,逐步增加到 15～20 min 或 20 min 以上。跑时心率最低不少于 120 次/min,最高不超过 180 次/min,最佳心率应是 180 减去本人年龄。

初跑时可采用走跑交替的方式,先走后跑、或先跑后走、走走跑跑交替进行,如走 200 m,跑 300～500 m,再走 200 m,接着再跑……。熟悉掌握后,再视身体情况选择匀速跑、变速跑、重复跑、间歇跑、定时跑等方法进行练习。研究证明,3 000 m 持续慢跑(或走),几乎是 100%的有氧系统供能。

跑后应做些放松和自我按摩下肢的活动。如放松按摩后仍有酸痛感,可进行局部热敷或洗热水澡,这样更易消除疲劳。为了保证安全,跑前到医院检查一下身体很有必要。患病者一定要经医生同意再确定可否参加健身慢跑。

3. 甩手健身锻炼方法

甩手运动是我国民间的一种健身法,它对全身经络可起到有节奏的按摩作用。甩手时,由于两臂前后摆动,胸部活动增加,呼吸加深加快,有助于治疗呼吸系统疾病。甩手时,由于膈肌上下活动,可有节奏地按摩腹腔的内脏器官,促进胃肠蠕动,减轻肝脏淤血,改善消化吸收功能,有助于治疗消化系统疾病。甩手时,全身肌肉放松,排除杂念,心静脑空,把意识集中到手上,可改善大脑的功能,有助于治疗神经系统疾病。

甩手运动最好在早晨起床后和晚上临睡前进行。饥饿或过饱时,都不宜做甩手运动。地点宜在空气清新、环境安静的庭院或公园,也可在室内或凉台。

甩手时,须摒除杂念,全身放松,两脚自然开立,双臂下垂,掌心向内,在腰腿带动下,双臂前后来回摆动,前摆时与身体垂直线角度为 40°～60°,后摆时不超过 30°,摆动速度为 50 次/min,每回可摆动 500～1 000 下。如应用此法得当，坚持一段时间后就会感到精神振奋、食欲旺盛、睡眠良好、体质增强，如锻炼中出现头晕、胸痛、臂酸沉、疲乏无力，说明运动量过大，应减少甩手次数或暂停此项运动。

4. 登楼梯健身锻炼方法

近些年来，登楼梯已成为人们喜爱的健身方法。的确，利用楼梯进行健身锻炼，非常简便，既不需什么设备器材，又不受时间和气候的影响，况且，登楼梯所消耗的能量又很大。据有关专家测定，快速上楼梯所消耗的能量是静坐的 10 倍，散步的 5 倍，游泳的 2 倍，快速跑的 1.8 倍。经常上下楼梯可改善心肺功能，增强下肢肌肉的力量，改善髋、膝、踝等关节与韧带的柔软性、灵活性，促进胃肠的蠕动和胃液的分泌，对增强消化系统功能和肥胖者减肥都是很有益的。

登楼梯也应讲究方法。初练时，运动量不可过大，例如，每登一层用 30 s、3 min 登上六层楼。下楼用 2 min，休息几分钟再登。重复次数先是 2～3 组，逐步增至 5～6 组，甚至 10 组，如此循序渐进，坚持不懈。

登楼梯所选台阶不要太光滑，要有坚固的栏杆，光线要明亮。在登攀过程中如感到心慌气短、头晕腿软，不要惊慌，可手扶栏杆休息一会儿，平静一下，如无其他不适，可继续攀登。登楼梯时最好穿平底布鞋或胶鞋，忌穿高跟皮鞋，精力要集中，步态要从容。最好选在行人较少的时间进行锻炼，每天至少 1～2 次，每次一般为 15～20 min。

另外，利用楼梯还可进行塑造优美体型的锻炼，锻炼方法如下。

(1) 俯卧撑　将膝盖跪在第 1 台阶上，手撑在高几级台阶处，先屈肘，后撑起，如能将腿伸直更好。

(2) 反坐撑　坐在第 2 台阶，脚放地上，手置于第 3 台阶，直臂撑起。

(3) 腹腿练习　一脚站地，一脚上抬置于第 2 或 3 台阶上，挺身，臀部向抬起脚的方向反复移动。换脚重复以上动作。

(4) 仰卧起坐　面对楼梯躺于地上，脚跟置于第 2 或第 3 台阶上，双臂交叉置于胸前，起身向上，反复做。

(5) 足跟起落　重心脚站于第 1 台阶，脚掌踩于台阶边缘，另一脚踏于第 2 台阶，重心脚抬高直至脚趾撑地，暂停片刻，再把脚跟降至平面以下。换脚重复上述动作。

(6) 压腿前屈　面对楼梯站立，一腿放于第 4 或第 5 台阶上，支撑腿上体前屈，两手握台阶上的足踝处。换脚重做。

(7) 胸腿运动　面对楼梯站立，脚尖距楼梯 10 cm，双手撑于与腰同高的台阶上，伸直双腿，尽力下压胸部和肩部，臀部向后移动。反复数次。

5. 游泳健身锻炼方法

游泳与骑自行车、慢跑及滑雪是当今世界首推的最佳健身、健美和减肥运动项目。

　　游泳可使形体变得健美。因为，人的脊椎状态是决定人们体态的关键因素，而游泳锻炼的重点正好在强健脊椎上。无论采用何种泳姿，都是平卧在水中进行的。爬泳，不仅要俯卧，而且还要略呈背弓，使身体在水中尽可能呈流线型，最大限度地减少水的迎面阻力；蝶泳则要求躯干做波浪动作，背部肌肉须保持紧张；蛙泳时，虽然腿不能蹬出水面，但在抬头吸气时，臀部和下肢仍要保持较高的位置，也要求背肌有一定的紧张度。各种游泳姿势都要求脊柱充分伸展，以便加长划水路线，使游泳动作更符合力学原理。而脊柱伸展对矫正和防止驼背及其他职业性脊柱侧弯是有益的。

　　游泳时，腿臂并用，全身肌肉都对称地参与运动。长期从事游泳不仅可以使四肢肌肉匀称发达，而且还可以使身体的一些小肌肉群得到锻炼。此外，因为水的密度比空气的密度大 320 倍，游泳时胸廓所承受的压力为 12～15 kg，因此，游泳对人的呼吸肌提出了更高的要求，喜欢游泳的人，一般都胸部肌肉丰满，肩部宽阔。

　　由于游泳多在露天进行，因而能经常接受阳光中紫外线的照射。这对皮肤中的胆固醇转化为骨骼发育所需的维生素 D 具有强化作用，有助于骨质钙化和佝偻病的防治，长期坚持能使青少年大幅度增高。

　　游泳还是一种有效的减肥运动。科学试验证明，水的导热性比空气高 28 倍，其阻力远远超出空气。当在水温为 12℃ 的水中活动 4 min 时，它所消耗的热量几乎等同于在同温度空气中活动 1 h 释放出的能量。因此，通过游泳锻炼，可使人体变得苗条而富有曲线感。

　　与此同时，有些人还把游泳视为高效的"血管体操"。这是因为：其一，水对身体各部分有按摩作用，有助于血液循环和促进表皮细胞的新陈代谢，使人的肌肤更加光滑细腻，富于弹性和美感；其二，人体在水中运动时，节奏方面一般都比较缓慢，这对心脏的工作很有好处；其三，当进入水中时，人体皮肤和皮肤血管会急剧收缩，大量血液被驱入内脏和深部组织，使内脏器官增大，接着，皮肤血管也随之扩张，血液开始回流，这种来回往复有利于增强血管弹性，提高心脏机能，从而也促进形体健美。

　　游泳的姿势不限，距离可视体力等情况而定。研究表明，仅 400 m 游泳而言，有氧系统供能就接近 70%，如果采用持续游的方法游较长的距离则效果更佳。对体力较差者可采用间歇锻炼法练习。间歇时间的长短，可用心率来控制，在下一次练习前，心率一般为 120 次/min 左右为宜，因为此时心脏处于良好的功能状态。普通健身者，完全可以采用嬉水、重复性慢游、间歇性慢游、定额慢(快)游等方式来练习。

　　然而，游泳锻炼也需认真注意。游泳前一定要做好准备活动，使全身肌肉和关节都活动开，以免抽筋，发生危险。不要空腹下水游泳，以免体内出现因入不敷出而使大脑血糖供应不足，导致引发头昏眼花、四肢无力、面色苍白乃至晕倒等症状。同时，刚吃过饭就游泳也不好，容易造成体表血管扩张，胃肠血液相对减少而影响消化功能。鉴于此，游泳最好安排在饭后 1 h 进行，每次不要超过 3 h，而且每隔 30 min 应休息 10 min。若遇雷雨天气，不要游泳。游泳时，还应保护好眼、耳、鼻等器官，以免造成疾患。

6. 骑自行车健身锻炼方法

中国是一个"自行车王国"，过去乃至现在，自行车仍是我国城乡广大人民的代步工具。骑自行车亦因为对下肢关节负荷较小、参加运动的肌肉较多(达 100 多块)、锻炼效果全面、运动量适中而受到人们的钟爱。人们或上班时权作交通工具，或郊游时以健身健心，或减肥时以车代步。更有人研究证明，自行车运动员的快缩肌(白肌)因运动反而变细变小。因此又是减肥者首推的运动项目之一。

骑车的时间可长可短，几十分钟至数小时均可。骑时只需注意姿势和方法即可。

骑车的姿势主要取决于自行车的结构。骑车者首先要选用适合自己的车型。如女子最好选用坤车，不但上下车方便，符合妇女生理特点，而且也符合女子上体较长、下肢较短的形体。腿长的男子要选用横梁较长的男车，肩宽的要选用车把较宽的型号。其次，要对自己的用车进行适当的调整。自行车可调整的部位主要是车座和车把。车座的高度应调整到能使腿伸直或基本伸直为度，这样既可保证骑车时腿有伸直的休息阶段，也给人舒展的感觉。车把是调整上体姿势的主要部件。男子骑车时上体应保持略微前倾，女子应保持基本正直，双臂伸直或稍有弯曲。

骑行时头部保持正直，双眼看前方 15～20 m 处，下颌不要前探，身子不要摇晃，亦不要用脚心和脚跟蹬车。蹬踏方法最好是用前脚掌踏在脚蹬子上，脚蹬转向前方时，脚、小腿、大腿能呈一线。髋关节和膝关节依次用力，踝关节也可以协助用力以减少动作的幅度。呼吸与车速配合，用腹式呼吸方法，尽量用鼻腔呼吸。骑车健身的方式不限，可慢骑行、定时骑行、定距骑行、重复骑行、变速骑行、间歇骑行等。

另外，上下车时还要注意动作协调敏捷，不宜过猛，以免显得十分局促。上车时在车充分滑行后，内侧腿再舒展地摆过车座；下车时应在车速减慢时再下，不宜在高速行驶或完全静止时下车。此外，更要注意马路上的交通安全。

二、无氧运动锻炼方法

(一) 无氧运动锻炼(肌肉力量训练)的益处

(1) 延缓衰老(长期力量训练者比实际生理年龄年轻 5～7 岁)。不经常参加锻炼的人在 20~25 岁达到最大肌肉力量，以后每 10 年将会损失 10%左右的肌肉重量和肌肉力量。60 岁后，力量损失加速。经常参加锻炼的人可以把最佳状态保持到 60 岁以上。

(2) 美化体形体态(发达肌肉，改变(修塑)体形)。

(3) 增加骨密度，减少骨质疏松，关节病及其他相关疾病。

(4) 消耗更多热量，防止肥胖，改善脂肪代谢。即使在不运动的状态下，每 1 kg 肌肉每天都要消耗 75~110 kcal 的热量。通过力量训练，每增加 1 kg 肌肉，其消耗的热量等于在一年内燃烧掉 3~5 kg 脂肪。经常参加力量训练，可以使血液总胆固醇下降，低密度脂蛋白下降，高密度脂蛋白升高，有利心血管健康。

(5) 减少运动器官的损伤和疼痛。肌肉力量的不足和退化会造成肌肉劳损、疼痛及身体形态改变。力量训练可以使颈部和腰部等重要部位的肌肉力量增强，延长工作时间。

(6) 改善身体对碳水化合物的代谢机能，促进心血管健康，预防和帮助治疗糖尿病。力量训练可增加肌肉重量，更多的肌肉组织使肌体对胰岛素的敏感性加强，从而更有效地从血液里摄取所需的糖并加以利用，降低血糖，起到预防和治疗 II 型糖尿病的作用。

(7) 此外，无氧练习(训练)还有如下作用：①锻炼速度、力量及爆发力；②培养神经、肌肉的"强度"。

(二) 无氧运动锻炼的供能特点

无氧运动是以无氧供能占优势的运动。运动中，如果 ATP-CP 系统的最大供能速率或输出功率为 56 J/(kg·s)，供能持续时间仅为 7.5 s 左右。其供能特点是供能总量少，持续时间短，功率输出最快，不需要 O_2，不产生乳酸物质。随后体内的葡萄糖或糖原在无氧情况下分解产生乳酸的过程中，再合成 ATP 的能量系统，并释放能量，此过程为无氧酵解。如果最大供能速率或输出功率为 29.3 J/(kg·s)，供能持续时间可达到 33 s 左右。专门的无氧训练可有效提高乳酸能系统的供能能力。

从健身健美的角度看，无氧运动主要是发展人的速度、力量和爆发力，培养神经、肌肉的"强度"，提高人体的某些极限体能等。国际健身健美专家认为，对中老年人来说，应主要采用有氧负荷强度或混合强度练习，不宜强调无氧锻炼。他们认为，只有以有氧锻炼为主，对中老年身体好处才更大。故此，这里介绍的无氧运动健身技法一般只适宜健身健美运动员的体能性训练和供体质较好的健身锻炼者参考。

(三) 无氧运动锻炼的分类

根据不同练习的不同特征，以人体的运动能力结合技术动作结构，可将无氧运动练习分为周期性练习、非周期性练习、混合性多元练习、固定组合练习及变异组合练习等,更详细的分类如下所述。

1. 根据体能周期性练习中能量输出功率分类

(1) 极量强度的无氧练习　在这类练习中,无氧供能占总能需量的 90%~100%,其中主要是磷酸原系统供能,能量输出功率可达 480 kJ/min,最长运动时间仅几秒。此类练习包括 100 m 跑、短距离赛场自行车、50 m 游泳和 50m 潜泳等。

(2) 近极量强度的无氧练习(混合的无氧强度练习)　在这类练习中,无氧供能占总能需量的 75%~80%,其中一部分靠磷酸原系统供能,大部分靠乳酸能系统供能。能量输出功率为 200~400 kJ/min,最长运动时间为 20~30 s。属于这类练习的项目有 200 m 和 400 m 跑、100 m 游泳和 500 m 速滑等。

(3) 亚极量强度的无氧练习(无氧有氧强度练习)　在这类练习中无氧供能占总能需量的 60%~70%,主要靠乳酸能系统供能。能量输出功率为 160 kJ/min,最长运动时间为 1~2 min,运动后血乳酸高达 20~25 mmol/L。氧运输系统功能中的一些指标可以接近或达到最大值。属于这类练习的项目有 800 m 跑、200 m 游泳、1 000 m 和 1 500 m 速滑以及 1 km 赛场自行车赛等。

2. 根据体能非周期性无氧练习的形式分类

(1) 爆发性的练习　特点是快速完成一个或几个非周期性的、短时间的、大强度的、用力的动作。完成这类练习的时间从几秒到十几秒,有的项目还包括周期性动作。跳跃、投掷和举重项目均属此类练习。

(2) 有定规变化的练习　是由一些不同形式的单个动作按严格规定组合在一起的联合动作。竞技体操、技巧、武术、花样滑冰和跳水等均属此类练习。

(3) 无定规变化的练习　是由无定规的、急剧变换的、不同性质的、不同强度的动作组成的练习。其中既有爆发性用力,又有较小强度的负荷;既有紧张的活动期,又有一定的间歇休息。突出特点是随机应变。所有的球类项目、摔跤、拳击、山地滑雪等均属此类练习。

3. 根据人体运动能力和技术动作结构分类

1) 周期性单一练习方法

周期性单一练习手段是指周期性重复进行单一结构动作的身体练习。由于该类练习动作相对简单,动作环节相对较少,因此,较易使练习者学习、掌握并强化主要环节的训练。由于该类练习的动作方式较易设计,因此,可以作为体能主导类速度性、耐力性运动项群的主要练习手段和其他项群的基本练习手段。

(1) 全身周期性练习。

① 各种快跑练习　不同距离或时间的跑的练习。步法可为向前跑、垫步跑、

交叉步跑、后蹬步跑及并步跑等。要求在动作正确的情况下,强调步法动作的规范性,提高速度素质和动作的节奏。

② 跳推杠铃练习 立姿,两脚自然站立,与肩同宽。两手翻握轻重量杠铃放置胸前。全身用力时,两脚交叉步或并步跳起,同时,两手上推杠铃到头顶至两臂伸直。连续练习若干次,练习若干组。要求在动作正确的情况下,重点发展无氧供能条件下的力量耐力和协调性素质。

③ 拉测功仪练习 坐在测功仪上,按划船动作,做全身性拉桨练习,练习时上下肢配合,全力做 6～10 min,做若干组。要求在动作正确的情况下,重点发展无氧与有氧混合供能条件下的速度耐力和力量耐力。

(2) 局部周期性练习。

① 快速挥臂练习 原地站立,头上方悬吊重沙袋,做扣排球动作,连续挥臂拍击沙袋若干次,练习若干组。要求在动作正确的情况下,强调挥臂和鞭打速度。

② 卧推杠铃练习 仰卧卧推凳上,两手与肩同宽握杠,由胸前上推杠铃至两臂伸直,连续向上推若干次,练习若干组。要求在动作正确的情况下,强调提高胸、臂部位肌群的最大力量与速度力量及发达相应部位的肌肉。

③ 拉橡皮带练习 立式上身前俯或俯卧式,两手由前方向后体侧拉橡皮带,反复多次做 3～10 min,练习若干组。要求在动作正确的情况下,提高胸、臂部位的力量耐力。

2) 混合性多元练习方法

混合性多元练习手段是指将几种单一结构的动作混合进行的身体练习。由于该类练习的动作相对复杂、动作环节相对较多,因此,有利于形成复杂动作的神经联系、提高技能的储备量,有利于学习、掌握较为复杂的技术动作;由于该类练习的技术动作以非周期的方式表现于练习的整个过程,因此,有利于提高动作的协调性素质和时空感知能力,进而有利于提高运动员的整个运动能力;由于该类练习动作的环节较多,因此较易掌握不同环节的动作方法;由于该类练习动作特点与体能主导类力量性、技能主导类对抗性项群技术特点类似,因此,该类练习手段可以作为这些项群的主要练习手段。

(1) 全身混合性练习。

① 跑动跨跳练习 中速跑,每跑 3 步跨步跳 1 次,连续跨跳 10 次。如固定距离可计时进行。每组练习 3～5 次,练习 2～3 组。要求摆动腿尽量向前摆出,速度始终如一,跨步的幅度要大,以提高爆发力素质。

② 助跑掷枪练习法 按完整掷标枪动作练习。要求助跑快速,变步清晰,制动有力,挥臂快速,出手利索。

③ 助跑扣球练习 按排球助跑扣球完整动作的方法进行实际扣球练习。每组练习 5～8 次,练习 3～5 组。要求助跑节奏清晰,起跳快速有力,跃起滞空时间

较长，扣球挥臂迅速，落地缓冲轻松。

(2) 局部混合性练习。

① 助跑起跳练习　助跑10 m起跳跳远练习；5、7、9步助跑单、双脚起跳手摸高练习；持竿助跑30 m接插穴起跳练习等。要求助跑与起跳环节衔接连贯，转换速度快。

② 助跑掷球练习　手持轻实心球，加速跑6～10 m后侧交叉步跑3～5步，按掷标枪动作将球掷出。要求助跑过程节奏清晰，出手速度快。

③ 摆浪收腹练习　撑竿跳高动作的辅助练习之一。助跑起跳后，双手握在吊绳上，身体悬垂并随吊绳摆动之势屈腿或直腿收腹。要求摆浪收腹动作协调。

3) 固定组合练习方法

固定组合练习手段是将多种练习手段依固定形式组合的身体练习。运用该练习较易学习、掌握、巩固和应用成套的固定组合的练习动作，使练习动作娴熟化；较易获得与技术动作相匹配的运动机能和运动节奏，进而有利于提高运动能力；较易形成复杂动作的暂时性神经联系，提高技能的储备量和学习、掌握较为复杂的技术动作；较易获得运动的协调性素质和时空感知能力。由于该类练习动作特点与技能主导类表现性项群技术动作的特点类似，因此，该类练习手段是上述项群的主要练习手段。

(1) 各种自选拳练习。

根据武术规则，将各种拳法、腿法及身法动作编排为成套的自选拳组合动作进行练习。要求在动作正确情况下，按规定时间和技法完成练习，并达到提高无氧代谢能力的目的。

(2) 各种协调性练习。

将各种脚步动作、跳跃动作和滚翻动作有机地编排成为各种成套的组合动作进行练习。要求注意提高各个基本动作之间的衔接能力和动作的协调性。

4) 变异组合练习方法

变异组合练习手段是指在多元动作结构下，将多种练习手段依变异形式组合进行的身体练习。通过各种变异组合的练习，可以有效地提高运动过程的应变能力；可以提高对复杂状态的预见能力；可以提高各种运动战术的应用能力；可以提高与运动技术、运动战术相匹配的运动机能能力；可以提高对信号刺激的复杂反应能力，提高技能的储备量和掌握较为复杂的技术动作；可以有效提高运动的灵敏性素质和时空感知能力。由于该类练习动作特点与技能主导类对抗性项群的技、战术动作的特点类似，因此，该类练习手段是上述项群的主要练习手段。

(1) 完整变异组合练习。

① 各种格斗性对抗练习　摔跤、散手、拳击等格斗性项目的半场或全场实战练习。要求攻防格斗动作快、脚步移动变换快、个人战术变换快。

② 各种同场性对抗练习　篮球、足球、手球等同场性项目的半场或全场实战练习。要求攻防配合形式多、基本技术动作好、集体战术选择正确、个人战术应变快。

③ 各种隔网性对抗练习　排球、网球、羽毛球等隔网性项目的半场或全场实战练习。要求攻防配合密切、基本技术扎实、战术选择正确、战术应变迅速。

(2) 局部变异组合练习。

① 进攻战术配合练习　在设置防守对手的情况下，专门进行少人或多人的某几种进攻战术配合应用的练习。要求在恰当的进攻时机，选择适宜的进攻战术形式，并能合理地形成战术配合。

② 防守战术配合练习　在设置进攻对手的情况下，专门进行少人或多人的某几种防守战术配合应用的练习。要求在对手进攻方式的变换下，能及时选择适宜的防守形式并能合理地形成防守战术配合。

第三节　休闲健身锻炼方法

这里的休闲健身是对闲暇体育、余暇体育、休闲体育、娱乐体育总的概括。是人们为了丰富生活、调节情绪、谋求身体满足、善度余暇而进行的自由自在的体育健身娱乐活动。休闲健身锻炼方法有别于其他的体育锻炼活动，参加者可根据自己的体质、娱乐和余暇等特点，自由选择健身、娱乐活动的内容、时间、地点、场所、组织形式、方法和负荷等，以利于表现个人特点，发展和彰显个性。这种锻炼方法更强调健身活动的时间、人们在活动时的心态及活动所采取的方式。休闲健身锻炼方法的活动强度也不宜过大，这样才可起到愉悦身心、消除疲劳和善度闲暇等作用。

休闲时代的主要标志："一是有闲，二是有钱，三是有心情。"休闲健身的特点是闲暇性、娱乐性、消遣性、放松性、健身性、自发性和自由性。其根本目的主要在于消遣、娱乐、放松、善度余暇，其次才是健身，因为一切有益的消遣娱乐活动本身就带有健身的含义。人们通过各种形式的游戏、竞技、健美、舞蹈、球类活动和郊游、钓鱼、艺术欣赏、走进大自然及科学活动等，获得积极性休息，陶冶情感，以健康、高尚、文明、科学的生活方式善度余暇。所采用的健身手段也大多具有较强的娱乐性。此外，在余暇时间里所参加的健身娱乐活动，有时也可以没有任何目的和特定的形式及功利色彩。

休闲健身是随着现代社会的发展，特别是随着休闲时代的来临而逐渐兴盛起来的，发展到今天，它早已超越了过去那种强身健体、减轻人们病痛和娱乐身心的范畴。它是人们精神文化生活的重要内容，并成为人们健康、科学的生活方式中不可缺少的一个重要组成部分。同时，它也是衡量人的自我意识觉醒度的一把标尺，它在本质上代表着现代人类的生活方式和整个社会的文明趋向。休闲更是一个国家生产力水平高低的标志，是人类物质文明和精神文明的结晶，是一种崭新的生活方式、生命状态，是与每个人的生存质量息息相关的领域。

在知识经济时代，由于空间压缩(缩短了人们之间的距离)、时间膨胀(马克思讲："一切节约，归根结底就是时间的节约。")、信息爆炸、沟通加强、知识升值(知识改变了人们的生产方式和分配方式)，以及世界都市化、国家城镇化发展步伐的加快等，导致了人们身体运动方式在整体上突然脱离了生产劳动领域，而且出现了违反生物节律和其他自然规律的异化状况。在生产方式快速升级、体力劳动大幅减少的背景下，人类整体上出现了"肌肉饥饿"现象。特别是进入21世纪以来，由于"生活节奏快，社会发展快，思想变化快，信息传递快，观念转变快"，以及激烈的社会竞争和复杂的人际关系等，又给一部分人造成了心理上的失衡，即"精神饥饿"现象。为了抵消"快节奏"和"肌肉"与"精神饥饿"所造成的不利影响，现代社会一方面大大增加了余暇时间，有着丰富的余暇活动，从而对社会成员起到了巨大的调节和缓冲作用。另一方面，人们在满足了基本的生活需要以后，享受的需要、发展的需要也随之出现，并成为影响生活方式和行为方式的强大动力。人们需要利用各种方式，也包括休闲娱乐方式来不断地充实自己、完善自己，努力提高个人的物质生活和精神文化生活质量。休闲消遣与娱乐健身也就成了现代人十分重要的活动领域。

目前休闲的种类很多，有滨海休闲、沙漠休闲……。而健身是休闲的一部分，休闲作为人权已被世界公认。在举国开展"全民健身运动"的今天，不少专家提出了"全民休闲健身运动"的设想，主张以"健康休闲"、"快乐休闲"、"游戏休闲"、"竞技休闲"的休闲健身方式来应对具有后现代(即后信息时代)特征的即将到来的休闲时代。

人们在余暇时间里的健身消遣运动和方式很多，如手工工艺、收藏、观看戏剧电影、欣赏音乐、健身运动等。从休闲健身的角度分析，可分为三类：一类是非运动性休闲健身活动，如通过观赏各种体育比赛或表演，获得心理满足；另一类是运动性休闲健身活动，如散步、旅行、踏青、登高、狩猎、垂钓、泛舟等；还有一类是智力性休闲健身活动，如下棋、打牌等，对人们的娱乐消遣、善度余暇，也有一定的作用。

一、非运动性休闲健身活动

体育比赛的频繁和体育场馆的巨型化，以及电视体育节目的丰富多彩，为体育欣赏提供了硕大的空间，观看体育比赛和表演已经进入绝大多数人的业余生活。

在体育比赛和表演中，运动员熟练、优美、准确、惊险的技术动作，能使观赏者油然产生心灵的快感和健康美的精神享受。在体育比赛中运动员勇敢拼搏的精神，积极进取、落落大方的比赛风格，能使观赏者受到教益，陶冶情操，激起民族自尊心和自豪感，增加民族的凝聚力等。体育欣赏还可以调节人的心理平衡和加强自我修养等。

对体育比赛和表演中的欣赏内容是多方面的，其中心目标是运动员的表演，如运动员的健美体形、体态、气质，优异的身心素质，高超的技战术水平和比赛作风等，都是观赏者欣赏的对象。此外，裁判员公正严肃的作风、体育建筑的壮观华美、赛场热烈和睦的比赛氛围，也对体育欣赏起着良好的烘托和铺垫作用。

要使体育欣赏成为人们善度余暇和陶冶情操的有力手段，一方面需要充实和丰富体育欣赏对象，组织优质健康的体育比赛和表演。另一方面，欣赏者本身也有必要提高自身的知识修养和道德情操。体育比赛是宣传文明、弘扬真理、营造团结祥和气氛的重要场所。观赏者既要以放松随意的心情欣赏体育比赛和表演，又负有一定的社会道义和职责。维护比赛热烈正常的气氛，这不仅有利于比赛的顺利进行，也有利于观赏者的心理健康。与此同时，观赏者还需要加强体育运动的知识修养，充分了解各种体育比赛与表演的特点，各项比赛的规则要求，各项目的技术和战术特点等，这对于提高观赏水平和兴趣也是十分必要的。

此外，音乐与艺术欣赏、观看戏剧电影等，也是善度余暇的消遣与娱乐的好方式。

二、运动性休闲健身活动

运动性休闲健身活动的内容十分广泛，如开展篮球、排球、足球、羽毛球、网球、乒乓球、保龄球、高尔夫球等球类运动，进行游戏、跑步、旅游、骑自行车、登山、武术、气功、健(身)美操、健美舞等，这些活动，既可以达到健身健美，又可以消遣娱乐，陶冶性情。一般来说，体力性健身消遣活动与日常体育锻炼活动相比较，在内容选择上应当更为随意，运动负荷安排应当更小一些，在活动环境上应当尽可能优雅舒适，使肌体和情绪更为松弛。

例如，垂钓就是一项有益身心健康的娱乐健身活动。我国早在周代就有"姜太公钓鱼——愿者上钩"的美谈，明代的一幅"仕女垂钓图"更是从一个侧面生动地反映出垂钓范围的广泛普及性。钓鱼的健身机理主要有四方面：①体力上的锻炼。无论步行或骑车前往垂钓地，均能使肌体获得运动的机会，可以提高心血管系统和呼吸系统机能，改善血液的携氧能力。②开阔胸襟。置身于大自然的怀抱会令人心旷神怡，尤其是垂钓地的优美景致——水波粼粼，柳枝飘荡，空气清新，沁人肺腑，使得平日紧张的神经得以放松。③调神爽身。垂钓者临风把竿，虔诚专一，一边恭候静守鱼标，一边享受钓上鱼后的欢乐，一静一动，动静结合，既能提高视力，又能愉悦神志，对高血压和神经衰弱均有良好的康复作用。④磨炼意志。垂钓需要耐心和信心，而漫不经心、三心二意或心胸烦躁是钓鱼作业之大患。所以，通过钓鱼的锻炼，还可使人变得稳健、成熟。故此，我们认为垂钓既属于体力性娱乐健身活动，又属于智力性健身消遣活动，还属于非智力性(心理)休闲健身活动。可不是吗，在垂钓时，人们还必须和鱼儿斗智、斗勇、斗技呢。

此外，养花与放风筝等也能起到陶冶情操、充实生活、锻炼肌力和增进身心健康的作用。

三、智力性休闲健身活动

智力性休闲健身活动主要包括下棋、打牌、吟诗、作画、音乐、摄影、集邮等，以下棋打牌最为典型。"琴棋书画"为我国古代四大消遣艺术。在现代社会里，由于其所具的消遣娱乐价值，下棋、打牌均被列入体育运动项目之中。

下棋是人们十分喜爱的一项文化娱乐活动，不仅能丰富业余生活，调节精神，而且还能锻炼人的思维，增强智力，推延衰老。古人云："善弈者长寿"。一般人下棋的目的在于娱乐，愉悦身心，不可把胜负看得太重，不必为一子一盘之得失而大动肝火。下棋的时间也不要过长，以免影响休息和睡眠。下棋一般取坐姿，时间长了，肌肉活动减弱，致使消化功能减弱，食欲下降，影响胃肠的蠕动和物质的消化吸收，结果导致便秘，诱发痔疮，故应加以注意。

牌的种类很多，如纸牌、麻将牌等，也具有一定的娱乐价值，运用得当，可以交流感情，陶冶情操，调节身心。但持续时间也都不宜过长，因为久坐不利于健康。只有把智力性消遣娱乐活动与非智力性消遣娱乐活动结合起来，特别是与体力性健身锻炼结合起来，才能有效地充实生活内容，提高生活质量，达到善度余暇的目的，并获得强身健体和益寿延年的效果。

四、休闲健身活动锻炼的要求

(1) 娱乐和锻炼时，情绪应放松、注意力应专注于活动对象上，要暂时忘记和摆脱工作、生活的困扰。

(2) 活动内容选择要以兴趣爱好为前提，并符合个人意愿和休闲健身的特点。

(3) 运动负荷应视体质水平和运动能力而定，并以中、小强度为宜，以运动后产生惬意的疲劳感为好。

(4) 为增进情感交流，增添消遣情趣，防止伤害事故发生，最好能与亲友结伴而行，共同参与活动，其中又以互动性、游戏性等活动方式为最佳。

第四节　民族传统与自然力健身锻炼方法

一、民族传统健身锻炼方法

中国传统健身养生术，源远流长。早在春秋战国以前，人们模仿禽兽的运动姿势，创编了不少健身体操，当时称为"导引"或"导引术"。春秋战国时期，导引已成为人们强身的活动了。到了秦汉，我国已出现有关导引方面的专著。1973年，在长沙马王堆三号汉墓出土的帛书《导引图》，就是先秦时流传下来的古代导引图谱。东汉名医华佗创编的"五禽戏"，唐代流传的"易筋经"，明代风行的"八段锦"、"太极拳"等，都是在古代导引的基础上发展起来的。

导引不同于一般的体操，它是具有鲜明民族特色的养生长寿术。其特点是不单纯练肌肉筋骨，尤强调练神。导引的功法是动中有静，静中有动，动静结合，身心俱练，并配合气功进行。所以它比现在的体操运动，更有益于健康长寿。鉴于中国古代传统养生术经过不断发展，宋元时期已经出现众多流派，明清两代还有创新，流传的导引术不下三四十种。下面仅就有代表性的养生技法进行一些介绍，供爱好者选用。

（一）保健气功

气功在养生学里称为"导引"、"行气"、"静坐"、"吐纳"，等等，是我国传统的养生手段之一，是体育与医疗相结合的产物，在我国有悠久的历史。几千年来，气功理论和功法丰富多彩，变化多端，但始终不出宁神入静、调息运气的范畴。

我国的气功，来源于佛教、道教、儒教、医家和武术家各流派，也有来自民间的。通常分硬气功和气功两大类，后者又包括静功和动功两类。气功锻炼的流派很多，方法各异，但都要求发挥人的主观能动性，做到"三调"（调心、调息、调身），以调整肌体的机能，控制肌体的活动，达到肌肉放松、精神安宁、思想入静的状态，进行呼吸锻炼。

气功锻炼对人体神经系统、心血管系统、消化系统、呼吸系统和内分泌系统等均有良好的作用。在气功锻炼中，意念入静，神经系统处于内抑制状态，能消除大脑皮层的紧张状态，对肌体有很好的保护作用。练功时以腹式呼吸为主，能有节律地"按摩"腹腔器官，改善消化和吸收功能。此外，气功锻炼能使皮质激素、生长激素分泌量减少，从而使蛋白质更新率变慢、酶的活性改变，并使免疫功能强化。

（二）五禽戏

五禽戏是我国东汉名医华佗模仿虎、鹿、熊、猿、鸟(鹤)五种长寿动物的矫健活泼、沉稳优美的活动姿态和神态习性而创编的一套仿生健身运动方法。五禽戏的基本要领是：内外结合、动静相兼、刚柔并济、意气合一。内外结合，即内练精气，外练筋骨。动静相兼，指既重视精神的宁静，同时又注意肢体的运动。刚柔并济，即练刚劲时须刚中有柔，练柔劲时须柔中有刚。意气合一，是指在注意呼吸锻炼的同时，又不放松意念活动的锻炼，即以意领气，神不外逸，气贯丹田。

(三) 易筋经

易筋经是我国古代的一项健身运动，传说为达摩老祖首创，唐代广为流传。易筋经的动作刚劲有力，其运动的强度和动作的难度都比较大。因它有活动关节、调和气血、强筋壮骨的作用，故把它作为骨、关节疾病及骨科创伤病人恢复功能和肌力锻炼的一种康复手段。在锻炼时强调情绪安定、精神贯注。以刚柔相济、动静结合、意到力到、自由呼吸为其基本要领。运动量因人而异，根据病情及身体健康情况酌情选练，一般以微汗为度。

(四) 八段锦

八段锦是一套由八节动作编排而成的导引强身术，在宋朝已经问世，明代开始风行，后来在民间广为传播，并形成了南北两派。北派托名岳飞所传，动作繁而难度较大，以刚为主，姿势多用马步势，又称武八段；南派托名梁世昌所传，动作难度小，以柔为主，姿势多用站立势，又称文八段。文八段锦与十二段锦姿势基本相似，这里介绍的是武八段锦，它是我国传统的医疗保健活动，集医疗、保健、养生于一体，具有全身性、综合性的医疗保健功效。长期坚持练习，对中老年人及慢性病患者具有较好的强身健体功效，正常人经常练习，同样会起到强身健体的功效。

(五) 太极拳

太极拳最初是明末河南温县陈家沟拳师陈王廷创编的。太极拳在我国源远流长，并在长期健身实践过程中不断地加以创新，产生了许多流派，如有杨式、陈式、吴式、武式、孙式等。新中国成立以来，原国家体委专门组织力量对太极拳进行整理，新编了简化二十四式太极拳、四十八式太极拳等。太极拳是中国传统的医疗体育方法，是以轻松和缓、舒展大方的动作，配合呼吸意念活动来调节肌体功能平衡的一种健身运动，具有有病治病、无病防病、强身健体等作用，坚持练习，能让人精神饱满，体力充沛，睡眠好转，身体健康。

（六）推拿与按摩

推拿又称按摩、按蹻、蹻摩。它是以中医基础理论，尤其是经络学说、脏象学说为指导，运用各种手法技巧直接作用于人体经穴和局部，通过经络由外达内，引起局部或全身的反应，达到治病保健目的的一种整体疗法。推拿属于中医的外治法。推拿的分类方法有几种，根据其应用目的可分保健推拿、医疗推拿、康复推拿，根据其应用对象可分为成人推拿和小儿推拿，根据其施术者与医治对象关系可分为自我推拿和被动推拿。保健推拿又称自我推拿，它是和医疗推拿相对而言的。保健推拿多以自我操作为主，主要用于预防和强身，常用方法有摩面、栉头、搓鼻、弹耳、擦颈、拍胸、摩腹、捶腰背、击四肢、擦涌泉。医疗推拿多是由医生操作的被动推拿，由医生操作的被动推拿也可达到保健、康复目的。医疗推拿包括成人推拿和小儿推拿。

二、自然力健身锻炼方法

人与自然的关系，有一个内外环境的统一和平衡的过程。人不仅要在各种自然环境下求生存，而且要谋"发展"，以适应自然环境和人类自身的要求。这就应该充分利用大自然的因素进行健身锻炼。由此便衍生出一些自然力锻炼手段，如通过日光、空气和水沐浴的健身方法等。

（一）日光浴

日光浴俗称"晒太阳"。太阳光分为可见光、红外线和紫外线，阳光中的红外线可以提高皮肤调节体温的作用，增强肌体的造血功能，改善血液循环，促进新陈代谢，提高肌肉和神经系统的活动能力。阳光中的紫外线还可杀死人体表面的细菌，将血液里的胆固醇转化为维生素 D，促进钙的吸收和骨骼的生长，维护人体健康，对佝偻病、骨结核等有一定的治疗作用。

进行"日光浴"是在海滩、河岸、旷野或庭院阳台等处，让皮肤直接接受阳光照射。只要天气不冷，最好只穿内衣短裤，使皮肤尽量裸露在阳光之下。进行日光浴时，可采用坐式或卧式，不断翻转身体，尽量使身体各部分都能照射到。也可局部照射，或从下肢逐渐扩展到躯干。

如果是春、秋、冬季节，最好选在上午 9~12 点，下午 4~5 点，夏季选在上午 10 点以前、下午 5 点以后，气温以 20℃ 为宜。一次日光浴的时间可由短到长，因人而异，从 5 min 一直可增至 60 min。

日光浴时，为了避免阳光直射头部，刺激脑膜而引起日射病，可用遮阳雨伞遮住头部或戴上草帽。为了保护眼睛，可戴茶色太阳镜。

日光浴时，如皮肤潮红、痒痛，有烧灼感，应停止日光浴。日光浴后如出现心跳过速、恶心、呕吐、头昏、头痛、失眠、精神不振、食欲下降等，也不宜继续进行日光浴。

夏天日光浴前，最好先在阴凉处做几分钟空气浴。日光浴后，应多饮开水或淡盐水，并进行淋浴，洗去身上的汗液，以防中暑或日射病。

饭前、饭后不宜马上进行日光浴。有慢性病者需在医生同意之后才可进行专门日光浴。患有顽固性皮肤病、关节炎、神经痛的人，可进行局部日光浴，非照射部位用布遮盖上。患有心脏病、严重高血压、严重贫血、严重失眠、过度疲劳、神经兴奋症、发烧、皮肤有炎症及各种急症病人均不宜进行专门的日光浴。三个月内的婴儿和妇女月经期以及分娩后一个月内不宜进行日光浴。

(二) 空气浴

空气浴就是裸露身体或穿短衣裤而让空气"沐浴"身体。经常进行空气浴有益于保持体温的恒定，提高皮下血管活动的灵活性，增强身体对外界环境的适应能力，减少感冒，改善心血管系统、呼吸系统和神经系统的功能。

根据所浴空气温度的不同，可把空气浴分为冷空气浴(温度为 6～14℃)、凉空气浴(15～20℃)、中等温度空气浴(21～25℃)、暖空气浴(26～30℃)和热空气浴(31℃以上)。对于锻炼者来说，主要应采用冷空气浴和凉空气浴。

进行空气浴有两种方法。一是结合日常活动，随时随地都可有意识地进行。做空气浴时，尽量少穿衣服，充分利用气温和人体表面温度的差异来刺激皮肤，促进新陈代谢，增强人体健康。

二是在一定的时间和地点进行专门的空气浴锻炼。锻炼时间最好在春秋两季早晨，此时气温一般在 10～15℃，很适合进行空气浴。如果体弱多病或适应能力较差，最好选在上午 9～10 点或下午 3～5 点进行空气浴，这时阳光充足，气温较高，刺激不大，较易适应。

进行空气浴的地点最好选在空气新鲜、烟尘较少、绿化优美的地方，如田野、公园、湖畔、海边。

空气浴锻炼一般应从暖空气浴开始，逐渐过渡到冷空气浴。冷空气浴锻炼时间因人而异，可从 15 min～120 min，随着气温的下降，冷空气浴的时间应适当缩短，每次以不出现恶寒或寒战为度。如遇大风、大雾和寒流，应暂停空气浴锻炼，饭前和饭后也不宜空气浴。同时，空气浴最好与体育健身锻炼相结合，则效果更好。

患有疾病者必须在医生指导下进行专门空气浴，禁忌同日光浴。

(三) 水浴

水，特别冷水是使锻炼身体效果十分显著的一种物质。水浴是水锻炼的一种，它是利用水的温度、机械作用和化学作用来锻炼身体的手段。

冷水浴是指在水温不超过 20℃ 的水中洗浴或擦浴。经常进行冷水浴可以提高身体对寒冷的适应能力，不易因着凉而引起感冒、支气管炎、扁桃体炎、肺炎等疾病。同时，又可促进血液循环，增强血管的弹性，减少胆固醇在血管壁上的沉积，有助于预防血管硬化、静脉曲张、脉管炎、血管破裂等疾病。另外，冷水浴还可以改善神经系统、消化系统功能，改善皮肤营养状况，促进皮脂分泌，使皮肤变得光滑、细嫩而富有弹性。

冷水浴应在夏季就开始锻炼。夏末秋初是进行冷水浴的最好时机，此时的冷水浴可以逐步提高肌体适应气温逐渐变冷的能力。开始锻炼时间为 1~2 min，逐渐增加到 10~15 min。水温是根据个人的耐受性而定，一般从温水开始，隔 3~5 天水温降低 1℃。总的说来，可以从 35℃ 逐步降至 12℃ 左右。

冷水浴宜在早晨进行，它使人精神振奋，尽快消除睡眠后的抑制状态。为避免冷水的突然刺激，起床后先做些其他运动，直至身体发热再进行冷水浴。冷水浴后应立即把身体擦干，直至皮肤微红，然后穿衣，再做些轻微活动，使皮肤温度尽快恢复正常。一般饭后和晚上均不宜进行冷水浴。

1. 冷水浴的具体方法

(1) 冷水洗脸　先将面部皮肤搓热，再用冷水擦洗脸部、耳部和颈部，直至擦红皮肤。

(2) 冷水洗脚　将脚浸入冷水中，用手擦搓，然后再用干毛巾将脚擦干变红。

(3) 冷水擦身　一边用冷水擦身一边按摩。其顺序是：脸部→颈部→上肢→背部→胸腹→下肢。摩擦四肢时，沿向心脏方向进行，以助静脉回流，擦身要把皮肤擦干擦红。

(4) 冷水淋浴　用冷水淋浴时，要用力做自我按摩，并用毛巾擦身。注意水温不宜过低，淋浴时间不宜太长。

(5) 冷水浸浴　把身体浸没在冷水中。这是冷水浴反应最剧烈的一种，一定要严格根据个人的耐受性来调节水温和锻炼时间。目前大多采用冬泳的方式进行。冬泳前尤其要做好准备活动，使肌肉、关节都得到充分活动，使神经系统和各个器官都有充分准备。下水前先站在浅水里，用冷水浇四肢，拍打胸腹、前额和颈部，然后再下水。冬泳时间一般每天一次或隔日一次，每次 15 min 或 30 min。冬泳结束后，应立即用干毛巾把身体擦干擦红，穿上厚衣服，喝点热饮料，做些体操，使身体发热。

(6) 冷热交替浴　从温水开始逐渐加热，使体表血管扩张，片刻后再做冷水浴，使血管收缩。通过血管的扩张和收缩来锻炼血管和身体对外界的快速反应，提高身体的御寒能力。

(7) 冬泳　方法同(5)。这是一项对人的适应力锻炼效果极佳的冷水浴锻炼，它对锻炼者的体质和意志品质有极高的要求。冬泳时以群体活动为好，并应做好冬泳的一切前期准备和防护措施。

2. 冷水浴注意事项

做冷水浴不是一件容易的事，也不是什么人都可进行的，患有高血压、心脏病、关节炎、坐骨神经痛、病后初愈和各种急病患者，都不宜做冷水浴。在冷水浴过程中，也应定期检查身体。如自我感觉不良，体重持续下降，出现失眠或其他异常，应暂停锻炼，寻找原因。必要时，应请教医生。

第五节　运动处方与训练后的恢复锻炼方法

一、运动处方健身锻炼方法

在医学上，处方自古以来就是指医生给病人治病所开的药方，病人凭药方就医服药。运动处方则是在身体检查的基础上，根据锻炼者的需要，运用科学健身的原理，以开处方的形式向其提供量化的健身运动方案或凭证。因为方式同医生给病人诊断处方相仿，故得名。开处方前，必须询问病史或健康状况，进行体格检查和必要的实验室检查，特别是心功能检查，从而确定适宜的训练内容和运动负荷(强度、数量、次数、时间及要求等)，使肌体在一定时期内获得适量的训练。经过一段时间的训练后，再根据肌体功能提高或改善的状况，重新设计出新的运动处方，以达到强健身体、疗疾康复的目的。这就是国内外盛行运动处方的原因所在。

(一) 运动处方的特点和作用

1. 运动处方的特点

运动处方最大的特点是因人而异、针对性强，能对锻炼者提出具体的运动负荷量度和运动方式，从而保证了身体锻炼的科学性、安全性和有效性。

2. 运动处方锻炼的作用

(1) 有助于保证锻炼的科学性和系统性，克服日常锻炼中经常存在的"一曝十寒"的弊端，同时便于对整个身体锻炼过程进行反馈调节。

(2) 有助于增进身体健康，提高身体机能。一般来说，人们参加运动处方锻炼，是为改善自身身体状况，提高健康水平，预防疾病，特别是防止现代"文明病"的侵袭。另一方面，按照运动处方锻炼，又能有效地提高身体机能，如提高肌体的肌肉耐力、肌肉力量、爆发力及身体的灵敏性、平衡性和柔韧性等，这又能导致身体运动能力的提高。

（3）能治疗疾病和使肌体康复。许多慢性病患者，常常把运动处方作为治疗疾病和康复疗法的一种手段。严格地按照处方要求锻炼，就可大大提高运动中的安全性，尽可能减少意外事故的发生，有效地提高肌体对疾病的抵抗力，达到治疗疾病的效果。

（二）运动处方的种类

1. 按阻力形式分类

运动处方中常见的运动形式包括克服阻力性的肌肉运动(无氧运动、有氧运动)和调理内脏功能的心肺功能运动(无氧运动、有氧运动和混合式运动)两大类。

2. 按运动处方的功能分类

（1）锻炼性运动处方　主要用于提高身体机能，适合于青少年身体锻炼，要求有针对性地提高身体运动能力。这种处方往往带有全面锻炼的性质，并在某些方面有所侧重。

（2）预防性运动处方　主要用于中老年人健身防病。人过中年以后，身体就开始衰退，特别是心血管系统的衰退对人的影响更为明显。因此，中老年运动处方常常采用持续时间稍长的有氧耐力锻炼方案，以延缓和推迟肌体的老化过程。

（3）治疗性运动处方　常用于某些疾病或外伤的治疗和康复，它使医疗体育更加定量化和更具针对性，比如减肥锻炼和心血管疾病的康复锻炼。这种处方常与其他治疗和康复措施结合起来进行。

3. 按所锻炼的器官系统分类

（1）心脏体疗锻炼运动处方　它以提高心肺功能为主，用于冠心病、高血压、糖尿病、肥胖症等内脏器官疾病的防治和康复。

（2）运动器官体疗锻炼运动处方　以改善肢体功能为主，用于因各种原因引起的运动器官功能障碍，以及畸形的矫正等。

（三）运动处方的制订和实施程序

1. 了解锻炼者的基本情况

锻炼者的基本情况包括姓名、性别、年龄、职业、疾病史，过去和现在的身体锻炼状况，以及锻炼者的食欲、睡眠和常用药品等。

2. 健康诊断

这是对锻炼者健康程度的判断，是制订运动处方的重要依据之一。可采用直接的医学检查，也可索取锻炼者近期的身体检查证明。在进行健康检查时，要排除体育运动的禁忌（见表6-5）。

表 6-5 运动与运动负荷实验的禁忌

(1) 充血性心脏衰竭
(2) 不稳定心绞痛
(3) 严重的主动脉狭窄
(4) 肺循环高血压
(5) 过去一年中患有心肌炎、心包炎、细菌性心内膜炎、毒性风湿热或心肌病
(6) 未控制住的高血压
(7) 严重心律不齐(二度和三度房室阻滞、未控制住房性纤颤、过多的或复杂的期前收缩、室性心动过速)
(8) 明显的心动徐缓(除耐力训练有素者)
(9) 固定频率的人工起搏器
(10) 显著的心脏肥大
(11) 瓣膜疾患(中度到重度)
(12) 近期肺栓塞
(13) 严重贫血
(14) 未控制住的代谢疾病(糖尿病、甲状腺机能亢进、黏液性水肿)
(15) 暂时性的疾病并伴有高烧
(16) 某些畸形造成的功能丧失
(17) 运动试验中出现不正常的血压反应
(18) 过量服用心脏病药物，如洋地黄、奎尼丁、利多卡因、普鲁卡因酰胺、心得安和异搏停

3. 运动负荷实验

运动负荷实验是对锻炼者身体机能的运动承受能力的检测和评定。一般要进行安静状态和在定量负荷状态下的生理机能测试，主要测试指标包括安静时心率、血压、运动时最大吸氧量等。定量负荷有两种，即最大负荷和次最大负荷。一般说来，前者更合乎要求，但危险性较大，特别是对中老年人和某些疾病患者更是如此，因此常采用后者。

4. 体力测定

体力测定主要是对锻炼者的身体素质状况进行检查评定，内容包括锻炼者身体各部分的力量、速度、耐力、灵敏、柔韧等。为了便于评价，常要将该群体的较大样本指标进行数理统计，建立起数学模型，然后将该受试者的指标与数学模型加以对照，以确定其各项指标的水平和优劣。

5. 制订运动处方

这是指根据上述调查与测定结果和身体锻炼的原则、方法，为锻炼者提供包括锻炼内容、强度、时间等在内的锻炼方案。

6. 实施锻炼方案

即按照运动处方方案的要求进行锻炼。锻炼一个时期以后，应该再进行身体健康检查、运动负荷和体力测定。这样一方面可以评价运动处方锻炼的效果；另一方面也可以用以提供反馈信息，修改和制订出新的运动处方方案，调节锻炼过程，从而保证整个身体锻炼过程与个体的身体状况相适应。

运动处方的制订和实施流程如图所示(见图6-1)。

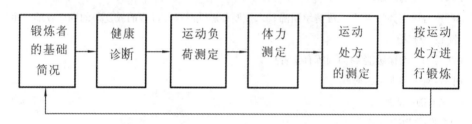

图 6-1　制订运动处方与实施流程图

(四) 运动处方的要素

一个完整的运动处方方案，其基本要素有四个，即运动项目、运动强度、运动时间和运动频度。

1. 运动项目

适用于一般健康者和慢性病锻炼者的运动项目，可以分为以下五类。

(1) 耐力性锻炼项目　如步行、长跑、骑自行车、长距离游泳、登山、远足等。在生理机制上看属于有氧代谢运动。

(2) 力量性锻炼项目　如练拉力器、哑铃、杠铃、实心球，以及克服自身体重的练习(如引体向上)、多功能练习器等。这类练习在性质上往往与改善体形练习、健美运动练习相匹配。

(3) 放松性锻炼项目　如散步、旅行、按摩、打太极拳等。

(4) 一般健身性锻炼项目　如各种球类运动、游戏、广播体操、徒手或器械体操、八段锦等，属于非特异性锻炼项目。

(5) 专门性体操锻炼项目　如为不同锻炼者或比赛参加者设计的医疗体操、矫正体操、健(身)美操等。

2. 运动强度

运动强度是运动处方的核心部分，反映肌体运动时用力的大小和肌体紧张度，它既影响到肌体的承受能力，又直接关系到运动锻炼的效果。定出适合锻炼者特点的量化强度指标，是制订运动处方的精髓。

运动处方研究者提出了许多种表示运动处方的运动强度的指标，如功率、能量代谢率、心率、摄氧量、代谢当量等，有的具有很强的理论意义，有的则具有运动价值，其中最为常用的有以下几种。

1) 用耗氧量控制强度

这是由于运动强度越大，则耗氧量也越大。通常是以运动时摄氧量占最大摄氧量的百分数来控制运动强度，用%VO_2max 表示。

2) 用能量消耗量控制强度

这是由于运动强度与肌体能量消耗的多少成正比。能量消耗的具体派生指标有瓦(watt)、能量消耗量(kJ/m)、能量代谢率(RMR)，以及代谢当量等。代谢当量的使用单位是梅脱(Met，1Met=3.5ml O_2/kg·m)。

3) 用心率控制运动强度

由于耗氧量和能量消耗情况的直接测定都比较复杂，在日常的运动处方锻炼中运用不太现实。在运动处方锻炼中常用心率指标控制运动强度。通常用计数10 s的脉搏数，再乘以 6 得出运动时每分钟心率。学者们研究认为，心率与耗氧量和能量消耗量之间均存在着密切的相关关系，故用心率来控制运动强度是较为科学实用的方法(见表 6-6)。

表 6-6　运动强度各指标之间的对应关系

强度	最大吸氧量/(%)	梅脱	心率/(次/min)				
			20～29岁	30～39岁	40～49岁	50～59岁	60岁以上
较大	80	10	165	160	150	145	135
	70	7	150	145	140	135	125
中等	60	6.5	135	135	130	125	120
	50	5.5	125	120	115	110	110
较小	40	4.5↓	110	110	105	100	100

用运动心率表示运动强度可有许多计算方法，如年龄算法、净增心率计算法、运动量百分比分级法、靶心率法、最大心率储备计算法、心率百分比表示法等，并推导出各种各样的公式。

国内外科研成果表明，最适宜的锻炼强度在最大吸氧量的 65%～75%，即心率在 130～150 次/min 之间。日本池上晴夫教授认为，运动心率在 110 次/min 以下时，肌体的血压、血液、尿和心电图等指标均无明显变化，健身价值不大；心率为 140 次/min 时，每搏输出量接近并达到最佳状态，健身效果明显；心率为 150 次/min 时，心脏每搏输出量最大，健身效果最好；心率在 160～170 次/min 之间时，虽无不良的异常反应，但也未出现更好的健身效果；心率达到 180 次/min 时，体内免疫球蛋白减少，易感染疾病，易产生疲劳或运动伤病。

池上晴夫通过研究，提出了科学的运动锻炼的最佳心率范围(见表 6-7)。

表 6-7 运动最佳心率范围表

性别/年龄(岁)		运动心率/(次/min)
男 31～40	女 26～35	140～150
男 41～50	女 36～45	130～140
男 51～60	女 46～55	120～130
男 60 岁以上	女 55 岁以上	100～120

唐宏贵教授等还认为，单用年龄因素来确定运动时的强度也有失偏颇。这是因为，影响运动强度的最根本的因素，是锻炼者个体的体质水平，它决定着肌体承担负荷的能力。同样年龄的锻炼者，由于体质状况的差异较大，其锻炼强度是不一样的。体质较好的锻炼者，可以并必须承担较大的运动强度，对肌体才有锻炼价值，其运动时心率也应高一些；反之，体质稍差的锻炼者，需要并只能承担较小的负荷，其运动时的心率也应适当低一些。根据超量恢复原理，对后者来说，即使负荷安排较小，也能取得一定的锻炼效果。这就要求在制定运动处方时，要通过对某些年龄组锻炼者的体质指标作较大样本的数量统计和处理，分析该年龄组群体的体质总体水平和分布情况，从而评价出该个体带特异性的体质水平，据此确定运动锻炼的强度指标。

3. 运动时间

运动时间指每次运动所持续的时间，即达到处方强度后必须保持的时间。运动时间的长短，要根据个人资料、医学检查情况来确定。

研究认为，运动时间阈值应不少于 3 min，最大持续时间一般不超过 60 min，有的研究认为，每次进行 20～60 min 的耐力性运动是比较适宜的，从运动生理学的角度来说，5 min 是全身耐力运动所需的最短时间，60 min 是肌体坚持正常工作的最大限度时间。库珀认为，心率达到 150 次/min 以上时，持续 5 min 即可收到效果，如果心率在 150 次/min 以下时，就需要 5 min 以上才有效果。

与运动时间相关的因素有运动项目、运动强度、运动频度和运动方式、年龄体质因素等。

1) 与运动项目有关

从事力量、速度项目锻炼，其运动持续时间应短，耐力性项目其持续时间应稍长。因为要使呼吸、循环系统充分动员起来，大约需要 5 min 左右，在达到恒常运动以后还要继续运动一段时间才有效果。

2) 与运动强度有关

运动时间与运动强度成反比，运动强度越大，则持续时间越短；运动强度越小，则持续时间越长(见表 6-8)。

表 6-8 运动时间与运动强度(%VO₂max)的配合

运动时间/min		5	10	15	30	60
运动强度	小强度	70	65	60	50	40
	中强度	80	75	70	60	50
	大强度	90	85	80	70	60

3) 与运动频度有关

当运动强度固定不变时，运动时间与运动频率成反比关系。由此可见，运动频度越大，则每次运动时间越短；反之，则运动时间越长。

4) 与年龄和体质因素有关

当运动强度不变时，年龄越轻，体质越好，则运动持续时间越长。然而，在锻炼实践中，由于年龄体质因素对运动强度的影响更大，因而，随着年龄的增大而对运动处方方案加以调整时，往往是通过调整运动强度以维持一定的运动时间。特别是到了老年期，由于退休和离休所带来的时间充裕，保证了运动时间的恒定或略有延长，这时就要求大幅度降低运动强度，尽可能维持一定的运动时间来保证锻炼效果，而不至使肌体过于疲劳。

4. 运动频度(每周锻炼次数)

究竟每周应活动多少次，唐宏贵等教授认为从理论上讲，只有不造成疲劳积累并能形成超量恢复效果的那种运动频度才是最理想的。然而，在实际锻炼中如何控制却是较为复杂的。

有人观察认为，当每周锻炼多于 3 次时，最大吸氧量的增加逐渐趋于平坦；当锻炼次数增加到 5 次以上时，VO₂max 的提高幅度很小；而每周锻炼少于 2 次时，通常不引起 VO₂max 的改变。日本学者池上晴夫认为，一周运动一次时，运动效果不蓄积，肌肉痛和疲劳每次都发生，运动后 1～3 天身体不适，且易发生伤害事故；一周运动 2 次，疼痛和疲劳减轻，效果有蓄积，但不显著；一周运动 3 次，不仅效果可以充分蓄积，也不产生疲劳；如果增加到 4～5 次，效果也相应提高。美国的科学家们也证实，肌肉一旦停止锻炼，其退化速度之快是惊人的。一个人 3 天不运动，其肌肉最大力量会丧失 1/5。如果锻炼 2～3 天后肌肉不能再次

"取得"合乎需要的物理效果,锻炼就会前功尽弃。

综上所述,可以认为,每周锻炼次数以 3～5 次较合适,基本上以隔日运动为宜,运动间隔时间一般不宜超过 3 天。如果每周运动在 2 次以下,则运动累积效果不明显。如果采用小的运动负荷或从事不残留疲劳的运动,则每日运动是可取的。

(五)处方要素在不同训练阶段的运用

在健身健美训练过程中,由于每个锻炼者的身体健康状态、运动水平、训练目的和训练阶段的不同,对其周次数、强度、时间、负荷、重复组数等要素的应用也就不尽相同。不同阶段的具体要求如下。

1. 健康阶段

在健康阶段的训练包括心肺功能训练和骨骼肌的训练等。

(1) 心肺功能训练 在通常情况下,要达到心肺功能的训练效果,从周训练次数方面,每周只有达 2～3 次的训练后才会开始进步,若要保持状态每周则需 1 次,时间不超过 12 天。从强度方面需达 40%～85%的最大重复次数,或每组动作按最大心率的 60%～90%强度重复 5～9 次。从时间方面需达 12～20 min,在负荷方面要求连续不断或循环不断地训练。每次训练课,对某动作的重复组数来说可重复 4～6 组,然后进入身体的适应阶段。

(2) 骨骼肌的训练 要使骨骼肌的训练达到更好的效果,每周需训练 2～3 天;其强度要达 10～12 次的最大重复次数;每组的组间休息时间一般需 30～90 s;每个动作做 1～2 组,每个身体部分做 1～2 个动作;其训练负荷可利用杠铃、哑铃等器械和身体自身重量;每个练习的重复周数为 4～6 周;第三周开始每组 10 次,做 2 组,直至完成此阶段;先训练大肌肉群,后训练小肌肉群。

2. 身体适应阶段

身体适应阶段的心肺功能训练、骨骼肌的训练与健康阶段有些差异。

(1) 心肺功能训练 周训练次数需达 3～5 次;强度需达 60%～80%的最大重复次数,或按最大心率的 60%～90%重复 6～9 次;时间需 20～45 min;对负荷来说持续性训练、循环训练、速度游戏或间歇训练可单独或综合使用;每个动作可重复 12～20 组。在周期性训练中采用积极性休息方式。

(2) 骨骼肌的训练 周训练次数需达 3～4 天;每组强度需达 8～12 次最大重复次数;每组间隔时间需 30～60 s;重量负荷可采用杠铃、哑铃等器械和身体自身重量等;每个动作可重复 12～20 组,如开始时使用 2 组,每组 8 次,渐增至 2 组×12 次,然后增重,再由 2 组×8 次开始重复进行。

3. 人体能量代谢对处方训练的影响

由于能量代谢与训练的目的不同,处方中很多内容是有区别的,具体区别内容如下。

(1) 瞬时能量代谢系统 ATP-CP(三磷酸腺苷-磷酸肌酸)　由于只能维持 3～5 s 的最大强度工作或 15～20 s 的次最大强度工作，故对心肺功能的训练应保持每周至少 3 次的中低强度训练量，其强度需达最大心率的 85%～100%最大重复次数，或 8～10 次重复次数；每组循环时间为 12 min，总体训练时间为前一阶段的 1.5 倍；负荷可采用间歇训练的方式，训练与休息之比为 1∶3；休息采用静态或走路及身体轻量摆动等形式。

对骨骼肌的训练，包括爆发力与力量运动项目。它们的周期性训练可参见表 6-9。

表 6-9　骨骼肌周期性训练安排范例

	非比赛季节		赛前季节	比赛季节
组数	3～10	3～5	3～5	1～3
每组次数	8～12	4～6	2～3	1～3
每周天数	3～4	3～5	3～5	1～5
每日次数	1～3	1～3	1～2	1
不同阶段	肌肉增大	基本力量	爆发力量	状态高峰或保持水准

(2) 短时间能量代谢系统　它能产生乳酸，此系统主要是运动后的第 1～3 min 开始提供能量，故对心肺功能训练来说，要想取得更好的进步，每周需达 3～5 次，若保持状态则需每周 1～2 次(此时期最长为 12 周)；强度需达最大心率的 60%～90%，最大重复次数的 60%～85%，或 6～9 次重复次数；每组循环时间为 12 min，总体训练持续时间为以前阶段训练的 1.5 倍；负荷时可采用间歇训练法，训练与休息之比为 1∶2，休息时采用动态形式(如慢跑等以便将乳酸清除)；一般经过 12 周的健康或身体适应阶段后，进行此阶段约 6～8 周，然后再进行周期性训练。

对于骨骼肌的训练(周期性训练模式：健美训练与肌肉块增大)一般每周采用 6 天；强度以每组 8～12 次最大重复为次数，做 1～6 组，每组 12～15 次；休息时间为 30～60 s，每个身体部位做 2～4 个动作，每个动作做 2～4 组；负荷可采用杠铃、哑铃等器械和身体自身重量等；通常以 10～12 周为一循环，然后进行积极性休息或改变身体部位的训练顺序，以减少休息时间。

(3) 长时间能量代谢系统(有氧运动)　它主要为持续长时间次最大强度的工作提供能量。故对心肺功能的训练一般每周达 3～5 次才能取得进步，若保持状态则需每周 1～2 次(此时期最长为 12 周)；强度需达最大心率的 60%～90%，或最大重复次数的 60%～85%，或 6～9 次重复次数；训练时间为 20～60 min(在特定运动的需要下可将时间延长);负荷可采用持续训练或间歇训练(训练与休息比在 1∶1～1∶2 之间,一周中辅加静态休息)。一般由健康或身体适应阶段至此长时间训练阶段约 2～20 周,随后以 1～2 周用作维持水平或积极性休息,完成后进入新的训练阶段或参加新的训练课程。

对骨骼肌的训练,可采用周期性训练模式(如长距离跑、有氧操、球类等耐力性运动项目);每周训练需达 2～3 天;每个动作采用 12～20 次最大重复次数的强度;休息时间为 20～45 s,每个身体部位做 1～2 个动作,每个动作做 2～3 组;负荷可采用杠铃、哑铃等器械和身体自身重量等。当比赛季节接近时,应将训练量减少,并增加训练强度,减少休息时间。

(4) 为体形美观而进行的训练。很多人参加心肺功能训练或有氧运动,以求达到减肥瘦身或维持理想体重的目的。而运动持续时间一般在 45～60 min 内比较适宜。时间过长只会降低运动所带来的益处,并容易造成劳损或受伤。而且运动以外的时间应严格控制热量的摄入,并且要加强自我管理(主要包括作息制度、饮食调节、心态调控和个人嗜好等方面)。

(六) 健身运动处方范例

有一个好的健身锻炼计划,就等于有了一位好的老师。健身锻炼者选择课时锻炼计划(锻炼课程表),就像医生给病人开的处方一样,药量过大将危及病人的生命,药量过小则对病情无济于事。医生只有针对病人的病情、体质状况、年龄与性别特点及治疗过程和反应情况来考虑处方,合理配药,这样才能做到对症下药,药到病除。下面根据健身锻炼的要求与特点及实践效果和生理规律,列举了健身、健美、减肥的锻炼课程范例各一例,仅供参考。但应注意的是,下面各例仅指一周锻炼课,并非指整个阶段的课程,绝不可效仿此表一年或多年不变,而必须定期更换锻炼课程表,并保持练一个锻炼课程表直到感觉到没有进展时为止,这样才能保证健身锻炼获得全面成功。

1. 中老年健身锻炼课程(健身运动处方)范例

锻炼时间:每天锻炼时间总计为 1～1.5 h。

锻炼任务:

(1) 增强体质,加强对疾病的抵抗力和对外界环境的适应能力;

(2) 维持良好的心肺功能,预防心血管系统疾病;

(3) 活跃新陈代谢,预防代谢疾病;

(4) 保持关节肌肉的灵活性,保持正常良好的身体姿势,预防"肌肉饥饿"症和骨关节疾患。

锻炼强度:从小强度逐渐过渡到中等强度,锻炼时最高心率控制在 110～130 次/min。

锻炼项目及运动量和时间分配见图 6-2、图 6-3。

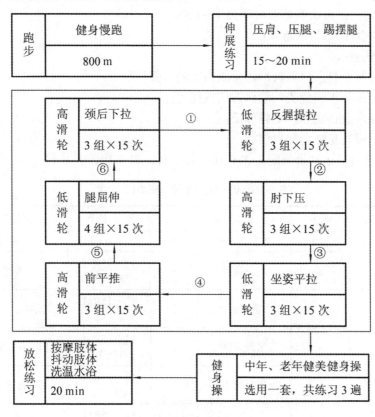

图 6-2 中老年健身运动处方(甲)

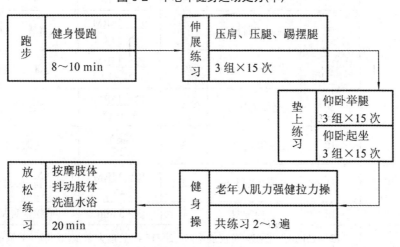

图 6-3 中老年健身运动处方(乙)

2. 男女健美锻炼课程(健美运动处方)范例

锻炼时间:每次锻炼课时间为 1~1.5 h。

锻炼次数:每周锻炼 4 次。

锻炼任务:

(1) 发展全身主要肌肉群,使肌肉丰满,强壮有力;

(2) 使体形丰腴健美,使体态挺拔优美;

(3) 提高身体素质,增强体质;

(4) 增强自身魅力和自信心。

锻炼项目及运动量分配见表 6-10、表 6-11、表 6-12、表 6-13。

表 6-10 男女健美锻炼课程表(第 1 次)

星期	顺序	动作名称	组数	重量/次数	主要健美部位
星期一	1	徒手热身操	1	5~10 min	活动全身肌肉关节
	2	躬身提拉	3	12~15RM / 8~12	背阔肌群
	3	前平拉	3	12~15RM / 8~12	肩部三角肌群
	4	平卧夹胸	3	12~15RM / 10~12	胸大肌群(乳房)
	5	反握屈肘提拉	3	12~15RM / 10~12	上臂肱二头肌群
	6	躬身展体	2	12~15RM / 12~15	腰背肌群
	7	颈后伸肘提拉	2	12~15RM / 8~12	上臂肱三头肌群
	8	坐姿颈后下拉	2	12~15RM / 10~12	肩部三角肌群
	9	坐姿腿屈伸	3	12~15RM / 10~15	大腿肌群
	10	仰卧起坐	3	20RM / 25	上腹肌群
	11	站姿提踵上拉	2	12~15RM / 25	小腿三头肌群
	12	放松慢跑	1	3~5 min	放松全身肌肉
备注		"12~15RM"指在疲劳前能举起 12~15 次的最大重量(下同),重量单位为 kg,"8~12"表示完成动作次数(下同)。			

表 6-11 男女健美锻炼课程表(第 2 次)

星期	顺序	动作名称	组数	重量/次数	主要健美部位
星期二	1	原地跳绳	2	150～200 次	活动全身肌肉关节
	2	站姿颈屈伸	3	15RM 10～15	颈部肌肉群
	3	侧平拉	3	12RM 8～12	肩部三角肌群
	4	躬身提拉	3	15RM 10～12	背阔肌群
	5	斜卧夹胸	3	12RM 12～15	胸大肌群(乳房)
	6	站姿屈肘提拉	3	12RM 12～15	上臂肱二头肌群和肱肌群
	7	仰卧伸肘推拉	3	12RM 8～12	上臂肱三头肌群
	8	坐姿垫腕提拉	4	15RM 15～20	前臂肌群
	9	坐姿屈臂拉展体	4	12～15RM 10～15	腰背肌群
	10	站姿负重半蹲起	4	15RM 15～20	大腿肌群
	11	仰卧直腿上举	4	20RM 15～20	下腹肌群
	12	放松慢跑	1	3～5 min	放松全身肌肉

表 6-12 男女健美锻炼课程表(第 3 次)

星期	顺序	动作名称	组数、重量、次数	主要健美部位
星期四	1	跳绳、徒手操	100 次,5～8 min	活动全身肌肉关节
	2	躬身提拉	15RM 、 12RM 、 8RM 10～15 8～10 8	背阔肌群
	3	躬身侧平拉	15RM 8～12	肩部三角肌群

星期	顺序	动作名称	组数、重量、次数	主要健美部位
星期四	4	平卧夹胸	$\frac{15RM}{10\sim 12}$、$\frac{12RM}{8\sim 10}$、$\frac{8RM}{8}$	胸大肌群（乳房）
	5	站姿夹胸	$\frac{12\sim 15RM}{10\sim 12}$	胸大肌群（乳房）
	6	仰卧臂屈伸	$\frac{3\times 12RM}{12\sim 15}$	上臂肱三头肌群
	7	站姿伸肘下拉压	$\frac{12RM}{10\sim 12}$、$\frac{8RM}{8\sim 10}$	上臂肱三头肌群
	8	坐姿伸膝提拉	$\frac{15RM}{10\sim 12}$、$\frac{12RM}{10\sim 12}$、$\frac{8RM}{8\sim 10}$	大腿股四头肌群
	9	坐姿垫腕提拉	$\frac{15RM}{15\sim 20}$	前臂肌群
	10	站姿提踵上拉	$\frac{20RM}{15\sim 20}$、$\frac{15RM}{20}$、$\frac{12RM}{15}$	小腿三头肌群
	11	仰卧起坐	$\frac{15RM}{15\sim 20}$	上腹肌群
	12	放松慢跑	5～8 min	放松全身肌肉群

表 6-13 男女健美锻炼课程表(第 4 次)

星期	顺序	动作名称	组数、重量、次数	主要健美部位
星期五	1	跳绳、徒手操	100 次，5～8 min	活动全身肌肉关节
	2	站姿颈屈伸拉	$\frac{15RM}{10\sim 15}$	颈部肌群
	3	坐姿颈后推举	$\frac{12RM}{8\sim 12}$	肱三头肌和三角肌群
	4	平卧夹胸	$\frac{15RM}{10\sim 12}$、$\frac{12RM}{8\sim 10}$、$\frac{10RM}{8}$	胸大肌群（乳房）

续表

星期	顺序	动作名称	组数、重量、次数	主要健美部位
星期五	5	站姿双臂夹胸	12～15RM / 8～12	胸大肌群（乳房）
	6	站姿反握提拉	12RM、8RM / 12～15 8～10	上臂肱二头肌群
	7	站姿提肘上拉	15RM、12RM / 10～10 8～10	肩、臂肌群
	8	站姿直臂上拉展体	15RM、12RM、8RM / 10～15 10～12 8～10	腰背、臀部肌群
	9	站姿正握弯举	12RM / 15～20	前臂肌群
	10	仰卧蹬伸	15RM、12RM、8RM / 10～12 8～10 8	臀、腿肌群
	11	仰卧举腿	20RM / 10～15	下腹肌群
	12	自我按摩	5～8 min	放松全身肌肉

3. 男女减肥锻炼课程(减肥运动处方)范例

锻炼时间：1～1.5 h。

锻炼次数：每周锻炼6次(即课程表甲和课程表乙隔日交替循环使用，如星期一、三、五选用课程表甲，星期二、四、六选用课程表乙)。

锻炼任务：

(1) 发展全身主要肌肉群，减少体内多余脂肪，提高心血管系统的机能；

(2) 提高身体素质，增强体质；

(3) 祛脂减肥降体重，增强自身魅力和自信心。

锻炼项目及运动量分配见表6-14、表6-15。

表 6-14　男女减肥锻炼课程表(甲)

顺序	项目	内容安排
1	健身操	徒手或器械健身操,任选一套,共做 2 遍
2	循环练习	仰卧直腿下拉压 20~25 次 →① 原地跳绳 200~250 次 →② 仰卧举腿 20~25 次 →③ 俯卧直腿下拉压 15~20 次 →④ 仰卧双腿屈伸拉 20~25 次 →⑤ 原地跳绳 200~250 次 →⑥ 仰卧蹬伸拉 15~20 次 →⑦ 站姿直臂绕环 50 次 →⑧ (共循环三次)
3	柔韧练习	站姿前踢腿　2 组×50 次 站姿后踢腿　2 组×50 次 站姿侧摆腿　3 组×50 次
4	放松练习	按摩、抖动肢体　15~20 min 蒸气浴与桑拿浴

表 6-15　男女减肥锻炼课程表(乙)

锻炼时间	动作顺序	动作名称	运动量				主要健美部位
			重量(%)	组数	次数	循环数	
星期一、三、五	1	颈后下拉	50	3	15	3	肩背部
	2	站姿屈臂提拉	35	3	12	3	上臂前部
	3	站姿大腿内收	40	3	20	3	大腿内侧部
	4	站姿大腿外展	40	3	20	3	大腿外侧部

续表

锻炼时间	动作顺序	动作名称	运动量				主要健美部位
			重量(%)	组数	次数	循环数	
星期一、三、五	5	坐姿直臂夹胸	50	3	15	3	胸部、肩部
	6	坐姿伸膝	60	3	20	3	大腿前部
	7	悬垂举腿提拉	20	4	25	3	腰腹臀腿部
	8	仰卧起坐	20	4	25	3	上腹部
星期二、四、六	1	站姿肘下压	30	3	15	3	上臂后部
	2	坐姿平拉	60	3	15	3	腰背部
	3	站姿提肘拉	25	3	20	3	肩臂部
	4	深蹲屈臂拉起	60	3	20	3	大腿和臀部
	5	站姿前平拉	25	3	15	3	肩臂部
	6	仰卧屈膝提拉	40	3	20	3	大腿后部
	7	垫肘反握提拉	35	3	15	3	上臂前部
	8	站姿提踵提拉	50	3	25	3	小腿后部
备注	"20%"是指锻炼时负荷重量为本人体重的20% 每个动作间只允许休息15 s，用于调换器械或调整重量						

(七) 运用运动处方的注意事项

运动处方为体育锻炼的科学化开辟了广阔的前景，但在我国并不十分普及。推行和运用运动处方，是我国社会体育工作者的重要责任。运用运动处方时应注意如下几个方面。

1. 认真作好处方锻炼的身体检查、体力测定和预备性锻炼

要通过身体检查和体力测定，把握锻炼者的身体状况和对运动负荷的承受能力，同时也能保证健身锻炼的安全性。处方锻炼前的预备性锻炼也是十分必要的，切不可心急求快，造成事倍功半。

2. 科学确定处方的负荷量度

一方面要注意运用运动生理学、运动医学的有关知识，制订出适合锻炼者需要而可行的锻炼方案，另一方面要对锻炼者的工作、生活和体力活动情况加以综合判断，保证负荷量度的科学合理性。

3. 要指出处方锻炼的某些特定要求,并督促锻炼者遵照执行

一是指出禁忌的运动项目和某些容易发生危险的动作;二是指出在处方锻炼中对负荷进行自我观察监督的指标和当指标异常时停止运动的标准;三是关于锻炼生理卫生的有关常识指导。

4. 要督促锻炼者定期进行身体状况复查和体力测定

一般来说,每锻炼 3~4 个月后,要进行一次健康检查和体力测定,以评价身体健康水平,保证锻炼的安全性,同时可及时评价身体锻炼的效果,提供锻炼反馈信息,为制定新的运动处方提供依据。

此外,运动处方常以表格的形式提供给锻炼者。其格式并不一定强求一致,但在内容上需要包括以下几方面:第一,锻炼者的基础情况;第二,锻炼目的(任务)和要求;第三,运动处方的基本指标和适宜的运动项目;第四,处方锻炼注意事项。(见表 6-16)

表 6-16 运动处方表格举例

姓名		性别		年龄		职业		病史	
身高　　cm		体重　　kg		胸围　　cm		身高体重指数			
安静时心率	次/分		最大负荷时心率		次/min		最大摄氧量		
锻炼的目的(任务)和要求									
运动项目或练习									
运动强度:心率应控制在　　次/min 或达到最大摄氧量的　　%									
每周锻炼　　次　　每次锻炼　　分钟									
监测指标									
注意事项									

二、健身训练后恢复锻炼方法

人类对运动性疲劳产生的机制及其恢复技法的研究已经进行了 123 年，并取得了可喜的研究成果。最具代表性的理论大致有：①衰竭学说——认为疲劳产生的原因是能量物质的耗竭；②堵塞学说——认为疲劳的产生是由于某些代谢产物在肌组织中的堆积；③内环境稳定失调学说——认为疲劳是由于 pH 下降，水盐代谢紊乱和血浆渗透压改变等因素引起的；④保护性抑制学说——认为运动性疲劳是由于大脑皮质产生了保护抑制；⑤突变学说——认为疲劳是运动能力衰退、肌肉疲劳控制链断裂突变等因素引起的。此外还有自由基学说、神经——激素学说等。

1982 年，第五届国际运动生物化学会议给疲劳下的定义是："肌体在生理过程中不能在特定水平上维持其机能或不能维持预定的运动强度。"

运动性疲劳是运动本身引起的肌体工作能力暂时降低，经过适当时间休息和调整可以恢复的生理现象，是一个极其复杂的身体变化综合反应过程。

疲劳一般分为心理疲劳和身体疲劳。心理疲劳是由于心理活动造成的一种疲劳状态，其主观症状有：注意力不集中，记忆力障碍，理解、推理困难，脑力活动迟钝、不准确。行为改变表现为：动作迟缓，不灵敏，动作的协调能力下降，失眠、烦躁与不安等。

身体疲劳是由身体活动或肌肉活动引起的，主要表现为运动能力的下降。身体疲劳分为全身的、局部的、中枢的、外周的等类型。身体疲劳常因活动的种类不同而产生不同的症状。

在健身健美锻炼或竞赛中，身体疲劳和心理疲劳是密切联系的，故运动性疲劳是身心的疲劳。

疲劳的表现形式多种多样，引起疲劳或损伤的原因和部位也不尽相同，必须采用多种科学手段和技法才能加速肌体功能的恢复。下面介绍几种常用的恢复技法，以供健身锻炼者参考。

(一) 活动性恢复技法

1. 变换活动部位和调整运动强度

用转换活动的方式，如采用不同的肢体或部位轮流锻炼来消除疲劳，也称积极性休息。研究证明，与安静休息相比较，活动性休息可使乳酸的消除快 1 倍。此外，用调整运动强度的方法也可收到一定的恢复效果。

2. 整理活动

整理活动是指在正式练习后所做的一些加速肌体功能恢复的较轻松的身体练习。通过整理活动，可减少肌肉的延迟性酸疼，有助于消除疲劳；使肌肉血流量增加，加速乳酸利用；预防激烈活动骤然停止可能引起的肌体功能失调。例如，跑到终点后站立不动,血液大量集中在下肢扩张的血管内,使静脉回心血量减少,因而心输出量下降,血压降低,造成暂时性贫血,产生不适感,甚至出现"重力性休克"。此外,通过整理活动有利于再从事其他的练习。

(二) 营养恢复技法

运动能力恢复的关键在于恢复肌体的能量贮备(包括肌肉及肝脏的糖原储备),关键酶的活性(维生素 B 复合体及微量元素等)及体液、元素(如铁)平衡,细胞膜的完整性等。无疑,补充营养是恢复的物质基础。

1. 能源物质的合理调配

如果把运动中需补充的热量按照蛋白质、脂肪、糖三者的比例划分为按需要均衡进补的方式,大多数项目运动员的膳食中,三种能量的补充比例为 1.2∶0.8∶4.5;耐力性运动项目因其训练负荷的特点,要求膳食中糖的含量较高,故三种能量的搭配比例为 1.2∶1∶7.5;而运动负荷量比较小的项目,则比普通人的能量补充稍高一些,三种能量的搭配比例为 1∶0.6∶3.5。三种营养物质摄取总量应以能满足肌体代谢需要为依据。

2. 营养物质的补充方法

(1) 糖　糖是体内重要的能源物质,如果体内缺糖就会产生中枢疲劳,肌肉力量迅速减弱,运动速度减慢,甚至眼睛发黑、眩晕,产生了强烈的饥饿感等。因此运动中糖的适量补充,无疑是提高运动能力的一个促进因素。长时间运动(1 h 以上),尤其激烈比赛时,应注意运动前、后和运动中补充糖。研究表明,运动前补糖宜安排在赛前数日内和赛前的 1.5～2 h,健美运动前即刻(30 min)补充适量的糖,可提高训练质量。运动中补糖可安排在每隔 15～30 min 或每隔 30～60 min 补糖为宜,这样可延缓疲劳发生。运动后的补糖时间愈早愈好,因为运动后是糖原恢复的最佳时间,也是肌肉吸收其他营养素的关键时期,故最好不超过运动后的 6 h。关于糖的补充量,一般认为,应限制为每小时 50 g 或每千克体重 1 g。

一般健身锻炼者是否需要补糖应视情况而定,而减肥锻炼者一般不宜另外补糖,如运动前补糖,将减弱脂肪的分解。此外,运动员除运动前、中、后根据实际需要补糖外,其他时间也不必补充和食用加工过的糖。

(2) 蛋白质　研究表明,运动员蛋白质的需要量高于一般人。日本及东欧一些国家提出运动员补蛋白质量为每千克体重 2 g 或 2 g 以上,而西欧一些报告提出每千克体重 1.4 g 即可满足运动员的需要。我国普通人每千克体重约 0.8 g,减肥运动约 1.2 g 或以上,增肌运动约 1.6 g 或以上。国内根据估测氮平衡的实验结果,提出运动员蛋白质的供给量应为总热能的 12%～15%,约为每千克体重 1.2～2.0 g,健美运动员在特殊阶段每日蛋白质的补充量甚至达到每千克体重 3 g 以上。

(3) 脂肪　健身健美运动没有必要专门补充脂肪，膳食中适宜的脂肪量为总热量的20%～25%即可。游泳及冬季运动项目(如滑雪、滑冰等)因肌体散热量较大，食物中脂肪可比其他项目高些，但也不宜超过总热量的35%。

(4) 维生素　维生素参与肌体的各种代谢，缺乏或不足时即可对运动能力产生不利的影响，表现为做功量降低、疲劳加重、肌肉无力等。补充缺乏的维生素，可以提高运动能力，所以提倡多吃含维生素丰富的食物。

(5) 矿物质　参加健身健美运动使身体负荷加大，由于大量的排汗使身体对钾、钠、钙、磷、镁、铁的需要量增加，特别是对钾和纳的需要量明显增加，因而必须从食物中补充。

目前专门为运动员研制的各种强力营养食品和运动饮料对恢复体力和提高运动能力也有助益。

(三) 中医药和睡眠恢复技法

应用中医药调理的目的在于提高肌体抗病能力，增强免疫，改善代谢调节，提高训练效果。通过中药补剂提高免疫能力，对加速疲劳消除有良好作用。另外，通过外源性的抗氧化剂的补充可以减少大强度运动时氧自由基对肌体的损害，常用的抗氧化剂中草药有人参、当归、生地、酸枣仁、阿魏酸、五味子等。

睡眠对功能的恢复是非常重要的，通过睡眠使精神和体力得到恢复。

药剂的配制应由专门的运动保健医师负责进行，睡眠(包括午睡)的时间应视运动项目或个人需要而定。

(四) 物理恢复技法

在大运动负荷训练之后，常采用按摩、理疗、吸氧、针灸、气功等医学物理手段加速肌体恢复，这样往往能获得意想不到的恢复效果。这里介绍几则伤痛的自我按摩和消除疲劳的方法供大家试用。

1. 踝关节扭伤的自我按摩法

踝关节扭伤多因路面不平、行走不慎造成踝关节内翻、外侧韧带受损所致。一般表现为局部肿胀、疼痛、皮下淤血、不能行走。在损伤48 h后或受损部位处于恢复期时，采用按摩疗法可尽快恢复踝关节的正常功能。

动作要领：手掌搓热、推摩踝部30次。点按腿上阳陵泉、昆仑、三阴交、足三里、绝骨穴。活动踝关节，由小范围至大范围30次。温热水泡足踝。1 h后重复按揉一次。

2. 腓肠肌痉挛的自我按摩法

腓肠肌痉挛是因下肢过度劳累、外伤、遭受寒冷刺激而引起，或因孕妇、老年人缺钙而引起的小腿腓肠肌突发抽搐疼痛的病症。

动作要领：端坐，以掌在腓肠肌疼痛处上端，轻摩 1 min。以中指或拇指按压承筋、承山穴，由轻到重按压 1 min。再用掌根按揉 2 min。以两手掌置小腿肌群两侧，用力击打共 30 次。两手握小腿后肌群对称用力反复搓揉 30 遍。将手放小腿肚后从上向下平推 30 次。上述动作早晚各做 1 次。

3. 腰肌劳损的自我按摩法

腰肌劳损是一种慢性损伤性腰痛。多因经常弯腰负重或习惯性姿势不良引起腰部软组织急性损伤后迁移造成。

动作要领：仰卧，以掌揉按腹部 3 min，点按神阙、关元穴各 1 min。侧卧，以拇指尖在腰痛点按揉 3 min。坐位，两手摩擦发热后放在肾俞穴，反复熨贴 30 次。揉按腰眼 50 次。以两拳轮流捶击腰骶处 50 次。再以两手掌根按揉臀部环跳穴 2 min。中指或食指弹拨腘窝、委中穴数次。以上按摩每日睡前和晨起各做一次。

4. 减轻疲劳法

如果你的情绪过于激动，可设法做 10 次呼吸，并注意吸气要短，呼气要长，一次吸入，3～4 次呼出。

如果双腿麻木，可以把腿使劲伸直，然后坐正，松动腿部。

如果是由于长期干重活而两手酸痛，可以将两手掌相合，来回快速搓动 10～12 s，使掌心产生强热感，最后摇动双手 8～10 次。

如果是由于紧张而两眼发胀、发酸，可以把双眼闭上 5 s，然后睁开，目视鼻梁，如此 3～5 次。

如果头部发胀、疲劳，此时宜坐直，头部用力后仰，拉动颈肌，使头在这种状下停留 8～10 s，然后把头低垂在胸前静坐 10～15 s，如此重复几次。

5. 调整平衡消除疲劳法

迅速消除疲劳的方法，主要是要调整生活节律，搞好以下平衡。

坐位劳动者应在工作或休息之余充分活动下半身，以调整上下平衡；右手频繁劳动，应不时活动左手，以调节左右平衡；口、鼻、眼、耳均面向前方，劳动也多为向前活动，因此下班后或休息时间，应该退着走一段路，以调整前后平衡；劳动过程肌肉多处于紧张状态，特别是有强迫体位的劳动，要时时注意松弛肌肉，以调整屈与伸展之间的不平衡；劳动易引起交感神经紧张，可通过室外呼吸(每次连续 20～30 次)，以调整交感神经和副交感神经平衡；疲劳产生于觉醒阶段，每天应有足够的睡眠与觉醒之间的平衡。如果是体力疲劳，应以精神活动(如绘画、写字、听音乐、看电视)等调整，以达到精神和体力之间的平衡；要保持消耗与供给之间的平衡，就要尽量合理地补充营养，并充分利用不同食物之间营养成分的互补作用，而且不要偏食，偏食极易产生疲劳。

第六节　特殊环境与特殊人群的健身锻炼方法

一、特殊环境下的健身锻炼方法

靶心率可以确定改变心血管机能的安全而适宜的运动强度，并能随时允许个人继续执行一个时间足够长的、有效的健身锻炼计划。然而，健身指导员必须了解诸如高温、湿度、高海拔及环境污染这些都能加快心率，迫使运动强度降低的环境因素。另外，健身指导员还必须认识到低温环境下运动时对身体健康的危险性。下面我们帮助健身者分析一下影响执行健身锻炼计划的诸多不利因素和应采取的预防措施与方法。

（一）湿热环境下的锻炼

通常运动负荷是锻炼中引发心率增加的主要因素。然而，在运动锻炼引起心率应答的诸因素中，环境担负着相当重要的角色。如果环境温度高于皮肤表面温度，人体从环境中吸收热量而非散发热量给环境，而且当相对湿度也高时，人体蒸发汗液的能量也降低，使得散热更加困难。这两种因素都将导致体温升高、心率增加，正确的方法是降低运动强度，将锻炼调整到一天中较凉爽的时段，或者利用空调降温装置。除了上述因素外，运动锻炼时所穿的衣服类型及个人体内的储水量也影响着心率变化。不能使汗液到达皮肤表面的衣服必然会导致体温及心率的增高。从降低体温的角度来说，让汗水往下流进袜子是没有好处的。建议健身者穿得尽可能地少并且选择棉质或透气性好的面料。而由于误穿衣服带来的另一类问题是脱水加重或水平衡的破坏。正常的出汗对运动中散热是重要的，高热、湿环境及不合适的衣服导致出汗增多而增加了脱水的可能性。所以，健身者应在锻炼前、锻炼中、锻炼后要及时补充水分。为强调这一点，最好的办法是让每人每天称体重。任何快速的体重下降都是因为脱水，因而应在继续运动前纠正这一不良行为。健身指导员应强调大量出汗后要及时补充水。尽管盐分随汗液的挥发也有丢失，但数量较小，更何况大多数人都是超量摄取盐。有些健身者问及服用盐片剂的问题，建议他们仅在吃饭的时候稍加些盐于食物中而非服用盐片剂。在高温、潮湿环境下不宜于锻炼，以免发生中暑，有损于身体健康。但作为健身指导员，你应该给健身者们提出合理的建议以减轻中暑的危险。因为有许多人在高温、潮湿的环境下喜爱自己做运动或从事休闲活动，而健身指导员可以帮助人们学会适应这些环境。应尽量强调利用靶心率来衡量湿热环境及运动锻炼负荷的综合作用，因为靶心率这一指标不仅对运动锻炼负荷敏感，而且对于温度、湿度、衣服及身体的水合状态也相当敏感。希望在湿热环境下也愿单独作运动的人，在参与有人监督的健身锻炼计划的初期，有望对湿热环境产生适应。当身体适应后，就能在高温环境下更好地降低体温、心率及中暑的可能性。

综上所述，在湿热环境下，应采取如下的预防措施和方法。

(1) 在有利于汗液挥发的环境下运动，并且不要增加太多的热负荷。

(2) 利用靶心率作为监督运动锻炼的指标，以减少中暑的可能性。

(3) 逐渐地接触湿热环境，通过 7～10 天完成适应过程，通过出更多的汗来适应热环境。

(4) 穿适合湿热环境中运动的衣服，鼓励穿纯棉衣物或透气性好的针织物以便于汗液挥发。

(5) 告诉健身锻炼者不要服用盐片剂。

(6) 让健身锻炼者掌握中暑的症状以及如何处理的程序，即中暑→停止运动→转移出湿热环境→喝水→用凉毛巾、扇子等使身体冷却下来。

(二) 寒冷环境下的锻炼

冷空气引起表皮血管收缩，阻止了暖和血液流至体表，限制了血液向体表传热。若这种反应持续时间延长，则导致发生皮肤冻伤。对于一些易感人体来说，冷空气能诱发心绞痛或哮喘、上呼吸道等疾病的发生。当气温低于零下 6℃时，最容易使人皮肤患冻疮。因此，健身指导员应教育锻炼者在运动时要穿上合适的衣服，以及如何处理皮肤冻疮。一旦冻疮产生，受影响的部位应浸在温水中，不要按摩该部位。

在低温环境下，身体散热快于产热，结果使体温下降。由于风和环境的潮湿等综合作用，大多数体温降低都发生在 0℃以下。当身体浸于水中时，从体表散热比在相同温度的空气中要快 20 倍。而健身锻炼的目的，就在于让健康的人能在寒冷的环境下坚持更长的时间并减少降低体温的可能性。健身指导员应建议健身参与者在寒冷环境中采用如下措施和方法。

(1) 不要在极冷或大风中锻炼，而改为户内运动锻炼或者休息调整。

(2) 穿合适的多层保暖衣服以隔离冷空气。

(3) 当热身活动后可脱去一些衣服以减少出汗量，但仍要穿着足够暖和的运动服。

(4) 尽可能地保持锻炼场所适宜的温度、湿度，因为汗液从皮肤蒸发能迅速降低体温。

(5) 一旦锻炼者出现低体温，应及时让锻炼者离开寒冷环境，避免潮湿和大风并脱去湿衣服，喝热饮料并睡在暖和的睡袋中。

(三) 高海拔地区的锻炼

随着海拔高度的增加大气氧分压下降，这就意味着结合于血红蛋白上的氧气量的减少，以及心脏运输氧至工作肌群的能力下降。运动实践表明，当最大有氧耐力也随着海拔高度的增加而降低时，就意味着在长距离竞技运动比赛中，在高海拔地区速度成绩不如平原地区。然而，受影响的不仅是最大有氧耐力，因为在高原上血中氧含量降低，欲供给同样的氧气量，心脏就得加快跳动。所以，在高原地区任何耗氧水平的情况下，心率均比平原地区要高。这就意味着在高原运动锻炼时，健康者必须减慢速度才能维持靶心率。因而，健身指导者应再次强调让参与者注意靶心率的重要性，靶心率为在各种各样的环境下调整运动锻炼强度提供了科学的参考。

(四) 污染环境下的锻炼

许多环境污染都会损害运动锻炼的能力，如一氧化碳、臭氧、二硫化碳。因为一氧化碳结合血红蛋白能力比氧气强约 200 倍，所以它能降低血红蛋白的运氧能力，故一氧化碳直接影响血液中的氧气的运输。血液中正常的一氧化碳含量：不吸烟者为 1%，吸烟者为 10%，而生活于受污染的城市中的居民可能为 5%。血液中一氧化碳浓度达 3%时运动锻炼能力即受到影响，达 4.3%时最大有氧能力下降。臭氧和二硫化碳可以收缩支气管，增加呼吸阻力，易诱发哮喘，从而影响运动锻炼能力。长期暴露于臭氧中会损害肺的功能，并随高温、高热的环境而更加恶化。

健身指导员应随时注意气象部门发布的"污染指数"，必要时应对污染敏感的人进行调整运动量等预防和干预措施，同时注意锻炼环境的清洁问题。

二、特殊人群的健身锻炼方法

对那些有伤病在身或需要特殊医疗护理的人群，健身指导员要专门设计锻炼课的内容或加以特殊照顾。

(一) 矫形病人的锻炼

如果某一参与者抱怨在走路、慢跑或快跑时踝、膝或髋关节疼痛，应建议他对运动锻炼强度、持续时间、锻炼场所的地面或运动项目内容本身做一调整。如果参与者的锻炼运动量位于靶心率范围的顶部，建议将锻炼强度降至靶心率范围的底部；如果一个人持续慢跑 40 min，建议他改为 20 min 走或 20 min 慢跑，中间休息 10 min；如果行走、慢跑和跑步在不平路面上进行或路面未经铺垫，建议他应该在平坦且减震性好的路面上进行。如果上述建议未能使病情得到缓解，建议参与者改为从事其他运动锻炼项目，以消除原运动锻炼项目的运动负荷对各关节所造成的负面效应。例如，改换为游泳或骑功率自行车(这一锻炼项目靠座位来支撑体重)也许能缓解病情。然而，如果病情持续了好几个星期，建议这位参与者去看医生或请教其他健康护理专家。

(二) 糖尿病人的锻炼

身体锻炼对Ⅰ型糖尿病患者食物摄入量和胰岛素注射量之间的平衡过程既有补充的作用，又可能导致该过程的复杂化。Ⅰ型糖尿病患者可在血糖处于控制范围内时开始身体锻炼。由于肌肉会消耗葡萄糖，所以身体锻炼会使葡萄糖以更快的速度与血液分离，然而，如果在血液中葡萄糖含量过高(高血糖)或过低(低血糖)时参加运动锻炼，则可能使病情加重。如果在运动锻炼前由于胰岛素分泌量不足而使血糖过高，运动锻炼则会导致肝脏更快地释放葡萄糖，肌肉来不及消耗，这会使病情加重，更加难以控制，有可能导致糖尿病性昏迷。另一方面，如果病人在身体锻炼前注射了过多的胰岛素，在运动锻炼中各组织分解血糖的速度加快，肝脏来不及补充，使血糖浓度降低至一极低值，就会导致胰岛素休克。由此可见，身体锻炼虽然在一方面使糖尿病人仅注射少量的胰岛素便使血糖含量得到控制，但另一方面又会使问题复杂化。胰岛素病人必须使三项指标保持平衡：饮食、胰岛素和运动锻炼。Ⅰ型糖尿病人通过与医生或护理专家合作找到注射量与饮食量之间的平衡，以使血糖浓度得到控制，只有当病情得到控制以后才能考虑参加运动锻炼课。

为了保证锻炼安全，Ⅰ型糖尿病人必须学会调整运动锻炼前碳水化合物的摄入量与胰岛素注射量，以维持运动锻炼过程中血糖的稳定。这要求病人不断地监测血糖浓度以便知道胰岛素和碳水化合物以怎样的比例搭配才是最合适的。例如，悠闲地散步不需要对胰岛素和碳水化合物的摄入量作任何调整；但对于长达1～2h费力的运动锻炼，则需要在运动锻炼前多摄入25～50 g的碳水化合物；对于更长时间的运动锻炼活动，如全天的远足，尽管碳水化合物的摄入量增多了，但注射胰岛素的量仍要减少。

据统计，Ⅰ型糖尿病人仅占所有糖尿病人的10%，其余的为Ⅱ型或非胰岛素依赖型糖尿病人。这一类型的病与肥胖有关，由于它经常出现在人的中老年时期，因而又称为老年性糖尿病。一些Ⅱ型糖尿病人可采用口服药，以刺激胰脏产生更多的胰岛素，但大多数病人则只需靠调节运动锻炼和饮食就可减肥并维持正常血糖水平。身体锻炼有助于在少量注射胰岛素的情况下降低血糖的含量，使肌体各组织对可用的胰岛素有更强的反应。

对于糖尿病患者参与健身活动，健身指导员应考虑如下因素。

(1) 了解在健身参与者中是否有糖尿病患者。

(2) 询问患者是否在与医生与护理专家合作以确保一切得以控制，如果没有，推荐他们去看医生。

(3) 询问患者是否就如何在运动锻炼前调整碳水化合物与胰岛素的比例，以确保在运动锻炼中就维持血糖稳定的问题接受过指导，如果没有，建议他们去看医生。

(4) 询问病人是否随身携带简便易行的葡萄糖，以备出现血糖低时服用。

(5) 让每位糖尿病人与"伙伴"一同锻炼，以便及时解决锻炼中出现的问题。

（三）哮喘病人的锻炼

哮喘是一种呼吸道突然变得狭窄，从而造成呼吸困难的病症。致病因素多种多样，多见于对物质过敏的人，如对花粉、阿斯匹林、污染物质过敏，甚至有些对运动锻炼本身过敏的人。其中，运动锻炼本身所导致哮喘的机制是当患者呼吸大量干燥的空气时，呼吸道变得干冷，呼吸道中的特殊细胞发生一系列的反应，腺体分泌且呼吸道变窄，病人直接的反应为呼吸困难，有时可能会导致死亡。但毫无疑问，哮喘是能够控制的，最好的证据就是在1984年美国奥运会代表队的67人中，有41名获得奖牌的运动员患有哮喘病。控制方法是在锻炼前服用药物以阻止哮喘病发作。另外，许多患者随身携带气雾剂类药物以备哮喘突然发作时使用。对于健身指导员来说，这是一个好的建议。

一般情况下，哮喘病人在正式参加运动锻炼之前要进行充分的准备活动，并在运动中采用有间歇锻炼法的形式，每次持续 5 min 或更短的时间，由于吸入温暖潮湿的空气可减少哮喘病发作的可能，因而对哮喘病人来说游泳是一项较好的运动，在户外跑步或骑车时，在鼻、口周围围上围巾或面具，以保持口鼻周围空气湿度，减少呼吸道受到干冷空气刺激的几率。以下几点是作为健身指导员应当考虑到的。

(1) 搞清楚在你的健身锻炼者中是否有哮喘病患者。

(2) 询问患者在锻炼课前有没有服药。

(3) 要求他们进行较长时间的热身运动并进行间歇性的运动。

(4) 询问病人是否随身携带简便易行药物，以备出现哮喘时服用。

(5) 让每位参与健身课的哮喘病人都有锻炼伙伴，便于帮助他们处理危急情况。

（四）肥胖病人的锻炼

推荐给体重超标者与肥胖患者以减轻体重的方法是运动锻炼与控制饮食相结合。在这里有必要强调一下减体重应该慢慢地开始并循序渐进的必要性。由于体脂过高及静坐的生活方式，肥胖者个体的心肺功能水平可能很低，每个健身锻炼计划都要强调先采取步行的运动锻炼方式,以逐步建立起参与运动锻炼的习惯,然后渐渐锻炼参与工作的肌肉群。如果患者有矫形外科上的问题,骑车与水中的运动锻炼是最好的选择,因为这两种运动方式的锻炼都能减轻踝、膝、臀部的负荷量。当他们体重减轻后,在特定负荷下做功需要消耗的能量下降,若要保持体重下降的速度,他们必须在下一疗程中增加运动量,详见第十章"体重的控制"。

(五)高血压病人的锻炼

许多人的血压都处于高血压的临界值,也有许多人服用药物以控制血压。所以健身指导员在辅导健身锻炼课前都建议健身者监测血压。对于血压处于临界值的人,建议采用大肌肉群动力性锻炼来进行锻炼,指导他们避免小肌肉群的锻炼及憋气的运动。如同给糖尿病、哮喘病人的建议一样,提议高血压患者每天在相同的时间内服用降血压药物。对这些个体应经常性地监测血压,因为随着体重减轻、饮食及运动锻炼的共同作用,不服用降血压药物也可使血压降低。从这种意义上来说,血压值为这群个体是否求助于医生去改变血压,服用或取消降血压药物提供了参考。

降血压的各种药物起作用的方式不同,但最终结果一样。利尿剂是通过身体的水盐丢失起作用的。考虑到运动锻炼引起大量出汗也能达到相同的效果,健身指导员应强调服用利尿剂的健身者特别注意运动锻炼中及运动锻炼后的体液要及时补充。服用β-肾上腺能阻断剂的高血压患者不能用前面所说的(220-年龄)公式来估计他们的最大心率。服用降血压药物降低心率,使得通常所用的靶心率区域性计算结果不准确。考虑到高血压个体控制血压的问题,健身指导者应采用以下几条建议。

(1) 确认健身锻炼课中所有控制血压的人,并了解他们使用何种药物。
(2) 按照常规监测锻炼者的血压。
(3) 鼓励用药物者按时、有规律地服药。
(4) 强调大肌群的动力性运动锻炼。

(六)癫痫病人的锻炼

我们也倡导癫痫病(俗称羊角风)患者参与经常性的健身锻炼活动,过上正常人的生活。健身指导员必须了解锻炼课中谁会存在这样的问题,并询问什么样的环境或事件能诱发癫痫病的发作。一般来说,癫痫病人的健身活动没有特定的限制,但健身指导员应该尽可能安排锻炼伙伴与其一道活动。

(1) 确认健身锻炼课中癫痫病患者。
(2) 鼓励他们合理使用药物。
(3) 安排锻炼伙伴,以确保他们的安全。

(七) 老年人的锻炼

建议老年人进行健身锻炼，不仅是因为运动锻炼能改善或维持心肺功能，而且是因为运动锻炼的负荷刺激能维护骨骼的健康。骨质疏松是老年人面临的主要问题，所以必须采用运动锻炼及饮食、激素等手段来共同改善或维持骨骼的完整性。同时要注意运动锻炼环境，辨认过度劳累的信号，与他人一起活动，养成摄食、饮水、服药的良好习惯。老年人个体差异很大，国外学者在1987年将老年人划分为以下3种类型。

(1) 运动员型老年人：55岁以上，健康状况良好(10梅特)。
(2) 青年型老年人：55岁以上，健康状况中等(6～7梅特)。
(3) 老龄型老年人：75岁以上，健康状况低下(2～3梅特)。

因此，应针对不同类型的老年人给予不同的健身锻炼指导和建议。属运动员型的老年人能完成大部分成年人和青年人的运动锻炼项目，几乎不用作调整；相比之下青年型老年人有着较低水平的健康状况，其运动锻炼受到一定的限制，类似于心脏锻炼计划所制定的内容，这一计划强调大肌群进行低强度的动力性运动，在他们力所能及的范围内，鼓励他们尽量采用步行、骑车及游泳等运动锻炼方式；老龄型老年人的心脏功能健康水平极差，大多数活动以坐式或有支撑的站姿才能完成，对于这类老年人，目的是让他们尽可能地维持其健康水平，以使他们能自己照顾自己的日常生活。因骨质疏松易导致骨骼损伤，故应强调采取步行、骑车、游泳等容易控制运动量的活动是很有必要的。而且，也应该指导他们充分采用各种热身活动及放松练习，因为这类活动能在锻炼者尽情玩耍活动后，发展其柔韧性和肌肉力量。另外，老年人采用各种类型健身运动项目，需要采取适合老年人的锻炼方法和方式，要求老年锻炼者在活动中站立或者坐下。老年人的健身锻炼的具体方法详见本章第一节。

(八) 怀孕妇女的锻炼

怀孕妇女是另外一种特殊情况，因为它给女性增添了额外的应激，超出了单纯运动锻炼引起的应激。像糖尿病、哮喘病人一样，怀孕妇女也应在执行一个锻炼计划之前，与她的医生商量一下这一运动锻炼计划，并在怀孕的不同阶段去征求医生的建议。参加运动锻炼并不会减少对胎儿的氧气供给，而且通过胎儿的心率对运动锻炼的应答，可以判断运动锻炼并没有给胎儿带来不适。对于怀孕妇女的健身锻炼的指导方案正在逐步发展，而医学组织在某种程度上对这种锻炼持有不同意见。有些医生认为怀孕妇女不宜进行健身运动锻炼，而有的医生则认为经常性的适当的运动对于健身感兴趣的人来说是合理的也是安全的。美国妇产科医院推荐给怀孕妇女的建议如下。

(1) 怀孕妇女应与她的医生商讨她的健身计划。

(2) 每周锻炼活动 3 天,并有充分的准备活动及放松练习。

(3) 避免使心率超过 140 次/min 的剧烈活动。

(4) 避免长时间(超过 40 min)的运动锻炼和剧烈活动。避免在湿热的环境中运动,因为那种环境能将体温升至 38 ℃ 以上,易导致中暑。

(5) 怀孕 4 个月以上仰卧时不要进行任何活动。

(6) 避免做弹跳式的运动及躯体过度屈伸的活动。

思考题

1. 婴幼儿、儿童、青少年、青壮年、中年和老年人健身锻炼可采取哪些内容与手段?

2. 简述有氧、无氧、休闲健身和自然力健身锻炼的基本方法。

3. 简述健身运动处方的特点、作用、种类与运动项目、强度、时间、频度的安排方法及在不同训练阶段的运用等。

4. 简述特殊环境与特殊人群的健身锻炼方法。

5. 试制订健身运动处方一份。

第7章

健身美体的修塑和矫正技法

本章提要

本章重点介绍了身体局部过胖的修塑技法、不良体形体态的矫正技法及体形修塑的原则与技巧。

第一节 身体局部过胖的修塑技法

一、体形修塑的原则与技巧

如果说身体局部过胖或者不良体形体态的修塑有什么秘诀和技巧的话,那就是必须遵从以下几条基本的训练原则。

(1) 全面(身体)训练与专门(体形修塑)训练相结合。
(2) 全身(整体)训练与局部(体形修塑的某部位)训练相结合。
(3) 有氧训练与无氧训练相结合。
(4) 负荷训练与徒手训练相结合。
(5) 肌力训练与伸展训练相结合。
(6) 突出弱势部位训练与兼顾优势部位训练相结合。
(7) 循序渐进训练与区别对待训练相结合。
(8) 系统训练与不间断训练相结合。
(9) 科学综合训练与饮食调控相结合。

此外,不论是矫正不良体形体态,还是减缩局部多余脂肪,一般都是先全身,后局部;先有氧,后负荷(混合或无氧训练);先大肌群,后小肌群。并制定出科学的训练计划和明确的阶段目标,再加上坚强的毅力和持久的恒心,才能获得事半功倍的锻炼效果。不过现在又出现了一种全新的观点,认为先进行无氧训练,可率先动用身体的肌糖元,接着再进行有氧运动,即可动用脂肪酸。但不论是先进行无氧训练还是有氧训练,只要做好充分的准备活动和放松整理活动,对身体都会有益无害。

二、身体局部过胖的修塑技法

人体多余的能量通常以脂肪的形式储存在身体的腰、腹、臀等不同部位,人们在采用科学的综合训练与饮食调控等方法,特别是有氧训练的基础上,再进行针对性的训练(如局部修塑减肥练习等),每天练习并坚持数周或数月,就可达到减肥的目的。但在运用下面的局部减肥技法时,首先也必须遵从体形修塑的训练原则,否则仅练局部则可能收效甚微。

(一) 腹部过胖的修塑技法

1. 仰卧起坐(20 次×4)

    (1) 仰卧屈膝,屈臂交叉抱肩(也可双手抱头或双臂伸直置于头上方)。
    (2) 慢慢抬起上体成坐姿,计数 3 s,还原。
    (3) 重复练习。起坐时脚不离地,可叫同伴用双手压住脚背(见图 7-1)。

2. 仰卧腿屈伸(15 次×2)

    (1) 仰卧,两臂伸直在头上方,双手抓住床架或其他固定物体。
    (2) 收腹举腿,与躯干成直角。
    (3) 屈膝大腿贴胸。
    (4) 双腿下伸还原成步骤(1)的姿势(见图 7-2)。

3. 收腹提膝(8 次×3)

    (1) 直立,两手侧平举。
    (2) 左脚起跳,收腹,右膝触左肘。
    (3) 右腿放下,同时起跳,收腹,左膝触右肘。
    (4) 左右腿交替进行(见图 7-3)。

图 7-1 仰卧起坐

图 7-2 仰卧腿屈伸

图 7-3 收腹提膝

4. 屈膝两头起(8 次×3)

    (1) 仰卧,两臂在头上方伸直。
    (2) 收腹起坐,同时屈膝,两臂前摆至膝部两侧。
    (3) 还原成仰卧姿势再做(见图 7-4)。

5. 全蹲跳转(15 次×3)

    (1) 屈膝全蹲,脚跟抬起,两臂侧上举。
    (2) 上体不动,膝腿向左右转动或跳起左右转动,使之锻炼腹内外斜肌(见图 7-5)。

6. 仰卧并腿环绕(15 次×2)

    (1) 仰卧,两腿伸直并拢,两臂平放于体侧,掌心朝下。
    (2) 两腿微抬起,由左侧经头部绕向右侧至原位,再重复练习(见图 7-6)。

  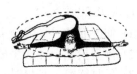

图 7-4　屈膝两头起　　　图 7-5　全蹲跳转　　　图 7-6　仰卧并腿环绕

7. 直立转体(20 次×4)

    (1) 两腿微开立、左右间距 10 cm，两手侧平举。

    (2) 下肢站稳不动，以腰部为轴左右转动，脚跟不得离地(见图 7-7)。

8. 仰卧交替举腿(15 次×2)

    (1) 仰卧在垫子上，两手抓住固定物体，两腿并拢伸直。

    (2) 一腿上举至躯干垂直部位，放下脚跟不触地。

    (3) 另一腿作同样练习。交替进行(见图 7-8)。

图 7-7　直立转体　　　图 7-8　仰卧交替举腿　　　图 7-9　俯卧两头起

(二) 腰部过胖的修塑技法

1. 俯卧两头起(15 次×2)

    (1) 俯卧在垫上，两臂在头前伸直。

    (2) 抬头挺胸，臂后振，同时两腿向上方摆动，使胸部和下腹同时离垫。

    (3) 还原成俯卧姿势(见图 7-9)。

2. 胸腰波浪(15 次×3)

    (1) 跪撑、低头、弓背、肩后缩(见图 7-10(a))。

    (2) 屈肘、蹋腰、胸轻微触垫向前滑动，然后伸直手臂，抬头、挺胸(见图 7-10(b)、(c))。

    (3) 弓身向后滑动成步骤(1)的姿势，再重复练习。

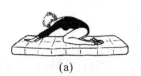 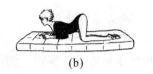 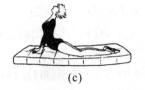

图 7-10 胸腰波浪

3. 仰卧转体(15 次×4)

(1) 仰卧,两臂屈肘于胸前,两腿屈膝,大小腿折叠,脚稍抬起。
(2) 两脚并拢向左转,尽量让脚部触地。同时上体带动两臂向右扭转。
(3) 上下肢换一个方向扭转一次(见图 7-11)。

4. 左右侧屈(20 次×3)

(1) 左右开立同肩宽,上体正直,两臂下垂放于体侧。
(2) 上体右侧屈,体不前倾,右手尽量下伸摸膝外侧下方。
(3) 换一个方向,上体左侧屈,左手摸左膝外侧下方。如此左右交替练习(见图 7-12)。

5. 上体绕环(15 次×2)

(1) 坐在垫子上,两脚并拢伸直固定,两臂伸直上举。
(2) 上体前倾由右向后、向左、向前匀速做绕环运动。
(3) 换一个方向再做一次。顺、逆时针方向交替进行(见图 7-13)。

图 7-11 仰卧转体　　图 7-12 左右侧屈　　图 7-13 上体绕环

6. 俯身侧起(15 次×2)

(1) 俯卧,腹下部位置于长凳或跳箱盖上,两脚都用绳带固定或由同伴按住固定,躯干和头下垂。
(2) 边抬上身边转上体,眼看上空。
(3) 还原后换一个方向再做一次。左右交替进行(见图 7-14)。

7. 侧卧抬腿(15 次×2)

    (1) 侧卧,两臂向前平伸,两腿重叠伸直。

    (2) 使劲抬起双腿向上举,稍停。

    (3) 还原成步骤(1)的姿势再重复练习。练完一侧规定次数后,再换另一侧练习(见图 7-15)。

8. 左右体前屈(20 次×2)

    (1) 两脚左右开立,与肩同宽,两手侧平举。

    (2) 先向左侧腿做一次体前屈,尽量使手触地或触脚趾。

    (3) 还原成开始姿势,再向右侧腿做体前屈。左右交替进行(见图 7-16)。

图 7-14　俯身侧起　　　图 7-15　侧卧抬腿　　　图 7-16　左右体前屈

(三) 臀部过胖的修塑技法

1. 弓步送髋(8 次×4)

    预备姿势:左膝跪地,右腿屈膝成 90°,两手置于膝盖上。

    (1) 左腿和臂向前下方移,髋部尽量前送。

    (2) 还原成预备姿势,再重复练习。左右腿交替练习(见图 7-17)。

2. 仰卧抱膝(8 次×4)

    预备姿势:仰卧,两手放在身体两侧,两腿并拢伸直。

    (1) 右腿屈膝上举,两手抱膝(尽量靠近胸部),左脚伸直。

    (2) 还原成仰卧。

    (3)(4) 同步骤(1)、(2)。两腿交替练习(见图 7-18)。

图 7-17　弓步送髋　　　　图 7-18　仰卧抱膝

3. 跪撑后摆腿(8 次×4)

预备姿势：跪撑在垫子上，低头、弓腰、含胸。
(1) 抬头、挺胸、蹋腰，左腿尽量伸直后上踢。
(2) 还原。还原时腿尽量不要触垫子。
(3) 8 次后换右腿按左腿方法练习(见图 7-19(a)、(b))。

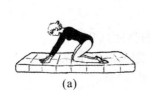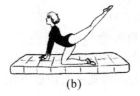

图 7-19 跪撑后摆腿

4. 腿伸异侧(8 次×2)

预备姿势：身体侧向有靠背的椅子站立，距离约 30~50 cm，两手抓握椅背。
(1) 左腿屈膝下蹲，右腿在左腿后尽力向左侧外伸展，上体正直，头部左转。
(2) 还原成站立姿势。做完 8 次后换至另一侧练习(见图 7-20)。

5. 仰卧挺髋(15 次×4)

预备姿势：仰卧在垫上，分腿(或并腿)屈膝，两腿间距约同肩宽，两臂伸直平放在身体两侧。
(1) 两腿蹬伸，髋部向上挺起，臀部用力夹紧，身体成反弓。
(2) 还原成预备姿势(见图 7-21(a)、(b))。

重复练习。

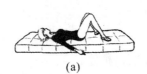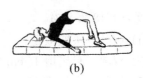

图 7-20 腿伸异侧　　　　图 7-21 仰卧挺髋

6. 体前屈(8 次×3)

预备姿势：两脚左右开立，略宽于肩，两手臂放松垂于体侧。
(1) 上体前屈，两手撑地，两脚尖内转，脚趾相对。
(2) 两脚尖向侧外转。
(3) 还原成预备姿势(见图 7-22)。

重复练习。

图7-22 体前屈　　　图7-23 俯卧绕腿　　　图7-24 坐姿前振

7. 俯卧绕腿(8 次×4)

　　预备姿势：俯卧垫上，手抓垫边，两腿伸直并拢。
　　(1) 上体不动，两腿尽量向上抬起，划弧形向左边放下。
　　(2) 同步骤(1)，两腿向右边放下(见图7-23)。
　　重复练习。

8. 坐姿前振(8 次×4)

　　预备姿势：分腿坐，腿伸直，两臂屈肘撑地，手指相对。
　　(1) 上体前振，同时两臂屈肘触地。
　　(2) 上体微抬起，再向前振2次。
　　(3) 手臂伸直向前压1次，手掌触地，停2～3 s。还原再做(见图7-24)。

(四) 腿部过胖的修塑技法

1. 并膝提踵(15 次×2)

　　(1) 坐在凳子上，两腿屈膝并拢，脚踏在地上，两手压住膝盖。
　　(2) 提踵，脚趾用力抵地，双膝用力挤在一起。
　　(3) 两踵轻轻放下，但不完全着地，自然放松。
　　重复练习(见图7-25)。

2. 俯卧抬腿(8 次×2)

　　(1) 俯卧，头枕双臂。
　　(2) 双腿抬起离地15 cm左右，稍停。
　　(3) 屈膝大小腿成90°，停3～5 s。
　　(4) 腿伸直，然后慢慢放下。
　　重复练习(见图7-26)。

3. 两膝挤球(15 次×4)

　　(1) 坐正，两脚踏实，两膝夹住一个柔软的橡皮球。
　　(2) 两膝挤压橡皮球。
　　(3) 匀速地松开，挤压，再松开，再挤压。如此重复练习(见图7-27)。

图 7-25　并膝提踵　　　图 7-26　俯卧抬腿　　　图 7-27　两膝挤球

4. 屈膝触胸(15 次×4)

 (1) 侧卧平躺，两腿伸直。

 (2) 屈右膝触胸。

 (3) 右大腿外展。

 (4) 向上伸小腿，绷直，然后轻轻放下，不着地。

 重复练习 15 次后，换左腿按右腿方法练习(见图 7-28)。

5. 脚背屈伸(15 次×2)

 (1) 直背坐凳，两臂伸直撑凳边。

 (2) 直腿抬平勾腿尖。

 (3) 直腿绷脚背向上抬 10 cm 左右。

 (4) 放下成步骤(2)的姿势。

 大腿与躯干成直角。左脚练完后练右脚(见图 7-29)。

6. 站立提踵(15 次×4)

 (1) 直立，双腿并拢，两手在背后握住椅背或其他物体。

 (2) 双腿提踵，脚趾用力抵地稍停。

 (3) 两踵轻轻放下，离地 3～5 cm。

 重复练习(见图 7-30)。

图 7-28　屈膝触胸　　　图 7-29　脚背屈伸　　　图 7-30　站立提踵

7. 屈膝伸腿(8 次×4)

 (1) 半躺在垫子上，两臂屈肘放于体侧支撑上体，屈膝，两脚置地平放。

 (2) 两膝分开至超过肩宽，脚尖指向身体外侧，一腿屈膝靠向胸部中间，然后外展，弧形伸直还原成步骤(1)的姿势。

另一脚重复同样的动作(见图 7-31)。

8. 大腿侧抬(4 次×4)

(1) 直立，两臂侧平举，两肩放松，脚跟并拢，脚尖向外。
(2) 左膝抬至左肘，体不前倾，然后还原成开始直立姿势(见图 7-32(a))。
(3) 左腿直腿侧抬，脚或踝触手(见图 7-32(b))。
(4) 右腿作步骤(2)、(3)同样动作。动作开始慢些，以免拉伤肌肉。

图 7-31 屈膝伸腿　　　　图 7-32 大腿侧抬

(五) 胸部过胖的修塑技法

1. 直立扩胸(8 次×3)

(1) 两脚左右开立，与肩同宽。
(2) 胸前屈肘抬平，手心向下，指尖相对。
(3) 扩胸后振，还原。
(4) 两臂经前平举扩胸，还原成胸前屈肘抬平的姿势。
重复练习(见图 7-33(a)、(b))。

2. 跪撑压胸(8 次×3)

(1) 跪姿，两膝稍分开，手指相对撑地(见图 7-34(a))。
(2) 用力下压胸部随之慢屈肘，使胸部尽可能接近垫子，两臂撑起还原。再重复练习(见图 7-34(b))。

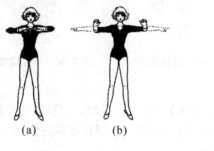
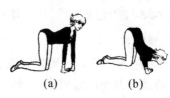

图 7-33 直立扩胸　　　　图 7-34 跪撑压胸

3. 站立抬臂(8次×4)

(1) 两脚左右开立。左手背贴近左脸颊,肘部尽量上提。

(2) 向上伸展左臂,再将左手由后向下画弧放至体侧。重复 8 次后换手做,动作相同。

(3) 最后两手臂同时进行,重复做 8 次(见图 7-35(a)、(b))。

4. 直立夹胸(8次×4)

(1) 两脚开立,上体正直,肩放松,臂下垂。

(2) 臀部后移同时收胸,两肩前移尽量靠拢夹紧。挺胸,两肩后移尽量向后靠拢。还原。

重复练习。收胸时胸肌尽量夹紧,挺胸时两肩用力后收(见图 7-36(a)、(b)、(c))。

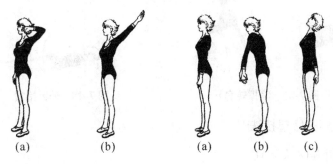

图 7-35 站立抬臂   图 7-36 直立夹胸

5. 俯卧抬头挺胸(8次×2)

俯卧,双手交叉置于脑后,头部和胸尽量向后上方抬起。还原再做(见图 7-37)。

6. 反撑挺胸(8次×2)

(1) 背对椅子(或其他稳定物体),双脚分开站立。

(2) 双手在背后握住椅背,慢慢下蹲,然后站起,胸部尽量前挺。还原,重复做(见图 7-38(a)、(b))。

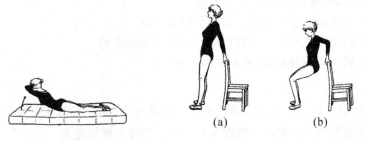

图 7-37 俯卧抬头挺胸   图 7-38 反撑挺胸

7. 跪撑转肩(8 次×3)

(1) 直体跪,上体前屈,左手撑地。

(2) 右臂先伸至左侧腰部,再回到右侧并尽量向右侧后上方伸举。

重复做 8 次,换左手做,动作相同(见图 7-39(a)、(b))。

8. 俯卧抬臂(8 次×2)

(1) 俯卧,右臂前伸,左臂放在体侧伸直。

(2) 两臂同时向后抬起,还原,做 8 次后,将左臂前伸,右臂放在体侧,做同样动作(见图 7-40)。

图 7-39　跪撑转肩

图 7-40　俯卧抬臂

(六) 臂部过胖的修塑技法

1. 直臂内旋外转(8 次×4)

预备姿势:两脚开立与肩同宽,身体站直,双手持哑铃垂于体侧,拳心向内,离身体 15～20 cm。

(1) 两臂同时外转超过 90°。

(2) 接着两臂同时内旋超过 90°。

重复练习(见图 7-41)。

2. 直臂后举(8 次×2)

预备姿势:右腿直立,左腿微屈,脚跟抬起,双手持哑铃置于身体两侧。

(1) 双臂斜后拉至极限,拳心相对。

(2) 大臂不动,小臂前屈,提铃至胸前两侧。

(3) 大臂仍固定不动,小臂后伸,还原成(1)的姿势。

(4) 慢慢还原成预备姿势(见图 7-42(a)、(b))

3. 仰卧头上拉(8 次×4)

预备姿势:仰卧,下背部贴紧垫子,两腿屈膝平放,手持哑铃直臂上举。

(1) 微屈肘慢慢地把哑铃放在头顶上方,使哑铃微触地面。

(2) 双手向上拉起哑铃,还原成预备姿势。

重复练习(见图 7-43)。

图 7-41　直臂内旋外转　　　图 7-42　直臂后举　　　图 7-43　仰卧头上拉

4. 颈后臂屈伸(8 次×2)

　　预备姿势：一腿微屈，一腿直立，挺胸收腹，双手各持一哑铃，举至头上方。

　　(1) 两臂屈肘向头后弯曲，使哑铃一端触背部。

　　(2) 两臂用力向头上方拉起还原成预备姿势。

　　重复练习(见图 7-44)。

5. 俯卧臂后伸举(8 次×3)

　　预备姿势：俯卧，保持髋部贴紧地面，两手持哑铃置于体侧，拳心向下。

　　(1) 直臂向上方举到极限，稍停。

　　(2) 还原成预备姿势。

　　重复练习(见图 7-45)。

6. 单臂屈伸(8 次×2)

　　预备姿势：一腿稍屈，另一腿支撑直立，收腹挺胸，左手持哑铃置于颈后，肘关节向头上方，右手抵住哑铃手臂的肘部。

　　(1) 慢慢抬起持哑铃的前手臂于头顶上方。注意上臂保持静止状态不动，右手仍用力挡住肘部。

　　(2) 还原，重复练习(见图 7-46)。

图 7-44　颈后臂屈伸　　　图 7-45　俯卧臂后伸举　　　图 7-46　单臂屈伸

7. 屈体臂屈伸(8 次 ×3)

预备姿势：上体前屈与地面平行，双膝微屈，两臂屈肘持哑铃置于胸前，拳心相对。

(1) 手臂用力后拉至最高点，拳心向上。

(2) 还原成预备姿势。

重复练习(见图 7-47)。

8. 仰卧臂屈伸(8 次 ×2)

预备姿势：屈腿仰卧，两臂伸直上举哑铃，拳心相对。

(1) 慢慢屈臂，直到哑铃轻触前额为止。

(2) 肘部保持不动，慢慢将哑铃举起成预备姿势。

重复练习(见图 7-48)。

图 7-47　屈体臂屈伸　　　　　图 7-48　仰卧臂屈伸

(七) 膝部过胖的修塑技法

1. 单腿外展(8 次 ×2)

预备姿势：坐姿，两手撑于臀后外侧，挺腰直背，头正眼平视，左腿向前平伸，右腿屈膝。

(1) 左脚背绷直，同时将左腿向外侧转动，膝关节朝外，并将腿抬离地面 15 cm 高左右(见图 7-49(a))。

(2) 接着将左腿尽可能地向外侧移展(图 7-49(b))。至左腿无法再继续移展时，将其在原高度的基础上再提高几厘米，然后回至原位(即到步骤(1)姿势)。但仍需保持离地 15 cm 的高度(图 7-49(c))。

(3) 重复(1)到(2)的步骤 8 次×2，每组间歇时间 15 s。左腿练习结束后，再以同样的方式练习右腿 8 次×2，间歇时间 15 s。

　　(a)　　　　　　　　(b)　　　　　　　　(c)

图 7-49　单腿外展

2. 屈膝外旋(8 次×2)

准备姿势：两脚左右开立伸直，略比肩宽，两手五指自然分开，分别抓握左右膝盖，眼看膝部。

(1) 两腿屈膝至大小腿夹角成 150°～170°，身体重心下降。

(2) 上动不停，两膝前送，弯曲程度超过脚趾。

(3) 两膝外旋至极限，随之双腿伸直，还原成步骤(1)的姿势。再重复 8 次×2(见图 7-50)。

整个动作要求连贯、匀速。动作过程中，两手用力抓捏膝盖。

图 7-50　屈膝外旋

这两节操每天练习 5 次，每次 2 min，2 个月就能见成效。

第二节　不良体形体态的矫正技法

一、颈短的矫正技法

颈短，俗称"搓脖子"，看上去与人整体的比例不相称，不但有损于外形的美观，而且影响颈部运动，使头的活动不够灵活，甚至引起颈椎损伤或骨质增生等病症。

颈短主要是由于颈椎间韧带弹性差，或是颈部皮下脂肪较多，颈部肌肉群的力量差，不能将颈椎有力地支撑住的缘故。因此每天坚持做下列活动 2～3 次，加强颈肌的力量和颈椎间韧带的弹性，是可能将脖子变长一些的。

1. 两足左右分开站立，头屈伸、转动、绕环

可消除颈肌周围脂肪，增强颈部肌群力量，拉引颈肌韧带，提高颈部的灵活性。

1～4 拍：向前屈 2 次(低头)，向后屈 2 次(抬头)(见图 7-51)。

5～8 拍：向左侧屈 2 次，向右侧屈 2 次(见图 7-52)。

9～12 拍：向左转 2 次，向右转 2 次。

13～16 拍：头由前向左、后、右绕环 1 周。

17～20 拍：头由前向右、后、左绕环 1 周。

要求：肩部放松。在头做动作时，颈肌群放松，两臂自然下垂。做时速度稍慢一点，幅度大一些。

1～20 拍为一组，每次共做 10～20 组。

图 7-51 头前后屈

图 7-52 头左右屈

2. 头颈上伸

可拉引颈肌群及颈椎间韧带。

1～2 拍：在头顶上方悬挂一作业物，起踵并尽量伸长脖子，用头顶接触作业物，勿抬头或低头。

3～4 拍：还原。

要求：上体直，尽量伸长颈肌，勿耸肩。还原时放松。

1～4 拍为 1 组，每次共作 10～20 组。

除上述两种方法外，还可 2 人 1 组，短颈者坐在椅子上，两手伸直用手抓住下边坐板，另一人两手托短颈者两腮侧，轻轻向上提，然后慢慢放松，帮助短颈者做伸颈动作。

二、脊柱侧弯的矫正技法

（一）脊柱侧弯矫正技法

正常人的脊柱有一系列向前后的正常生理弯曲，而没有向左或向右的弯曲，假如脊柱发生了向左或向右的弯曲，那就是脊柱侧弯。这种畸形，在脱掉衣服时，就会看得很明显，天热只穿一件背心或薄的衬衫时也会被人们清楚地看见，在一定程度上影响体形的健美。

脊柱侧弯初起时，由于骨骼和韧带还没有发生异常的变化，这一时期做矫正体操效果最显著。侧弯发生较久后，由于一侧的肌肉韧带松弛；另一侧发生萎缩，矫正起来就不如初起时那样快。侧弯发生更久时，脊柱骨本身往往也随着变了形，有的椎骨一边厚一边薄，矫正起来就困难了。不过，青少年如果能长期坚持做矫正体操，还有可能防止畸形再发展，或使脊柱在发育过程中长得直一些。

青少年的脊柱侧弯，以脊柱中段凸向右侧者居多，下面就针对这种侧弯介绍一套简易的脊柱侧弯的矫正体操。

1. 仰卧挺胸

准备姿势：仰卧，左手用力向上伸，右手用力下伸。

动作要领：挺胸，同时抬起肩部，吸气，放下时呼气(见图 7-53)。

2. 仰卧举腿

准备姿势:同上节。

动作要领:右腿伸直抬高60°左右,呼气,放下时吸气(见图7-54)。

3. 仰卧弓身

准备姿势:同上节,只是右下肢屈曲,足踩床(垫)面。

动作要领:抬起腰部和臀部,吸气,放下时呼气(见图7-55)。

图7-53 仰卧挺胸

图7-54 仰卧举腿

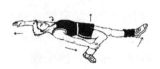
图7-55 仰卧弓身

4. 侧卧弯起

准备姿势:向左侧卧,左手用力向上伸,右手用力向下伸。

动作要领:抬起头部、肩部和胸部,呼气,放下时吸气(见图7-56)。

5. 侧卧举腿

准备姿势:同上节。

动作要领:右腿伸直抬起,同时呼气,放下时吸气(见图7-57)。

6. 俯卧挺身

准备姿势:俯卧,左手向上伸,右手向下伸。

动作要领:抬起头部、肩部、上胸部和左手,吸气,放下时呼气(见图7-58)。

图7-56 侧卧弯起

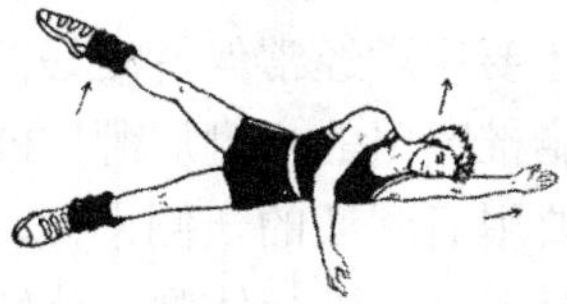

图7-57 侧卧举腿

图7-58 俯卧挺身

7. 俯卧举腿

准备姿势:同上节。

动作要领:右腿伸直抬起吸气,放下时呼气(见图7-59)。

8. 俯卧两头起

准备姿势:同上节。

动作要领:抬起头部、肩部、上胸和左手,同时右下肢伸直抬起,吸气,放下时呼气(见图7-60)。

图 7-59　俯卧举腿

图 7-60　俯卧两头起

(二) 脊柱侧弯矫正技法的作用

脊柱侧弯矫正技法的作用在于重点加强脊柱凸出一侧的肌肉,逐渐把侧凸的脊柱拉直。这套操就是重点加强右侧的躯干肌肉。矫正体操的准备姿势和动作,要求左手用力向上伸展而右手用力向下伸直,这样脊柱两侧的肌肉活动就不对称,右侧紧张而左侧松弛。在这一姿势下做背部肌肉锻炼,就可把作用集中到右侧脊柱肌肉,达到矫正侧弯的目的。

在一侧的髋部用力时,可以使同侧的腰腹肌肉紧张,从而达到锻炼和矫正作用。

前面矫正动作的第 1 节和第 6 节,对胸部脊柱的作用大一些,第 2、3、5、7 各节,对腰部脊柱的作用大一些。

第 4 节全面地锻炼了躯干右侧的肌肉,第 8 节则综合了 6、7 两节的动作,这两节做起来较吃力,作用也较强。

这套操对脊柱中段凸向左侧者也可用,但在练习时必须把各节的左右方向全部颠倒过来。否则,不但无益,反而使畸形加重。

做操时,动作要缓慢平稳,每个动作做 3～5 s,每一节重复两个 8 拍,逐渐增加到重复 4 个 8 拍。各节中间可适当休息。体力强的,做完全套还不太累时,可以选择某几节动作完成后再停住 10～30 s,以增加运动量,提高矫正效果。此操每天要进行一次,一般要做几个月到几年,可获疗效。

除了定期做矫正操外,还要注意经常保持较好的动作姿势。有脊柱侧弯的青少年,两个肩胛不一样平,胸椎突出的一侧肩胛比凹陷的一侧高些,因此,在背书包、挎包或提重物时,都要用肩胛低的一侧来做,以使对侧的胸背肌肉用力,起到锻炼和矫正的作用,同时,可常进行体侧、体转练习,这样效果更佳。

三、背部畸形的矫正技法

(一) 驼背预防技法

年轻人若含胸驼背,不仅不精神,而且大大有碍于体形的健美。那么,怎样预防驼背呢?

驼背首先是由于背部肌肉松弛引起的。有许多身体练习可以加强背部肌肉,有助于防止驼背。如人人都能做到的单杠引体向上练习,特别是双手宽握上拉至后颈部触杠的练习,就能很好地发展背部和肩部的肌肉。

预防和矫正驼背最重要的是要经常注意保持正确的姿势。靠墙站立，使后脑壳、双肩、臀部和脚跟贴墙，尽可能长时间地保持这种姿势。每天练习几次，即是一种很有效的预防和矫正法。

让少年学会做各种平衡练习(如在窄平衡木、平衡木或方木上来回走动)，注意姿势，是效果更好的预防措施。这样做不仅心理因素起作用，而且生理因素也起作用——使躯体保持正常姿势的肌肉得到增强。

下列练习有助于矫正(取决于年龄大小)非病理性驼背。

(1) 双手背后叉握，尽力上提至肩胛骨，用力顶住后背，头后仰。
(2) 仰卧，双臂侧平放，上体挺起，成后脑壳和臀部撑地的姿势。
(3) 跪立，两手抓住脚跟，胸前挺，头后仰。
(4) 俯卧，双手叉握放头后，两脚固定。上体和头尽量向后上方抬起，两肘同时张开上抬。
(5) 坐在椅子上，双手叉握放头后，胸部用力向前挺，头后仰。
(6) 仰卧，用手(靠近头部)和脚支撑，做"桥"。
(7) 背对墙站立，头后仰，前额触墙。

上述练习每天做 2~3 次，每次 3~4 个，每个重复 12~15 下。

这些练习的主要作用在于加强背部和肩颈部肌肉，从而帮助人保持正确的姿势。

(二) 驼背矫正技法

青少年驼背(圆背)畸形，既影响体形的挺拔健美，又在一定程度上妨碍心肺的发育，容易疲劳，不耐久站久坐。至中年以后，还容易腰酸背疼，不能负重，给一生工作、生活带来困难。

青少年驼背多数是因平时经常低头、窝胸的不良姿势引起的，比如看书写字时身体趴在桌上，使用过矮的桌椅，经常用肩背扛过重的东西。在这种情况下，脊柱前面的韧带就紧紧收缩，后面的韧带和肌肉就得放松，日久天长，背部肌肉就会变得松弛无力，形成姿势性的圆背。不及时矫正，发展下去，脊柱骨就可能出现结构性的改变，成为严重的驼背，再矫正就困难了。所以在刚刚出现驼背后，就应该尽快矫正，不能任其发展下去。

在青少年时期，身体的可塑性较大，既容易因不良姿势引起驼背，又容易纠正不良姿势，矫治驼背。年龄愈轻，驼背愈容易矫正过来。最简单的方法是每天用一根木棍夹在背后两肘弯处，挺胸行走 5~10 min；或双肩后挺，将两手互握于背后腰际，每天步行 5~10 min；或头上顶书包行走 300~400 m；或单杠上做颈后上拉等。坚持锻炼，即可收到效果。青年人姿势性驼背的预防和矫正，还可采取以下两种方法矫正。

1. 习惯养成法

(1) 注意端正身体姿势　平时不论站立、行走，双眼要向前平视，胸部自然挺起，两肩向后自然舒展，不窝胸弯腰。坐时脊背挺直，看书写字时不过分低头，更不要趴在桌子上。

(2) 使用合适的桌椅和用具　身高增加，相应增高桌椅；睡觉时的枕头不宜过高；视力不好的，及时佩戴矫正视力的眼镜，等等。

(3) 负重合理　在身体还在发育的青春期内，不宜经常搬扛过重的东西，如挑、扛麻袋时，不要装得过满过重，尽量减少脊柱的过重负担。

(4) 睡硬板床　上床后、入睡前，在背后垫上高枕头，全身放松，让头后仰，活动15~20 min。早上起床前再做1次，每天坚持。

(5) 坚持做矫正驼背的医疗体操　这主要是为了增强伸背挺胸的肌肉力量，调整身体前后方肌肉的力量平衡，纠正驼背。同时练习扩胸运动，可以增强两肩的肩胛骨向后靠拢的力量。

2. 体操矫正法

下面介绍的几节矫正驼背的体操，可以全做也可选用一部分练习。

(1) 挺胸运动　仰卧，用枕部和两肘支撑，挺起胸部，同时吸气，放下时呼气(见图7-61)。

(2) 抬头运动　俯卧，两手置体侧，抬起头部及肩部，同时吸气，维持10 s，放下时呼气(见图7-62)。

(3) 后举运动　俯卧，抬起头部和上胸部，两臂伸直向后举起，双腿尽量上抬，同时吸气，放下时呼气(见图7-63)。

图7-61　挺胸运动　　　图7-62　抬头运动　　　图7-63　后举运动

(4) 扩胸运动　站立，两臂前平举，然后分别向左右挥摆，作扩胸动作，要求抬头、挺胸、收腹、踮脚(见图7-64)。

(5) 挺背运动　站立，两手轻靠在臀后，两肩及两上臂向后上方提拔，头同时向后仰，做挺背动作(见图7-65)。

(6) 拱背运动　仰卧，以双脚、双肘和头五点支撑，作上挺动作，挺时吸气，放下时呼气(见图7-66)。

以上体操，每天早晚各练一次，长期持续进行。

图 7-64　扩胸运动　　　　图 7-65　挺背运动　　　　图 7-66　拱背运动

四、肩部畸形的矫正技法

(一) 两肩不平的矫正技法

造成两肩不平的主要原因是，经常用同一侧的肩挎背包、书包或肩扛、手提重物，使一侧肩关节周围的软组织长时间地处于紧张状态，久而久之，致使肩部下肌群紧缩，上臂肌群拉长而成斜肩。如果不及时纠正，还会进一步引起颈向一侧歪斜，甚至造成脊柱向一侧弯曲等病症。除负重不平衡导致肩不平外，在日常生活或运动中，不注意保持正确的姿态，如站立时爱用一只脚支撑身体，坐或走路时，上体经常向一侧弯倾，这样久而久之因脊柱弯曲也会使肩一侧下垂而不平。

在青少年时期，及早预防两肩不平是十分重要的。除进行全面锻炼，增强身体素质外，平日还须养成良好的生活习惯。比如，用两肩或两手轮流挎拎书包，提重物或扛重物，使两肩肌群轮流承受压力，有张有弛。挎包的背法也可斜肩背，或背后双肩背。负重的重量要少一些，不要过重。在坐、站、走、跑时，要注意姿势端正，大方美观。运动时则要注意正确的锻炼方法。

如果已经形成斜肩，在骨化前及早矫正还比较容易取得效果，骨化后就比较困难。轻微的斜骨，容易矫正，而严重的就困难。下面介绍几种预防和矫正的方法。

(1) 两臂侧平举，向内和内外交替绕环　开始向外绕小环，逐步绕中环，至绕大环，四八呼后再向内绕环四八呼。可增强肩臂肌肉群及胸、背肌肉群的力量，加快这些部位的血液循环。做时保持侧举绕。内绕和外绕各四八呼为 1 组，共作 3～4 组。

(2) 两臂侧屈，屈肘，向内和向外绕环　动作同上节。所不同的是，要加大肩绕环的幅度，由侧向前、向上、向侧后绕环，由小逐渐放大。做时上体注意保持正直，主要靠肩部运动。做四八呼后换另一方向做。内绕和外绕各四八呼为 1 组，每次共做 3～4 组。

(3) 两肩轮流上提，一肩提 2 次后换另一肩上提　做四八呼为 1 组，共做 3～

4组。此方法可加强肩部的血液循环，使肩部肌群新陈代谢旺盛，增强肌肉力量。做动作时上体正直，只单纯做提肩动作，头、颈勿动，肩放松。

要求：做动作时思想应集中，用力协调，放松，速度由慢渐快，幅度从小到大，呼吸自然。

如果用作矫正，则针对肩歪斜一侧增加锻炼次数，甚至可以手握最轻量的物品做。但另一侧也要做，只是次数减少一些。

(二) 肩太窄或太宽的矫正技法

1. 肩太窄的矫正体操

肩是人上体的主要组成部分之一，肩宽窄适度，与人体总身高的比例匀称协调，可显得开阔、稳健而有朝气，突出体型的曲线美。如果肩太窄，则给人们纤细软弱、无力支撑头颈的感觉。从横面看上体呈"锥状"，穿着衣饰显得空旷、拖沓，衬不起来。而且肩狭窄，会缩小胸腔体积，除影响外形美观外，更有害的是限制了心、肺内脏器官的功能。肩还是上肢负重的主要支撑部位，如果肩窄而下溜，会影响日常生活劳动中负重、攀登、上举等动作。

肩带由锁骨和肩胛骨组成。肩的宽窄与锁骨和肩胛骨的平正有关。肩狭窄的根本原因是，锁骨和肩胛骨(肩胛带)周围附着的各肌肉群(如三角肌、胸大肌、背阔肌、斜方肌等)不发达而无力，使锁骨和肩胛骨远端下垂，另一个原因是两个横面的肌肉发育不平衡，前紧后松弛而形成扣肩凹胸。锁骨及肩胛骨的长短大小，除先天的遗传因素外，与后天缺乏锻炼，不注意保持正确姿态，也有重要关系。

要使窄肩变宽，可以通过锻炼，增强上提肩胛骨及锁骨远端的肌肉群，以及胸肌和上背肌的力量，使锁骨得到平正。另外采用增强上臂肌的肌肉群(如三角肌及肱三头肌等)的力量的锻炼方法，加粗这些肌肉群的肌肉体积，使肩两侧隆起，前后增加一些厚度，以改变其外形。为了便于锻炼，可采用下列几种练习和徒手操练。

(1) 站立，两臂侧举，下落 可增强三角肌力量。男子可手握哑铃、沙袋等重物，做同样的动作。做时上体要正直，侧举要到位，下落时要加强控制力。做10～15次为一组，共作8～10组。逐步加快速度。

(2) 两足左右分开站立，两臂向内、向外绕环 可发展肩带肌群的伸展性。两臂由内向外绕环4次，再向内绕环4次为一组，共做4～6组。做时肩放松，臂自然伸直，贴近上体的平面绕，上体和头正直。

(3) 两足左右分开站立，两臂侧上举下落，再由上经体侧下落 可增强肩带肌群的力量。做时要举到位，下落时要慢慢经体侧下落。开始时约二拍时间一动，逐步提高到一拍一动。做12～16次为1组，每次3～4组。

(4) 俯卧撑臂屈伸 可增强胸大肌、三角肌的力量。做时身体要平，勿塌腰、耸肩，腿蹬直。做 10～15 次为 1 组，每次作 3～4 组。

(5) 臂交替上举　可增强斜方肌和三角肌等肌群的力量。做时上体要正，上举或下落时都要加强控制力。做 10～15 次为一组，每次做 3～5 组。这节练习也可使用拉力器或橡皮条做。

以上 5 节动作可作为一套做，也可以选取几节单独做，但要增加次数，肩、胸、背肌群的锻炼要全面。此外还可以负重做，尤其是男子，手持一定重量的哑铃、沙袋或其他重物，进行负重练习，有助于肌纤维发达粗壮。

如有条件，还可以利用双杠做支撑前行、支撑摆动、支撑双臂屈伸，利用单杠做引体向上，或进行爬绳、爬竿，或利用拉力器做前举、侧拉开，可锻炼胸大肌、三角肌、斜方肌、背阔肌等肌群。

除以上练习外，游泳和划船也是使窄肩变宽的极好运动。因游泳和划船时上肢活动大，呼吸深而有节奏，可促进肩、胸、背部肌群的发育。

总之，增强肩、胸、背部肌群的锻炼方法很多，可根据自己的体质、性别和条件进行选择。

刚开始锻炼时，可从徒手操做起，逐步加负重，持之以恒，就能获得明显效果。但须指出，锻炼时要注意配合全面锻炼，如跑、跳、打球等，只有在改善整体健康的基础上，才能奏效快。如果单纯为肩宽而狠练几块肌肉，就会欲速则不达，甚至会使其他部分的功能受到限制。另外作完练习后，必须及时做放松肌肉的练习，缓解肌肉的紧张状态，以免肌肉僵硬而影响血液循环。

2. 肩太宽的矫正体操

肩太窄影响人体健美。同样，肩过宽，超过总身长和胸厚的比例，则不能突出胸的曲线美，穿衣时肩部架起空荡而不显曲线，外形也一样不美观。

肩过宽的主要原因是，肩胛带较长，锁骨远端上翘，上肢肌肉群周围的脂肪肥厚。另一个原因是平时偏重于肩带肌和臂肌群的锻炼，而又不得法，使其体积粗大、僵硬。如果在青少年时期，及时采用正确的锻炼方法，使肩带肌群及上臂肌群拉长，缩小肌细胞和肩部脂肪的体积，可以改善肩过宽的现象，而且使肩部肌肉丰满有力而圆润美观。下面介绍锻炼肩带肌，增强其弹力的方法。

(1) 两臂肘侧屈，手腕向内屈置于肩上，两足左右开立。

1～4 拍：两肘慢上举，吸气。

5～8 拍：两肘慢下举，呼气。

要求：以肩为主做动作，上体正直。要慢做。下举时尽量向下沉。

1～8 拍为 1 组，每次共做 8～12 组。

(2) 两臂侧屈肘，同上节的准备动作。

1～4 拍：两肘带肩由两体侧向前、向上、向外体侧慢绕环。

5～8拍：两肘带肩由两体侧向上、向前、向下至体侧慢绕环。

要求：边意念"缩……缩"，边动作，动作要很慢，似有阻力。

1～8拍为1组，每次做8～12组。

(3) 两足左右分开站立。

1～4拍：两臂由下经两体侧向上举(掌心向外)至两臂夹耳边，手背相碰，吸气。

5～8拍：停在1～4拍姿态上，闭气。

9～16拍：两臂由上经两侧慢慢下落(控制力)，两手侧垂，同时呼气。

要求：侧举和下落时要保持臂伸直，上体要正，勿前倾、缩颈、低头，在动作过程中保持平面。幅度要大，要到位，要慢做。

(4) 两足前后分开站立，两臂侧平举，从肩关节开始，轮流作侧斜上摆和下摆，臂呈大波浪状。

要求：以肩关节为轴，逐节向上或向下摆动，上体不动，连续做。

做20～30次为1组，每次做5～8组。或不分组，一直做到感到肩臂发酸为止。

(5) 臂肩放松。

1～4拍：两臂由前向上、侧下放松绕环4次。

5～8拍：反绕环4次。

9～12拍：两臂自然伸直，左、右手轮流上伸。

13～16拍：上体放松前屈。两臂松弛前下落，前后摆动。

要求：做动作时全身要协调、放松，不要用力。

1～16拍为1组，每次作4～6组。

在坚持慢做动作的过程中，容易引起肩带及臂部肌肉群发酸，这是因为肌纤维承受的阻力和紧张程度较大，同时消耗能量较多，血液供应暂时不足等缘故。因此，在做完上述练习后，必须做放松肌肉练习，及时缓解肌肉的紧张程度，使血液循环畅通。

五、胸部畸形的矫正技法

女性丰满的胸脯是曲线美不可缺少的组成部分，男性强健隆起的胸部则充分显露着阳刚之美。

胸部形态以骨性胸廓为基础。骨性胸廓由1块胸骨、12块胸椎和12对肋(肋骨和与之相连的肋软骨)借助韧带连接而成。其中12对肋呈向前和向外的弯曲状，使得胸廓内空加大，以保证胸腔内脏器官的良好发育。由于胸廓的存在，再加上宽大的胸大肌的覆盖，胸部就显得丰满、前挺。丰满而富于弹性的胸部。除了能显示健美体形、曲线美、阳刚美之外，还是强健体质的一种表征。

胸部健美与否，可通过目视和测量胸廓来衡量。根据胸廓前后径和横径的大小，一般可将胸部形态分为正常胸、扁平胸、桶状胸、鸡胸、漏斗胸、不对称胸等。如胸前后径与横径之比约为3∶4，胸骨较平，胸肌结实而丰满，即为正常胸。如胸部平坦，胸背径较小，胸背径与横径之比明显小于3∶4，则为扁平胸。扁平胸说明胸廓发育不正常，会影响胸腔内脏器官的发育和机能，同时也表明胸肌不发达。如胸背部特别外突，胸背径过大，则为桶状胸。此形态貌似肌肉发达，实际是胸廓发育不正常和各部肌肉发展不均衡。对女性来说，桶状胸尤其缺乏美感。如果胸骨突起程度过大，则形成鸡胸。如果前胸是凹陷状，则呈漏斗胸。如果胸部左、右两侧发育极不均衡，则称为不对称胸。以上四种形态均为不健美形态或畸形，可通过矫形操进行矫正。

(一) 不对称胸的矫正技法

不对称胸的形成有先天性和后天性两种。先天性不对称胸一般是因神经或血管的病理性原因，造成一侧骨骼、肌肉发育不良。对于这种畸形，只通过矫形操来进行矫正，效果不明显。必须先进行临床诊治，然后在康复医生指导下采用综合性手段，其中包括矫形操锻炼，以获得身体的康复和形体的矫正。后天性不对称胸形成的原因较复杂，有的是因为佝偻病后遗症，有的是职业特点所致，有的则是由于神经或者血管的病理性原因等。对于病理原因造成的不对称胸，应该先诊治，再进行康复矫形。对于后遗症、职业特点或不良习惯所致的不对称胸，可以直接进行矫形操练习和健美训练。这种练习应以加强弱侧的训练为主。有些女孩子出于害羞，对不健美形态或畸形讳莫如深，消极掩饰，这是可以理解的。但切不能讳疾忌医，而应主动找医生诊治。

下面介绍一套矫形操，它既可成套按顺序做，也可以选择性地单节组合做；既可弱侧单独做，也可以两侧以不同负荷同时做。练习者可视训练效果，随时进行内容、组合、数量和时间的调整。此练习进行一段时间后，最好与健美练习配合起来做。

(1) 持铃摆臂　站立，两脚同肩宽，手持哑铃连续做前后摆臂(见图7-67)。

(2) 持铃绕环　站立，两脚同肩宽，手持哑铃连续做前后绕环(见图7-68)。

(3) 肋木斜撑臂屈伸　斜撑于肋木上，两腿伸直，足趾撑地，抬头、紧腰、收腹。呼气伴随臂弯曲，身体下降；然后吸气伴随撑起。重复数次(见图7-69)。

(4) 站姿举铃　屈肘，手持哑铃或壶铃于肩上，上举器械至肘充分伸直，然后缓慢还原。重复数次(见图7-70)。

(5) 仰卧举铃　仰卧于长凳、木板上，或斜卧于木板上，手持哑铃，屈肘。深吸气，臂向上伸直；然后屏气，臂向同侧下方放下，还原。重复数次(见图7-71)。

图 7-67　持铃摆臂　　　　图 7-68　持铃绕环　　　　图 7-69　肋木斜撑臂屈伸

图 7-70　站姿举铃　　　　图 7-71　仰卧举铃

（二）胸部过大的矫正技法

女性健美的胸部应该是胸脯隆起，乳房丰满而不下垂，侧面观有明显曲线。如胸脯过分前突则为桶状胸，胸部过大则往往是桶状胸加上脂肪过厚所致。对此形态，训练的目的主要是减少胸部、乳房部皮下脂肪和胸部肌肉内脂肪成分，以及使此部结缔组织成分相对致密，同时也使肌肉结实有力而便于调节和固定乳房位置。

下面所介绍的胸部健美练习，若以减脂为主时，可以适当增加练习数量和时间；以训练肌肉为主时，可适当加快动作速度。

(1) 含胸和挺胸　直立，含胸、低头，挺胸、还原。重复 8～16 次，可快速做(见图 7-72)。

(2) 含胸低头和挺胸仰头　直立，含胸、低头，挺胸、抬头。重复 8～16 次(见图 7-73)。

(3) 胸绕环　直立，以腰椎为轴，胸部依前、后、左、右方向绕环，重复 4～8 次。再做方向相反、动作相同的练习 4～8 次(见图 7-74)。

(4) 拉胸　离墙约 50 cm，面对墙站立，两脚略分开，两臂上举，抬头挺胸，体前屈两手扶墙。弹性下压，塌腰直膝，使胸部贴墙。重复 8～16 次，最后保持胸部贴墙姿势停数秒(见图 7-75)。

(5) 胸波浪　直立，两臂上举，手心向前。两臂向前，眼睛看手，稍含胸，脊柱前屈约 45° 左右；依次做胸上提、挺腰、低头伸颈、抬头，同时两臂做小波

图 7-72　含胸和挺胸　　　　图 7-73　含胸低头和挺胸仰头　　　　图 7-74　胸绕环

浪，重复 4～8 次(见图 7-76)。

(6) 扩胸　直立，两臂胸前平屈，两手半握拳，拳心向下，扩胸；两臂经胸前向两侧扩胸。重复 8～12 次。此练习可持重物做(见图 7-77)。

图 7-75　拉胸　　　　　　图 7-76　胸波浪　　　　　　图 7-77　扩胸

(7) 提胸　站立，两脚同肩宽，两臂腹前交叉，稍低头，两臂侧上举，抬头，提胸。重复 8～16 次。可双手持重物做(见图 7-78)。

(8) 振臂提胸　预备姿势同上。两臂下垂后摆，两臂经胸前上举后振提胸。重复 8～16 次。此练习可单臂轮流做，也可双手同时做，或者手持重物做(见图 7-79)。

(9) 躯干波浪　跪坐，两手前撑。胸部贴沿地面向前依次做躯干波浪形运动，

图 7-78　提胸　　　　　　　　　　图 7-79　振臂提胸

成俯撑状，抬头挺胸；胸部贴沿地面向后做躯干波浪形运动，还原。重复8～12次(见图7-80)。

(10) 双手对抗　跪坐，两臂胸前屈肘，手指紧握另侧前臂。两手相互猛力推动，胸肌紧收。重复8～12次(见图7-81)。

(11) 俯卧撑　俯撑，两手分开与肩同宽，身体保持挺直，稍含胸收腹。屈臂，两肘不外张，胸部接近地面，再快速发力推起使肘关节伸直。重复10～20次为1组。此练习可通过改变足支撑点的高度，降低或增大强度。每次练习做2～3组(见图7-82)。

图7-80　躯干波浪　　图7-81　双手对抗　　图7-82　俯卧撑　　图7-83　体前屈提重物

(12) 体前屈提重物　站立，双脚同肩宽，体前屈，上体与地面平行，两手持哑铃或重物，手心向后。上提重物至胸前，还原。重复10～12次为1组，做2～3组(见图7-83)。

(13) 仰卧扩胸　仰卧于长凳，两手持重物，臂上举，手心相对。两臂向两侧慢慢分开至两臂不能再下降，并使胸部隆起，还原。重复8～16次为1组，做2～3组(见图7-84)。

(14) 仰卧推举　仰卧于长凳，屈肘，两手持重物，掌心向上。两臂上推，还原。重复8～16次为1组，做2～3组(见图7-85)。

(15) 双臂屈伸　两手撑双杠或桌子，两手置于高处(高度视练习者情况而定)。屈臂，还原。重复8～16次为1组，做2～3组(见图7-86)。

图7-84　仰卧扩胸　　　　图7-85　仰卧推举　　　　图7-86　双臂屈伸

（三）胸部过小的矫正技法

有的女青年由于营养不良或女性荷尔蒙分泌不畅等原因，致使乳房发育欠佳，几乎没有一点高峰，加之胸大肌群也不发达，几乎呈扁平胸。另外，有的姑娘由于缺乏健美知识，或有封建意识怕羞，平时常有意识地含胸低头，或是缩胸，尽量不使胸、乳房突起，久而久之，也很容易形成小乳房和扁平胸。这不仅有损于形体美，还影响脊柱、胸廓和胸肌群、内脏器官的正常发育。这两种情况所造成的扁平胸、小乳房，都可以通过加强营养和体育健身锻炼，尤其是加强胸部肌肉群的练习，如俯卧撑等使胸大肌发达，促进乳房的发育。其锻炼方法如下：

(1) 仰卧挺胸　仰卧在垫子上，两臂侧举，挺胸，停一会儿，再下落。要求尽量抬头，收腹。20～30 次为 1 组，分 2 组做（见图 7-87(a)、(b)）。

图 7-87　仰卧挺胸

(2) 站立含胸挺胸　含胸时两臂内旋，挺胸时两臂外旋，尽量挺胸收腹，抬头。两臂在侧自然放松，以胸为主运动。每组 20～30 次。

(3) 跪撑移胸　跪撑在垫子上，屈臂，至胸触地，大小腿保持 90°（见图 7-88(a)）。臀保持原位，勿前移。以手支重，使乳房尽量下垂，停一会儿，再还原。每组做 10～15 次（见图 7-88(b)）。

图 7-88　跪撑移胸

(4) 仰卧辅助挺胸　一个人手向后撑并腿仰卧，另一个人分腿立于坐者的两腿外侧，两手托坐者上背部，卧者的胸部提起，同时卧者挺胸抬头，手在两侧支撑。停一会儿，放下还原至仰卧。共做 10～15 次（见图 7-89）。要求坐者挺胸时，尽量收腹。

(5) 俯卧辅助挺胸　一人俯卧在垫子上，另一个分腿跪在卧者腿外侧，两手握其小臂，将卧者两臂提起斜上举。卧者挺胸，胸腹不离地，停一会儿，再还原至开始姿势。共做 8～10 次（见图 7-90）。做完后应放松。

采用以上的运动，可促进胸大肌、肩带肌、背肌的发育，以胸大肌的强壮衬托起乳房，使其丰满起来。

图 7-89　仰卧辅助挺胸

图 7-90　俯卧辅助挺胸

六、腿部畸形的矫正技法

在幼儿时期，站立过早或行走时间过长，或缺乏营养和体育健身锻炼，或病后、伤愈后两腿支撑时间过长，或站立行走姿势不正确等，都可能造成"O"型腿或"X"型腿，有些青少年深为此影响健美而苦恼。其实，青少年尚在长身体的时期，如果能早发现，早做矫正体操，还是有可能减轻或矫正这种畸形的。腿部是否畸形，很容易检验。立正姿势站立，若两腿膝部足部能互相接触则为正常腿；若两腿膝部能靠拢，而两脚不能靠在一起并且相距 1.5～2 cm 以上，就称为"X"型腿；反之脚能靠拢而膝不能靠拢，并相距 1.5～2 cm 以上，则称为"O"型腿，俗称罗圈腿。下面介绍两套矫正体操，供青少年试用。

(一)"O"型腿矫治体操

(1) 膝部回转运动　直立，两脚并拢，两手扶膝，做蹲下起立的屈伸运动；然后半蹲，左右交替做膝部回转运动(见图 7-91)。

(2) 膝部靠拢运动　两脚开立，距离 50 cm 左右(高个子可以宽一些)，两手扶膝半蹲，做两膝靠拢运动(见图 7-92)。

(3) 脚跟外展内收运动　直立，两脚平行，做提脚跟运动(提起放下)；然后以脚跟为轴，做脚尖外展内收运动；再以脚尖为轴，做脚跟外展内收运动(见图 7-93)。

　　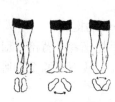

图 7-91　膝部回转运动　　图 7-92　膝部靠拢运动　　图 7-93　脚跟外展内收运动

(4) 跪坐两腿前移运动　跪坐腿上，塌腰，两脚慢慢向外向前移动，腰部随之渐渐直起(见图 7-94)。

(5) 两腿夹书运动　坐在椅子上，用两脚夹住书本，不使脱落，坚持一会儿(见

图 7-95)，这是增强两腿内侧韧带弹力的有效方法。若腿夹书时用橡皮带把两膝捆住，效果更好。

图 7-94　跪坐两腿前移运动

图 7-95　两脚夹书运动

(二) "X"型腿矫治体操

(1) 坐姿压膝运动　坐正，脚掌相合，两手扶膝，轻轻下压(见图 7-96)。注意脚掌不要分开，膝盖压到不能再压时，坚持一会儿。

(2) 坐姿两腿对抗运动　正坐，两臂于身后支撑，用橡皮带或布带系成圈套在脚腕上。两腿伸直抬起，两脚用力向左右分挣(见图 7-97)。

图 7-96　坐姿压膝运动

图 7-97　坐姿两腿对抗运动

上述各项矫治运动，只要经常坚持，每天做一两次，每个练习做得认真准确，达到一定的运动量(重复次数应该多一些)，就一定能收到良好效果。

七、足部畸形的矫正技法

(一) 八字脚的矫正技法

一般人走路，两只脚的脚尖是正对着前方迈步的，大腿和脚掌在同一平面上。但是，有的人走路的姿势和一般人不同，脚尖不是向外，就是向内，大腿和脚掌不在同一平面上。从这种走路姿势的人的两只脚的脚印上看，很像一个"八"字，人们就把这种脚叫做"八字脚"，脚尖朝内的叫"内八字脚"，脚尖朝外的叫"外八字脚"，常见的大多是外八字脚。

有八字脚的人，因为脚尖偏离前进的方向着地，所以步幅比正常走路的人小，走起路来一摇一摆的，动作迟缓。这不但影响身体姿态的健美，而且跑跳时脚掌一侧着力，不能充分利用所有的脚趾蹬地，反蹬力和弹跳力减弱，还影响跑跳的速度和高度，锻炼吃力，劳动工作不便。

有的人的八字脚，是幼年时过早地站立学走路，腿的力量弱，很难保持身体平衡，脚尖就自然地向左右分开，慢慢形成的习惯。有的人的八字脚，则是用不正确的姿势走路，慢慢形成的习惯。既然都是习惯，只要认真注意，肯下功夫，是可以矫正的。

"外八字脚"患者行走时，每走一步，都要让自己感觉到两膝内侧有轻擦的过程；随时随地选择有直线的地面，两脚正直踩线进行练习，这主要靠生活中坚持。

"内八字脚"患者行走时，应让五个脚趾和前脚掌牢牢地接触地面，使脚的外侧部位吃重；随时随地选择有直线的地面，两脚正直踩线，行进练习。这同样需要靠生活中坚持。下面介绍5种矫正八字脚的方法。

(1) 平时走路和跑步，随时注意使自己的膝盖和脚尖始终对着正前方，不要偏。

(2) 在沙土、松土和水湿的地上走过后，检查一下脚印，看看脚尖是否朝正前方，边走边改。

(3) 在田径的跑道线上练习走和跑，要求每一步都踩在直线上，或者脚步与直线平行。

(4) 反复练习从高台阶上往下跳的动作。这样可使两脚尖被迫并拢一起起跳和下落。

(5) 两脚交换用脚内侧连续向上盘踢毽子，或者用脚外侧拐踢毽子。

只要思想重视，坚定信心，经常注意，持之以恒，时间长了就会矫正过来。

但有些严重的"八字脚"，实际上是由臀肌挛缩引起的一种症状。有的青少年症状较重，用一般矫正方法难于见效，而只能通过完全、彻底的松解手术才能达到矫正效果。动手术的最佳时间在10～15岁较理想，年龄太大，挛缩越广泛，甚至出现髋关节挛缩，造成终生髋关节功能受限，故应引起高度重视。

(二) 平足的矫正技法

平足又叫平底足、扁平足，就是足弓塌陷，是足部肌肉和韧带的力量薄弱，不能维持正常的足弓姿势引起的。足弓富有弹性，能使足部各肌群均匀地负担体重，还能使肌体在活动时减少震荡，感到轻快省力。所以足弓塌陷形成平足后，走路时容易疲劳，走路多时感到脚痛，不能多走路，也不能长时间站立和搬扛重物；运动时小腿肌肉和膝腰部难以适应，甚至下肢血液循环发生障碍，出现足部肿胀，小腿前面胫肌痉挛。

平足多发生于青少年和儿童。是不是平足，可以自己检查一下，方法是：两足沾水，在地上踩个足印，看看足印内侧中间有无凹陷。要是没有明显的凹陷，就是平足。

造成平足的常见原因有：先天性肌肉和韧带发育不良；经常站立和负重过久，足肌过度疲劳，肌力减退；过分肥胖，足弓不能维持正常；缺乏锻炼，足弓力量不足。

有人曾对一些平足学生进行全身体格检查，发现他们的平足大多属于非病理性的，主要是足部肌肉、韧带力量弱造成的，而且平足程度大多数是轻度的。所以青少年及儿童的平足，只要能及早采取措施，是可以矫正或者减轻的。

目前医学上矫正平足，除了采用矫形鞋治疗外，尚无良好方法，主要还得靠加强体育健身锻炼。通过适当的锻炼，增强足部肌肉和韧带的力量和弹性，消除过度负重和长久站立的疲劳，消耗掉多余的脂肪而减轻体重。适合青少年矫正平足的锻炼方法有以下几种。

(1) 足尖走，足跟走，足底外缘着地走，各 1～2 min。

(2) 两腿前伸，用力钩足尖和绷足尖，并且尽量使足外翻或者内翻，停留 20 s (见图 7-98)。

(3) 足尖向内或向外绕环，做 20 次。

(4) 足背弓起，放下，做 20 次。

(5) 屈曲足趾，伸直，连续做数次，然后再做用足趾夹起小球、沙袋等小东西的练习 (见图 7-99)。

图 7-98　钩脚尖和绷脚尖练习　　　图 7-99　屈曲脚趾练习

(6) 两足心合抱一小皮球，前后左右揉动，做 20 s (见图 7-100)。

(7) 足踏一圆木棍在地上滚动，做 1～2 min (见图 7-101)。

图 7-100　脚掌揉球练习　　　　　图 7-101　脚底滚木棍练习

(8) 站立，足前掌用力顶地，足跟提起，放下，连做 10～20 次。

(9) 下蹲，足尖着地，足跟抬起，做短跑起跑的预备动作，到足部稍感疲劳为止。

(10) 踮足尖跳绳，连续跳 2 min。

以上这些体操练习，每天早晚各做一遍，每次 10 min 左右。轻度平足连续 3 个月见效。少年儿童矫正快些，青年慢些，只要每天坚持做，至少可以减轻症状，防止平脚发展。

游泳时多练蛙泳，也是锻炼足部肌肉的好方法。多参加跳高、跳远、跳绳及踮足走的舞蹈动作，对轻度平足也有一定的矫治作用。

思考题

1. 简述体形修塑的原则与技巧。
2. 简述腰、腹、臀、腿、胸、臂等部位过胖的修塑技法。
3. 简述颈、肩、胸、背、腿、足等部位及脊柱畸形的矫正技法。

第8章

健美训练的基本原理、原则与方法

本 章 提 要

本章重点阐述了健美训练的基本原理、原则、方法及运动负荷的特点与安排方法，介绍了多年、全年、阶段、周和每次课训练计划的划分与制定方法，并着重介绍了赛前训练计划与营养的调配和初级、中级、高级健美运动员训练计划的制订方法及范例。

第一节 健美训练的基本原理

要想练就强壮的体格、发达的肌肉，最重要的是遵循"超量恢复"原理，即给予所练的肌肉以强刺激、深刺激，这样才能快速地刺激肌肉的生长与发育。肌肉对外来的刺激——运动负荷会不断适应，一旦适应就不会快速生长，这是适应性规律。为此，就要不断地加大负荷(强度、运动量等)，给肌肉以更新、更大的刺激，这就是要不断地超过原来的负荷——超量负荷。

超量负荷的刺激要适当，应控制在人体能够承受的范围内，这样可以防止受伤或过度训练。超量负荷能给人体带来超量恢复，即超量负荷的刺激会给肌肉带来疲劳，经过短时的恢复和营养，肌体的机能会获得比原来水平还高的飞跃，会使肌肉获得更快的生长和发育，这就是超量补偿。

怎样进行超量负荷训练才能更好地获得超量补偿呢？从运动生理学角度来看，负荷强度刺激的大小与肌体反应的强弱有着密切的关系。太弱的强度刺激，只能使肌体在机能、生物化学和结构上产生小的变化，因而就不可能使肌体与机能发展到极高水平。太强的强度刺激，超过了人体的生理负担能力，会使肌体遭受破坏并引起不良的反应。只有在正常生理极限范围内，采用适应人体本身机能状态的大运动量超负荷的刺激训练，才能对肌体机能引起强烈而深刻的良性反应。健美训练从某种意义上说，实质上就是给肌体(肌肉)以刺激。大运动量的(超负荷的刺激)训练，就是给肌体(肌肉)以强大的刺激，因而肌体(肌肉)所引起的反应也强烈而深刻，训练效果也就显著。

健美训练过程中训练水平的提高要遵循生理学所叙述"超量恢复"的原理进行。在负荷过程中，体内能量物质大量消耗，能量物质的分解代谢加强，即异化作用占优势；在训练后的休息过程中，体内能量得到调整和补充，重新合成能量物质的合成代谢加强，即同化作用占优势，而且不仅能恢复到原有水平，还可以超过原有水平，这就是超量恢复。恢复过程是有机体的一种保护措施，可预防肌体状态恶化。正常的大运动量和高强度训练后，一般有2～3天即可产生超量恢复过程，如果此时不再进行下一次训练，超量恢复状态又倒回到原有水平。若连续多次训练使人的肌体始终不能恢复到原来水平，则人体产生过度疲劳。原则上下一次训练应安排在超量恢复过程的最高点进行，这样前一次训练后的恢复所达到的水平便可成为下一次训练的起始水平，下一次训练就会产生更高的超量恢复，训练水平也就逐步得到提高。

美国一学者曾说过："无论什么时候破坏了身体的平衡，有机体就会试图用一种方法来进行调整，使之恢复平衡。"他认为，"应使身体处于一个强制的状态下，直到肌体得到平衡为止。"随着运动训练的延续和加强，肌体对某种刺激的反应会愈加减少，因此，运动量必须逐渐增加，即所谓的超量负荷的刺激。训练的目的就是要使人体不断地去适应于所进行的活动，所以健美的整个训练过程实质上就是一个由不适应——适应——再不适应……波浪式发展、螺旋形上升的提高过程。而每一次由不适应到适应的循环过程的完成，都应进行强制的训练，也就是说，要用最大负荷去打破有机体的平衡，才能使有机体向更高的方向发展。从运动成绩的要求来看，成绩是健美平时训练成效的集中体现，比赛时激烈的竞争也需要肌体发挥承担最大负荷的能力。所以，要达到现代竞技的高水平，在平时训练中，就要挖掘出自己的一切潜在能力。要达到此目的，唯有用最大负荷刺激才行。当然，最大负荷刺激不可无限制地一味增加下去，它应根据运动员训练年限的不同、训练水平的不同、肌体承受负荷强度能力的不同，进行合理安排、调节。同时也应根据训练计划、各阶段训练任务的不同而有所侧重，做到既要突出负荷强度的特点，又要考虑诸多的不同因素。因此，在训练中对于负荷强度的大小和刺激频率的快慢，应考虑以下几点。

(1) 负荷应适合于肌体的可接受性，也就是要充分考虑负荷的个人特点，这是相对性的。

(2) 训练负荷安排的节奏，要有延续且有不断加强的过程，也就是说要保证有机体生物学适应过程能顺利进行。

(3) 训练负荷的内容要有合理的比例，也就是说要具体体现各阶段训练计划，且有固定的训练课的落实、实施。

(4) 训练负荷量和强度要有适宜比例。

(5) 训练负荷量与强度的大小及强度刺激的频率和节奏上快与慢的安排，要有强有力的措施得以保证，要确实能提高与创造优异成绩，不能华而不实。

第二节　健美训练的基本原则

现代健美运动训练的原则，是根据健美运动训练活动的客观规律而确定的组织训练所必须遵循的基本准则，是人们不断总结健美训练的成功经验和失败教训，并借助相关学科的理论进行科学研究的结果,是依据现代健美运动训练的性质、目的、任务、规律和特点等进行的综合与概括。完整地掌握和综合运用竞技健美训练原则,有助于现代健美训练的内容、手段、方法的拓展运用。

一、多年系统训练原则

(一) 多年系统训练原则释义

多年系统训练原则是指持续地、循序渐进地组织健美运动训练过程的原则。此原则的确立与运动训练过程连续性和阶段性的基本特征密切相关。它一方面指出健美运动员在一般情况下,必须循序渐进地而不是突变式地增加运动训练负荷,另一方面也指出了健美运动员只有经过长时期、持续地训练,才有可能攀登健美运动的高峰。

多年系统训练原则是依据有机体生物适应的阶段确立的。人体在训练负荷下的生物适应过程,不仅是长期的,而且也是阶段性的。运动员的肌体对一次适宜的健美训练负荷的反应,可分为工作、疲劳、恢复、超量恢复和训练效应消失等几个阶段。在较长时间的跨度内,如几个月至一年的训练过程中,运动员的机能变化同样经历着不同的阶段,这就是健美运动竞技状态的形成、保持和消失的三个阶段。健美运动员必须经历这一过程,才能够一步步走向竞技健美运动的巅峰。

(二) 贯彻多年系统原则的训练学要求

1. 健全多年运动训练体制

健美运动员多年系统训练活动,一定要有健全的训练体制作保障。尽管不同国家的竞技运动训练体制各不相同,但它们都着眼于保证运动员多年系统训练的动作。相应对策如下。

(1) 制定健美运动员不同年龄阶段系列训练大纲。

(2) 建立与多年专项训练各阶段基本任务相适应的竞赛制度。

(3) 建立和健全相应的运动训练奖励制度,鼓励大学、中学、健美学校(健美俱乐部)和体育院校的教练员及运动员认真完成健美基础运动训练任务。

2. 建立和强化正确的健美训练动机

动机是"人们经常以愿望、兴趣、理想为形式表现出来的激励个体发动和维持其行为,并导向某一目标的一种心理过程或主观因素"(林秉贤,1985)。只有具有强烈的运动训练动机,才会主动积极地坚持多年系统运动训练。

3. 制订科学的训练计划

略。

4. 社会为健美运动训练提供有力的保证

有力的社会保障是保持系统运动训练必不可少的重要条件。健美运动员的学习、职业、经济收入、婚姻、家庭等各方面的状况，都对其训练活动有着重要影响，这些问题的有效解决，必然会给运动员的训练提供极大的支持。

5. 按阶段性特点组织健美运动训练过程

健美运动训练过程的组织实施，必须遵循其阶段的特点，有步骤、有顺序地进行，这一顺序是按固有的程序排列的，如全程性多年运动训练依次分为基础运动训练阶段、专项提高阶段、最佳竞技状态阶段和竞技状态保持阶段等。

6. 训练应系统，目标要明确

从一个刚开始从事健美训练的运动员成长为优秀运动员需经过 7～8 年或更长的时间。在进程上，运动员应严格遵循下列步骤：打好基础，发展强大的肌肉；美化形体，发展小肌肉群使之形成独特的风格；精雕细琢，强化竞赛意识等规律，也即训练要系统，目标须明确。

7. 循序渐进是提高训练质量的关键

人体各器官机能的改善、肌肉的发达及竞赛技术动作的形成都要经过一个逐步提高的过程，否则将欲速不达，适得其反。

8. 保证训练的连续性、连贯性

健美训练的连续性、连贯性，是要求运动员不能随意中断训练。因为一旦训练的系统性遭到破坏，机能水平就会下降，肌肉就会逐渐萎缩。所以，运动员在训练中确保多年规划、年度计划和每个训练时期中具体计划的周密性，尽力杜绝中断训练。

二、周期性训练原则

(一) 周期性训练原则释义

周期性训练原则是指周期性地组织健美运动训练过程的训练原则。是根据健美运动员生物节律的变化规律、竞技状态形成与发展的周期性规律，以及运动竞赛安排的周期性特点，按一定的动态节律和循环往复的规律，逐渐安排专项训练内容和负荷的量与强度应遵循的准则。

物质运动的周期性规律是周期性训练原则的科学依据。每一个新的运动周期，都不是上个运动周期简单的重复，而应是在原有基础上螺旋式地提高到一个新的水平。健美运动员竞技能力的提高，明显地表现出周期性的特征。在一次负荷下，健美运动员肌体能量消耗产生疲劳，然后解除负荷，逐渐得到恢复，通过超量恢复机制，使得运动能力得到提高。在这个基础上再给予下一次负荷，又开始了一个新的负荷周期。每一次适宜的负荷都会引起肌体的适应性变化，多次适宜负荷的刺激，就会引起肌体发生多次的适应性变化。在这一变化过程中，运动员的运动能力不断得到提高，竞技能力不断地向良好的方向发展。与此同时，健美运动员的心理能力也有很大提高，并保持相对稳定的状态。各个系统之间保持着高度的协调性，从而进入一种良好的竞技运动状态。然而，健美运动员的肌体不可能始终保持各个系统之间的高度协调，生理和心理能力的表现也不可能始终处于巅峰状态。在健美运动的专项训练过程中，由于人体的负反馈机制的存在，在一段时间内保持较高竞技状态之后，就需要休息、恢复和补偿，以消除生理和心理上的疲劳。可见，竞技状态的发展过程即构成了一个训练的大周期(见表 8-1)。

表 8-1 竞技状态的发展与大周期训练相应的阶段划分

竞技状态发展过程	生理学基础	任　务	时　期
形成	适应性机制(对训练负荷的应答性提高)	发展一般和专项竞技能力，促进竞技状态的形成	准备期
保持	动员性机制(动员心理、生理能力的潜能，各系统高度协调)	提高专项竞技能力，发展稳定的竞技状态，创造新的优异成绩	比赛期
消退	保持性机制(肌体拒绝继续高强度工作)	积极恢复，消除心理、生理疲劳	恢复期

当竞技状态消失，运动员通过积极的恢复消除心理、生理上的疲劳之后，即可重新进入新的训练周期。

(二) 贯彻周期性原则的训练学要求

1. 选择适宜的训练周期类型

贯彻健美运动训练周期性原则时，要考虑选择适宜的周期类型。例如，确定年度健美运动训练安排时，采用单周期、双周期还是多周期；为了适应不同任务而采用的周训练性质属基本训练周、赛前训练周、比赛周，或是恢复周等。

2. 科学地掌握健美运动训练各种周期的序列

在时间维度上可将训练周期分为多年训练周期、年度训练周期、大训练周期、中训练周期、小训练周期，以及日训练周期等。按照周期学说，一个大周期包括一个准备期、一个比赛期和一个恢复期，也就是一个竞技状态形成、保持和消退的完整过程。视竞赛安排，一个年度周期中可包括两个或更多的大周期。但现代健美运动训练的组织和实施，一般通过小周期得到落实。由于人们的基本活动通常以周为单位，因此，现代健美训练活动也多按周进行，时间为7±3天。

3. 注意健美运动训练周期之间的衔接

将一个完整的健美运动训练过程划分为若干较小的周期之后，往往会忽略各周期之间的联系和连续性，但整个健美运动训练过程中不同的时间跨度的周期组成了一个连续发展的过程，故在现代健美运动训练的过程中应特别注意周期之间的衔接。

三、适时恢复训练原则

（一）适时恢复训练原则释义

健美训练适时恢复原则，是指适时消除运动员在训练中所产生的疲劳，并通过生物适应过程产生超量恢复，提高肌体能力的训练原则。

人体机能能力和能量储备由训练负荷后暂时下降和减少的状态回复到负荷前水平的过程，称为恢复。在健美运动员能量储备恢复过程中，补偿的能源物质在一段时间内超过原来水平，这种过程称做超量恢复。如果超量恢复持续一段时间后又降回到原有水平，这就是一次负荷后恢复的整个过程。超量恢复的原理告诉我们，在一定限度内，负荷越大，消耗越多，其恢复过程的时间跨度就越大，超量恢复也就越显著，健美训练所引起的超量恢复效应，是运动能力与水平不断提高的物质保证和理论基础。

在健美运动训练中，科学地掌握调整恢复的时机，对运动训练效果将产生重要影响。在健美训练中，如果运动训练负荷对肌体的刺激达不到适宜的深度就调整恢复，那么健美就达不到效果；反之，如果健美运动训练负荷过度，也会给健美运动员带来生理和心理上的危害。

（二）贯彻适时恢复原则的训练学要求

1. 准确判断健美运动员的疲劳状况

1）从健美运动员的外部表现观察判断

如果观察到运动员出现动作无力、错误多、动作规格下降、反应迟钝等情况时，就可初步判定运动员的疲劳已达到一定深度，再询问运动员的自我感觉，就可进一步判断其疲劳的程度。

2) 指导运动员采用自我感觉法判断疲劳程度

若运动员的肌体还没有从上次负荷中完全恢复过来,而又一次接受超量负荷,就会导致运动员肌体产生持续性的疲劳。其自我感觉四肢无力、肌肉僵硬、力不从心、胸部发闷等,虽然进行积极性地休息,但仍得不到缓解。此时,运动员则应主动请求教练员减少负荷,以避免产生更深度的疲劳。

3) 采用生理、心理测试的方法判断疲劳程度

在健美运动训练过程中,还可以采用生理、心理测试的方法判断疲劳程度。生理指标测定的具体方法通常有膝跳反射阈测定法、肌张力测定法、心电测定法、肌电测定法、体位血压反射测定法、脑电测定法等各种方法。心理指标测定的方法有 RPR(rating of perceived recovery)自我恢复感觉表、RPE(rating of perceived exertion)自我疲劳感觉表方法。

2. 适时消除运动疲劳

1) 运用营养学恢复手段消除疲劳

训练导致能源物质消耗增多而出现疲劳,为了及时消除疲劳并产生超量恢复,训练后应科学地补给各种营养素和运动营养品。在补给食物的数量和质量上要适宜地搭配,其中各种维生素和多种微量元素对健美运动员的恢复,以及消除疲劳将起到非常重要的作用。

2) 运用医学、生物学等恢复手段消除疲劳

训练结束后,运动员的肌肉内存有大量的乳酸等人工代谢产物,与此同时,健美运动员的心理也有不同程度的疲劳。为了消除代谢产物和心理的疲劳,可采用一些理疗恢复手段,如含氧浴、氮水浴、蒸汽浴、按摩、电兴奋及放松训练、自我暗示、气功等方法和手段消除疲劳。

3) 运用训练学恢复手段消除疲劳

采用积极休息的方式进行恢复和调整,主要包括调节训练间歇的时间和方式、变换训练内容和环境、调整负荷的强度和量,以及采用一些轻松的练习方式等。

四、有效控制训练原则

(一) 有效控制训练原则释义

健美运动有效控制训练原则是指对健美训练过程实施有效控制的训练原则。在训练过程中,为了保证运动训练能够依照训练计划所设计的方案正常运作,并确保现代健美训练目标的实现,教练员必须准确而有效地监控运动训练的各种因素,如运动负荷的量和强度,训练的内容、手段和方法等,并根据生理生化指标的变化,适时地进行训练因素的调整。

现代控制理论是实施有效训练的理论基础。要想取得运动训练的成功，必须对训练对象在训练过程中的变化施加合理而有效的监控，以确保运动训练朝着既定的方向前进。

1. 完整的健美运动训练控制体系应具备以下几个基本环节

   (1) 施控主体(健美教练员等)和被控对象(健美运动员等)。
   (2) 控制信息(讲解、示范等)和前向信息控制通路。
   (3) 反馈装置、反馈信息(健美训练效果等)和反馈信息控制通路。

   教练员要根据上述几个基本环节，采取相应对策，科学地调整训练计划。运动员也要根据自己的情况，调整健美技术动作，更改训练方法，建立自我反馈。运动员只有采用"步步反馈"，最后才能实现训练的最终目标。

   运动员的竞技水平往往受训练因素、情绪和社会交往、训练条件、营养条件、场地及气候、个人的生物节律、意外的伤害、比赛中非可控因素导致比赛结果的改变等因素的影响，这些因素都是教练员实施的内容，教练员只有对不断变化的训练过程实施有效的监控，才能实现所制订的训练计划和目标。

   训练信息是实施有效训练控制的重要依据。训练信息反映运动训练系统本身的各种特征和状态。

2. 健美运动训练信息的运用主要表现在以下几个方面

   (1) 对运动员的训练过程与状态的诊断。
   (2) 了解和掌握运动训练过程的进展状况。
   (3) 测定选材对象的有关信息，为科学选材提供依据。
   (4) 利用赛前和赛中所获取的相关信息，有效地组织战术调控。
   (5) 改进工作，不断地创新技术、战术及训练的手段和方法。
   (6) 运用各种信息对健美训练过程进行多学科综合调控等。

(二) 贯彻有效控制原则的训练学要求

1. 科学地制订健美运动训练计划

   对健美训练过程实施有效控制的重要前提是科学地制订健美运动训练计划。只有科学地制订健美运动训练计划，才有可能实施有效的控制，并围绕预先确立的各种指标进行训练。

2. 对健美训练信息的采集和运用要高度重视

   健美教练员、科研人员、管理人员等要对动态变化中的运动训练过程实施有效的监控。通过生理学、心理学、生物力学、生物化学，以及运动训练学的各种诊断方式，采集大量的运动训练信息，并根据这些信息及时作出决策，调整训练计划、内容、方法和手段，使训练过程同运动员本身的实际情况相协调，以确保取得良好的运动训练效果。

3. 通过生理生化指标科学监控

训练期间，血睾酮和皮质醇比值的变化可反映合成代谢与分解代谢间的关系。训练中，运动员机能状态、训练效果好时，血睾酮和皮质醇比值较小。当机能下降或身体对力量训练不适应时，血睾酮和皮质醇比值上升，停止训练后也可见其下降。因此，在健美训练中可以选择用血睾酮和皮质醇比值作为训练适应效果的评定指标。此外，运动员的即时心率、血乳酸值、血色素等也是监控运动训练的重要指标。

此外，还有全面身体训练和专项训练相结合原则、全面训练与分部训练相结合原则、区别对待训练原则等，由于篇幅限制，不再一一赘述。

健美运动训练作为特殊的、专门组织的、有明确目标的一种教育过程，它的活动具备与其他教育过程活动不同的特点。因此，用运动训练实践揭示训练过程的客观规律，指导训练实践的理论，完成训练任务就必须自觉、熟练地遵循和贯彻以上几条训练原则。

第三节　健美训练的基本方法

健美训练的方法很多，如金字塔训练法、孤立训练法、顶峰收缩训练法、优先训练法、持续紧张训练法、间歇训练法、逐降组数训练法、分化训练法、循环训练法、超量负荷训练法、集中训练法、强迫训练法、双组训练法、重轻结合训练法、预先疲劳训练法、借力训练法、直觉训练法、被动训练法、渐增训练法、组合训练法、暂停训练法、密集训练法、矫正训练法等，不胜枚举。在训练中，为了使肌肉的体积不断增长，就必须经常采用并尝试一些新的训练方法，国内外专家在这方面研究中取得了可喜成果。下面仅就一些最基本的训练方法介绍如下。

一、动力训练法

这种方法是肌肉收缩时，长度在缩短，肌肉的起止点向中心(肌腹)靠拢，因而又叫向心练习。目前这种方法运用得很普遍，约占肌力训练的70%左右，做时可用杠铃、哑铃、壶铃、拉力器及综合力量练习架等器械进行练习。运动负荷安排上要注意如下几点。

(一) 强度

即负重量、抗阻力的大小。发达肌肉通常采用中等重量,约为极限强度的60%～80%,到一定阶段冲击 1 次最高重量(极限强度),即 100%以上的重量。健美运动员的强度过一阶段就应有所增加,一方面这是让已适应的情况有所变化(变异性规律),另一方面是加深对肌肉的刺激,这就是"超负荷原则"。

(二) 组数

简而言之,就是使用器械的次数。练局部肌肉(指 1～2 块)时,通常采用中少组数,而练综合肌群时(指 3 块以上肌肉)则采用多组训练才有明显效果。弯举、肘下压、仰卧飞鸟、侧平举等是局部肌力练习,而"三大举"即卧推、硬拉、深蹲则是综合肌群练习。

初学者一般一个局部肌肉练习练 2～3 组,综合肌力练习则练 6 组,1 次训练课练 75 min 左右,练 20～25 组即可。

有一定训练基础的人则要增加些训练量。例如,局部肌力练习,通常练习 4～6 组,综合肌力练习则练习 8 组,1 次训练课练 90 min 左右,约练 30～40 组。

健美运动员则要不断变更负荷量,加大对肌肉的刺激。通常一块局部肌肉选 2～3 个动作,每个动作练 8 组左右;综合肌力练习则练习 10 组左右,1 次训练课练习 40～50 组,每次练习 120～150 min。有些高级健美运动员如我国女子健美精英张萍、魏媛,男运动员王力劲等,他们训练非常刻苦,组数多达 60 组,密度也很大,间歇时间极短。针对一块肌肉的练习达 24 组,而一个团身起坐动作反复练数百次,甚至上千次,所以他们腹部的脂肪极薄,有鲜明的腹肌垒块,这是很难的。而国际健美大师如穆罕默德·麦卡威等,其运动量大得惊人,针对一块肌肉的练习达到过 32 组。

总之,运动量要因人而异,而不能千篇一律,自己要反复实践,掌握适合自己的负荷量。

(三) 次数

这里所指的是一组中所做的次数。通常以 1～3 次为少次数,8～12 次为中次数,15 次以上为多次数。减肥者训练次数多,通常在 15 次以上,做团身不负重的起坐多达数百次、上千次,而发达肌肉通常采用 8～12 次,如 8×8 方式,即做 8 组,每组 8 次。

(四) 密度

密度是指单位时间内重复练习的量,它体现着训练中时间和数量之间的关系。这通常是泛指,而本处则是用每组之间的间歇来体现。间歇时间 2～3 min 为小密度，1~2 min 为中密度，1 min 以内为大密度。密度对不同人其意义不同，减肥者为了达到有氧训练的目的，通常采用大密度的训练方法，间歇时间很短(几秒或不休息)。健美运动员在比赛期，为了使线条清晰，减掉身上多余的脂肪，也常常采用大密度、多组数、多次数的训练方法来"拉线条"。

亚洲健美小姐、东北姑娘董革，训练非常刻苦，在赛前训练时通常采用全天"满负荷"的训练法，有时一天训练多达 8 h，组数多、次数多、时间长、密度大的训练法使她的体脂减得很快，比赛时刚柔相济的健美体格给裁判、观众留下了极深的印象。

(五) 动作速度

动作速度指做动作的快慢。据研究，快速对发展爆发力有利，因为速度力量指数 I 等于绝对力量 F 除以时间 t，即

$$I=F/t$$

而混合速度对增长力量有利，慢速和中速则对发达肌肉有益。

用动力练习法来发达肌肉，通常采用慢速或中速。

采用动力练习法来发达肌肉，其运动量通常制订如下。

(1) 强度　中等，极限强度的 60%~80%(中高级阶段有时也超过 80% 的强度)。
(2) 组数　中等，6±2 组(综合肌力练习可做到 8~10 组)。
(3) 次数　中上，8~10 次(也可 8~12 次，综合肌力练习次数减少到 5~8 次)。
(4) 密度　中等，间歇 1~2 min。
(5) 速度　慢度(根据不同阶段或对象有时也用中速，甚至快速)。

用公式表示为

$$动力练习 = \frac{中等重量}{8\sim10次} \times (8\pm2)组$$

例如，某初级健美运动员，其弯举最高重量为 40 kg，要想发达肱二头肌(局部肌力)，则弯举采用 $\frac{30\,\text{kg}}{8\,\text{次}} \times 8$ 组，即用 30 kg 的中等重量做 8 组，每组 8 次。

又如，有位健美运动员，其卧推最高重量为 100 kg，他想发达胸部肌力，练卧推发展综合肌力，发达肱三头肌、三角肌前部、前锯肌，就应采用 $\frac{60\sim80\,\text{kg}}{6\sim8\,\text{次}} \times (8\sim10)$ 组，即用 60~80 kg 的重量做 8~10 组，每组做 6~8 次。轻时举的次数多，重时则举的次数少，不论轻重都应做到极限。

二、静力训练法

这种方法又叫等长练习法,它是让肌肉维持在一定姿势上用力,肌肉长度不变但张力发生变化。通常静止用力 6~10 s,这样对某一肌群有更深的刺激。运动负荷安排上要注意如下几点。

(1) 强度　较大,极限强度的 80%~90%。
(2) 组数　较少,2~4 组。
(3) 次数　少,1~2 次。
(4) 时间　每次静止用力 6~10 s。
(5) 速度　完全静止。

用公式表示为

$$\text{静力练习} = \frac{80\% \sim 90\%}{6 \sim 8\,\text{s}} \times (2 \sim 4)\text{组}$$

例如,有位健美运动员练肱二头肌,他的立姿弯举的最高成绩为 50 kg,他采用静力弯举的方法则为

$$\text{静力弯举} = \frac{45\,\text{kg}(90\%)}{6 \sim 10\,\text{s}} \times (2 \sim 4)\text{组}$$

三、退让训练法

这种方法又叫反向练习,它正好和动力练习相反,是让已收缩的肌肉被动拉长做相反的动作。这种退让动作,对肌肉刺激深,更有利于发达肌肉,增加力量。和动力练习相比,退让练习用的时间长,约为动力练习的 1 倍,因而刺激深、作用大。运动负荷安排上要注意如下几点。

(1) 强度　采用大重量或极限以上的重量,即极限重量的 110%~120%。
(2) 组数　较少,通常做 2~3 组。
(3) 次数　通常做 2~3 次。
(4) 时间　每次退让训练的时间为 6~8 s。
(5) 密度　间歇 2~3 min。
(6) 速度　反向退让要慢慢控制速度,才能收到好效果,因为这样对参与动作的肌肉刺激得深。

用公式表示为

$$\text{退让练习} = \frac{90\% \sim 120\%}{(2 \sim 3\text{次}) \times (每次6 \sim 8\,\text{s})} \times (2 \sim 4)\text{组}$$

例如,一个健美运动员他的深蹲(发展腿力)负重为 100 kg,采用退让深蹲练习时,就应用 90~120 kg 的重量,做 2~4 组,每组做 2~3 次退让深蹲,每次用

时 6~8 s。

四、孤立训练法

孤立训练法是指在训练某部位肌肉时，尽可能排除协作肌的作用，使目标肌肉最大限度地单独(孤立)接受运动负荷的集中刺激，以达到重点发展及突出该部位肌肉之目的。

运动解剖学告诉我们，任何动作除了有收缩发力完成该动作的肌肉外，还需其他肌肉的协作才能完成。身体不同部位的肌肉在不同动作中所起的作用各不相同，根据肌群在动作中的作用，可分为原动肌、对抗肌、固定肌和中和肌几类。直接完成动作的肌群叫原动肌，其中起主动性作用的叫主动肌，帮助完成动作或在动作某个阶段收缩的次要的原动肌叫副动肌或次动肌。与原动肌作用相反的肌群叫对抗肌。在动作过程中，固定原动肌所附着骨骼的肌群叫固定肌或稳定肌。用来抵消某些肌肉部分运动方向或功能，以保证其另外部分运动方向或功能的肌肉叫中和肌。例如，"弯举"动作中肱肌、肱二头肌、肱桡肌和旋前圆肌等是屈肘关节(弯举)的原动肌，其中，肱肌和肱二头肌是主动肌，肱桡肌和旋前圆肌是副动肌。肱三头肌和肘肌是对抗肌。在肩关节处固定肱骨的伸肌群和屈肌群为固定肌等。在健美训练中，我们一般将完成动作的主动肌作为该动作重点训练的主要肌群(或称目标肌群)。

在训练实践中，孤立法要求的是集中主动肌的收缩力量来完成动作，尽量减少中和肌、固定肌及副动肌的协作作用，使主动肌接受专门的强化刺激，以突出训练效果。斜板弯举之于肱二头肌，坐姿腿屈伸之于股四头肌等皆为该类练习。随着训练水平的不断提高，专门意识的不断增强，"孤立法"的运用也会发生变化。例如，同样的练习动作，初练者可能要用许多肌群的参与来完成，而训练水平较高者由于控制能力、专注性及意念的成功运用则可用单一肌群孤立地完成它。所以，孤立动作是个相对的概念，是对应于主动采用大重量、利用多部位肌群共同完成的"基本动作"而提出的练习方式。在实践中，孤立动作训练法更多的是一种动作做法要求的精神和技术规格。

孤立训练法是训练各阶段都要运用的一项重要法则，其在不同水平训练阶段的运用各有侧重。应用孤立训练法时要注意如下几点。

(一) 初级阶段

在此阶段，孤立动作练习主要用于有目的地壮大各部位肌肉块，教练员应了解主动肌的解剖学位置及其功能，在逐步建立神经肌肉联系的过程中实现局部肌群的强化刺激，为更高水平的训练奠定基础。

（二）中级阶段

中级阶段的作用除了继续为增大各部位肌肉块服务外，训练者应有能力把每块肌肉看成一个"独立单位"，掌握其独特的训练方法及发展方向，将硕大连片的肌肉"分割"开来，使各自的形态清晰起来。在编制课程计划时，要有的放矢，针对体格形态择定练习动作，如用仰卧飞鸟发达胸大肌来分离由上斜卧推造成的三角肌前束与胸大肌上部连片的状态等。

（三）高级阶段或赛前阶段

在此阶段，孤立法则的主要作用是结合意念，采用动作对局部肌肉或肌肉的局部进行精雕细刻的集中刺激，使之发展成最理想的状态。同时，通过肌肉在训练中的反应与感觉来提高控制和充分展现肌肉的能力。

五、顶峰收缩训练法

顶峰收缩训练法是针对动作技术提出来的一种规格要求和练法。顶峰收缩法是指当某个动作做到肌肉收至最紧张、最短的极点位置时，刻意保持并再加收缩，使肌肉在该位置有 1~2 s 的彻底收紧状态。顶峰收缩是顺应肌纤维特性，提高肌肉训练效率的重要技术细节之一，同时也是突出肌肉线条的一个主要训练方法。

顶峰收缩状态时由于代谢废物不易排出体外，故较易发生疲劳或肌肉酸灼感。从可持续训练角度出发，动作技术上的顶峰收缩一般以 0.5~1 s 的停顿为宜。

在健美训练中，一个反复强调的要求是"训练动作的全过程要有质量"。它是指每次试举都必须有一个彻底收缩和充分伸展的过程。在这一过程中，受训的肌纤维应受到有力的刺激或自我强化，以保证动作的完整、效率和质量。顶峰收缩法运用于动作全过程的收缩顶点，除了强化一下收缩效能外，最主要的是补偿性作用，以保证动作的质量。在练习过程中，由于肌拉力角在关节运动的全范围内不断变化，所以肌拉力在肌肉收缩过程中也不断变化。开始收缩时拉力最大，随着收缩时间的延长而减小，再随着肌肉的缩短而减小。为了使肌肉在拉力减小时也能受到较强的训练，当肌肉收缩到极点时主动地强化收缩，便能达到期望的训练效应，因为"主动收缩"也是肌肉壮大的机理之一。有资料证实，若动作没做到位或肌肉没收缩到顶点就还原放松，其训练效果最多只能达到 80%~90%。运用顶峰收缩训练法时要注意如下几点。

（一）顶峰收缩法应贯彻到动作的每次训练试举中

在动作要领中强调动作到位后停顿 1 s，就是该法的具体运用。这也是动作技术规格所要求的具有普遍意义的动作程序。该法则强调在肌肉收缩的顶峰再着力收紧 1 s，除了包含以上所说的效能外，还具有突出肌肉尖峰、显示肌肉纹理和线条的功效。

(二) 灵活运用顶峰收缩法的练习方式

(1) 体现在常规动作中，收缩后须退让性还原，以延续、保持其效能。

(2) 动作开始时，先让肌肉进行快速或爆发性的等张收缩，到动作到位、肌肉收紧后，再固定不动，转入持续的静力收紧状态。

(3) 将完整的动作分段，在较短的过程中达到肌肉收缩并进行顶峰收缩，如训练股四头肌时由半蹲开始，站立后再用力收紧股四头肌等。

在实践中，为了保持顶峰收缩的功效，有时得了解动作结构，以改进动作。例如，用"弯举"训练肱二头肌，一般情况下当大小臂夹角达最小时，肱二头肌将不再受力。对其克服的办法：一是控制角度，使之收到大小臂夹角约50°时进行顶峰收缩；二是改进器械，使肌肉收到最短时也能感受阻力的刺激；三是改变体位，使阻力和顶峰收缩的合力在肌肉最短时仍可作用其上。

六、金字塔训练法

金字塔训练法，亦称锥形训练法。它是一个重量与次数对应变换的概念，即在练习过程中逐渐增加试举重量，同时相应减少试举次数的一种渐增重量训练法。

金字塔法有塔尖式，即小负荷—中等负荷—大负荷—极限负荷—大负荷—中等负荷—小负荷；塔身式，即小负荷—中等负荷—大负荷—大负荷—中等负荷—小负荷；双塔式，即小负荷—中等负荷—大负荷—中等负荷—大负荷—中等负荷—小负荷等三种基本形式。

运动生理实验及运动训练实践证实，采用极限重量的80%～90%和60%～70%训练均可使肌肉增大、力量得到提高。在训练过程中，肌肉在克服阻力时，参加工作的运动单位越多，效率就越高。而参加工作的运动单位受中枢神经系统发出的神经冲动频率与强度的影响，频率越快、越强烈，运动单位参加的工作就越多。神经冲动频率的快慢和强度又受刺激强度的影响，刺激越强，冲动发出的频率和强度就越大。所以，大负荷强度是保证训练效果的关键。从发达肌肉的目标来说，适宜的大负荷为 2～6 RM 以及 6～10 RM。负荷强度太大(极限重量的90%以上)，由于每次试举的重量重，试举次数少，总能量消耗也少，且又以无氧代谢供能为主，因而对发展肌肉体积意义不大，但对提高肌肉力量的作用显著。

在健美训练中，负荷重量的变化及试举次数的增减是加深肌肉刺激的主要方法之一。金字塔法则除具有这一作用外，还有下列作用与意义：①通过小负荷练习以充分动员神经系统及内脏器官，克服肌体惰性，提高肌肉的温度，防止运动损伤的发生；②在同部位练习的不同组次把壮大肌肉和改善肌肉内协调功能的练习结合起来；③兼顾训练快、慢肌纤维，减轻大重量训练心理压力等作用与意义。

体现在课程计划中,金字塔法则所选择的负荷重量一般由极限重量(尽全力只能试举一次的重量)的 50%～60%开始,逐渐加至极限重量的 80%～90%。重量递增的幅度应根据实际情况确定,初练者宜在 3 组内完成一个动作的练习;中级水平在 3～4 组,最多 5 组内完成;高级水平的在 3～6 组,至多 7 组内完成。运用金字塔训练法时要注意如下几点。

(1) 金字塔法是一类而不是一个具体负荷安排,所以在实践中应根据其原则具体情况具体对待,制订出行之有效的负荷形式。

(2) 在训练实践中,金字塔法可运用在一个课程计划内的全部练习动作上,也可只用在几个、甚至一个练习动作上,关键是看需要和是否有效。

七、预先衰竭训练法

预先衰竭训练法过去也称预先疲劳训练法,这是目前增大肌肉围径的有效方法。其目的是最大限度地锻炼原动肌,最小限度地刺激协同肌。其做法是,要想发展哪块肌肉,先选择只发展这块肌肉的局部(孤立)肌肉练习来训练,做 8～10 次,直到疲劳,使其衰竭。然后在 3～5 s 之内跑向另一器械,做一个以发展这块肌肉为主的综合肌肉群练习,用 70%的重量做到极限。这样交替训练 4 组左右,肌肉会感到极大的刺激。据研究,该方法对专门发展某部位肌肉效果较好,因此,一直以来被专家们认为是发达肌肉的先进方法。

例如,发达胸大肌的局部有效练习是仰卧飞鸟,而发达胸大肌的综合肌群的练习是卧推(中、宽、窄 3 种握距)。它除了发展胸大肌外,还能发展肱三头肌、三角肌前部和前锯肌。如将仰卧飞鸟和卧推结合起来进行训练,则效果会比单纯练一种要好。其方法是,运动员先用只能举 8～10 次的重量做仰卧飞鸟练习,直到举不起来,再坚持着跑到卧推架前用事先准备好的 60%～70%的最大重量做卧推,尽力坚持多举几次,直到举不起来算 1 组。共做 4 组左右,累计总运动量为 8 组,约 50 次左右。这样在练习仰卧飞鸟时就让原动肌(胸大肌)首先得到了最大限度的有效刺激,而让协同肌(肱三头肌、三角肌前部等)只得到较小程度的刺激,接着练习卧推,进一步刺激胸大肌及相关肌肉(肱三头肌、三角肌等),致使胸大肌尽可能地疲劳"衰竭",这样就完全起到了主要刺激和发达胸大肌的目的。

表达方式如下:
(1) 仰卧飞鸟　　　8～10RM　　(4)
　　　　　　　　　　　　　　　　＋
(2) 卧推　　　　　5～8RM　　 (4)

预先衰竭原理之所以先进,从理论上讲它符合极限负荷后的超量恢复的原则。这是因为肌体精疲力竭地承受负荷之后,首先功能大大减退,紧接着再消除肌体的疲劳，由适应到提高，再到超过它原有的水平。

八、同类动作组合训练法

该法是把发展同一群(或一块)肌肉的相似动作，采用不同器械集中起来依次练习，以加深该组(或该块肌肉)肌群的刺激。因为要想使肌肉线条更鲜明，垒块更突出，就必须采用同类动作组合训练法、减低重量续做训练法、减低难度续做训练法及循环训练法等，只有这样，才可达到加深对肌肉的刺激，减少肌纤维中脂肪含量，进而突显肌肉线条和垒块的目的。

(一) 肱三头肌组合训练法

发展肱三头肌的组合训练法，其有效练习是臂屈伸，把各种不同做法的臂屈伸组合在一起进行练习，就会加深对肱三头肌各个部位的全面刺激。具体练法如下。

(1) 立式颈后臂屈伸　　$\dfrac{60\%}{8次}$　　6 组

(2) 弓身单臂臂屈伸　　$\dfrac{60\%}{8次}$　　6 组

(3) 仰卧臂屈伸　　$\dfrac{60\%}{8次}$　　8 组

(二) 肱二头肌组合训练法

发展肱二头肌则是各种臂弯举组合在一起进行训练，具体练法如下。

(1) 立姿弯举　　$\dfrac{60\%}{8次}$　　6 组

(2) 单臂弓身弯举　　$\dfrac{60\%}{8次}$　　6 组

(3) 斜板垫肘弯举　　$\dfrac{60\%}{8次}$　　6 组

(三) 胸大肌组合训练法

发展胸大肌则把各种不同体位的卧推和仰卧飞鸟、双杠宽撑组合起来进行训练，其具体练法如下。

(1) 上斜飞鸟(上胸)　　小重 8 次　　6 组
(2) 上斜卧推(上胸)　　中重 6 次　　8 组
(3) 下斜飞鸟(下胸)　　小重 8 次　　6 组
(4) 下斜卧推(下胸)　　中重 6 次　　8 组

(5) 双杠宽撑(胸部)　　　自重尽力　　　4 组

(四) 腹肌组合训练法

发展腹部肌则更要集中刺激，连续做数百次才有效果。

(1) 仰卧团身起坐　　　水平高者负重　　　150 次
(2) 蛙式半身起坐　　　每组尽力做 80~100 次　　　300 次
(3) 腿搁凳起坐　　　负重或不负重　　　150 次
(4) 收腹举腿　　　可采用双人对抗　　　150 次
(5) 仰卧屈腿起(元宝仰卧起坐)　　　100 次

(五) 小腿三头肌组合训练法

发展小腿三头肌则要把各种提踵练习组合起来进行多次数的集中练习，1 周至少重复 3 次以上才会取得显著效果。

(1) 负重提踵(立姿)　　　30 次+10 s　　　6 组
(2) 骑人提踵　　　20 次+10 s　　　6 组
(3) 坐姿提踵　　　30 次+10 s　　　6 组

九、循环训练法

把同类的或不同类的动作编排在 1 大组内，分为 4~8 个站，然后按序一个接一个地进行练习，做到规定次数后，即快速转换到下一站进行训练。待所有的站都全部练完，该大组训练结束。训练下来后汗流满面，心跳加快。这种训练法是有氧训练，对去脂减肥、增加肌肉线条的鲜明度大有好处。下面将裔程洪教授设计的循环练习法介绍如下(见图 8-1、图 8-2)。

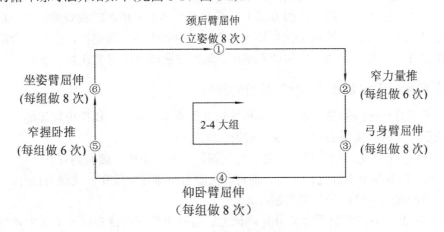

图 8-1　发达上臂伸肌(肱三头肌)的循环练习

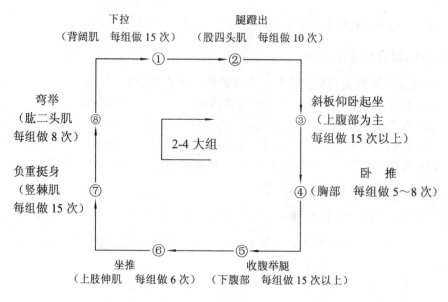

图 8-2 发达全身肌肉的循环练习

十、分化训练法

分化训练法也称分部训练法,它是根据练习者的训练能力和训练目标,将全身肌肉"分而治之",按部位分别安排在不同课次中进行训练的方法。分化训练法是保证全身各训练部位均可获得较为充足的训练时间、刺激强度及负荷量的方法之一。

负荷强度和练习次数是构成运动量的主要因素,只有运动量超出原水平时,才能导致肌体产生适应性变化,出现超量恢复,显现运动效果。在一定限度内,对某一部位肌肉施加的训练强度越大,练的组数与次数越多,收效就越大。从这个意义上说,分化训练就是使身体各部位均可得到大运动量刺激,而又不会给肌体带来过度疲劳的计划安排和课程编排。运用分化训练法时要注意如下几点。

(一) 科学确定和划分"分化"练习的部位

采用分化训练的第一步,是要科学划分和确定"分化"周期内每课练习的部位或肌群。目前采用的划分方法一般有以下几种。

(1) 上下分化:胸、肩、上背、臂同课,大腿、小腿、腰腹同课。

(2) 四肢与躯干分化:上臂、前臂、大腿与小腿等安排在一次课内进行,胸、背、肩和腹部安排在另一节课进行。

(3) 上、下肢与躯干交叉分化:把上肢与躯干某部安排在同一节课内训练,再把下肢与躯干之另一部分安排在另一节课内训练。

(4) 按肌肉用力特点进行的分化：动作过程以"推"为主的部位，如肩部颈后推举，胸部卧推及肱三头肌推举等安排在一起练习；以"拉"为主的部位，如背部划船、肱二头肌弯举等安排在一起练习等。这种安排是按动作的用力特点而不是按部位进行的分化训练，如用头后臂屈伸练肱三头肌则可划归"拉"一类，腿部深蹲可划归"推"一类，腿屈伸则为"拉"一类，若同时采用，则宜按另类分化进行安排。

(二) 制订合理的"分划"训练计划

根据训练目标和目的，在训练实践中，可依据和选用以上划分方法制订"分划"训练计划，如三天"分化"训练、四天"分化"训练、五天或六天"分化"训练等。

三天"分化"训练是指将身体大致分为三个部分，每周训练三次，每次重点练一个部分。它较适合初练至一年（或六个月）的训练者，类同"三课周循环训练"安排，即周一或周二练课程一，周三或周四练课程二，周五或周六练课程三等。不同的是，"分化"训练每课均有重点，除薄弱部位外，三个课程重叠的内容极少。

四天"分化"训练指每周训练四次，周一、四执行一个课程，周三、五执行另一个课程，周二、六、日休息。课程一、二分别强化训练身体的不同部位或肌群，若课程一主要训练胸、肩、肱三头肌、小腿三头肌、腹直肌等，课程二则须重点训练大腿、肱二头肌、背阔肌、斜方肌、前臂伸屈肌、腰背肌及腹外斜肌等。四天"分化"训练是中级水平训练者最基本的训练手段，效能卓著。运动量的安排大致如下：每个部位选用2~3个(或稍多)动作，每个动作做3至6组，负荷强度为极限重量的60%~80%，每组做6~10次或4~8次，每课训练持续时间为约1.2至2 h。一般二个月可调整一次计划内容，或更换已适应的练习动作等。

五天或六天"分化"训练多见于赛前训练，它是一种高密度的训练方法，每周训练五天或六天。五天"分化"：周一、三、五练甲计划，周二、四练乙计划；或者周一、三、五练乙计划，二、四练甲计划。六天"分化"：周一和周四、周二和周五、周三和周六分别练甲、乙、丙计划，周日休息；或周一、三、五练甲，二、四、六练乙，周日休息；或周一、二、三、四、五、六各练一个计划，周日休息，等等。

(三) 注意协调运动与营养、休息及恢复之间的关系

分化训练将构成健美训练生涯的绝大部分内容，一定程度上代表着健美训练的主要方式。但是分化训练对肌体局部与整体所产生的效应与感受上的差异容易误导训练者，因此，在分化训练过程中必须特别注意协调好运动与营养、休息及恢复之间的关系。

第四节 健美训练的运动负荷

运动量(即运动负荷)是指人体在运动训练中所能完成的生理负荷。根据健美训练的特征，其实质就是运动员在一次训练课或一个动作训练中严格按照规定的强度(重量、组数、次数、密度等)给予肌体的刺激量。从刺激和反应的生物学规律来看，运动员在训练中所承受的运动量，实际上就是给予运动员肌体承担一定强度，重量越大，刺激越大，肌体反应也越大。经过恢复，效果也就越大。但是，在训练中过于强调对肌体的刺激强度或刺激频率，不仅不能构成对肌体更大的反应，反而会使反应减小，甚至引起运动性的过度疲劳，造成运动损伤，影响正常的训练和比赛。因此，坚持大运动量训练，应根据运动员年龄、性别、体质、训练而有所区别。尽量把运动量安排在接近运动员肌体承受的负荷极限，以达到刺激肌肉的目的。总之，在运动量的刺激下，如果运动员的生理机能反应良好，运动成绩提高得快，这样的运动量就是科学的、合理的，离开这一点单纯地研究运动量问题是无任何意义的。

一、健美训练运动量的特点

健美训练(发达肌肉)运动量的特点是以中大强度为主，周训练次数多，训练课时间长，负荷总量重，且主要受训练的强度、组数、次数、时间、密度及练习动作性质等因素的制约(见表 8-2)。

表 8-2 运动强度的相关因素

	重量(%)	次 数	速 度	主 要 作 用	适 应 对 象
大	90～100	1～6	慢、中	发展力量	中、高级
中	70～80	8～12	慢、中、快	发展肌肉、发展力量	初、中级
小	65	16 以上	中、快	降脂、增长肌肉耐力	脂肪型初级者

注：重量，100%为本人力所能及的最大重量；次数，为一组的练习重复次数；速度，指一次动作的快慢。

如表 8-2 所示，不同强度的组合其训练效果不同。因此，选择正确的训练强度是有效发达肌肉的关键，特别是对有些刚开始从事健美训练的人尤为重要。以训练水平的高低来衡量初、中、高级运动员的训练时间和周训练次数，是运动量特点的又一特征。初、中级运动员训练课时间约 1～1.5 h，周训练次数 3～5 次不等；而高水平运动员则以局部肌群或某一块肌肉的训练来衡量训练课时间和周训练次数，训练课时间一般约 1.5～2 h(有时达 2.5 h)，周训练次数在 9～12 次不等。训练负荷量是以肌肉纤维接受到重点刺激的总量为特征。从形式看，单个动作上举的负荷量并不大,但单个动作重复上举的负荷量和重复组数所构成的负荷量远远超过其他项目。

纵观上述运动量得知,大运动量训练有使肌体疲劳加深、恢复时间加长的特点。因此,作为一名健美教练员,应了解运动量的特点,善于熟练运用训练后的各种肌体恢复措施,如训练后整理与放松活动,以及有助恢复的各种按摩手段、日光浴、蒸汽浴、桑拿浴和保证足够的睡眠时间、必要的营养素供给等,这些是调动运动员训练积极性和提高训练质量的重要保证,否则就很难坚持长期的大运动量训练。

二、健美训练运动量的因素与指标

运动量的因素包括数量、强度、时间和密度四个方面的指标,其中数量和强度是两个主要因素,时间和密度均与数量有密切的关系。每个因素都可采用一些指标来进行衡量和比较。

1. 数量

数量是指一组练习、一个动作或一个训练课中重复练习的量或训练总量等,它是衡量运动量大小的基本因素。健美训练中计算运动量时,经常要运用下面一些数量指标。

(1) 组数 是指每个动作重复练习的组数。而运动员从提起杠铃(或其他器械)做动作到放下杠铃休息这叫做一组。每个动作可以重复练习若干组。组数不同,运动量大小也不同。

(2) 次数 是指每组练习中重复举的次数。一组练习中可以用不等的强度举1次,也可以举8~10次,根据特殊需要甚至举16次以上。次数不同,运动量也不同。

(3) 单个动作上举次数 是指一个动作的上举总次数,它是一个动作中各组练习上举次数相加之和。

(4) 单个动作上举重量 是指一个动作的上举总重量,它是一个动作中各组练习上举重量相加之和,而每组的上举重量则等于器械重量乘以次数。

(5) 单个动作平均重量 是指一个动作中各次上举的平均重量,即

$$平均重量 = \frac{上举重量}{上举次数}$$

(6) 动作数 是指一次训练课中的动作个数。

(7) 总组数 是指一次训练课中所有动作练习的总组数。这往往成为衡量一次训练课运动量大小的一个简易指标。

(8) 总上举次数 是指一次训练课内所有动作练习时的总上举次数,它也是

衡量一次训练课运动量大小的一个简易指标之一。

(9) 总重量　是指一次训练课内所有动作练习时所举的总重量，它也是衡量一次训练课的运动量大小的简易指标之一。

(10) 总平均重量　是指一次训练课中所有动作各次上举的总平均重量，即

$$总平均重量 = \frac{总重量}{总上举次数}$$

2. 强度

一般是指单位时间内所做的功或是指单位时间内的生理负荷量。但是在健美训练中，某一动作的速度与上举高度是相对稳定的。运动员之间在这方面的差异也不大。教练员、运动员更不能从这方面去变换运动量。因此，时间和距离在计算运动量的强度时意义不大。所以，在健美训练中，强度主要是由单位次数中所举的重量大小决定的。为了进行比较，而用单位次数中所举重量与个人最高成绩的百分比来表示。训练中可以采用下面三个指标来衡量强度大小。

(1) 单个动作每次强度　这是衡量一次上举的强度指标，是指某一动作中，一次上举所举重量占该项最高成绩的百分比。

(2) 单个动作平均强度　这是衡量一个动作的强度指标，是指某一动作中，每次上举平均重量占该项最高成绩的百分比。例如，做一组卧推练习：60×12，70/10×2，80/8×2，90/6×2。卧推最高成绩为 100 kg，总重量 4 480 kg，总次数 60 次，平均重量为 4 480(kg)÷60(次)=74.8 kg，单个动作平均强度则为

$$\frac{74.8}{100} \times 100\% = 74.8\%$$

(3) 总平均强度　这是衡量一次训练课中运动量的强度指标。

3. 时间

时间这一因素是指训练中完成单个动作的时间、训练总时间以及间隙时间等。无疑它是构成不同运动量的因素之一，训练中可以采用下列一些时间指标。

(1) 单个动作训练时间　是指一个动作的练习时间。这里所说的训练时间，包括了实际负荷时间和组与组之间的间隙时间，用这一指标可以比较不同动作的训练时间长短。

(2) 总训练时间　是指一次训练课的总时间，它是衡量一次训练课运动量大小的指标之一。

(3) 间隙时间　是指两组练习之间的休息时间，通常采用大强度训练发展肌肉的绝对力量的间隙为 2～3 min，采用中等强度发达肌肉围度的间隙时间为 1～1.5 min，采用小强度降脂的间隙时间为 30～60 s。

4. 密度

密度是指单位时间内重复练习的量,它体现着训练中时间和数量之间的关系。它可以反映出训练课的紧凑性,它也在一定程度上影响着运动量。一般可以分为单个运动密度和一次训练课的总密度,可以用下列指标来表示密度的大小。

(1) 单位时间重复组数 是指每分钟内重复练习的组数,以训练时间除以组数所得的商来表示(可分单个动作和课两种)。

(2) 单位时间重复次数 是指每分钟内重复练习的次数,以训练时间除以上举次数所得的商来表示(可分单个动作和课两种)。

三、健美训练运动量的统计方法

现以一次训练课为例来说明运动量的统计方法。一次课的训练内容如下。

(1) 胸部 平卧推 70/10×2,80/8×2,85/6;上斜卧推 30/10。

(2) 背部 杠铃划船 40/10×2,45/8×2,50/6;单手划船 10/12×2,15/10×2(两手换做)。

(3) 肩部 杠铃颈前推举 50/10×2,55/8×2,60/6。

(4) 小腿 站姿提踵 50/10×2,60/8×2;坐姿提踵 40/12×2,60/8×2。

(5) 腹部 仰卧起坐 2~3 组,每组 25~30 次;仰卧举腿 2~3 组,每组 25~30 次。

然后根据上面各种因素与指标的计算方法,将所有统计数填入运动量统计表内,这样一次训练课的运动量或一块肌肉承受的运动量就一目了然了。

运动量统计表中的数字只是运动员完成的训练量,还不能反映出运动员的生理负荷量。要了解运动员的生理负荷量,就必须通过有关生理功能指标的测定,也可以选用每分钟心率来表示。运动后即刻测脉搏与运动强度关系如下(专指运动员)。

大强度——180 次/min 以上

中等强度——150 次/min 以上

小强度——144 次/min 以下

运动后 5~10 min 时脉搏恢复情况与运动负荷关系如下。

小运动负荷——恢复到运动前脉搏

中运动负荷——较运动前快 2~5 次/10 s

大运动负荷——较运动前快 6~9 次/10 s

这份表至少可以从各方面较全面地反映出运动员所完成的训练情况,使教练员、运动员做到心中有数,然后可以根据运动员的自我感觉和教练员的观察、经验及对运动员承受运动量能力的了解,对运动量的大小作出较为符合实际情况的分析判断。

以课运动量统计为基础，可以进一步统计出周、日、阶段试举的运动量。

四、健美训练运动量的安排方法

安排健美训练的运动量要本着有利于增进运动员的身体健康，有利于确保肌体大运动量训练及恢复的原则。因此，要掌握好训练的节奏，要注意区别对待及加强思想教育，以确保运动量的完成。

在考虑运动量的安排方法时，主要有两个问题：一是运动量(主要是数量和强度)大小如何掌握，中、小运动量的范围又怎样，在各种不同运动量中，各个因素又如何掌握；二是各种不同的动作如何安排和搭配，也就是说，是集中刺激好，还是全面影响好。

在影响运动量大小的几个因素中，数量和强度是两个主要因素。时间与数量有密切关系，一般来说，数量多时间就长，因而通过数量基本可以反映出时间因素。而密度一般变化不大。在几个因素之间，关键是如何处理好数量与强度的关系。运动量大小总是因人因时而异，很难提出一个统一标准。关于运动量的数量掌握与调节，不外有下面几种方式：

(1) 增加量减小强度；
(2) 增加量保持强度；
(3) 增加量增加强度；
(4) 保持量增加强度；
(5) 减小量增加强度；
(6) 适当减量保持强度；
(7) 适当减强度保持量；
(8) 量和强度均适当减小。

前5种是加大运动量的方式，后3种方式适用于对运动量的适应和巩固阶段。如果要减小运动量，则基本还是采用后3种方式，只不过减小的幅度比较大。

在上述8种方式中，究竟采用何种方式，要视训练时期、训练任务及运动员习惯的不同而变化。但健美运动量的增加依然遵循量变质变的一般规律，总是先有组数、次数、总重量等数量的增加，然后才会转化为强度的增加和成绩的提高。如果没有一定量的积累，而是硬拼强度，那不仅达不到发达肌肉的目的，而且容易造成损伤或伤害事故。

在一次训练课内，不同发达肌肉动作的安排主要有三种类型。

(1) 全面影响肌肉　此种安排方式适应初级训练的健美运动员。一次课内几个动作的选择，要兼顾到对身体各部位肌肉的全面影响，既有发展上肢肌肉的动作，也有发展下肢肌肉的动作。这种安排方法对身体各部位肌肉都能刺激到，但对任何一部位的肌肉刺激都不深，肌肉围度增长缓慢。

(2) 分部位影响肌肉　此种安排方式适应中级训练的健美运动员。一次课内几个动作的选择，对身体2~3个部位肌肉的影响，安排时既可有上肢发展肌肉动作，又可有下肢肌肉动作。这种安排方法对身体各部位肌肉有选择的刺激，对肌肉的刺激就较全面，效果也较好，肌肉围度增长较快。

(3) 集中刺激　这是国内外优秀运动员训练中采用的一种安排方法。其特点就是一次训练课中的几个动作相当集中地刺激身体某一部位的一块肌肉，又称"孤立训练法"，如发达胸大肌孤立训练、大腿肌孤立训练、肱三头肌的孤立训练等。这种方法的优点是可以集中刺激身体某一部位的一块肌肉，因而对肌肉刺激深度加深，故能较快地增长肌肉的围度和提高竞赛成绩。其缺点是对身体的局部肌肉刺激过分集中，容易造成局部肌肉负荷量过重，甚至出现局部肌肉劳损。因此，采用这种安排方法应该慎重而仔细。

第五节　健美训练计划的制订

制订训练计划是训练工作中不可缺少的重要环节。要使健身健美运动员在竞赛中取得优异的成绩，必须通过多年反复的训练过程。在制订切实可行的系统而周密的计划后，才能使训练的目标、任务得到落实，使身体得到全面发展，以促进肌肉发达状况的持续增长，并在此基础上获得较高的运动水准。

系统而周密地制订训练计划，并得以在训练中执行和检查，是训练工作的科学保证。还应在训练中不断地探索、认识训练实践的规律，及时总结经验和教训，以便改进训练工作，不断提高训练效果，增强训练工作的科学性。

一、健美训练计划的划分

训练计划的划分应包括多年训练计划、全年训练计划、阶段训练计划、周训练计划和课训练计划五种。这五种计划都是互相联系的有机整体。

(一) 多年训练计划

运动员要创造优异成绩，必须经过多年系统而严格的训练，它既是多年训练计划的依据，又是培养优秀运动员的重要保证。多年训练计划是训练工作大致的远景规划，只提出大体上的打算。这是因人的认识和运动训练本身在不断地发展所决定的。所以多年训练计划不可能定得十分具体，而只是在思想作风、发展肌肉的训练、竞赛动作的技术训练及基本素质等方面发展的总设想、总目标、总任务和每年的要求。多年计划是对运动员进行系统科学的训练的重要措施，制订多年规划要根据健美运动的发展规律和国内外健美发展动态、趋势及物质条件(营养)等来进行。

由于训练对象、训练目标和训练年限的不同，多年训练计划又可以大致分为两种，一种是初级运动员培养的远景规划，一种是为优秀运动员参加重大比赛而制订的多年计划。无论是哪一种多年训练计划，一般应包括以下几项内容。

(1) 运动员基本情况分析　运动员训练的起始状态是运动训练过程的出发点，对起始状态的各种基本情况要进行具体分析和测定，这是产生状态转移的基础。只有情况明晰，才能有的放矢，有效地安排训练计划。为实现运动员的状态转移而制订的训练计划，必须符合运动员的现实状态。它必须是运动员可接受的，又是足以提高运动成绩的计划。

根据健美运动的训练特点和当前国内外健美运动水平提高的需要，健美训练一般划分为三个阶段。多年训练计划的目标和总任务，可参照下面阶段的划分来制订。

① 初级阶段(准备阶段)　此阶段的具体目标和任务是培养刚刚从事健美训练的运动员，培养他们对训练的兴趣与爱好，对他们进行组织纪律教育，使之初步养成严格要求自己的习惯。训练要以全面掌握如何发达肌肉的动作技术和训练方法，学会各种器械使用的方法为主要内容。训练以全面发展身体各部肌群为重点，严格动作的规范化。对训练和效果应有定期的体格测量，并作为计划进行考核与检查的依据。

② 中级阶段(基础阶段)　此阶段的具体目标和任务是培养运动员树立荣誉感，贯彻严格训练、严格要求的训练方针，注重思想品质和职业道德的教育，以及培养运动员顽强刻苦训练的进取精神。训练要以发达肌肉的丰满、厚实的背部轮廓、鲜明的四肢为主。掌握多种多样的组合训练手段，重视肌肉的力量、耐力、协调性方面的训练。自由造型和规定动作的竞赛动作练习应贯彻到训练计划之中。对训练的效果则以参加省、市级比赛或表演作为对训练的考核和检查。

③ 高级阶段(提高阶段)　此阶段的具体目标和任务是不断提高运动训练水平，进一步掌握运动员的潜在能力，调动一切积极因素，树立攀登顶峰的信念及为祖国争光的不断进取精神。要从实际出发，既要通过各种训练手段，促使肌肉的进一步发达，又要考虑因参加重大比赛而合理安排赛前训练，如训练强度与次数的变化、有氧和无氧训练的变化、饮食与控制体重、饮食与降脂等诸方面的变化。规定动作、自由造型安排比例增加，是此阶段训练的主要特征之一。要使运动员在比赛中，通过规定动作、自由造型显示发达的肌肉，就需要在此阶段计划中有侧重地体现，且通过反复的练习，可以避免动作的粗糙，达到熟练运用的程

度。对训练的效果则以参加全国比赛或国际比赛作为对训练的考核和检查。

(2) 完成任务和指标的基本途径和主要措施。

(3) 各种训练内容和运动量的大体安排　对上述三个阶段不同的目标和任务，应在发展肌肉的训练，规定动作、自由造型的训练，舞蹈、形体的训练，心理训练和恢复训练，以及运动量(主要是负荷量、程度和时间)的安排上有一个大体的体现。

(4) 遵循运动训练客观规律　多年计划必须符合运动训练客观规律的要求，这些规律包括训练计划的连续性与阶段性，肌体在承受负荷情况下运动能力的可变性，组织训练过程中个人与集体的制约性，以及训练过程的多变性与可控制性、训练模式性等。教练员应遵循这些规律，在训练中早日发现问题，及时采取措施进行修正，使训练向既定的方向发展。这样的训练比单纯靠经验有把握，成功率也比较高。在制订多年的训练计划时，应力求摸索这方面经验来进行工作。

(二) 全年训练计划

全年计划是训练工作文件中最重要和最基本的一种。它根据多年训练计划中所规定的年度任务和指标等内容及大的比赛任务来制订，其内容如下。

1. 总结分析

(1) 上一年度简要回顾　概括说明上一年度的训练工作的进展情况、存在问题及解决问题的措施与方法。

(2) 全年训练的基本任务。

(3) 运动员的一般情况　年龄、健康状况、家庭情况、性格特征及思想表现。

(4) 身体素质情况　运动员身体各部位肌肉围度的测量，各肌肉承担最大负荷量的测定，以及柔韧、协调、耐力等一般情况，以记录加以说明。

(5) 技术情况　运动员对动作掌握及采用过什么训练方法的情况。

(6) 身体素质、技术、心理等各项训练指标。

(7) 各项训练的基本手段、要求与措施。

2. 全年训练周期的划分

根据我国竞赛计划，一般一年有两次大的全国性健美比赛，即5月份的全国锦标赛和11月份中国健美先生、健美小姐大赛。因此，健美的全年训练计划一般是采用双周期来安排，即一年两个周期，12～5月为冬训练，6～11月为夏训期。而每个周期再分为下列不同的时期。

1) 准备期

(1) 任务　主要任务是全面提高运动员的身体素质，增进健康，提高承受运动量的能力，全面发展身体素质，改进基本技术及学会新的动作，培养顽强的意志品质和树立攀登高峰的雄心壮志。

(2) 时间　约1个月。

(3) 内容　以恢复体力和适应性训练为主,增加一般身体素质训练的比例;调整思想情绪,为进入基本期训练创造氛围。

(4) 运动量　负荷量和强度均逐渐增加。

2) 基本期

(1) 任务　实施专项训练,负荷量和强度呈上升趋势;提高肌体承受负荷的能力;增加肌肉耐力训练和规定动作训练。

(2) 时间　0~3个半月。

(3) 内容　发达大肌肉的块状和小肌肉的隆起;采用中大强度的训练,加大肌肉的刺激深度;突破负荷量,使肌体在承受负荷量方面上一档次;规定动作训练贯彻在课堂训练中,为提高肌肉耐力以适应比赛需要。

(4) 运动量　在增加负荷量的基础上增加强度。

3) 竞赛期

(1) 任务　继续提高专项训练水平和巩固熟练规定动作,以及编排自由造型;调整心理状态,为比赛做好充分的思想准备;参加比赛,创造优异成绩。

(2) 时间　1个半月。1个月为赛前各种训练准备和准备工作,半个月为比赛期。

(3) 内容　以拉线条增强肌肉的清晰度为主,增加规定动作和自由造型训练比例。

(4) 运动量　负荷量逐渐减少,以保证充分的体力和精力投入比赛。

(三) 阶段训练计划

根据全年训练计划而采用周期安排。在一个周期中每个阶段训练时间仅6个月,因而通常就可以用6个月的时间作为阶段来制订阶段训练计划。制订阶段训练计划时,应考虑全年训练计划中对该阶段的各项要求和安排,结合训练任务、内容、手段、时间和运动量等,进一步具体落实到阶段训练中。其中重要内容之一就是各阶段之间的运动量节奏,通常可以采用一周大、一周小的节奏安排。训练水平高、承受能力强的运动员,也可采用两周大、一周小或一大、一中、一小的节奏来安排。

(四) 周训练计划

周训练计划是以阶段训练计划为依据,结合训练实际情况来制订,其内容包括下列几点。

(1) 任务和要求　应把阶段任务具体化,如错误动作的纠正,熟练掌握某一技术动作，注重某块肌肉或某部位肌肉群的训练等。

(2) 训练内容　根据任务的要求，选择最佳或有效的动作来训练肌肉(含全身各部位肌肉)；突出负荷量或强度；规定动作和自由造型。

(3) 训练次数　应按照运动员的训练水平和肌体所能承受的负荷量而定。初级训练每周 3 次，可在一、三、五或二、四、六隔天训练；中级训练每周 4～5 次，可在一、三、五、六或一、二、三、五、六训练；高水平训练每周 9～12 次，可在一、三、五上下午和二、四、六下午训练，或除周日外，每天上下午训练。不同训练层次对训练次数的要求应有所不同，可按现有的训练水平、恢复和营养诸多因素及实际训练效果而定。

(4) 运动量安排　周运动量节奏(见表 8-3)是因人而异的。每名运动员应在训练实践中去摸索适合自己的运动量节奏，切忌单纯追求运动量节奏或负荷量与强度，而忽视训练的实际效果。因为训练的最终追求是效果而不是节奏、量和强度。

表 8-3　周运动量节奏安排

星期 次数	一		二		三		四		五		六	
	上	下	上	下	上	下	上	下	上	下	上	下
3	大				大				大			
4	大				大				大		小(中)	
5	大		小		大				大		小(中)	
9	大	小		中	大	小		中	大	小	小(中)	
12	大	小	中	小	大	中	小	大	大	中	大	小

(五) 课训练计划

课训练计划是按照周计划所规定的任务、内容和运动量而制订的，要求定得十分具体。一般包括下列几点。

1. 任务和要求

将周计划中所规定的任务和要求，再进一步分配和落实到每次训练课中。任务和要求应与课的内容及运动员的实际紧密联系，保持一致。

2. 训练内容

训练内容的选择和安排是制订课训练计划的主要工作之一。选择内容应根据任务的需要和从运动员的实际出发,这样才能有的放矢。安排内容的原则是:主要肌肉块或肌群在前,次要肌肉块或肌群在后;大肌肉块在前,小肌肉块在后;对初级训练则都应先上肢后下肢再腹部,先屈肌后伸肌,对中、高训练水平者则视训练部位而定。练习动作的组合详见训练计划制订方法的组合。

3. 训练方法

一次课的动作顺序安排好以后,就要选择每个动作的训练方法,即具体规定每个动作的训练重量、组数和次数。主要有下列几种方法。

(1) 固定重量法　这是重复训练法在健美训练中的具体运用。特点是重量、组数和次数均相对固定。例如,发达肱二头肌训练用 75%～85%×(12±6)×(4～5)的方式安排,就属于固定重量法。

(2) 递增重量法　这指的是训练重量按 5～10 kg 的幅度逐步递增,这类方法又可分为两种。

① 有效组数训练法　重量由轻开始,练 1～4 组后递增上去,达到 85%～90% 强度时,就固定下来进行重复训练,增长肌肉的力量。例如,发展大腿力量训练用重负荷做后深蹲。

② 大强度训练法　从 70%重量开始,然后逐步递增上去,直至极限强度训练,发展肌肉的绝对力量。例如,发展腰背肌绝对力量训练可用重硬拉。

(3) 递减重量法　先用较重的重量做到极限(12～10 次);接着由同伴减轻重量后再做到极限(8～6 次);再由同伴将重量继续减少,再重复做到极限(4 次左右)。其目的是使肌肉极度紧张,得到最大的刺激。

二、健美训练计划的制订方法

健身健美训练计划制订的种类很多,可以根据不同的训练目的制订各种不同的训练计划;也可以根据不同职业和年龄,制订不同的训练计划。在此主要介绍初级、中级、高级健美运动员训练计划的制订方法。健身(包括减肥)锻炼计划,特别是课时锻炼计划,可参考本书运动处方及健身技法指导等章节。

(一) 制订初级运动员训练计划

1. 训练目的

通过训练使身体形态发生明显变化,肌肉发达匀称;掌握发达身体各部肌肉的动作;初步掌握训练方法。

2. 计划制订方法

(1) 情况分析　了解运动员受训时间及身体各部肌肉发达状况,指出主要问题和发展方向。

(2) 训练任务和要求　明确训练任务和要求；掌握练习的基本动作和基本的训练方法；发达全身各部肌肉，使人体态匀称；培养顽强的意志品质。

(3) 周训练内容安排　每周练习 3~4 次，以训练 4 次计划为范例。

星期一、四的训练内容如下。

① 弯举　70%~80%×(12~10)×4 组。
② 颈后臂屈伸　70%~80%×(12~10)×4 组。
③ 杠铃划船　70%~80%×(12~10)×4 组。
④ 耸肩　70%~80%×(12~10)×4 组。
⑤ 后深蹲　70%~80%×(12~10)×4 组。
⑥ 负重提踵　70%~80%×(12~10)×4 组。
⑦ 仰卧起坐　20 次×4 组。

星期三、六的训练内容如下。

① 平卧推　70%~80%×(12~10)×4 组。
② 引体向上　10 次×4 组。
③ 颈后宽推　70%~80%×(12~10)×4 组。
④ 俯卧飞鸟　70%~80%×(12~10)×4 组。
⑤ 硬拉　70%~80%×(12~10)×4 组。
⑥ 负重体侧屈　70%~80%×(12~10)×4 组。
⑦ 仰卧举腿　20 次×4 组。

(二) 制订中级运动员训练计划

1. 训练目的

进一步发达肌肉，使肌肉轮廓明显；身体各部肌肉发达匀称，线条明显；增强肌体高负荷能力；加强"体艺"修养和表演能力的培养，参加省市级健美比赛。

2. 计划制订方法

(1) 情况分析　了解运动员承受负荷的能力和各动作训练的强度；身体各部肌肉发达的状况和体态布局是否合理；表演、比赛的能力；是否有运动损伤史。

(2) 训练任务和要求　端正训练思想，明确训练任务，树立攀登高峰的思想境界；全面掌握和熟练运用各种发达肌肉的动作、手段和方法；加强薄弱环节、部位训练，使体态逐步达到竞赛的要求；增加规定动作和自由造型训练，为比赛做好充分的准备。

(3) 周训练内容安排　每周练习 4~5 次。以训练 5 次计划为范例(见表 8-4)。

表 8-4　周训练 5 次计划范例

星期	动作名称	锻炼部位	运动量	要求
一、三	1. 卧推	胸部	75%～85%×(10～8 次)×(4～6 组)	1. 严格动作要求 2. 竭力完成任务
	2. 仰卧飞鸟	胸部	70%～80%×(12～10 次)×(3～5 组)	
	3. 弯举	上臂	75%～85%×(10～8 次)×(4～6 组)	
	4. 臂固定弯举	上臂	70%～80%×(12～10 次)×(3～5 组)	
	5. 后深蹲	大腿	75%～85%×(10～8 次)×(4～6 组)	
	6. 箭步蹲	大腿	65%～75%×(16～12 次)×(3～5 组)	
	7. 斜板仰卧起坐	腹部	20 次×4 组	
二、五	1. 引体向上	背部	15 次×(4～6 组)	严格控制强度
	2. 划船	背部	75%～85%×(10～8 次)×(4～6 组)	
	3. 颈前推举	肩部	75%～85%×(10～8 次)×(4～6 组)	
	4. 壶铃坐推举	肩部	70%～80%×15 次×(3～5 组)	
	5. 颈后臂屈伸	上臂	75%～85%×(10～8 次)×(4～6 组)	
	6. 仰卧臂屈伸	上臂	65%～75%×(16～12 次)×(3～5 组)	
	7. 负重体侧屈	腰部	60%～75%×20 次×(3～5 组)	
六	1. 站立提拉	肩部	75%～85%×(10～8 次)×(4～6 组)	加强保护与帮助
	2. 负重提踵	小腿	75%～85%×(10～8 次)×(4～6 组)	
	3. 坐姿负重提踵	小腿	65%～75%×(16～12 次)×(3～5 组)	
	4. 硬拉接耸肩	腰、背部	80%～90%×(8～6 次)×(4～6 组)	
	5. 仰卧起坐	腹部	20 次×3 组	
	6. 仰卧举腿	腹部	20 次×3 组	

(三) 制订高级运动员训练计划

1. 训练目的

继续发达肌肉的围度，使肌肉布局更趋合理、匀称、和谐；加强一般和专项素质训练，提高肌体承受量与强度训练的能力；赛前增加有氧训练，使肌肉的清晰度、力度、密度达到全国或国际比赛的要求；增加竞赛动作训练的比例。

2. 计划制订方法

(1) 情况分析　了解运动员阶段训练的负荷量及各动作训练的强度；分析某运动员目前在国内或国际排名，且针对排名找出差距；运动员身体状况及损伤情况。

(2) 训练任务和要求　加强职业道德教育和弘扬爱岗敬业的无私奉献精神，

树立集体荣誉感,为祖国争取荣誉;正确运用训练手段和方法及科学安排运动量,使身体各部肌肉达到国内、国际竞赛要求;精练规定动作和认真地编排自由造型,使动作达到炉火纯青的地步;在各类比赛中创造优异成绩。

(3) 周训练内容安排　每周练习9～12次,以训练12次计划为范例(上、下午各练习一个部位):

星期一、四的训练内容。

① 胸部　(a) 选择4个动作进行有效组数训练。(b)认真做好放松活动。

② 腿部　(a) 选择2～3个动作分别进行大腿和小腿训练。(b)认真做好放松活动。

星期二、五的训练内容。

① 肩部　(a) 选择4个动作进行有效组数训练。(b)认真做好放松活动。

② 腰部　(a) 选择2～3个动作进行有效组数训练。(b)认真做好放松活动。

星期三、六的训练内容。

① 背部　(a) 选择3个动作进行有效组数训练。(b)认真做好放松活动。

② 臂部　(a) 选择2个动作分别进行肱二、三头肌训练。(b)认真做好放松活动。

3. 重要说明

(1) 动作的选择视自身情况而定。

(2) 强度、组数、次数要结合运动量的节奏,进行有效的控制。

(3) 动作的选择应随着训练时间的推移而有所变化。

(4) 腹部腰侧不属计划之内,可放在课前或课后进行。

(5) 计划可视运动员当天思想情绪、体力的波动作相应的调整。

(6) 加强保护与协(帮)助,避免运动损伤的出现。

(7) 竞赛动作练习可安排在课内或课外进行。

三、赛前训练计划与营养调配

(一) 赛前训练与营养调配注意事项

(1) 常规赛前8～12周分4个阶段执行此计划。

(2) 调整训练强度和运动量。

(3) 调整日常营养素比例、食谱和有氧训练的运动量。

(二) 第一阶段的训练计划与营养调配(1~3 周)

1. 食谱(要求)

    (1) 蛋白质　每天按每千克体重摄入 2 g。

    (2) 碳水化合物　每天按每千克体重摄入 4 g。

    (3) 水　每天饮至少 1 加仑水(约 4.5 L)。

    (4) 减掉含有脂肪的食物。

2. 训练(要求)

    (1) 调整训练强度和总运动量(降至 70%~80%，以利于拉线条、减脂)。

    (2) 增加有氧训练比例，每周至少 3 次，每次约 30 min。

(三) 第二阶段的训练计划与营养调配(4~6 周)

1. 食谱

    (1) 蛋白质　每天按每千克体重摄入 2~2.5 g，服饮一至数次高蛋白粉饮料。

    (2) 碳水化合物　每天按每千克体重摄入 3 g。

    (3) 水　每天饮 1.5~2 加仑水。

    (4) 严格控制含脂食物(注意选配)。

2. 训练

    (1) 调整训练强度和运动量。

    (2) 增加有氧训练，周训练次数为 5 次，每次约 40 min。

(四) 第三阶段的训练计划与营养调配(7~9 周)

1. 食谱

    (1) 蛋白质　每天按每千克体重摄入 3 g，停止饮用蛋白粉饮料。

    (2) 碳水化合物　视体格状况，建议每千克体重每天摄入 2 g。

    (3) 水　每天饮 2 加仑水。

2. 训练

    (1) 维持第二阶段的运动量。

    (2) 进行规定动作练习(实际用静力性练习代替了有氧练习)。

(五) 第四阶段的训练计划与营养调配(10~12 周)

1. 食谱

    (1) 蛋白质　基本上维持上阶段数量。

    (2) 碳水化合物　基本上维持上阶段数量(视实际情况适当增加摄入量)。

(3) 水 维持上阶段量,赛前一天略减少饮水量。

2. 训练

(1) 反复练习规定动作。

(2) 减少运动量。

(3) 视体格状况维持或增加有氧训练,必要时可增加桑拿浴等(赛前一天可进行桑拿浴,可不怎么进行器械训练了)。

(六) 赛前数天的训练计划与营养调配(见表8-5)

表8-5 赛前一周的训练与营养安排

项　目	竞赛前的天数(倒数)						比赛时
	6	5	4	3	2	1	
碳水化合物	低	低	低	最高	高	中	
蛋白质	中	中高	中高	低	低	中低	
训　练	正常	稍高	稍高	轻	轻	赛前准备	
水	高	高	高	中	低	低	
钠	中	低	低	无	无	无	
钾	低	低	低	中	高	中	

注:钠起松弛肌肉的作用,钾起收紧肌肉的作用。

思考题

1. 简述健美训练的基本原理、原则和训练方法。

2. 简述健美训练运动量的主要特点、因素与指标,以及运动量的统计与安排方法。

3. 简述多年、全年、阶段、周、课训练计划的主要内容及初级、中级、高级健美运动员训练计划的制订方法。

4. 试述赛前训练计划与营养调配的方法。

5. 试制订课训练计划和初级健美运动员训练计划各一份。

第9章

现代健美训练的最佳动作与锻炼方法建议

本章提要

本章重点介绍颈、肩、臂、胸、背、腰、腹、臀、腿等部位肌群健美训练的最佳动作与锻炼方法。

第一节 健美颈部肌群的锻炼动作

早在古希腊时代,人们就认为:"健美的人体应具有宽敞的胸部、灵活而强壮的脖子……和块块隆起的肌肉。"由此可见,颈部的强壮与否直接关系到一个人雄健、英武和健美的形象。颈部强健的胸锁乳头肌,能显示出男性的阳刚之气;女性颈部两侧对称修长、脖颈圆润而富有弹性、皮肤白皙细腻、袒露或缀以装饰,再配合后颈部飘荡的青丝与摆动的腰臀,会增添无限魅力。如果颈部脂肪堆积,则显得臃肿。颈部保持良好的姿态和曲线才会增添人的风度和气质美。

要想使颈部变得强健漂亮,就必须锻炼胸锁乳头肌、斜方肌、颈阔肌及夹肌、头长肌、颈长肌等与颈部健美有关的肌肉。

一、锻炼颈部肌群的常见练习

1. 站姿颈屈伸

(1) 作用 主要发展和健美颈部斜方肌和胸锁乳突肌等肌群。

(2) 要领 以发展颈后肌群为例,两脚自然开立,两手在脑后,手指交叉托住头部,头稍向后仰。先两手用力将头向前下屈,至下颌贴近胸前。稍停后,在施以压力的情况下,抬头还原。如此重复。如锻炼颈前肌群,则两手交叉,双手手掌按在前额,双手和头颈用力方向与上述动作相反。下压时呼气,抬头时吸气。如图9-1所示。

(3) 提示 体姿要固定,动作要平稳,两手所给予的压力要适当。

2. 侧向颈屈伸

(1) 作用 主要发展和健美胸锁乳突肌及颈侧肌群。

(2) 要领 两脚自然开立,先以左手托住头部左侧,头向右侧倾斜。然后,用左侧颈部的肌肉力量把右倾的头部还原。以此重复。左侧练完后练右侧,用力方向相反,动作要领相同。亦可采用坐姿练习。用力时吸气,还原时呼气。如图9-2所示。

(3) 提示 体姿要相对固定,手用力不要过猛,逐渐增加相应的作用力。

图 9-1　站姿颈屈伸　　　　图 9-2　侧向颈屈伸

3. 仰卧颈屈伸

(1) 作用　主要发展和健美胸锁乳突肌。

(2) 要领　仰卧长凳上，后脑颈部露出凳端，使颈部肌肉放松后仰下垂，然后抬头，至下颌紧贴前胸，稍停后放下还原。如此重复。亦可戴"练颈帽"负重练习。抬头时吸气，放下还原时呼气。如图 9-3 所示。

(3) 提示　下肢要固定，头颈部伸出凳端。放下还原时动作要缓慢。

4. 俯卧颈屈伸

(1) 作用　主要发展和健美颈部后群肌。

(2) 要领　俯卧长凳上，使头部露出凳端，以两手托住后脑(或者两手托住重物)。先使颈部放松下垂，再将头部抬起，稍停后，头下垂还原。亦可戴"练颈帽"负重练习。抬头时吸气，还原时呼气。如图 9-4 所示。

(3) 提示　头在用力抬起或放松下垂时，动作起伏要平稳、稍慢，用力均匀。

5. 俯立颈屈伸

(1) 作用　主要发展和健美颈后肌群和胸锁乳突肌。

(2) 要领　把"练颈帽"戴在头上，在下垂绳上悬挂重物，两脚自然开立，上体前倾，两手掌按于膝上，或扶住支撑物，挺胸紧腰收腹，然后使头向上抬起，稍停，再缓慢地放下还原。抬头时吸气，下垂时呼气。如图 9-5 所示。

(3) 提示　上体姿势固定不动，颈部屈伸动作速度要缓慢，着力点应集中在颈部。

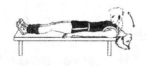

图 9-3　仰卧颈屈伸　　　　图 9-4　俯卧颈屈伸　　　　图 9-5　俯立颈屈伸

二、颈部肌群锻炼方法建议

（1）锻炼的初级阶段，一般只进行徒手颈绕环和左右转颈等练习，也可不安排专门的颈部练习，6个月后每次课选择1～2个动作，每个动作练习2～4组，每组10～12次左右。

（2）在没有专门器械的情况下，可以徒手(或毛巾)的自抗力练习为主；6个月至1年后，可加重量练习，如负重颈屈伸等，以使颈部肌群与全身肌群平衡发展。

第二节　健美肩部肌群的锻炼动作

假若现代女性拥有一对丰满圆滑的双肩，现代男子拥有一副宽阔厚实的肩膀，则无疑是独具魅力的。而决定肩膀宽度和健美与否的条件有两个：一是锁骨和肩胛骨的长短与大小，二是锁骨末端附着的三角肌的丰满程度。肩窄的根本原因是锁骨和肩胛骨周围附着的肌肉群不发达而无力，使得锁骨和肩胛骨远端下垂。另一原因是两个横面的肌肉发展不平衡，前紧后松继而形成扣肩凹胸。锁骨和肩胛骨的长短大小，除先天的遗传因素外，与后天缺乏锻炼、不注意保持正确姿态也有重要关系。

男性要想展示肩的宽度和力度，体现"倒三角形"体形，女性要想体现肩的圆滑感，展现柔美的曲线，并弥补"塌肩"、"窄肩"、"瘦肩"和"锁骨窝太显"等先天的不足，唯一的办法就是加强肩部肌肉锻炼。

一、锻炼肩部肌群的常见练习

1. 站姿提肘上拉

（1）作用　主要发展和健美三角肌前束、后束和斜方肌，它与胸上部的肌群配合锻炼，构成上胸部挺拔饱满的姿势。

（2）要领　两腿自然开立，正握杠铃，两手间距约肩宽，持铃下垂于腿前。先慢慢贴身上提杠铃至最高点，稍停后，慢慢贴身还原，以此重复。握距可采用并握、窄握、中握、宽握等握法练习。提杠时用力吸气，放下时呼气。如图9-6所示。

（3）提示　提拉杠铃时沿胸腹走，不得有向前抛振、摆动动作。杠铃拉抬至与锁骨平行时，肘关节应高于肩关节和腕关节。

图9-6　站姿提肘上拉

2. 站姿侧平举

(1) 作用　主要发展和健美三角肌中束和冈上肌、斜方肌，增加两肩的宽度。

(2) 要领　两脚自然开立，两手拳眼向前，持铃下垂于体侧。先用力向两侧平举，稍停后，慢慢放下还原体侧。如此重复。侧平举时吸气，放下时呼气。如图 9-7 所示。

(3) 提示　侧平举时挺胸收腹，上体不得摆动。侧举高度不得低于肩。

图 9-7　站姿侧平举

图 9-8　站姿前平举

3. 站姿前平举

(1) 作用　主要发展和健美三角肌前束和斜方肌。

(2) 要领　两腿自然开立，正握杠铃下垂于腿前，两手握距与肩宽，先直臂持铃经体前举起与肩高，稍停后直臂慢慢放下还原。如此重复。前平举时吸气，放下还原时呼气。如图 9-8(a)、(b)所示。

(3) 提示　举铃时肘关节伸直，上体不准前后摆动和耸肩借力。还原过程要直臂、挺胸、收腹、紧腰用力控制下落。

4. 躬身侧平举

(1) 作用　主要发展三角肌后束和大圆肌、小圆肌、肩胛下肌、冈下肌等肌群。

(2) 要领　两脚开立稍宽于肩，俯身向前屈体至上体与地面平行。背部保持平直，头部稍抬起，两腿自然伸直，持铃下垂于体前，先用力向两侧举起至最高点，稍停后，慢慢放下还原至预备姿势。如此重复。也可俯卧在长凳上做。此外躬身提拉亦可发展三角肌后束。举铃时吸气，放下还原时呼气。如图 9-9(a)、(b)所示。

(3) 提示　侧举起时两臂不能弯曲，上体不能上下摆动。臂放下垂直后肌肉放松。

5. 俯立飞鸟

(1) 作用　主要发展和健美三角肌后束和上背肌群。

(2) 要领　两脚站立与肩宽，两手各持一只哑铃，上体向前屈呈 90°，两手垂直，手心相对，两臂向身体两侧尽量上举。上快落慢，如此重复。用力平举时吸气，还原时呼气。如图9-10(a)、(b)所示。

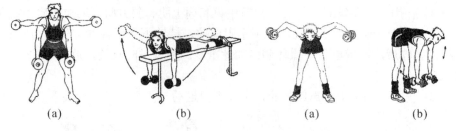

图9-9 躬身侧平举　　　　　图9-10 俯立飞鸟

(3) 提示　向侧上方边屈肘边举起至最高点时，前臂与上臂的夹角控制在130°左右。躯干不得上下起伏，两腿站直，膝关节锁紧，挺胸，不得振摆借力。还原时两哑铃不得碰撞。

6. 颈后推举

(1) 作用　主要发展和健美三角肌中束和肱三头肌、斜方肌。

(2) 要领　两脚开立(或坐凳上)，两手正握杠铃置于颈后肩上，上体保持挺胸收腹紧腰。先推铃至头后臂伸直，稍停后慢慢放下还原至准备姿势。如此重复。如使用推举器练肩亦相同。上推时吸气，放下时呼气。如图9-11(a)、(b)所示。

(3) 提示　始终保持挺胸收腹，调整杠铃重心与身体重心的平衡。

图9-11 颈后推举

7. 颈前推举

(1) 作用　主要发展和健美三角肌前束和肱三头肌、斜方肌。

(2) 要领　两脚开立(可坐凳上)，两手持铃提至肩胸上(哑铃提起置手臂部外侧)。上体保持挺胸收腹紧腰，全身直立。先垂直向上推铃至臂直，稍停后，两臂慢慢还原至预备姿势。如此重复。上举时吸气，放下时呼气。如图9-12所示。

(3) 提示　上举时用力方向应垂直向上，头部保持正直。如用哑铃练习时还可以交替上举。不准借助于上体摆动或躯干屈伸的力量来完成动作。

图 9-12　颈前推举　　　图 9-13　坐姿推举哑铃

8. 坐姿推举哑铃

(1) 作用　主要发展和健美三角肌、肱三头肌和背部肌群。

(2) 要领　坐在有靠背的椅子上，紧腰，收腹，挺胸，双手握哑铃屈臂置于两肩外侧，拳眼向后。两臂同时用力向头的左右外侧上方推举至完全伸直为止，稍停，接着屈肘，使哑铃下落至两肩，还原成预备姿势。如此重复。上举时吸气，放下时呼气。如图 9-13 所示。

(3) 提示　做时上身要挺直靠在椅背上，双臂同时直线向上推举。

9. 平举下拉橡皮带

(1) 作用　主要发展和健美三角肌、大圆肌、小圆肌。

(2) 要领　将橡皮条中段挂在头上方的固定物上，两脚开立(也可坐着)，两手抓紧橡皮条两端，两臂伸直侧平举，拳眼向前。两臂保持伸直，用力向下拉至贴紧身体，稍停。然后两臂慢慢放松还原成准备姿势，如此重复。用力向下拉时吸气，还原放松时呼气。如图 9-14(a)、(b)所示。

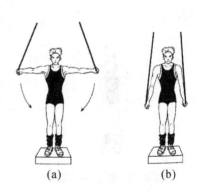

图 9-14　平举下拉橡皮带

(3) 提示　橡皮条的长短与松紧，应根据每个人的力量而定。还原时应控制橡皮条回拉的速度。

10. 侧上拉橡皮带

(1) 作用　主要发展和健美三角肌。

(2) 要领　两脚踩住橡皮条的中段，两脚间距 20 cm，身体成正立姿势，重心微下沉，两手分别抓住橡皮条两端，直臂垂于体侧。开始练习时，三角肌用力收缩，两臂保持伸直作侧平举，将橡皮条拉至与肩同高稍停。然后，慢慢回落成预备姿势，如此重复。用力侧平举时吸气，回落时呼气。如图 9-15 所示。

(3) 提示　拉至侧平举回落时不得屈肘，用三角肌的力量控制回落速度。

11. 站立耸肩

(1) 作用　主要发展和健美斜方肌、肩胛提肌、三角肌。

(2) 要领　两脚开立，正握杠铃，持铃下垂于腿前(或持哑铃于体侧)，先向上提肩将杠铃提起至最高点，稍停后，再还原。如此重复。提铃时吸气，放下时呼气。如图 9-16 所示。

(3) 提示　耸肩时动作幅度要大，肩峰好像是要触及耳朵。主要是肩部用力，不得屈臂借力。除可以直接向上耸肩之外，也可以做成两肩由前向上、向后、向下的绕环动作，对矫正驼背和两肩前倾有良好效果。

12. 俯立耸肩

(1) 作用　主要发展和健美三角肌后束、斜方肌和上背肌群。

(2) 要领　两脚开立成俯立，两手持铃下垂于腿前，两臂肌群完全放松。先使两肩向上耸起至最高点，稍停后慢慢放松，下垂还原，如此重复。向上耸起时吸气，放下时呼气。如图 9-17 所示。

(3) 提示　耸肩充分，动作过程中两臂肘关节不能弯曲借力，上体也不准摆动。

图 9-15　侧上拉橡皮带

图 9-16　站立耸肩

图 9-17　俯立耸肩

二、肩部肌群锻炼方法建议

(1) 初练时按不同的锻炼部位，每次课可安排一个动作，每个动作可做 2～3 组；半年后至一年内的锻炼课，每次可选择两个动作为组合，每个动作做 2～4 组；一年以后应根据实际情况，选择三个动作为一组合，每周练二次，每次课的每个综合组约为 8～10 组。

(2) 一般的肩部锻炼方法是男女大致相同，只是由于锻炼的要求和目的不同，在试举的重量和运动量的选择上有所区别。对要求减肥的女子而言，其试举的重量要轻些，次数可多些，每组一般 14 次以上；对那些为了发达肌肉的男子，其试举的重量应大些，次数可少些，每组一般 8～12 次。在锻炼中，还必须根据肩部的生理特点，把每个动作按不同的部位(如肩部的前中后)合理地安排在训练课中，以使"肩膀"周围的肌群都能得到锻炼。

第三节　健美臂部肌群的锻炼动作

自古以来，胳膊就被视为力量的象征，它是完成人的基本活动的重要器官。在我国历史上也一直把臂力过人的英雄作为崇拜的偶像，如楚霸王力举大鼎、鲁智深倒拔垂杨柳的故事就曾迷倒过不少青少年。

在现代生活中虽有各种起重机能举起数以吨计的重物，但有一双灵巧的手和健美粗壮的胳膊还是很重要的。因为能具有"力拔千斤"的力量，仍是令人羡慕的。

一、锻炼臂部肌群的常见练习

1. 站姿反握弯举

(1) 作用　主要发展和健美肱二头肌、肱桡肌及前臂前群肌。

(2) 要领　站距与肩宽，两手反握杠铃或哑铃垂于腿前(手心朝前，拳眼向外)。握距稍宽于肩。动作开始是用前臂及肱二头肌的力量慢慢向身体方向弯举至肱二头肌完全收紧。稍停后，再慢慢放下还原。如此重复。向上弯举时吸气，放下时用口呼气，用胸式呼吸。如图 9-18 所示。

图 9-18　站姿反握弯举

(3) 提示　练习时肘关节应悬空，离开身体 5 cm 远，不得借力和搁在髂骨上。初练者在动作过程中，上臂可以紧贴体侧不准前后移动。

2. 坐姿托肘固定弯举

(1) 作用　主要发展和健美肱二头肌及前臂屈肌群。

(2) 要领　两脚开立，上体稍前倾，两臂伸直搁在斜板上，拳心向前，两手握杠铃与肩同宽。两臂以肘关节为轴用力弯举，使杠铃尽量靠近锁骨，紧收肱二头肌并稍停，然后用肱二头肌控制慢慢放下还原。此动作也可用哑铃单臂呼气。如图 9-19 所示。依次或交替进行练习。向上弯举时吸气，放下还原时呼气。

(3) 提示　上体要固定，大臂保持不动，伸臂时缓慢。

图 9-19　坐姿托肘固定弯举　　　　图 9-20　俯身弯举

3. 俯身弯举

(1) 作用　主要发展和健美肱二头肌及增强背肌力量。

(2) 要领　两脚开立，间距比肩略宽，上体前屈与地面平行，反握杠铃垂于腿前，握距稍宽于肩(握哑铃时手心朝前，拳眼朝外)。做动作时慢慢弯起至肱二头肌收紧，稍停后，慢慢放下还原。如此重复。弯起时充分吸气，放下时呼气。如图 9-20 所示。

(3) 提示　弯举时上体保持前屈，挺胸、紧腰、头稍抬起。两上臂固定不动，完全依靠屈前臂的力量将杠铃举至胸前。不得借助上体摆动的惯性力。

4. 斜板单臂弯举

(1) 作用　主要发展和健美肱二头肌。

(2) 要领　一手反握持铃，上臂枕在斜板上固定。另一手扶住板的末端，使前臂弯起至上臂靠紧，稍停后伸直还原。如此重复，两手交替进行。向上弯起时吸气，放下还原时呼气。如图 9-21 所示。

(3) 提示　向上弯曲时尽量收紧肱二头肌，向前放下时尽量使臂伸直。

5. 单臂坐弯举

(1) 作用　主要发展和健美肱二头肌及前臂屈肌群。

(2) 要领　坐在矮凳上，上体略前倾，一手臂放于膝(或腿)上。屈臂时应向上，尽量弯曲至肱二头肌收紧。稍停，然后慢慢放下至还原。以此反复，两手交替。向上弯曲时吸气，放下时呼气。如图 9-22 所示。

(3) 提示　身体不要前后摆动，屈肘不借助外力。

图 9-21　斜板单臂弯举　　　　图 9-22　单臂坐弯举

6. 斜卧弯举

(1) 作用　主要发展和健美肱二头肌。

(2) 要领　两手各持一只哑铃斜躺在斜板上，用前臂和肘关节的力量，将哑铃向上举起至最高点，稍停后，慢慢向下放至两手臂伸直。如此重复。向上弯曲时吸气，向下伸直时呼气。如图9-23所示。

(3) 提示　身体尽量不动，单纯靠臂力完成动作。

7. 反握引体向上

(1) 作用　主要发展和健美肱二头肌，同时对发展肩、胸、背部肌肉也有作用。

(2) 要领　两手反握单杠，手背向前。握距与肩同宽，身体各部位伸直悬垂。两臂同时平稳用力拉起身体，直到下颌触到横杠为止，稍停。再用力控制做退让动作，慢慢放下至两臂完全伸直放松，重复再做。引体向上又分为颈前和颈后两种上拉，握法有正握和反握，握距分宽握、中握和窄握三种。引体向上时吸气，放下还原时呼气。如图9-24所示。

(3) 提示　身体上引时腰、腿放松，不摆振借力或收腹上拉。

8. 颈后臂屈伸

(1) 作用　主要发展和健美肱三头肌。

(2) 要领　坐在凳子上(也可站着)，上体正直，胸微向前挺，两手正握或反握杠铃，置于颈后处。肘关节朝上，两上臂向内收缩。上臂保持固定不动，用肱三头肌收缩，并用前臂上举的力量将杠铃或哑铃举至头顶上方，两臂充分伸直，稍停。再屈臂下落到颈后成准备姿势。如此重复。用力前吸气，伸直后呼气。如图9-25(a)、(b)所示。

(3) 提示　肘关节不可外展并始终高于肩。

图9-23　斜卧弯举　　　图9-24　反握引体向上　　　图9-25　颈后臂屈伸

9. 仰卧臂屈伸

(1) 作用　主要发展和健美肱三头肌及胸大肌等。

(2) 要领　仰卧在长凳上，正握杠铃，两臂伸直与地面垂直，先利用前臂和肱三头肌力量，慢慢向头部方向弯曲成90°或更低些，这时上臂垂直固定，稍停后，用前臂和肱三头肌力量按原方向将杠铃向上举起，直至达到原来直臂姿势。如此重复。向下屈臂时呼气，向上伸臂时吸气。如图9-26所示。

(3) 提示　向下屈臂时动作要慢些，向上伸臂时也不要太快，上臂应始终保持与地面垂直状。

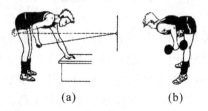

(a)　　　　(b)

图 9-26　仰卧臂屈伸　　　　图 9-27　俯立臂屈伸

10. 俯立臂屈伸

(1) 作用　主要发展和健美肱三头肌。

(2) 要领　两手或单手握橡皮条、拉力器或哑铃俯立，站距与肩同宽，上体与地面平行，上臂贴身不动。先前臂向后向上尽量拉起至臂伸直。稍停后，再慢慢往回屈臂至原来姿势。如单臂可单腿跪在凳子上俯身向前，一手扶在凳上或膝盖上，另一手拳眼向前持哑铃或手握橡皮带，上臂提起紧贴体侧，动作同双臂练习。伸直时吸气，还原时呼气。如图9-27(a)、(b)所示。

(3) 提示　前臂后拉时，上臂应保持不动，尽量使臂部伸直，还原时动作要慢。

11. 站姿双臂胸前屈肘下压

(1) 作用　主要发展和健美肱三头肌及肘肌等肌群。

(2) 要领　两脚开立，与肩同宽，抬头、挺胸、收腹、紧腰，身体直立。两臂屈肘于胸前，两手正握住高滑轮拉绳横杠两端的把柄，手心向下，虎口相对，手腕必须与前臂保持直线状。两前臂用力伸肘向下拉压(压掌)至两臂伸直于腹前，稍停2～3 s。缓慢退让还原至胸前，如此重复。用力前吸气，还原时呼气。如图9-28(a)、(b)所示。

(3) 提示　身体不借助力，两前臂伸直时，两手腕要做"立腕压手掌"的动作。

图 9-28　站姿双臂胸前屈肘下压　　图 9-29　仰卧撑

12. 仰卧撑

(1) 作用　主要发展和健美肱三头肌、大圆肌等。

(2) 要领　两手背后直臂支撑在凳上，两腿并拢伸直，髋关节也伸直，收腹紧腰，脚跟着地，身体成仰卧姿势。头正直或稍后仰。肘关节弯曲，使身体尽量下降，屈髋，到最低位后再向上伸臂将身体撑起成预备姿势。伸臂时吸气，放松还原时呼气。如图 9-29 所示。

(3) 提示　伸臂撑起身体时，应做到先撑臂，再伸髋，臂和躯干充分伸直。

13. 直臂后上拉举

(1) 作用　主要发展和健美肱三头肌、大圆肌、小圆肌、背阔肌。

(2) 要领　两脚左右平行开立，与肩同宽，身体挺直，两臂伸直下垂，体后握杠(或体侧握哑铃)，拳心向前。收缩肱三头肌，两臂伸直用力向后上方拉至极限为止，同时，两腕尽量上翻，稍停，然后按原路慢慢还原成准备姿势。如此重复。用力前吸气，还原时呼气。如图 9-30 所示。

(3) 提示　用力向后上方拉时，躯干不可前倾，始终保持正直。还原成准备姿势时，杠铃不可贴住大腿后部，离开大腿后部 3~5 cm。

图 9-30　直臂后上拉举　　图 9-31　腕屈伸

14. 腕屈伸

(1) 作用　主要发展和健美前臂屈伸肌群。

(2) 要领　坐在凳子上，上体微前倾，两脚踏实，脚间距离与肩同宽，大小腿夹角呈 90°。两手反握或正握杠铃，两前臂分别搁在两大腿上，手腕伸出膝部，悬空，放松下垂。两腕用力向上屈起至不能再屈肘时为止，稍停。然后再松腕放下还原成预备姿势。如此重复做。用力时吸气，放松还原时呼气。如图 9-31 所示。

(3) 提示　练习中，前臂始终紧靠在大腿上不得移动，手臂要充分屈伸。

15. 站姿双手卷棒

(1) 作用　主要发展和健美前臂桡侧和尺侧腕肌及前臂肌群。

(2) 要领　两手正握或反握圆木，两臂向前平举(与肩平)。用一条约 40 cm 长、5 cm 粗的圆木块，系一条约 1 m 长的绳子，绳子吊着的重物应离开地面。用指力将绳子卷上来又卷下去。如此重复。自由呼吸。如图 9-32(a)、(b)所示。

(3) 提示　卷上和卷下才算一次，不要卷上来后让绳子自由放直。手腕运动的幅度要大。

16. 重锤握力器交替握

(1) 作用　主要发展和健美前臂、手部肌群及力量。

(2) 要领　面对器械两脚开立，与肩同宽，躬身收腹、紧腰、挺胸，两臂下垂，左手大拇指握住练习器固定把柄，其余四指握住练习器阻力杠把柄，左手像虎钳似的用力做抓握动作。左、右手交替进行，如此重复。自由呼吸。如图 9-33 所示。

(3) 提示　抓握练习器固定把柄和练习器阻力杠把柄时一定要充分贴紧。每组练到极限次数效果最佳。使用弹簧握力器时，应直臂用力抓握，不可屈肘摆动借力。

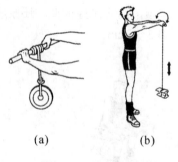
(a)　　　　(b)

图 9-32　站姿双手卷棒

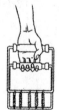

图 9-33　重锤握力器交替握

二、臂部肌群锻炼方法建议

胳膊肌肉的锻炼，重点应集中在上臂，以练肱二头肌和肱三头肌为主。其他的肌肉如前臂的屈肌和伸肌，只要适当安排 2～3 个动作就足以能与上臂肌肉协调发展。这是因为在练上臂的同时，前臂也加入了运动，从而得到了锻炼。锻炼胳膊时应充分注意下列几点。

（1）两手交替练习和依次练习的项目，其负荷应完全相同，既要练屈肌又要练伸肌，只有这样，才能使臂肌发达对称。

（2）一般女子的锻炼，往往以增强臂力，提高肌肉的弹性和减缩多余的脂肪为目的。在锻炼中，练习重量常以中小重量为主，练习次数可多些。而男子的锻炼多数是以发达臂部肌肉、增强臂力为主要目的。练习重量应以大重量为主，练习次数可少些。在进行系统的锻炼时，各阶段训练课的内容安排一般如下。

① 第一个月的锻炼课安排　每块主要肌肉或肌群，如肱二头肌、肱三头肌、前臂肌群等，各选择一个动作，每个动作练 2 组。

② 第二、三个月的锻炼课安排　应根据上述各肌肉或肌群另选择动作，每个动作练 3 组。

③ 第四个月至第六个月的锻炼课安排　每块肌肉或肌群可选择两个不同方位或不同器械的动作，每个动作做 2～3 组。

④ 6 个月以后的锻炼课安排　应根据臂部肌肉的增长情况，每块肌肉或肌群选择 2～3 个不同的动作，每个动作练 3～4 组，最多不超过 5 组。

锻炼一年左右，一般臂围会明显增粗。但一年后，臂围的增长幅度可能要稍慢些，为进一步增强训练效果，一年后的锻炼应根据实际情况，合理选择有效动作进行练习，并应适当增加运动量。

第四节　健美胸部肌群的锻炼动作

人们在追求健美的体形时，往往把挺拔、丰满、结实的胸脯看做是"人体美"的主要标志。它甚至象征着男性的力量和开阔的胸襟，更是女性性特征最重要的部位和人体形体美审视的触目点。它可使小伙子显得格外魁梧健壮，并为自己的挺拔宽厚的胸脯感到自豪。姑娘们则把挺拔饱满、润泽而富有弹性、坚挺不垂、富于曲线的胸脯看作为"女性曲线美"的象征。练就宽厚的胸部，不仅可使体形变得健壮优美，而且有助于矫正低头含胸的缺陷，还可增强心肺功能，使人充满青春活力。

一、锻炼胸部肌群的常见练习

1. 平卧推举

（1）作用　主要发展和健美胸大肌、肱三头肌、三角肌等。

杠铃仰卧推举，分为平板卧推(全面发展胸大肌)、正斜(也称上斜)板卧推(发展胸大肌上部位)、倒斜(也称下斜)板卧推(发展胸大肌下部位)三种。杠铃握法又分宽握、中握和窄握。宽握的作用是把胸大肌拉宽,窄握练习是把胸大肌隆起。

(2) 要领　仰卧在长凳上,躯干以后肩部到臀部成"桥形",即腰背用力收紧,挺胸吸小腹,腰部离开凳面,只以上背肩部和臀部接触凳面。持铃两臂伸直,接着慢慢屈臂向下,将杠铃放到胸部第三肋骨处,然后发力向上推举,两臂伸直至原来姿势。重复动作。也可以在卧推器上练习。开始时用鼻吸一口气,杠铃向下时慢慢用口呼气,但不要呼尽,如把气呼尽,胸廓收缩会显得无力。用鼻尽量吸气时,用力向上推。如图 9-34 所示。

(3) 提示　试图推举时,胸大肌先收缩,然后才是手臂用力。推举起杠铃时,胸肌保持收紧,并意念胸大肌发力,做到挺胸沉肩。

图 9-34　平卧推举

2. 斜卧推举

(1) 作用　主要发展胸大肌外侧、上部和上胸连接三角肌前束等肌群及肱三头肌。

(2) 要领　仰卧长凳上,头背臀部平贴在凳面上,背臀成"桥形",两脚平踏在地面上。持铃后,先伸直两臂,杠铃放下至胸上部锁骨下沿处,稍停后,垂直向上推起至两臂伸直。以此重复。哑铃则放在两肩外侧。初练者还可在平推机上练习坐姿双手平推。杠铃放下时呼气,杠铃碰到胸部后吸气。用力上举时憋气,以扩大胸腔。如图 9-35 所示。

(3) 提示　放下杠铃要慢,吸气要充分,使胸腔尽量扩大,臀位不能离开凳面。

图 9-35　斜卧推举

3. 仰卧飞鸟

(1) 作用　主要发展和健美胸部,扩大胸腔。

(2) 要领　仰卧在长凳上,两手各持哑铃,先向胸前举起至两臂伸直,手心相对，然后两臂分别向两侧慢慢分开，下垂(肘关节稍微弯曲)到最低点稍停。接着又由下向上还原到两臂举直，如此重复。此外还可做上斜飞鸟。分开向下时用鼻吸气，向上还原时用口呼气。如图 9-36 所示。

(3) 提示　两臂向身体两侧下降时应边降边屈肘，并使肘关节控制在 110°～120°左右。但大臂应降至最低限度，以便将胸肌纤维充分拉开。为了便于集中胸大肌的用力收缩和放松，持铃要放松些，只要不脱手即可。

4. 俯卧撑

(1) 作用　主要发展胸大肌、肱三头肌和三角肌群，可使胸部(乳房)丰满挺拔。

(2) 要领　双手分别紧握俯卧撑架或徒手撑地(手指向前)，可采用较窄或较宽的支撑。身体俯卧腰挺直，头保持正直，两手相距一般与肩同宽，或宽于肩。从直臂开始，屈肘向下，背部要低于肘关节，然后再撑起来还原，重复动作。如感觉轻松易做，可加高放脚的位置，使身体重心前倾，或背上放置重物，以此增加难度。还可采用正反波浪俯卧撑练习。屈臂向下时用口呼气，伸臂时用鼻吸气。如图 9-37(a)、(b)所示。

(3) 提示　动作过程始终保持头正、胸挺、腰直。

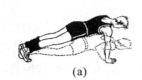
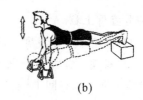

图 9-36　仰卧飞鸟　　　　　图 9-37　俯卧撑

5. 双杠臂屈伸

(1) 作用　主要发展和健美胸肌下半部、三角肌和肱三头肌群。

(2) 要领　两臂伸直支撑在双杠上，身体悬垂。开始时两臂屈肘，使身体下降至最大限度，稍停。然后两臂同时平稳用力推起，直至肘关节伸直为止。屈臂时动作稍慢，两肘外展，充分扩胸。伸臂时速度稍快，要夹肘、挺胸、抬头、收腹、不耸肩。可做施加助力或腰部负重或脚上负重的双杠臂屈伸。屈肘向下时呼气，向上撑起时吸气。如图 9-38 所示。

(3) 提示　不要借身体振摆助力完成动作。撑起时意念集中在胸部肌群。

图 9-38　双杠臂屈伸

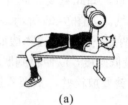
(a)

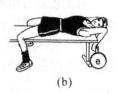
(b)

图 9-39　仰卧屈臂上拉

6. 仰卧屈臂上拉

（1）作用　主要发展和健美胸大肌、肱三头肌。

（2）要领　仰卧在长凳上，两手正握杠铃直臂胸前支撑，握距宽于肩。先慢慢屈臂放下过头后，然后慢慢拉起还原。如此重复。放下时呼气，拉起向上时吸气。如图 9-39(a)、(b)所示。

（3）提示　练习时，主要用胸大肌和肱三头肌发力，腰部以下放松。屈臂放下时，应使胸腔完全扩张为止。

7. 仰卧直臂上拉

（1）作用　主要发展和健美胸大肌、三角肌和臂部肌肉力量。

（2）要领　仰卧在长凳上，挺胸沉肩成桥形，两手正握小杠铃，先将杠铃放于腿部位置，接着向上慢慢拉起，过头后，两臂伸直，慢慢下落到最低点，使胸部充分拉长伸展，然后，两臂用力向前上举起至头上，手臂伸直还原。如此重复。上拉时用鼻吸气，还原时用口呼气。如图 9-40(a)、(b)所示。

（3）提示　用腰背肌肉收缩力量控制身体平衡，用胸大肌的力量控制动作过程。

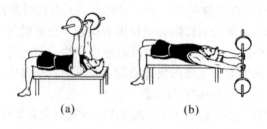

图 9-40　仰卧直臂上拉

8. 坐姿屈臂扩夹胸

（1）作用　主要发展胸大肌和三角肌群。对塑造丰满挺拔的胸部、宽阔饱满的肩膀和高耸不垂的乳房有特殊效果。

(2) 要领　坐在蝴蝶训练器固定椅上，上体直立，呈挺胸、收腹、紧腰的姿势，两臂屈肘，两前臂上举放在阻力器的护垫上，前臂与地面保持垂直，上臂与地面平行。以肩关节为轴，以两上臂为杠杆，两肘部同时用力水平向中间夹胸，使两个相分离的阻力器护垫尽可能地接触到一起，稍停。缓慢还原。如此重复。如无扩胸机，也可以用弹簧棒进行胸前内收练习。用力夹胸时吸气，当两个阻力器护垫相接触时稍停 2~3 s，缓慢还原时呼气。如图 9-41(a)、(b)、(c)所示。

(3) 提示　练习时一直要挺直身体，完成动作要圆滑，从容，不借助外力，内夹时意念胸大肌(如胸部乳房)发力，放松还原要和缓。

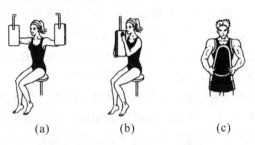

图 9-41　坐姿屈臂扩夹胸

二、胸部肌群锻炼方法建议

1. 各阶段胸部肌群锻炼的内容安排

(1) 初练至三个月的锻炼期　除掌握基本的动作要领外，主要应以发展胸部形状为主。可隔天练习，每周练三次，每次课选 1~2 个动作。此外，在练胸肌时最好同练背阔肌及大腿肌群结合起来，以取得更好的效果。

(2) 三个月以后至一年的锻炼期　即第一阶段是三个月至六个月，第二个阶段是六个月至一年。一般在这个时期的训练中，主要以扩大胸腔、改变基本体形为主，促使胸肌发达，每次课练 2~3 组。

(3) 一年以后的锻炼期　根据胸肌的发展情况，合理地选择发展不同部位的 3~5 个动作为一个组合。由于运动量逐渐增大，还要与身体其他部位的锻炼结合起来，每次课可选 3~10 个动作为一个组合，综合组数为 3~4 组。

2. 在进行胸部的锻炼时，男、女的锻炼方法的区别

男子的胸部外形，根据部位可分为"外侧翼"、"下缘沟""上胸部"等。如改变"排骨"体形的锻炼，主要从发达胸大肌，扩大胸腔，增强呼吸系统功能着手，然后结合肩、背、臂和腿部等肌肉群进行锻炼。前三个月的锻炼，主要以发展胸部的形状为主，即先发达"外侧翼"、"下缘沟"的肌群，然后，由"外侧翼"逐渐向"中间沟"、"下缘沟"、"上胸部"发展，把三角肌前束肌群联系起来，以形

成宽厚结实的胸脯。

女子的胸部主要是由"乳腺"外覆盖脂肪形成的。一般来说，胸部的大小与遗传和先天因素有关。女子在青春期(16~18岁)是胸部发育的顶峰，20岁以后脂肪逐渐增多，如果女性荷尔蒙分泌较多，胸部往往过于肥大。有些胸部过小的人，为使其变得丰满，采用按摩推拿的方法，收效甚微；也有的服用荷尔蒙或食用高脂肪，扰乱了内分泌系统，引起严重恶果。如果经常采用徒手或器械的健美锻炼，可以防止脂肪增多和乳腺萎缩，使胸部丰满而富有弹性。在锻炼时一般应以采用轻器械的练习为主。

开始锻炼胸部时，应先以扩大胸腔、增强呼吸功能着手，同时发达胸大肌的两侧翼和周围肌群，一般锻炼三个月以后，胸大肌用力收缩时，会有结实饱满的肌肉感，乳腺的弹性也会有所改善，但女子在进行胸部锻炼时还应该注意以下几点。

(1) 一般每周锻炼以 3 次为宜，即隔天练一次。

(2) 锻炼前要求选择两套或三套形体健美操为准备活动项目，至少活动 15 min。

(3) 每课可选择 2~3 个动作，每组所采用的重量以能举起 8~12 次为宜，如能超过 12 次，说明要适当加重，举不起 8 次，则应减轻重量。每课的次数与组数应随训练水平的提高作适当的增加。

(4) 如果重点要求是减缩多余脂肪或以增强肌肉弹性为主的话，每组锻炼的次数至少要有 15 次，最多不超过 20 次；如果重点要求是扩大胸腔或增强胸大肌或使胸部永远保持"挺拔丰满"，可以按照常规要求练习。

(5) 有些乳房发育过大或胸部脂肪过多的人，要使胸部健美，首先应从控制饮食着手，日常注意摄取"低热能"和"低脂肪"的食物；要减缩脂肪，必须积极参加各种体育健身活动，如游泳、跑步、竞走、打球、骑自行车等，再配合做侧重锻炼胸部的健美操，才能获得良好的效果。

对胸部平塌、乳房较小的女青年来说，应加强胸部锻炼，发达胸大肌，增强肺活量，扩大胸腔，这对乳房发育也能起到一定作用。如果在家里锻炼没有杠铃、哑铃，还可以用其他废旧物代替，同样能收到效果。

第五节　健美背部肌群的锻炼动作

背部肌肉宽阔、发达，不但使上肢强劲有力，给人以健壮、雄浑之感，而且能使躯干呈"V"字形，构成挺拔的体态，给人以美好的背影，也是现代男性健与美的综合反映。而女性背直腰硬，则是保持挺拔丰满胸脯的有力支柱。尤其在审视现代美女时，上背部宽于上胸部的"倒三角形"无疑更具女性魅力和时代风采。

要想使躯干上部肌肉发达，重点是要加强对胸大肌和背阔肌的锻炼。值得注意的是，在健美训练中有的人只注重对胸大肌的锻炼，认为锻炼胸肌同时会影响到背肌，我们认为这种观点不算全对。虽然锻炼胸肌会使背阔肌得到锻炼，但背阔肌面积大，要使背阔肌与胸大肌同步发展，或者说要想使背阔肌发展得快，必须做大量的专门练习，否则只注意发达胸肌，不作背阔肌专门练习，可能会导致胸廓畸形发展。如俯卧撑对健美胸部和肩部有很好的效果，对"后缩肩"和"鸡胸"体型有矫正作用，即可使肩前伸，但对于"驼背"、"含胸"、"翼状肩"缺陷者则不宜练习，因为做俯卧撑反而增大了缺陷效果。所以发达胸大肌与背阔肌要交替进行，不可偏废。当然，在全面锻炼的基础上，各阶段可以有所侧重。

一、锻炼背部肌群的常见练习

1. 坐姿重锤颈后下拉

(1) 作用　主要发展背阔肌，其次对三角肌后束、肱二头肌、肱肌也有锻炼作用。可使肩膀和上臂部丰满、挺拔、结实、宽阔。对防治含胸驼背、溜肩、窄肩等体姿有特效，还可防治腰酸背痛等症状。

(2) 要领　坐在综合训练器高滑轮背阔肌训练器下面的凳子上，用压腿架压住大腿，以便固定身体的位置而不致升高，两臂伸直，两手抓住背阔肌训练器的横拉杆的两端，手心向前，使背阔肌充分伸展开。背部肌肉收缩，边屈肘边下拉，直至横杆触及肩部为止，稍停，然后两臂慢慢放松还原，如此重复。用力前先吸气，还原放松时呼气。如图 9-42 所示。

(3) 提示　主要是靠背阔肌收缩的力量和臂的力量将横杆拉至触及肩部，不得借用收腹、上体前倾下坠的力量。除颈后下拉外，也可拉至体前触胸，或是前后交替进行。

图 9-42　坐姿重锤颈后下拉

2. 单杠引体向上至颈后

(1) 作用　主要发展和健美背阔肌、冈下肌、大圆肌、肱二头肌及三角肌后束等。

(2) 要领　两手握住单杠,握距稍比肩宽,可采用正握或反握(初学者若力量不足,可采用此法)。先用两臂和背部肌肉的力量向上引拉,使肩部尽量能触到单杠(初学者可采用体前引体向上,横杆超过下颌),然后,慢慢落至两臂伸直,成垂直的悬吊姿势。如此重复。上拉时吸气,下落时呼气。如图9-43所示。

(3) 提示　屈臂上拉时,不得摆振借力。能拉15次以上时,应在腰或脚上挂杠铃片或其他重物进行练习。

3. 俯立划船

(1) 作用　主要发展和健美背阔肌,同时对斜方肌、三角肌后束有锻炼作用。另外,在做练习时为起到不同的锻炼效果,握距可作如下几种调整。

① 窄握距　两手间握距约一掌宽,主要发达背阔肌上部,包括菱形肌、冈下肌、大圆肌和小圆肌等,使背部宽阔。

② 中握距　两手间握距与肩同宽,主要发达背阔肌中上部位,使背部宽厚。它适宜于初学者锻炼。

③ 宽握距　两手间握距比肩宽一至二掌,主要发达背阔肌的中下部。

(2) 要领　两脚左右开立宽于肩,膝伸直或稍屈,站在杠铃的后面,距离约30 cm左右。向前屈体与地面平行,臀部后移,两臂伸直下垂宽握杠铃。挺胸,抬头,上体保持前俯。两臂从垂直姿势开始慢慢屈肘,将杠铃拉起作弧线上升,即沿小腿到大腿到腹部上升到乳头后稍停,再沿原路推回至双臂伸直悬垂的预备姿势。上拉时吸气,放下还原时呼气。如图9-44(a)所示。

并握划船也能达到以上锻炼目的。锻炼部位同窄握距。在握持器械的把横杠一端套上杠铃片,另一端装铃片,支撑在地面,不使其活动。把横杠置于两腿间,然后开始练习。动作要领同其他握法。如图9-44(b)所示。

在练习时,上体与腿部的角度不要少于90°,不得拱背弯腰,不得摆体借力。

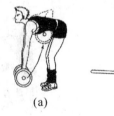

(a)　　(b)

图9-43　单杠引体向上至颈后　　　图9-44　俯立划船

4. 俯卧提拉

(1) 作用　主要发展和健美背阔肌、三角肌后束、斜方肌、肱二头肌等肌群。

(2) 要领　俯卧在稍高的长凳上,两手握住凳下杠铃的横杠,握距与肩同宽,先两臂用力尽量把杠铃拉至板凳后，慢慢放下，如此重复。上拉时用鼻吸气，放下时用口呼气。如图 9-45 所示。

（3）提示　两腿可放在凳上或踏在地板上，但要稳固放松，主要靠上背部力量拉铃。

5. 屈体硬拉

（1）作用　主要发展背阔肌，对大圆肌、斜方肌及手臂力量也有较好的锻炼效果。

（2）要领　两脚左右开立与肩同宽，两膝弯曲，上体前屈，抬头挺胸，两臂伸直抓住杠铃，握距与肩同宽或稍比肩宽。上体和下肢固定不动，腰背肌肉收缩，背阔肌先用力，随之两臂边屈肘边提拉杠铃至胸腹前。稍停后，用慢速度将杠铃下放还原成预备姿势。如此重复。用力时吸气，还原放松时呼气。如图 9-46 所示。

（3）提示　屈肘提拉杠铃时，肘关节向后上方展开，使背阔肌肌纤维充分拉长，以得到彻底和较深度的锻炼。练习前最好系上宽腰带，以起加固作用，同时避免伤腰。

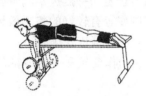  

图 9-45　俯卧提拉　　　图 9-46　屈体硬拉　　　图 9-47　坐姿双手划船

6. 坐姿双手划船

（1）作用　主要发展和健美背阔肌及三角肌后束等肌群。

（2）要领　坐在划船器移动式结构的坐椅上，两手握住划船机双桨把手，上体直立，同时屈膝固定两脚。两臂向后拉划双桨，同时上体挺胸后仰，两腿蹬直，稍停 2～3 s。两臂向前推送桨柄，上体抬起直立，两腿屈膝还原，如此重复。用力前吸气，蹬直双腿后呼气。如图 9-47 所示。

（3）提示　双臂划桨要有节奏，用力要均匀。双臂拉划时两脚要固定好，便于全身用力和两臂发力。意念要集中在背部肌群。

7. 坐姿对握腹前平拉

（1）作用　主要发展和健美背阔肌和上背部肌群。

（2）要领　面向低滑轮重锤拉力器，坐在垫子上，上体直立，挺胸、收腹、紧腰，两臂伸直，两手分别对握住低滑轮拉绳的两个把柄，手心相对，虎口朝上，同时直膝，两脚固定。两臂向后方拉动牵引绳，两肘尖向后超过躯干的垂线，两肩胛骨要充分夹紧。当拉绳的两个把柄触及腹部外侧后，稍停 2～3 s，缓慢退让还原。如此重复。用力前吸气，还原时呼气。如图 9-48(a)、(b)所示。

（3）提示　动作过程中上体不要前倾后仰借力完成。肌肉收缩要充分，意念要集中在背部肌群上，要防止猛拉或猛放动作。

图 9-48　坐姿对握腹前平拉

二、背部肌群锻炼方法建议

1. 女性背部肌群锻炼方法建议

如前所述，女性应有一个背直腰硬的躯干，因为它是保持挺拔丰满胸脯的有力支柱。加强背部肌群的锻炼，对纠正脊柱前屈和侧屈等有较好的整形效果，同时还能有效地减缩背部和腰部的多余脂肪。一般各阶段的锻炼安排如下。

（1）在初级阶段主要应以掌握正确的锻炼背部的动作要领和改变背部的形状为主，其中，第一个月主要掌握背部练习的动作要领。

（2）第二、第三个月改变背部的肌肉形状，使之形成良好的形体。

（3）第三个月至一年的锻炼主要是进一步改变背部的肌肉群和形状，巩固训练后所获得的形体，使肌肉坚实而富于弹性，胸部更为丰满挺拔，以体现出女性的"曲线美"。

（4）一年以后的锻炼主要应以加强背部重点肌肉群的锻炼为主。另外，在各阶段的锻炼中，要注意背部各肌群的平均发展。

2. 男性背部肌群锻炼方法建议

古人把"虎背熊腰"作为男性健美的标准，而现代男性则把"V"字形挺拔体姿作为衡量健美的尺度。人体的躯干是人体活动的支柱，人到中年、晚年后，如果缺乏体育健身锻炼，背部肌群的萎缩或脊柱的老化就会提前，导致躯干变成"含胸前屈"体姿。如能经常进行锻炼，背部肌群就能保持良好的体态。一般男子的背部锻炼，应从背阔肌的训练着手，先使其宽厚和形成良好的体形，一年后，再根据各人的背部肌肉发展的特点，合理地安排重点锻炼部位。在锻炼课中，一般在一至三个月内，每次课可选两个动作，做 2～3 组；三个月至一年内，每次课可选 2～3 动作，做 5～8 组。不论男女，发达肌肉的最佳次数都是每组 8～12 次；

如果着重减缩脂肪者,次数可多些;如果着重在发展力量者,次数应少于8次。

第六节 健美腰腹部肌群的锻炼动作

当赞美某一个人"挺拔、利索"时。"挺"是指胸部肌肉丰满而结实,"拔"是指腰部细壮而拔直有力和重心高,"利索"则是指腰部动作灵活。人体躯干挺拔、利索,不仅是健与美的体现,而且具有重要的生理功能与运动功能。腰部是连接人体上、下两部分的枢纽,是人体做前后屈、体侧屈及旋转等各方面运动的一架万能轴承,承担着各种生活技能和运动技能的繁重工作。并且在人体的腰腹部位又集中着人体消化、排泄、生殖等重要器官,真可谓是人体内脏的一个大储藏箱。

腰部是人体躯体的第二个生理弯曲,更是女性线条美中最富有变化的部位。如果腰腹部脂肪堆积,大腹便便,不仅体形不美,而且使人们行动不便、动作迟缓,给人以笨拙之感,甚至引起内脏器官功能紊乱,体虚乏力,心血管系统负担加重,体质下降,还有可能出现其他疾病。增强腰腹肌群的锻炼,不仅可以增强消化和排泄系统的功能,而且对消化不良,胃溃疡、胃炎、胃下垂和便秘等病症也有一定疗效。尤其对减缩腰腹部脂肪,更是一种很好的体育健身疗法。

要想使躯干强壮,就要发展竖棘肌和腰背伸肌及股后肌群力量。要想使腹部曲线优美,肌肉结实而有力,就必须加强上腹部(腹直肌上部)、下腹部(腹直肌下部及髂腰肌)和腹部两侧(腹内外斜肌)肌群的锻炼。

一、锻炼腰部肌群的常见练习

1. 俯卧两头起

(1) 作用 主要发展和健美竖棘肌、腰背伸肌及股后肌群。

(2) 要领 俯卧在平板或垫子上,两腿并拢伸直,两手置于头的两侧上方或搁在背上。两手随背部肌肉收缩,两手臂、两腿夹紧同时向上抬起,接着同时下落还原。如此重复。挺身时吸气,还原时呼气。如图9-49所示。

(3) 提示 自然呼吸,不要屏气。身体尽量后伸,反弓越大,锻炼腰背肌效果越好。

图9-49 俯卧两头起

2. 俯卧挺身

(1) 作用　主要发展骶棘肌和下背部肌群，对去除赘肉，美化腰部曲线和矫正驼背也有良好作用。

(2) 要领　俯卧，大腿搁在山羊上，上体悬空前屈，两手抱头，两腿伸直脚跟钩住肋木横杠或由同伴站在两脚之间用臂夹住两小腿。上体挺身抬起，直至最大限度为止，成反弓形时稍停，然后上体下降，还原成预备姿势。如此重复。可徒手或负重练习。抬起时吸气，下降复原时呼气。如图9-50所示。

(3) 提示　伸展充分，抬起略快，放下还原时要慢，意念集中在腰背肌群。

3. 直腿硬拉

(1) 作用　以锻炼骶棘肌为主，同时对发展背阔肌、冈下肌也有一定作用。

(2) 要领　两脚站距与肩同宽，两腿伸直，上体前倾，挺胸抬头，紧腰，两臂伸直握杠，手背向前，握距略宽于肩。用腰背和腿部相协调的伸展动作，使全身慢慢站直，并把横杠拉至触及大腿上部为止。接着用腰背肌肉力量控制向前下屈体，放杠铃到最低点而未触及地面时稍停，如此重复。水平较高者还可进行负重挥举练习。用力前吸气，将杠铃提离地面，使身体充分伸直后再调整呼气。如图9-51所示。

(3) 提示　拉起时用力不可太猛，以免受伤。手只起握杠作用，要把主要力量集中在腰背部。臂腿要保持伸直，前屈时尽量弯曲，杠铃不触地，抬起上体时可稍后仰。

图9-50　俯卧挺身　　　图9-51　直腿硬拉　　　图9-52　俯身展体

4. 俯身展体

(1) 作用　主要发展腰背肌群力量，健美骶棘肌等腰部肌群，祛除赘肉，美化腰部曲线。

(2) 要领　肩负杠铃，两手握杠，手心朝前(手可以握住杠铃片)，两脚开立与肩同宽，上体保持挺胸姿势，背部收紧，先慢慢向前弯曲约成90°，稍停，然后向上还原至站立姿势，如此重复。水平较高者还可进行负重俯身转体弯起练习。前屈时呼气，还原时吸气。如图9-52(a)、(b)所示。

(3) 提示　两腿要直，膝关节紧锁，前屈时慢，还原时略快。

5. 负重体侧屈

(1) 作用　主要发展和健美腹内、外斜肌和髂腰肌群，减缩腰腹部多余脂肪。

(2) 要领　两脚左右开立与肩同宽，上体正直，一手直臂提哑铃或壶铃置于体侧，另一手屈肘在头后抱住头的异侧。随后，身体先向手握哑铃或壶铃的一侧屈体，直至最低位，再起立向另一侧屈体，直至最低位。如此重复。直立吸气，侧屈到最低点时呼气。如图9-53所示。

(3) 提示　身体不得前倾，腿直膝紧。手只起提铃的作用，不得用力上拉。

6. 侧卧弯起

(1) 作用　主要发展和健美腹内、外斜肌，减缩腰腹侧脂肪。

(2) 要领　侧卧在凳子(或垫子上)，上体悬空，两手抱头，两脚伸入钉在凳子上的皮条圈内或由同伴按住双脚。随后上体向侧上方弯起至最高点，稍停后。接着上体慢慢下落还原。如此重复。左侧练完，再练右侧。弯起时吸气，下落还原时呼气。如图9-54所示。

(3) 提示　器械和身体要固定好。侧弯起时不要转体，身体各部紧张，弯起要充分。

图9-53　负重体侧屈　　　　图9-54　侧卧弯起　　　　图9-55　负重转体

7. 负重转体

(1) 作用　主要发展和健美腹内、外斜肌、髂腰肌及骶棘肌群，减缩腰腹部脂肪。

(2) 要领　两脚左右站立与肩同宽，挺胸收腹，将杠铃置于颈后肩上，两手抓住杠铃片。随后，用腰腹力量带动上体和杠铃先向左、再向右转体。如此重复。水平较高者，还可进行负重旋转和负重屈体左右转体练习。自然呼吸，不要憋气。如图9-55所示。

(3) 提示　动作平稳而缓慢，左右转动时脚跟不得离地。旋转时会产生一种离心力，此时应用腹内、外斜肌的力量加以控制。

8. 俯卧转体挺身

(1) 作用　主要发展骶棘肌、髂肌、下腰背部等肌群力量和肌肉，减缩腰背部脂肪。

(2) 要领　同俯卧挺身，只是抬体挺身的同时，要使躯干转体 90°左右，并左右交替扭转上体。抬体时吸气，下降时呼气。如图 9-56(a)、(b)所示。

(3) 提示　转体后稍停，放下复原时慢，使上体扭转充分。

图 9-56　俯卧转体挺身

二、锻炼腹部肌群的常见练习

1. 仰卧起坐

(1) 作用　主要发展腹直肌上腹部肌群，减缩多余脂肪，美化腹部曲线。女性经常做仰卧起坐，能预防子宫疾病。

(2) 要领　仰卧起坐可分为徒手和持器械两大类。徒手仰卧起坐分平姿仰卧起坐与斜板仰卧起坐，平姿仰卧起坐又有直腿和屈腿之分。平姿和屈腿仰卧起坐就手臂所置的部位而言，又有屈臂于胸前、直臂于头上方两侧、双手抱头和两手放于体侧 4 种。平姿和斜板仰卧起坐又都可持器械进行练习。初练者应先易后难，即先做徒手的，后使用器械。这里以平姿仰卧起坐说明动作方法。

仰卧在地板、垫子或平凳子上，两腿伸直并拢，脚钩住凳子上的皮带或叫同伴按住脚背。两臂在头侧上方伸直。用腹直肌收缩的力量，使上体向前坐起，尽力将头接近膝部。接着上体后仰还原成预备姿势。如此重复。在向后仰卧的过程中开始吸气，当上体逐渐抬起至腹部有胀感时快速呼气。如图 9-57(a)、(b)、(c)所示。

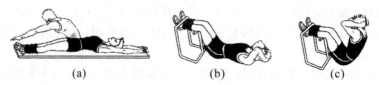

图 9-57　仰卧起坐

(3) 提示　起坐时可快些，上体保持挺胸收腹，仰卧时稍慢，两腿保持伸直(开始练习时可以先仰卧在地板上做，如感到还有困难时，可借助两臂向上摆动的惯性，使上体坐起，等有一定基础后，再逐渐加大难度，如双手抱住头、仰卧斜板和颈后加重等)。

2. 仰卧举腿

(1) 作用　主要发展腹直肌下部和髂腰肌及腿部肌群，减缩腹部多余脂肪。

(2) 要领　身体平卧在垫子或仰卧在斜板上(头高脚低)，两腿伸直(也可屈)，两手抓住上背后的垫子或斜板上端。上体不动，收腹举腿至垂直部位，稍停。收紧腹肌，然后慢慢回落，当两腿下落快要接近垫子或斜板面时再重复上举。上举时吸气，放下还原时呼气。如图 9-58 所示。

(3) 提示　上举时快，放下时稍慢，意念集中在下腹部肌群发力，上体和臀部不要抬离垫子。为了降低动作难度并延长运动时间，也可采用两腿轮流上举练习。

图 9-58　仰卧举腿

图 9-59　仰卧两头起

3. 仰卧两头起

(1) 作用　主要发展和健美腹直肌、髂腰肌，减缩腹部多余脂肪。

(2) 要领　两头起有直臂、直腿两头起和屈腿、抱头两头起。这里以直臂、直腿两头起为例。仰卧，两腿伸直并拢，两臂向上伸直于头上两侧，手心向上。上体和两腿同时向上举起，两手拍脚背，也可两手在两膝后击掌。两腿尽量向胸部靠拢，然后上体和腿回落，快要接触垫子时再又快速上举。如此重复。用力时(亦可用力前)吸气，还原时呼气。如图 9-59 所示。

(3) 提示　动作过程应尽量慢些，还原过程要用力控制。手脚相触时稍停最好，初学者频率可慢些，动作熟练后再逐渐加快动作频频。相对而言，屈腿、抱头两头起比直臂、直腿两头起更有效一些。

4. 悬垂收腹举腿

(1) 作用　主要发展和健美腹直肌、髂腰肌等肌群，减缩腹部多余脂肪。

(2) 要领　两手正握单杠略比肩宽，两臂伸直，身体悬垂，两腿伸直并拢。腹肌收缩，两腿保持伸直向上举起，稍停，然后两腿慢慢下放还原。如此重复。用力收腹前吸气，还原时呼气。如图 9-60 所示。

(3) 提示　举腿时不得先做预摆。可直腿上举，也可屈腿上举，上举速度稍快，放下时缓慢控制。直腿上举时脚背尽量靠近单杠，屈腿上举时，大腿尽量触胸。

图 9-60　悬垂收腹举腿　　　　图 9-61　仰卧双腿绕环

5. 仰卧双腿绕环

(1) 作用　主要发展和健美腹内、外斜肌，减缩腹部多余脂肪。

(2) 要领　仰卧，两臂在头后伸直(或抓住头后侧的垫缘)，两腿伸直并拢，沿逆时针方向，经头上绕一大圈至开始位置，使整个腹部受到锻炼，还可以沿顺时针方向绕环练习。因为动作幅度大，最好采用自然呼吸的方法练习。如图 9-61 所示。

(3) 提示　准备活动应充分，以免发生损伤。练习时，两手抓牢垫子边缘。

三、腰腹部肌群锻炼方法建议

(1) 在男子健美体形匀称发展的要求中，腹部肌肉线条是体形美的主要部位。所以，腰腹部的锻炼，除了减缩多余的脂肪之外，主要是发达腹直肌和腹外侧肌。

(2) 女子腹部的锻炼应根据不同的训练要求，采用不同的训练方法。

① 对重点减肥者，应包括腰周围的上腹、下腹、腹侧、腰背甚至胸部、臀部和大腿上部等部位的锻炼，每周安排 5～6 天训练，每次训练课至少 60 min 以上，并以有氧运动为主。各部位的训练组数和次数也应相应增加。有条件的人每天还可练习两次。

② 对较瘦者则采取加强重点部位锻炼的方法，以达到丰满体形、增强内脏器官机能的目的。对外形原就比较匀称者，则以加强力量和肌肉弹性的练习为主，使其能达到增强体质，保持其健美体形的目的。

(3) 腰腹肌的健美锻炼应与发达其他部位的肌肉的锻炼严格区别开来。特别要注意，每次课应选择 2～4 个动作，练习的组数约为 3～5 组，每组的次数不得少于 20 次，间歇时间最多不超过 30 s，每周至少安排 2～5 天。动作频率稍快，初练时动作难度要求不必过高，从徒手到持器械，有一定基础后不断增加训练难度和增加器械的重量。从运动生理学的能量供应与热量的消耗来说，腰腹肌的锻炼应安排在每次训练课的最后，这是使腰腹健美的关键。

第七节 健美臀部肌群的锻炼动作

臀部是人体背面审美的焦点，是男性健和力的象征，是展示女性魅力最生动、最丰满的部位之一。女性的臀部、乳房和腰部是构成躯体曲线美的三大要素。胸部的大波和后翘的美臀构成一种上下呼应关系，通过腰的柔和连接，交织成一曲起伏跌宕、丰满圆润的"三乐章"，形成女性形体的韵律美。尤其是臀部和髋部，更是人体的重心所在处。男性的臀部则应有丰满、鼓胀、富有弹性和立体感的肌肉群。显现出男性的强健的力感和阳刚之气。塌臀、宽臀不美，臀部肥大或松弛下垂也不美，只有圆凸、坚实的臀部才最具魅力。女性若要使体形丰满、匀称、苗条，让臀部获得理想的曲线，必须与腰、腹、腿的训练结合起来，因为女性的肩、胸、腰、腹、臀、腿的曲线共同构成了"女性人体美"。如果臀部瘦削、干瘪，无肌肉弹性或臀部太小，通过系统的训练可使臀部肌肉发达起来，并逐渐塑造成丰满结实的臀部。反之，如果臀部肥大或松弛下垂，亦可以通过健美训练加以修塑。俯卧直腿后上举、负重弓步蹲、最大宽度半蹲等练习是美化臀部曲线的最好方法。

一、锻炼臀部肌群的常见练习

1. 俯卧后举腿

（1）作用　主要发展臀大肌及背肌和股后肌群，美化臀部曲线。

（2）要领　上体俯卧在跳马或高长凳上，两手抓住马身或凳边，两腿并拢伸直，自然下垂。而后背肌、臀大肌用力收缩，两腿膝关节保持伸直，向后上方举起，至大腿与俯卧物水平面的夹角30°左右为止，稍停，接着两腿慢慢下落还原。如此重复。腿后上摆时吸气，还原时呼气。如图9-62所示。

（3）提示　两腿伸直绷紧，尽全力收缩后上举，下落时控制缓慢还原。

2. 俯卧交替后举腿

（1）作用　主要发展臀部肌肉及力量，减缩多余脂肪。

（2）要领　俯卧在垫子或长凳上，双手抱握器械两侧或置于垫面，然后伸直两腿交替用力向后上摆起，直至最高位，还原后再做。自然呼吸。如图9-63所示。

（3）提示　上摆时尽力向上举腿至极点，然后慢慢放下，通过退让性动作来发达臀部肌肉。能轻松完成时，足部或小腿可绑上砂袋练习。

图 9-62　俯卧后举腿　　　　图 9-63　俯卧交替后举腿

3. 站姿直腿前举、外侧举、内侧举、后举

(1) 作用　主要锻炼臀部和大腿部肌肉群,减缩多余的脂肪层,是锻炼臀部曲线美的系列动作。它同时对促进和改善排泄系统功能有较好的效果。为了提高训练效果,可在脚踝上扎上重物(约 0.5~2 kg)。

(2) 要领　由于这 4 个动作做法简单容易,此略。一般举腿用力时吸气,放下还原时呼气。如图 9-64 所示。

(3) 提示　上体始终保持挺胸收腹直腰姿势,不准前后左右摆动借助力。注意力应集中在髋关节上。用力点(意念)在臀部和大腿部的肌群,膝关节和足弓部必须绷直,不准弯曲。直腿举起和放下,动作要平稳稍慢些,不要利用大腿摆动的惯性举起。

4. 站姿支撑后摆腿

(1) 作用　主要发展臀部、腰背部肌群,减缩臀部多余脂肪,防止臀部下垂,美化臀部曲线。

(2) 要领　足负重,两手扶墙、肋木或扶山羊,然后向后摆腿至最高处,复原后再做。后上摆时吸气,还原时呼气。如图 9-65 所示。

(3) 提示　后上摆方向要正,注意力集中在髋关节、骨盆和臀部肌群。直腿后摆起时,头部应后仰,摆腿至最高点,使臀部肌肉群感到彻底收紧,并稍停 2~3 s,平稳放下,不要依靠惯性摆动。为了提高锻炼效果,可在腿踝上绑上沙袋或重物。

5. 站姿负重伸大腿

(1) 作用　主要发展臀、腿部肌群,减缩该部多余脂肪,使臀部浑圆丰腴,坚实上翘。

(2) 要领　面对臀腿部训练器单腿站立,脚套拉力器,两手扶住固定把手。用力向后上方伸摆大腿(紧张臀大肌),稍停,直腿慢慢放下还原,左右腿交替练习。还可进行负重弓步蹲练习(此略)。用力前吸气,放松还原时呼气。如图 9-66 所示。

(3) 提示　动作过程中,上体要保持挺直,练习腿尽量向后上伸摆、举,同时向后伸大腿时用力要均匀,意念集中在臀部肌群发力。同时也可以用上述器械进行外展大腿、内收大腿等练习(此略)。

图9-64 站姿直腿前举　　图9-65 站姿支撑后摆腿　　图9-66 站姿负重伸大腿

6. 宽站距半蹲

(1) 作用　主要发展臀、腿部肌群，减缩该部多余脂肪，长期坚持，可将臀部肌群线条练得非常清晰、精细。

(2) 要领　在史密斯机上，最大宽度站距，脚尖朝外，杠铃置于颈后下蹲至大小腿夹角成90°左右(或与地面平行)，上体微微后仰，髋部前挺(这样才可专门练臀)，它能负更大的重量，故对臀大肌的刺激作用也更大。但必须在史密斯机上练习才可确保安全。其他要求与半蹲相同(图略)。

二、臀部肌群锻炼方法建议

胸、腰及臀部是女性曲线美的核心。调查研究表明，女性的腰臀围比例达到7∶10 被认为是最完美、最理想的，也是最具吸引力的比例关系。修塑臀部并使臀部结实圆凸的最好办法，一是发展臀部肌肉，如臀大肌、臀中肌和臀小肌，二是减缩全身和臀部多余的脂肪。在锻炼中，对要求达到减缩脂肪、增加肌肉弹性或发达肌肉群的锻炼者们来说，由于锻炼部位相同，动作方法基本是相同的，只是试举的重量，练习的次数，练习的组数，动作速度、频率，动作幅度的大小和训练的强度、密度与运动量有所区别。

(1) 对重点要求减肥者和增强肌肉群弹性者，应采用最多不超过 60%的重量标准(指这个动作能举起最大重量的百分比)进行练习，练习次数可做到极限的最后一次。锻炼时注意力一定要集中在所练的肌肉部位，动作速度、频率可稍快些。

(2) 对重点要求发达肌肉者，应采用最高为 85%左右的重量标准进行练习，练习次数应比减肥者少些，组与组的间隙时间一般要比减肥者长些，组数要少些。通过一定时间的锻炼后，课程的内容可根据自己的特点进行合理选择，并根据体力和力量的增长情况适当增加试举的重量。

(3) 在锻炼课的安排中，一般前三个月选择 1～2 个动作，每个动作可做 2～3

组，对重点减肥者还可适当增加。三个月后，除根据自己的特点选择动作外，每次训练课最多不能超过 4 个动作，每个动作练习的组数和次数可与前 3 个月基本相同。

第八节　健美腿部肌群的锻炼动作

如果说把人宽阔、厚实的胸部比作是"门面"，挺拔、结实的腰部比作是"万能轴"，那么强健、有力的双腿应视为"中流砥柱"。线条流畅的双腿不仅是健美体格的基础，而且是维持运动和生命活力的有力"武器"。在正常情况下，除了运用外力和机械之外，能使人产生位移的唯一办法是靠双腿的运动，所以腿是组成人体的重要部分。不论男女，大腿应以股四头肌健壮有力、结实丰满、棱角分明、肌肉显著为美；小腿则以腿肚鼓突适中，呈纺锤形的为美，而腓肠肌与比目鱼肌构成的腿肚又是腿部审美的重点。然而，要想双腿既苗条修长、重心高又强健有力，只有积极参加健身健美锻炼，做专门练习才能达到这一目的。

一、锻炼腿部肌群的常见练习

1. 坐姿腿举

（1）作用　主要发展和健美股四头肌。

（2）要领　坐在综合训练器腿举架的凳上，背部紧靠在凳背上，两手抓紧凳子两旁的握把，两腿屈膝，脚踏放在腿举架的斜板上，两腿用力前蹬至两腿充分伸直为止，稍停后，用大腿力量控制，慢慢屈膝还原成预备姿势。一般用力时吸气，放松还原时呼气，重量过大时可适当憋气。如图 9-67 所示。

（3）提示　练习前应根据腿的长短调整好坐凳与腿举架斜板的距离。一般来说，以坐在凳上，屈膝，两脚自然踏放在斜板上左右的夹角为好。

2. 下蹲起

（1）作用　主要发展股四头肌、小腿三头肌和臀大肌等肌群，减缩多余脂肪，美化臀腿曲线。

（2）要领如下。

① 前蹲　将杠铃放在胸前做下蹲起立的动作叫前蹲，其要领是两手握住放在深蹲架上的杠铃，屈肘将杠铃放在锁骨上，然后负铃向前走两步，离开深蹲架后保持挺胸直腰姿势慢慢下蹲(两腿可分开或并拢)，至大小腿夹角小于 90°后再起立。如图 9-68(a) 所示。

② 后蹲　将杠铃放在颈后慢慢下蹲而后起立的动作叫后蹲，其要领是两腿左右开

立同肩宽，将杠铃放在颈后肩上，双手屈臂在肩外侧抓握杠铃杆，手心向前，挺胸、收腹、抬头、紧腰，平稳屈膝下蹲，当蹲至大小腿折叠时稍停。然后，上体保持正直，挺胸塌腰，两脚用力蹬地，伸腿起立还原成预备姿势。如此重复。如图 9-68(b)所示。

③ 半蹲　将杠铃放在颈后下蹲至大小腿夹角成 100° 左右(或 90° 以上)叫半蹲，它能负更大的重量，故对大腿股四头肌的刺激作用也更大，同时对锻炼小腿三头肌和躯干的支撑力也有一定作用。如图 9-68(c)所示。

下蹲起的呼吸方法较特殊，一般重量轻时，用力时吸气，放松时呼气。重量重时，预备姿势时先行换气，再吸气，同时憋气(不吸满)作屈膝下蹲动作，至完全下蹲稍停时，即作短促呼气和吸气，同时伸腿起立，至还原直立时换气。

(3) 提示　加强保护、帮助，防止伤害事故发生。在腰间系一条宽腰带可起到保护和加固腰部的作用。整个动作全过程不得弯腰，起立时意念股四头肌发力。如果在发展股四头肌的同时，还想发展臀大肌和背肌群时，也可采用弓步蹲、持铃(壶铃、哑铃)下蹲，前后持铃(壶铃、哑铃、杠铃)硬拉等动作练习。如果两腿发展不均衡时，还可采取单腿负重(哑铃和杠铃)深蹲或半蹲的动作练习来加以克服。

图 9-67　坐姿腿举

(a)

(b)

(c)

图 9-68　下蹲起

3. 坐姿腿屈伸

(1) 作用　主要发展和健美股四头肌等肌群。

(2) 要领　坐在综合训练器腿部屈伸架的凳上，两手在体侧后抓住凳边，上体稍后仰，两大腿固定，两小腿放松悬垂，脚背及踝关节钩住腿部屈伸架的下轱辘。然后，股四头肌用力收缩，两小腿向前上方举起至两膝关节充分伸直为止，稍停，然后仍用股四头肌力量控制使小腿慢慢下放，还原成预备姿势。如此重复。亦可采用绑沙袋、穿铁鞋的方法在凳子上练习。用力时吸气，放松时呼气。如图 9-69(a)、(b)所示。

(3) 提示　负荷要适当，以免引起损伤，伸膝要缓慢而充分，意念要集中在股四头肌上，放下时也要慢。

4. 跨举

(1) 作用　主要发展和健美股四头肌等肌群。

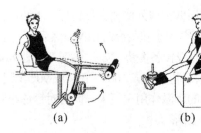

图 9-69　坐姿腿屈伸　　　　　图 9-70　跨举

（2）要领　两脚骑跨杠铃，左右脚间距与肩同宽或宽于肩，屈膝下蹲，上体正直，挺胸、立腰、抬头，两臂伸直于身体前后，双手正反握杠，开始练习时，两臂保持伸直，两腿用力蹬地，两手将杠铃提起，至两膝充分伸直为止，稍停后，再屈膝下蹲还原成预备姿势。用力时吸气，放松时呼气。如图 9-70 所示。

（3）提示　两手只起握抓杠铃作用，不得用力硬拉。整个动作不得拱背弯腰。上体不得扭转，必须保持正直，把主要精力集中在大腿上。

5. 仰卧腿举

（1）作用　主要发展和健美股四头肌等肌群。

（2）要领　身体仰卧或斜躺在腿举架的靠背板上，两腿斜上举起，屈膝，两脚掌朝斜上方蹬在阻力板上，两腿用力向斜上蹬阻力板，直至两腿完全伸直，同时尽力收缩股四头肌群，并稍停。然后慢慢屈膝让阻力板下降到预先卡定的高度。如此重复。较轻重量时自然呼吸，大重量则要注意用力时吸气，放松时呼气。如图 9-71 所示。

（3）提示　腿举架上阻力板的下降高度要预先卡定并与身体合适。

6. 斜架负重蹲起

（1）作用　主要发展和健美股四头肌。

（2）要领　背靠在斜架蹲起训练器上，两腿并拢，屈膝下蹲（尽可能蹲得深些），接着两腿用力伸膝蹲起，向上扛起重力架，直至两腿完全伸直，同时尽力收缩股四头肌群，稍停后。缓慢还原，如此重复。伸腿前吸气，伸直时呼气，并注意根

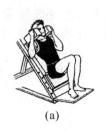

图 9-71　仰卧腿举　　　　　图 9-72　斜架负重蹲起

据需要调整呼吸。如图 9-72(a)、(b)所示。

（3）提示　在完成动作过程中，上体必须保持挺胸、收腹、紧腰的姿势，不准松腰弓背。下蹲时要缓慢，使股四头肌在紧张的状态中逐渐伸长，直至两腿呈全屈膝蹲状态。蹲起时，腰臀部要有向前顶的意识，不准利用屈膝反弹力量做伸膝蹲起动作。伸腿起立至两腿伸直时，必须使大腿股四头肌群彻底收紧。

7. 俯卧腿弯举

（1）作用　主要发展股二头肌、半腱肌、半膜肌及臀大肌等肌群，减缩多余脂肪，美化臀腿部曲线。

（2）要领　上体俯卧在综合训练器腿部屈伸架的凳子上，两手抓住凳边，两腿伸直，脚后跟钩住屈伸架的上轱辘。慢慢地尽量屈膝弯举，当屈至不能再屈时，保持此姿势数秒钟，并尽力收缩大腿后肌群达到高度紧张状态。然后慢慢下放还原成预备姿势，如此重复。小腿向上弯举时吸气，放下还原时呼气。如图 9-73(a)、(b)、(c)所示。

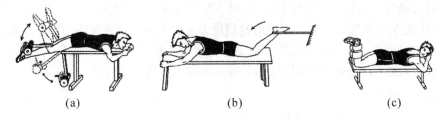

图 9-73　俯卧腿弯举

（3）提示　后肌群收缩时屈腿要充分，放下时要缓慢。

8. 对抗腿弯举

（1）作用　主要发展和健美股二头肌、半腱肌、半膜肌。

（2）要领　练习者俯卧在长凳上，抬头，两腿伸直并拢，两臂屈肘，两手抓住板凳前端，同伴站在练习者脚的后面，两手分别按住练习者两脚后跟。练习者两小腿同时平稳用力向后弯举，同伴则给以适当的压力，直至小腿完全弯曲为止，稍停。腿部后肌群继续收紧，同伴双手用力，将练习者两小腿向下压，练习者两小腿收缩力量慢慢减小，直至将膝关节压直贴紧凳面为止。如此重复。弯举时吸气，放松还原时呼气。如图 9-74 所示。

（3）提示　练习者屈小腿时，大腿保持不动。两人要相互配合，同伴所给的压力适当，使练习者通过努力而能完成动作。同伴用力下压练习者的腿时，练习者腿部收缩用力也应适当。

图 9-74　对抗腿弯举　　　　图 9-75　站姿负重提踵

9. 站姿负重提踵

(1) 作用　主要发展小腿后部(小腿三头肌)肌群，减缩多余脂肪，美化小腿曲线。

(2) 要领　将杠铃置于颈后肩上，两脚自然开立，两脚掌站在垫木上，脚跟露在垫木外。随后以小腿肌肉群的力量，使脚跟向上蹬起，至小腿腓肠肌彻底收紧。稍停后，慢慢放下脚跟还原。如此重复。向上提踵时吸气，放下时呼气(或用力提踵前吸气，动作完成后呼气)。如图 9-75 所示。

(3) 提示　提踵要充分，不能借助惯性力量向上提踵。完成动作时不要屈膝、屈体，意念要集中在小腿三头肌群上。初练者可不用垫木，水平较高者可在前脚掌下垫一块 5～10 cm 厚的木块以加大练习难度，提高训练效果。

10. 练习架提踵

(1) 作用　同站姿负重提踵。

(2) 要领　斜靠在练习架上，肩部顶住阻力臂，两脚平行直立，两足相距约 10 cm，用力向上蹬起，停留数秒，连续做 20 次左右，主要发展小腿三头肌上部。用力前吸气，静力时停，还原时呼气。如图 9-76(a)、(b)所示。

(3) 提示　身体要尽力顶伸，膝、髋、踝一定要伸展到最大限度，并意念小腿三头肌发力。

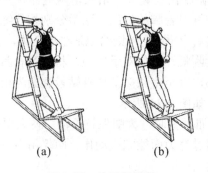

图 9-76　练习架提踵

11. 坐姿负重举踵

(1) 作用 主要发展和健美小腿后肌群(小腿三头肌)。

(2) 要领 坐在座式小腿练习器上，两手握好把手，然后，用力向上提脚跟至最高点，再复原。如图 9-77(a)所示。也可坐在凳上，两脚掌踏在垫木上，脚跟露在垫木外，先在膝盖上垫上毛巾等软垫物，然后将杠铃片或其他重物放在垫上，两手握稳杠铃片，先将脚跟跷起，稍停后，慢慢放下还原。如此重复。脚跟跷起时吸气，放下还原时呼气。如图 9-77(b)所示。

(3) 提示 举踵要充分，使小腿后肌群充分收紧。要感到重量集中到脚趾上，做动作时脚尖稍稍外分。这个练习能有效地发展比目鱼肌。

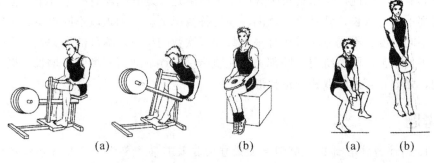

图 9-77 坐姿负重举踵　　　　图 9-78 壶铃蹲跳

12. 壶铃蹲跳

(1) 作用 主要发展和健美小腿三头肌、股四头肌等。

(2) 要领 练习者全蹲后，双手握住重物(大壶铃等)，然后伸膝，抬上体，屈足，伸脚尖，使身体垂直向上跳起。用力蹬伸时吸气，下蹲时呼气。如图 9-78(a)、(b)所示。

(3) 提示 下蹲时臂直、腰直，跳起时下肢各关节充分伸展。除上述动作外，还可采用仰卧腿举足屈伸、骑人提踵、屈足顶杠等练习锻炼小腿三头肌。

二、腿部肌群锻炼方法建议

(1) 腿部肌肉块较多，从健身健美角度出发，一般以大腿前面的股四头肌和小腿后面的小腿三头肌为主，以股二头肌等肌群为辅。

女子腿部的锻炼主要是以减缩多余的脂肪，增强肌肉弹性，美化腿部线条为主。男子腿部的锻炼主要以发达肌肉群，增长肌肉力量为主。下肢肌群能承受的负荷和运动量比其他肌肉群要大得多，尤其是股四头肌。腿部能承担的负荷能力，一般超过体重的几倍。

(2) 在安排训练时，一般男子在前六个月的训练中，应适当降低动作难度，每次课可安排1～2个动作，大腿约做3～4组，小腿约做2～3组；在六个月至一年左右，动作难度可适当增加，每次课可安排1～2个动作，做4～5组；在一年以后，大腿锻炼一般安排2～3个动作。女子一般可多安排一些徒手和轻器械练习，动作的组数和次数要比男子多，组间休息时间要短些。不论男女，如属于单纯性腿部肥胖者，其锻炼方法、练习次数、组数、负荷、间歇时间等均可按照常规的减肥和体型雕塑方法进行。

(3) 腿部力量和肌肉增长有其客观规律，在开始的1～2年内，增长速度较快，以后越来越慢。到了一定程度时，增长曲线往往上下起伏，好像到了生理极限。根据遗传学的研究结果表明，腿部肌肉力量的极限所出现的时间最高点是受遗传因子影响的。因此，可以说每个人的生理极限是有差异的。有些人练来练去腿部肌肉都不会怎么长，就是这个原因。在这种情况下就必须采取不同重量、不同站距、不同角度、不同方法等进行多组数和多次数的练习。腿部的潜力是很大的，只要不怕艰苦，坚持练习，腿部力量和肌肉都会逐渐地得到增强和增长，挺拔、美观、强健、有力的双腿一定会形成。

思考题

1. 简述身体各部位肌群锻炼的最佳动作及其动作要领、呼吸方法和动作提示。
2. 简述人体各部位肌群的基本锻炼方法。

第10章

体重的控制

本章提要

本章系统地论述了肥胖的定义、危害、原因、标准、类型、部位及体重调节机制,介绍了多种肥胖测定与评价的方法、减肥塑身新理念和国际减肥四原则,分析了身体成分的控制和不同减肥方法对肌体的影响及运动减肥的作用等。重点阐述了运动减肥的形式、内容、方式、时间、频率、强度与监控,以及调整饮食结构、改进饮食方式、科学控制食量等饮食控制方法。

第一节 肥胖的原因及其调节机制

一、身体成分和肥胖的定义

(一)身体成分的定义

组成人体各组织、器官的总成分称为身体成分,其总重量为体重。根据生理功效的不同,常把体重分为脂肪重(体脂)和去脂体重(也称瘦体重,LBM)。体脂含量过多,即脂肪细胞内脂肪的过度积累会发生体重超重和肥胖。

(二)肥胖的定义

世界卫生组织认为,肥胖可被简单定义为过多脂肪在体内积累到引起健康损害程度的一种慢性非传染性疾病。

(三)肥胖的趋势

世界范围内无论发达国家,还是发展中国家,肥胖者不断增多,全球60亿人口中有14亿人口体重超重,而且女性肥胖者多于男性,儿童、青少年的肥胖发生率也在不断增加。全球20%的胖人在中国,统计显示,目前中国肥胖者远远超过9 000万人,超重者高达2亿人,未来10年中国肥胖人群将会超过2亿。为此,世界卫生组织已经把肥胖列为流行病的一种(见表10-1、表10-2)。

表10-1 部分国家超重人口比例统计表

国　　家	超重人口比例	国　　家	超重人口比例
美国成年人	65%	澳大利亚民众	60%
俄罗斯成年人	54%	埃及妇女	60%

续表

国　　家	超重人口比例	国　　家	超重人口比例
英国成年人	51%	德国成年人	50%
巴西民众	40%	墨西哥成年妇女	36%
中国成年人	23%	中国城市人口	40%

表10-2　部分国家及地区肥胖人口比例统计表

国　　家	肥胖人口比例	国　　家	肥胖人口比例
美国成人	30.5%	英国	22.1%
澳大利亚	16.1%	澳大利亚25岁以上人口	2/3 男性 52%女性
中国人口	7.1%	湖北省20—69岁男性	7.8%

二、肥胖的危害

　　肥胖影响人类健康，使人体工作能力降低，甚至显著缩短寿命。英国科学家的研究表明，过度肥胖平均减寿13年。还有资料显示，肥胖者每减少1 kg体重可延寿3个月以上。

　　超重和肥胖对身体的主要损害是容易引起非胰岛素依赖性糖尿病、心肌梗塞、脂肪肝、冠心病、高血压、中风、胆囊疾病、肾结石、呼吸功能不全、骨关节炎、痛风、胰腺炎、乳腺癌、儿童疾病、皮肤疾病等疾病，外科手术的危险性增加、反应缓慢、运动能力下降、月经异常、卵巢机能不全和子宫发育不全、不孕症等，此外，还会产生一些社会心理问题和其他病症，特别是腹部和内脏脂肪含量过多对健康损害最大。

　　肥胖会导致一系列的并发症，引起的死亡率是正常人的1～2倍。肥胖已成为当今世界人类健康最大的障碍，是大众最为担心的社会性疾病，减轻体重和体脂后，这些疾病可得到较好的控制。

　　健身健美锻炼的任务就是帮助人们了解控制身体成分和体重的机制，并通过健身运动实践，指导人们寻找人工控制体重、防治肥胖的有效方法，帮助寻找其发挥运动潜力的途径，提高其生活质量，延长人们的生命。

三、肥胖的原因及其体重调节机制

长期以来，关于导致肥胖的原因众说纷纭，莫衷一是，大致有下列说法：遗传和内分泌代谢异常，体重调节机制紊乱；脂肪摄入过量；精神紊乱及体内生物化学因素影响所致；吃得好，运动少，贪睡形成；饮食方法错误，进食速度过快，咀嚼次数太少；脊背褐色脂肪细胞机能衰退；血液中缺少三磷酸腺苷酶；高胆固醇摄入；食糖过多，没有用完的原糖由肝合成为中性脂肪储存体内，久而久之形成肥胖，等等。

从营养学角度看，肥胖是营养过剩的表现，是由于能量的供给大于能量的消耗，作为肌体燃料的脂肪在体内过剩而贮存起来的一种状态。

从医学角度看，肥胖是指脂肪细胞数量增加和脂肪细胞中脂肪储存过剩，身体脂肪过度增多，体重超过正常值的20%以上，并对健康造成了严重危害的一种超体重状态。

英国伯明翰大学糖尿病和肥胖症研究小组负责人托尼·巴尼特教授说："人们称之为西化，其实是城市化。"城市化带来了生活方式的改变，如肉类饮食增多、汽车使用增加、健身锻炼缺乏……，这些富足的生活方式是造成肥胖的罪魁祸首。

其实，肥胖是多因素作用引起的综合征，其病因相当复杂。肥胖发生的基本原因在于身体能量摄入大于能量消耗，过多的能量以脂肪形式储存。

营养物质能量的吸收、贮备和利用构成一个十分复杂的体内平衡系统，从而保持相对恒定的能量贮备和体重。下丘脑在调节体重方面起重要作用(见图10-1)。

体重调节的体内平衡机制为：如果保持恒定的体脂含量，能量消耗的降低应伴有能量摄入的减少。然而，这种能量平衡和体脂储备量的良好调节只存在于极

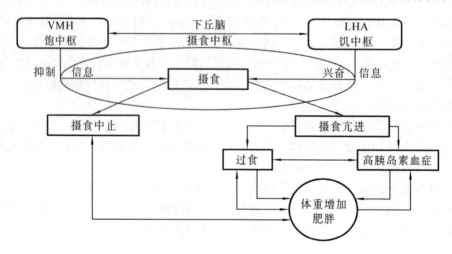

图 10-1　下丘脑在体重调节中的作用

少数个体。有证据表明，由基因决定的对体重增加和肥胖敏感的个体，能量消耗的降低并不伴有饥饿感下降和饱感的增加。即肥胖者体重平衡调节机制紊乱，使能量摄入高于能量消耗导致肥胖。能量的消耗减少和能量代谢缺陷可能是某些肥胖发生和持续肥胖的基础。

身体成分的影响因素主要有遗传因素和环境因素两方面。

(一) 影响身体成分和肥胖的遗传因素

肥胖在较大程度上由遗传决定，肥胖的遗传度(0.4～0.8)超过其他一般认为较高遗传性的综合征，如神经分裂症、酒精中毒、动脉粥样硬化等。身体脂肪含量、体重指数、局部脂肪分布、能量平衡等均受遗传因素影响。这些遗传因素多为多基因作用，也有主基因作用。近年发现了许多易感基因与肥胖有关。

1. 体脂含量、局部脂肪分布和体重指数

遗传学分析认为，体脂百分比的遗传作用大约有 55%，非遗传因素的作用大约为 45%。Bouchard 等人的研究发现，体脂、体重指数在父母和子女之间的相关性约为 0.2，同胞间的相关性约为 0.3。随后他们用比较完善的遗传学分析方法——PATH 分析方法，对 1698 人进行调查分析，受试者分别来自 409 个家庭，包括 9 种亲属和收养关系。体重指数 BMI(经年龄、性别校正)的遗传作用约为 35%，其中基因因素只有 5%，非遗传因素的作用约 65%；而通过水下称重法测出的体脂百分比(经年龄、性别校正)的遗传作用约为 55%，其中基因因素为 25%，非遗传因素的作用约为 45%。从以上分析可看出，体脂量在一定程度上受遗传因素的影响，但其中纯基因因素作用的比例较小。

在肥胖症的研究中还发现，不同个体在长期处于正能量平衡条件下，体脂积累的敏感性存在差异，这种差异受遗传基因的影响。对双生子过度进食的研究发现，100 天过度进食后，体重和体脂量显著增加，个体间存在显著差异，且无规律性，而双生子具有显著的对内相似性，对间差异至少是对内差异的 3 倍，显然过剩能量造成的体重增加或体脂积蓄主要受基因因素影响。此外，实验中还发现，个体间脂肪、瘦组织的平均增加量为 2∶1，比率的变化与体重呈正相关，即相对于瘦体重来说，获得脂肪多者，体重增加多，而获得相对多的瘦组织者，体重增加的较少。而这种摄取过剩能量导致体重获得的质和量的差异与遗传因素有关。

肌体局部脂肪分布与影响人类健康的疾病，如心血管病、糖尿病等密切相关。人体脂肪分布具有家族相似性。Selby 等测量 173 对单卵双生及 178 对双卵双生子，发现肩胛下皮皱厚度的遗传度是 77%，肩胛下和三头肌皮皱厚度的遗传度是 29%。经 BMI 校正遗传度减少，但肩胛下皮皱厚度的遗传度仍有显著性，说明遗传因素对人体脂肪分布起重要作用。

2. 能量平衡

遗传因素对能量摄入和能量消耗都有影响。能量和营养素的摄入有明显的家族特征。热能摄入在父母与子女间有相似性，双生子间也有明显的相似性，但有观点认为，这是源于双生子间共同的环境因素影响。研究显示，食物的选择在一定程度受遗传因素影响，碳水化合物、脂肪和蛋白质的摄入比例受遗传因素调节。

能量消耗的三方面都受遗传因素影响。安静代谢率(RMR)占每日能量消耗的60%~70%，双生子研究发现，RMR 的基因效果为40%，由于遗传差异，个体氧化脂类和碳水化合物代谢供能的比例不同。显然，这种差异都与肥胖的形成密切相关。部分肥胖者 RMR 偏低。个体间约 80%的安静代谢率(RMR)差异是由去脂体重决定，10%是由脂肪含量、血 T3 和平共处去甲肾上腺素水平决定。RMR 有家庭遗传，某些情形下，低 RMR 综合征可能与低血 T3 和儿茶酚胺水平及 β3-肾上腺素受体多态性有关。

有研究表明，摄入食物后的食物诱导产热的遗传度为 40%~60%，父母与子女的相关系数为 0.3，双卵双生子为 0.35，单卵双生子 0.52。肥胖病人摄入食物后的食物诱导产热减少，脂肪组织耗氧量减少。显然，肥胖者存在能量代谢缺陷。

另外，身体活动水平也受遗传因素影响。一般身体活动水平的遗传度达 25%~30%。有研究发现，身体活动的热量消耗父母与子女的相关系数为 0.12，夫妻为 0.28，兄弟姐妹为 0.21。

3. 与身体成分控制有关的基因及其产物

经研究，目前与肥胖相关的基因主要有瘦素基因(ob)、瘦素受体基因、神经肽 r 基因、β3-肾上腺素受体基因、解偶联蛋白基因等。身体成分的控制与肥胖基因有关，如瘦素(leptin，LEP)基因。人的肥胖基因位于染色体 7q31.3，长约为 20 kb，其编码产物为 146 个成熟的蛋白质氨基酸，以单体形式存在于血液循环中，分子量为 16 000，称瘦素(Leptin)。肥胖基因只在脂肪细胞内分泌瘦素，进入血液，以游离和结合形式运输，通过血脑屏障作用于下丘脑特定核团，调节摄食行为和能量平衡。

血中 LEP 浓度与身体脂肪含量成正比。研究证实，瘦素在啮齿类、哺乳类动物和人类的身体内，通过协调摄食行为、代谢、自主神经系统和能量平衡，对脂肪储存起重要的调节作用(见图 10-2)。

有些肥胖动物存在瘦素基因突变，导致瘦素缺乏而出现肥胖。肥胖者与正常人一样，瘦素浓度与体重指数成正相关，其血中瘦素水平很高，并不缺乏瘦素。其外周和中枢对循环瘦素水平生物反应的敏感性降低，即存在瘦素抵抗。降体重可提高其敏感性。

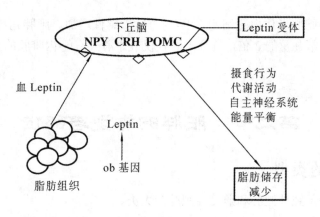

图 10-2 Leptin 的体重调节作用

(二)影响身体成分和肥胖的环境因素

1. 饮食和运动

高能量饮食、过度进食都可致肥胖。最重要的饮食因素之一是饮食的脂肪含量,研究发现,肥胖动物的体脂含量与饮量显著性正相关。高脂饮食比高碳水化合物饮食更易导致肥胖。含大麦和粗粮少,或蔬菜少的饮食也有助于肥胖的发生。另外,嗜甜食、零食及晚餐摄食过多也易于发生肥胖。

饮酒对体脂和体重的研究表明,女性饮酒与体重指数呈负相关,且与碳水化合物的摄入也呈负相关;男性饮酒与体重指数未发现有统计学意义的相关(啤酒除外)。

缺乏运动也是发生肥胖的一个重要原因,不仅使能量利用减少,而且肌肉组织出现胰岛素抵抗的可能性增加,造成糖耐量降低,易于发生肥胖。

2. 生活方式、教育水平和社会经济地位

肥胖的发生与生活方式、教育水平和社会经济地位有关。调查发现,看电视时间长,每天看电视时间多于 4 h 者更易肥胖。教育水平和社会经济地位与期望的理想体型、特有的饮食习惯、生活方式都有关,对体重的大小有一定影响。发达国家教育水平低,社会经济地位低者,肥胖的发生率高。

3. 内分泌异常

肥胖者最明显的内分泌变化是存在高胰岛素血症、胰岛素抵抗。胰岛素抵抗可以造成葡萄糖代谢缺欠和脂质代谢异常,葡萄糖转运进细胞能力下降,脂蛋白酯酶活性降低,极低密度脂蛋白和甘油三酯升高,高密度脂蛋白降低。但这些变化的因果关系目前仍不清楚。

肥胖还与内啡肽(EP)有密切关系。肥胖者血清 β-内啡肽水平明显增高,与体

重相关。而且肥胖者体内靶细胞对β-内啡肽敏感性增加。肥胖儿童血清中β-内啡肽含量是正常儿童的2倍，且分泌的昼夜节律消失，β-内啡肽的分泌处于恒定的高水平。

第二节 肥胖的类型与部位

一、肥胖的类型

肥胖分为单纯性肥胖和继发性肥胖两大类。

（一）单纯性肥胖

单纯性肥胖是一种找不到原因的肥胖，医学上把它称为原发性肥胖，可能与遗传、饮食和运动习惯有关。平时我们所见到的肥胖多属于此类型，单纯性肥胖所占比例高达99%。单纯性肥胖的种类包括以下2种。

(1) 体质性肥胖　自幼肥胖，脂肪细胞增生肥大，分布全身，又叫脂肪细胞增生肥大型肥胖症、幼年起病型肥胖症。

(2) 获得性肥胖　脂肪多分布于躯干，脂肪细胞仅有肥大而无数量上的增生，患者大都在20~25岁以后因营养过度及遗传因素引起。又称脂肪细胞单纯肥大型肥胖症、成年起病型肥胖症。

（二）继发性肥胖

继发性肥胖是指由于其他健康问题所导致的肥胖，也就是说继发性肥胖是有因可查的肥胖。继发性肥胖占肥胖的比例仅为1%。根据肥胖原因，可将继发性肥胖分为下丘脑性肥胖、垂体性肥胖、甲状腺功能低下性肥胖、库欣综合征导致的肥胖、性腺功能低下性肥胖等。其中，成年人以库欣综合征和甲状腺功能低下性肥胖为多见，儿童中以颅咽管瘤所致的肥胖为最多。这类肥胖是因内分泌代谢异常而引起，肥胖者大都呈特殊体态，症状较单纯性肥胖明显，属于病理性肥胖。继发于神经-内分泌代谢紊乱基础上的多种疾病中所伴的肥胖症有下丘脑病、垂体病、胰岛疾病、甲状腺功能减退症、肾上腺皮质功能亢进症、性腺功能低下症等导致的肥胖，其他还有水钠潴留性肥胖症等。继发性(病理性)肥胖的主要种类列举如下。

(1) 库欣综合征　主要表现为脸、脖子和躯干肥大，面颊及肩部由于脂肪堆积形成特殊体征，如"满月脸"、"水牛肩"，而四肢则脂肪不多。医学上称为"向心性肥胖"。

(2) 垂体性肥胖　全身骨骼及软组织、内脏组织增生和肥大，患者呈面胖、下颌大、手掌手指增厚变宽等，大多由于脑垂体肿瘤使垂体前叶分泌过多的生长激素所致。

(3) 胰源性肥胖 由于胰岛素分泌过多、脂肪分解减少而合成增加和代谢降低等原因造成的肥胖。

(4) 性功能降低性肥胖 又称脑性肥胖。特征是乳房、下腹部和外生殖器附近肥胖明显，而面部和上肢不肥胖，成年患者伴有性功能丧失或性欲减退等症状。

二、脂肪组织的分布及肥胖的部位

(一) 脂肪组织的分布

(1) 周围性肥胖 有的脂肪多分布在臀部和大腿处，体形像"梨"，称为"周围性肥胖"，这一类肥胖者多见于女性。

(2) 向心性肥胖 有的内脏脂肪在腹部大量堆积，腹围很大，体形像"苹果"，在医学上称为"向心性肥胖"，这一类肥胖在男性中较为多见。

(二) 肥胖的部位

(1) 束带型肥胖 脂肪堆积区主要分布于背部、下腹部、髂部、臀部及大腿，肥胖生殖无能综合征的肥胖就是此种类型。

(2) 大粗隆型肥胖 脂肪主要分布于股骨大转子区域及乳、腹、阴阜等处，更年期后的肥胖多半属此类型。

(3) 下肢型肥胖 脂肪贮存区域从髋部而下至踝部，有时局限于腿肚及踝部，如进行性脂肪营养不良症，形成下半身极度肥胖而上半身极度消瘦。

(4) 上肢型肥胖 脂肪贮存主要位于背、臂、乳房、颈项、颜面。肾上腺皮质增生、肿瘤及垂体碱性腺癌所致的肥胖属此型。

(5) 臀部肥大型肥胖 脂肪主要堆积于臀部，形成臀部特殊肥大。此为某些民族的特征，属于一种遗传体质。

三、人体三大脂肪库

肥胖是体内脂肪，尤其是三酰甘油积聚过多而导致的一种状态。正常人体大约有300亿～350亿个脂肪细胞，当脂肪细胞的数量和体积增多后就形成了肥胖。随着体重的增加，首先脂肪细胞的体积增大，然后数量开始增多。并非一般人们认为的只有细胞体积的增大。人体肥胖的部位主要集中在腰、腹、臀部和内脏周围及皮下组织等处，又称为人体三大脂肪库。

(一) 皮下组织

皮下组织里含有适量脂肪，才不会使人显得皮包骨头，且有丰腴之美。

(二) 内脏周围

像肾脏及肠系膜周围含有适量脂肪，可以支撑、固定内脏，起保持稳定作用。一般而言，男性身体器官(主要在心脏和肝脏等)周围约有 4.5 L 脂肪，女性仅 3.08 L。两个年龄及体重指数相同的人，一个人的内在脂肪可能 5 L，另一个则可能仅 2 L。因为体重指数可评定是否超重，但不能说明脂肪贮存何处。

(三) 肚子里大网膜上

人体肥胖到一定程度后，变得大腹便便，这正是大网膜贮油过多的表现。

四、脂肪细胞数目的增多与肥大

脂肪细胞数目的逐渐增多与年龄增长及脂肪堆积程度有关，很多从少儿时期开始肥胖的人，成年后仍肥胖则体内脂肪细胞的数目就明显增多；而缓慢持续的肥胖，则既有脂肪细胞的肥大又有脂肪细胞的增多。一个肥胖人的全身脂肪细胞可比正常人的脂肪细胞增加 3 倍以上。根据脂肪细胞变化分型有增殖型(儿童均是皮下脂肪细胞颗粒增多，故减肥较难)和肥大型(成人均是皮下脂肪细胞颗粒增大，故减肥较易)两种。

第三节 肥胖的标准与测评方法

丰满是健美的表现，而肥胖则是病态的特征。何种程度才算是胖？何种程度才算是瘦？在日常生活中从审美的一般角度来说，人们能直观地作出大致的判断，但要准确地作出科学的结论就不容易了，这必须通过测试才能得出正确的答案。

研究身体成分控制机理及控制体重的方法，首先需要明确身体成分和肥胖的测定及其评价方法。身体成分的测定方法很多，可从五个不同水平测试：原子、分子、细胞、组织系统和整体。测定技术分为直接、间接和双间接测定法。由于直接测定脂肪量很困难，多采用间接法和双间接法测量。可根据研究目的选择以下某种测试方法。

(1) 大样本测试多采用双间接法，如体重身高指数、围度、皮皱厚度、生物电阻抗法。

(2) 小样本的个体研究采用间接法，如体密度法、双能 X 线法、药物稀释法，可降低偏差。

(3) 个体水平研究要求准确测定身体成分的,可采用核磁共振法等。

一、人体测量学方法

(一) 体重指数法及评价标准

体重指数也称身体质量指数(body mass index,简称 BMI),用公式可以表示为

$$体重指数 = \frac{实际体重(kg)}{身高^2(m^2)}$$

体重指数法已运用了 100 多年,虽然粗略,却是国际通用大样本肥胖测试的有效方法,简便实用,一般用来估测肥胖在不同人口的发生率。BMI 和身体脂肪含量因身体成分的构成不同而不同。由 BMI 所评定的过重和肥胖,其最大的问题是未区分肌肉和脂肪组织,无法用来代表脂肪含量,不能评定体脂分布变化。简而言之,体重指数可以评定是否超重,但不能说明脂肪贮存何处。

根据 BMI 可将理想体重、过重和肥胖分类,世界卫生组织推荐 BMI≥30.0 为肥胖。成年人理想体重、过重和肥胖分类及与并发症危险性的关系如表 10-3 所示。

表 10-3 成人(根据 BMI)理想体重、过重和肥胖分类

分 类	BMI/(kg/m^2)	并发症危险性
体重过低	<18.5	低(但一些临床疾病危险性增加)
正常范围	18.5~24.9	一般
过重	≥25	
前肥胖	25~29.9	增加
一级肥胖	30.0~34.9	中等
二级肥胖	35~39.9	严重
三级肥胖	≥40.0	非常严重

我国成年人怎样才算肥胖呢?

世界卫生组织虽然规定有肥胖的标准(BMI≥30 为肥胖),但这是以西方人群的研究数据为基础制定的。我国成人的健康体重、超重和肥胖的标准是:BMI 在 18.5~23.9 kg/m^2 之间为正常(即健康体重标准),BMI 在 24~27.9 kg/m^2 之间为超重,BMI 大于等于 28 kg/m^2 者为肥胖(不同身高、性别及儿童青少年健康体重与肥胖的判别标准有所不同)。

(二) 标准体重测量法及评价标准

标准体重测量法原为法国人类学家勃劳克提出的勃劳克指数法,即

$$理想体重(kg)=身高(cm)-100$$

(1) 成年男子标准体重(kg)＝身高(cm)－100(165cm 以下)
　　　　　　　　　　　＝身高(cm)－105(166～175cm)
　　　　　　　　　　　＝身高(cm)－110(适于 176cm 以上)

(2) 成年女子标准体重在成年男子标准体重相应组别基础上减去 2.5kg。

(3) 北方人理想体重(kg)＝(身高(cm)－150)×0.6＋50

(4) 南方人理想体重(kg)＝(身高(cm)－150)×0.6＋48

(5) 儿童标准体重。

① 6 个月：标准体重(kg)＝出生体重(kg)＋月龄×0.6

② 7～12 个月：标准体重(kg)＝出生体重(kg)＋月龄×0.5

③ 1 岁以上：标准体重(kg)＝8＋年龄×2

根据标准体重进行肥胖的判定方法如表 10-4 所示。

表 10-4　根据标准体重进行肥胖的判定

分　类	判　定　标　准
正常范围	低于或超过标准体重 10% 以内者
Ⅰ度肥胖	超过标准体重 10%～19%者
Ⅱ度肥胖	超过标准体重 20%～24%者
Ⅲ度肥胖	超过标准体重 25% 以上者

(三) 围度测量法及评价标准

根据围度测量法，有

$$腰臀比(WHR)=\frac{腰围}{臀围}$$

WHR 可评定腹部脂肪的分布情况，与 CT 测得的腹腔内脂肪面积相关。WHR 值高为上半身肥胖，值低为下半身肥胖。评价标准随年龄、性别、人种不同而不同。世界卫生组织推荐的腹部脂肪分布过多的标准：男性 WHR＞1，女性＞0.85；男性腰围＞94cm，女性腰围＞80cm 为肥胖。

根据我国国情，专家们提出了新的腰围和腰臀比肥胖评价标准：男性腰围＞85cm，女性腰围＞80cm；男性 WHR＞0.90，女性 WHR＞0.85 为肥胖。此外，根据 2000 年国际肥胖会议特别指导工作组的标准，男子腰围＞90cm、女子腰围＞80cm 则属超标。我国成人腰臀比(WHR)理想正常值及其异常范围如表 10-5 所示。

表 10-5 腰臀比(WHR)正常值及其异常范围

性　别	理想正常值	异常范围
男性	0.85～0.9	≥0.9
女性	0.75～0.8	≥0.8

国际最新研究指出,男性腰臀比最高限度为 0.85～0.90,女性为 0.75～0.80。通常腰臀比值小于 0.9(男)或 0.8(女)为好,大于这个比值为肥胖。

美国最新研究显示,女性腰围与臀围比例达到 7∶10 被认为是最完美、最理想,也是最具吸引力的比例关系。

二、身体密度测量法

由于体内骨骼、肌肉等瘦组织密度高(1.2～3.0 g/mL),脂肪组织的密度低(0.9 g/mL),两种组织的含量不同,身体密度不同,故可根据人体密度的高低来判断身体脂肪的含量。常用以下公式(Brozek 公式)推测身体脂肪含量,即

$$脂肪(\%) = (4.570/身体密度 - 4.142) \times 100$$

其中身体密度可采用以下方法推测。

(一) 水下称重法及评价标准

多采用受测试者水下重量,利用浮力定律计算人体密度。测试时测量肺和胃内气体量,肺残气可直接测定,实验室用氮冲洗技术或氢稀释法,大样本测试可用肺活量(VC)估算。胃内残气估计为 100 mL。

此法测量准确性好,是测量体脂的"金标准"方法,适用于科学研究,但需要特殊的仪器设备,不易普及。结果易受肺气和胃内气体量的影响,同时老人和小孩不适用。

评价身体脂肪含量用体脂百分比最可靠。正常成年人理想身体成分的平均体脂含量如表 10-6 所示。身体脂肪过少,指储存脂肪低于必需脂肪的限度,身体脂肪过多,则发生肥胖。

表 10-6 身体脂肪含量的判断标准

	男　性	女　性
正常	14%～16%	20%～22%
脂肪含量过少	3%～5%	10%～12%
肥胖	20%～25%	25%～30%

体脂绝不是愈低愈好，过低可能会导致某些生理功能紊乱。研究表明，女运动员体脂过少时，可能引起月经紊乱，有人提出女运动员体脂百分比的安全下限是体重的 13%。美国运动生理学家福克斯(Fox)报道，普通男大学生的体脂约为 15%，女大学生约为 26%，运动员中体脂含量最低的男子达到 6%，女子达到 9%，很高的男运动员>18%，女运动员>26%。

据最新研究报道，一般 30 岁以下的成年人的体脂含量占体重的百分比，男子约为 10%，女子约为 25%。若男子超过 15%，女子超过 30%即为肥胖。

(二) 皮皱厚度测定法及评价方法

全身均匀性肥胖者皮下脂肪的厚度与肥胖程度相关，测皮下脂肪的厚度在一定程度上反映身体脂肪含量。以皮皱厚度数值推测身体密度的公式有很多，如日本长岭-铃木公式，美国 Pollock 公式等。选择推测公式应考虑到受试者的年龄、性别、身体形态特点。这种测试方法较易普及，但不够精确，适于较大样本的测试。

常用测定部位：肩胛下、肱三头肌、髂前上棘、腹部、大腿、胸部、腋部。

测量皮褶厚度的仪器称皮褶测定仪(或皮褶厚度计)，用这种测量仪时只是测皮褶的厚度。操作方法见实验指导。

常用的简易测定法是测身体两点(背部及上臂部)的皮褶厚度，背部测量部位在右肩胛骨下角的下方，上臂部测量在右上臂肩峰点至桡骨头连线的中点肱三头肌肌腹处。将上述两点皮褶厚度(单位：mm)相加作为 X，然后按受试者年龄、性别查表 10-7 计算其身体密度。

表 10-7 推测体密度的回归方程式(D 为体密度)

年　龄	男　子	女　子
9～11 岁	D=1.087 9～0.001 51X	D=1.079 4～0.001 42X
12～14 岁	D=1.086 8～0.001 33X	D=1.088 8～0.001 53X
15～18 岁	D=1.097 7～0.001 46X	D=1.093 1～0.001 60X
成人	D=1.091 3～0.001 16X	D=1.089 7～0.001 33X

三、瘦体重测定法

(一) 生物电阻抗法

人体是电的良好导体，导电性反映人体水含量。水含量与瘦组织密切相关，脂肪组织内几乎不含水。测量人体的导电性，通过阻抗的数值反映人体瘦组织含量。

测量时电极置于四肢远端。测量前不宜进行剧烈运动，不能大量饮水，需安静并排空大小便。

由于测量仪器体积小,便于携带,测试无损伤,此法比皮皱测定更易普及,与水下称重法相关性好,适用于各类人群。但易受一些因素影响,如电极形状、月经周期、皮温的作用、测量前的体位、多次测量、口服避孕药及运动脱水等。

(二) 身体总钾量的测定法

人体内主要是瘦组织含有钾(K),其中 40 K 约占总钾量的 0.012%,它是一种半衰期长、较恒定的放射性物质,可用专门的仪器检测。正常成人瘦体重含钾为 68.1 mEq/kg,据此可计算瘦体重。

测定体内 40 K 含量,可较准确计算瘦组织的含量,且对身体无损伤,可用于快速减体重期身体成分的监测。但测试需要仪器费用高,不能携带,故这种测试法不宜普及。

(三) 药物稀释法

通过药物稀释测定身体总水分,根据身体总水分可推测瘦体重含量。口服一定剂量的药物,如安替比林(a),待其均匀地扩散到全身体液,取静脉血测定血浆中的浓度(b),同时采尿并分析尿中的排泄量(c)。

$$身体总水分\ (L) = b - c/a, \quad 瘦体重(kg) = \frac{身体总水分}{0.732}$$

四、局部脂肪的直接测量法

(一) 超声法

超声法可直接观察到身体脂肪的分布及厚度,可用来评价身体成分,尤其是局部脂肪含量。以前超声方法只是用来估测身体脂肪,随着影像技术的发展,测量体内骨、肌肉、软组织已成为可能。目前还缺乏不同部位身体成分的超声扫描图,无法确定标准,影像技术和计算机的应用将有助于增加这种方法的可靠性。

(二) 双光子 X 线扫描(DEXA)

根据不同密度的组织 X 线吸收程度不同,可判断身体脂肪含量。目前 DEXA 有两种 X 线扫描方式,快速的扇面扫描和慢速的点扫描。扇面扫描准确性好于点扫描。DEXA 法测定身体脂肪含量较其他方法所测体脂含量高,其准确程度高于经典的水下称重法,测定结果与 CT 的测定结果呈高度线性相关。但由于测试费用高,应用仍有局限性。

(三) 核磁共振法(MRI)

核磁共振可提供清晰的影像，精确地分清骨、肌肉、脂肪和其他软组织。沿身体纵轴平行扫描，每个扫描图可以薄到 0.5 cm。

核磁共振法准确性好，且无离子辐射，但费用高，可用作其他方法(如超声法)的标准。今后此法可能成为监测训练的身体成分变化、肌体康复情况及研究疾病进程的可靠方法。

(四) CT 断层扫描

CT 断层扫描的图像清晰，能精确地分清骨、肌肉、脂肪和其他软组织，有可能成为监测训练的身体成分变化的可靠方法。

五、各种体脂含量测评法的综合比较评价（见表 10-8）

表 10-8 测量身体脂肪含量及分布方法的综合评价

方　　法	费用	使用难易程	精确度	测量脂肪分布
人体测量法				
体重指数	低	易	中	不能
标准体重测量法	低	易	中	不能
腰臀比(WHR)	低	易	中	能
身体密度测量法				
水下称重法	低	中	高	不能
皮皱厚度法	低	易	中	能
测定瘦体重法				
生物电阻抗法	中	易	中	不能
总钾量测定法	极高	难	高	不能
局部脂肪测定法				
超声波法	中	中	中	能
双光子 X 线扫描	高	易	高	能
CT 或 MRI	极高	难	高	能

第四节　身体成分的控制与减肥方法

一、理想的脂肪推荐值及体重控制的"置点"理论

(一) 人体脂肪的理想推荐值

身体成分是指构成身体的各种物质及其比例。一般把身体分为瘦体重部分和脂肪部分，其中，瘦体重包括肌肉、骨骼、水、血液和其他非脂肪组织。身体成分通常用体脂(%)表示。例如，一个体重为 55 kg 的女子，若其脂肪含量为 16.5 kg，则其体脂含量为 30%。体内脂肪包括必需脂肪(对生存是必不可少的)和身体中"额外"的脂肪。脂肪存在于所有的细胞当中，大多数神经的外部也含有脂类，脂肪还和某些特定的组织功能有关。男子身体中必需脂肪约占体重的 3%，女子约占体重的 12%。女性的脂肪含量较高能保证青春期乳房和腰部等部位脂肪的正常堆积和雌激素的产生。

其实体内适量的脂肪是必不可少的，它是人体内重要的能源之一，对帮助脂溶性维生素(A、D、E、K)的溶解吸收，对肌体的热垫、保护垫作用，增加肌肤健美，保持青春，丰满曲线及繁衍后代都有着重要的生理功能。了解必需脂肪的性质是非常重要的，因为它是男性和女性身体脂肪含量的最低限度。

为了保证良好的健康状况，体内脂肪的含量不应太高或太低。对于男子推荐的脂肪值应在 10%~20%之间，女子应在 15%~25%之间。需要注意的是体脂通常在一年内有所变化，随不同季节和假期的变化、体力活动和饮食量有所不同，而体脂也随之不同。

(二) 体重控制的"置点"理论

人体具有精确调节自身各种机能的内在系统，身体重量就是这种调节过程的目标之一。每个人的身体重量似乎都存在一个已经设置好了的生理恒量(设置点)，肌体将抵抗各种试图增加或减少已设置重量的各种因素，以保持其原有的体重范围。这就是为什么在经过艰苦的增加或减少体重的几个月或数年之后，身体重量又恢复如初的缘故。克服这个"置点"被证明是困难的。仅靠意志去忍受饥饿带来的痛苦是不能有效减肥的。研究证明，减肥—复原—再减肥—再复原的模式最终导致体内"置点"的提高，其结果有可能是超出原有体重。而且更大的副作用在于肌肉组织减少，脂肪组织增加。

燃烧脂肪只能靠运动。要减肥，长期限制饮食有时也可能达到，但要健康、要健美，锻炼才是更重要的生活方式。动力性身体活动能增加肌肉组织和骨质密度，健美体形及减轻体重。科学研究和健身实践都证明：运动为主，节食为辅，两者结合是控制体重的最佳方式。而体重的控制(减肥)是一项长期的生活方式。

要想达到理想的体重和体脂比例，需要一生保持良好的饮食习惯和坚持体育锻炼。

每周 3～5 次有氧运动锻炼，以形体的训练为主，辅以科学的饮食方案就可能调低"置点"，使体重减少并保持在较低水平。

如果依靠节食减肥，在最初的 24 h 之内，身体的代谢率就会相应下降 5%～20%。这就意味消耗自动减少，而能量贮存则自动增加。

长期效应表现在，如果肥大的脂肪细胞萎缩，就会有信号反馈给中枢神经系统，其结果是饮食行为发生变化，强烈的饥饿感促使人们摄入更多的卡路里来恢复体内业已设置好的重量。

这简单得就像日常生活中的空调器一样，一旦温度设置完毕，它就通过制冷或制热来保持这一"置点"。长期的持之以恒的运动与科学饮食是调低"置点"的有效方法。

二、减肥过程中应注意的问题

目前常用的减体脂方法是限制饮食、有氧运动及使用一些药物。减肥的关键在于运动，合理的有氧运动不仅可增加能量消耗，还可以增进心肺系统健康，减少肥胖并发症。减重后保持适当的运动习惯，体重不易反弹，但见效慢，需同时控制饮食才有良好效果，一些肥胖者不愿接受。使用药物减体脂省力，见效快，但有副作用，且停用药物体重易反弹。

(1) 降体重的人在控制饮食时应适当减少饮食能量摄入，但不是单纯的节食，而应将调整饮食结构、注意饮食方式和适当控制食量结合起来进行。

(2) 如果单纯采用控制饮食并大量限制膳食热能，尤其食用低热能膳食，体重减轻较快，但减轻的成分主要是水分和瘦体重(包括糖原和蛋白质等)，因此很难坚持，减体重效果不能持久，甚至会有一系列副作用。

(3) 在少量限制膳食热能的同时采用运动措施综合减轻体重才是合理减体重的科学方法。

(4) 减体重的运动负荷常根据要减轻的体重数量及速度决定。根据采用减少膳食热能的措施，很多学者提出，每周减体脂 0.4～0.5 kg 较适宜；每周减体脂 1kg 在医学上是可以接受的，但不宜超过。每周减 1 kg 体脂即相当于亏空 2 094～4 180 kJ/天，每周累计的热能短缺量为 14 630～29 260 kJ。具体措施可在一周内进行 3～5 次运动，每次运动最少要持续 20～30 min(一般运动 30～60 min)，有氧运动强度可采用最大心率的 60%～70%(或最大摄氧量的 50%～70%)，此种运动量被认为是刺激体脂消耗的"阈值"，即每周运动的热能消耗量至少达到 3 762 kJ(千焦耳，1 kcal=4.181 55 kJ)。

三、饮食控制方法

饮食控制的主要原则是减少饮食热量的摄入,均衡合理配备三大营养素和增加高膳食纤维等。饮食控制的原理就在于节制饮食并限制膳食总热量,使肌体消耗的热能大于摄入热能,使热能处于一种负平衡状态,从而使体重减轻。

控制热能摄入最简单的办法就是饥饿疗法,如禁食、节食、减食等。然而,每一种方法都有一个不可回避的问题,即饥饿。由此,许多减肥瘦身计划往往被迫中断,并带来不少副作用。故减肥瘦身膳食应该是平衡膳食。

试图用长期禁食或控制饮食来"残酷"地限制热量的摄取是不科学的,也是危险的。长期的禁食或控制饮食将丢失大量的水分、电解质、无机盐、糖及蛋白质来换取有限脂肪的减少。如果不坚持运动,仅靠节食,哪怕是长期的较为温和地控制饮食也会造成营养不良和肌肉的分解。

(一)调整饮食结构

适当减少食物中碳水化合物的摄入和提高蛋白质的摄取量,限制脂肪摄取量,补充丰富的维生素、矿物质、微量元素和食物纤维。调整饮食结构为的是在限制总热能的范围内合理分配蛋白质、脂肪和碳水化合物类热能的比值,达到营养平衡,即减重又要保证肌体正常需要。合理的热能比值为,蛋白质/脂肪/碳水化合物=20%~25%/15%~20%/50%~60%。提高蛋白质的摄入比例(一般在 15%~20%之间,最高时可达 25%),可防止瘦体重的流失,并通过运动适当增加瘦体重。

蛋白质以选用禽肉(如去皮鸡肉、清炖瘦牛肉等)、鱼肉(清蒸鱼等)、白浊虾、鸡蛋白及豆制品、奶制品(如乳清蛋白、大豆蛋白、豆腐、豆浆、牛奶等)为佳,限制猪肉、鸡蛋黄(日摄入量不超过 2 个)的摄入,慎重选用火腿肠、肉肠、酱鸡翅、红烧肉、烤鸭、水煮鱼等。此外,蛋白质的摄入会使肌体代谢率提高 30%,远高于碳水化合物和脂肪,有利于减脂。

适量减少碳水化合物的摄入,以便于运动时动用游离的脂肪酸,但摄入量不能少于总能量的 45%~50%,一般可达 55%~60%。减少碳水化合物的摄入的同时,应优先选用全麦面包、煮玉米、粗粮杂粮等,慎重选用牛角面包、肉松面包、热狗面包、油饼、油条、点心、蛋糕,忌吃蔗糖、蜜糖、饴糖和含糖量多的饮料及糕点等,可减少胰岛素的分泌,从而减少脂肪的合成和脂肪的贮存。脂肪摄入量可控制在 15%~20%之间,但不可超过 25%。摄入适量的脂肪能够抑制胰岛素和胰高血糖素的分泌,促进肌体的脂肪利用,并产生饱腹感。

此外,适当饮水也是减肥的关键。在饮食控制过程中,如果限制饮水量,减体重速度看似较快,但在所减体重中,脂肪仅占 13%,水占 84%。而不限制饮水时,虽然减体重速度会慢一些,但在所减体重中,脂肪将占 25%,水为 75%。一般每天应喝七八杯水(2 000~2 500 mL)，体重越大饮水量应越多，体重每超过理想体重 13.5 kg，就要在此基础上每天增加饮水 500 mL。

减肥者在节食期间，可选择一些营养好、热量低的食物食用，例如，同是肉类，水产品如鱼、海参、蟹、海蜇等水生动物肉的热量就低于其他肉类；同是禽类，飞禽肉就比家禽肉热量低；同是畜肉，瘦肉就比肥肉(如五花肉)热量低；同是奶制品，脱脂奶就比全脂奶热量低。减肥者对水果的选择也有讲究，应优先选用苹果、梨子、猕猴桃、西红柿、橙子、柚子等，适量食用香蕉、西瓜和葡萄等。下列食物可尽情选用。

1. 最佳减肥食物

(1) 冬瓜　冬瓜除含水分外，还具有较高的营养价值，其中维生素 C 的含量较高，而且含有丙醇二酸，对防止人体肥胖、增进形体健美有重要作用。因此，常吃冬瓜有明显的减肥轻身作用。

冬瓜自古为减肥妙品，在敦煌遗书《食疗本草》中说，将冬瓜煮熟吃，能使五脏得益。能美容、明目、壮元、健体、养生。

(2) 黄瓜　黄瓜用作"减肥美容的佳品"，长期以来一直受到人们青睐。现代药理学研究认为，鲜黄瓜中含有一种叫丙醇二酸的物质，它有抑制糖类转化为脂肪的作用。因此，多吃黄瓜有减肥作用。

(3) 竹笋　竹笋的种类繁多，大致可分为冬笋、春笋、鞭笋三类。竹笋中所含的蛋白质比较丰富，并且有低脂肪、低糖、高纤维素的特点，食用竹笋，能促进肠道蠕动，帮助消化，促进排便，是理想的减肥蔬菜。

(4) 罗汉果　罗汉果可鲜吃，但常烘干保存，是一种风味独特的干果。现代医学研究发现，罗汉果含丰富的糖甙，这种糖甙的甜度是蔗糖甜度的 300 倍，具有降糖作用，可以用来辅助治疗糖尿病；含丰富的维生素 C，有抗衰老、抗癌及美肤养容作用；有降血脂及减肥作用，可辅助治疗高脂血症，改善肥胖者体形。

(5) 柚子　柚肉中含有非常丰富的维生素 C 及类胰岛素等成分，故有降血糖、降血脂、减肥、美肤养容等功效。经常食用，对肥胖者有健体养颜功能。

(6) 菱角　菱角的营养价值可与其他坚果媲美，中医认为，食菱角可以轻身，减肥健美。

(7) 山药　山药最大的特点是能够给人体大量的黏液蛋白，这是一种多糖蛋白质，对人体有特殊的保健作用，能预防心血管系统的脂肪沉积，保持血管弹性，防止动脉粥样硬化过早发生，减少皮下脂肪沉积，避免出现肥胖。所以，山药是一种非常理想的减肥健美食品。

(8) 魔芋　魔芋是一种低热量、高纤维素的传统食品。近年来，魔芋食品以它奇特的保健和医疗功效而风靡全球，并被称为"魔力食品"。首先，魔芋有助于去脂减肥。魔芋是低糖食物，吸水性强，在胃中可吸水膨胀并产生饱腹感，既可抑制食欲，又能降低体重，但不可多食。其二，魔芋有助于控制血糖，调节血糖平衡，预防糖尿病。魔芋在胃肠道形成凝胶体并附着在肠壁上，形成一层保护膜，延缓、降低、阻止胆固醇、甘油三酯和单糖等营养物质的吸收。所以它是糖尿病病人和体胖减肥者的理想食品。

(9) 爆玉米　含有大量纤维，热量却近于零。

(10) 菊花　菊花含有糖、脂肪、氨基酸、维生素C、维生素B等成分，具有良好的瘦身效能。

(11) 苹果　美国最新研究发现，午餐前吃苹果，可减少热量摄入并防止肥胖，每餐因此少摄入180 cal热量。

美国宾夕法尼亚州立大学的研究人员将体重正常的受试者分成三组。在5周时间里，第一组人午餐前什么都不吃，第二组人午餐前每人吃一个苹果，第三组人午餐前喝一杯苹果汁。15 min后，三组人吃同样的午餐。餐后，研究人员对这些人体内的热量进行测量后发现，餐前吃一个苹果的人，摄入的热量要比另外两组人少187 cal。

参加研究的弗勒德教授指出，餐前吃水果可帮助人们减少热量摄入。而且吃整个水果要比喝果汁更有效。在各种水果中，苹果的减肥功效比较理想，因而得出"苹果是最佳减肥水果"的结论。

2. 其他低热量食物

除上述减肥食品外，下列低热量食品可放心享用：芦笋、芹菜、西兰花、番茄、香菇、莴苣、芫荽、小红萝卜及白萝卜、菠菜、苦瓜、南瓜、白薯、红薯、土豆、大蒜、海藻、绿豆芽、白菜、韭菜、黑木耳、海带、山楂、酸奶、豆腐、海蜇、兔肉、燕麦、玉米、糙米、醋、葱头、茶等。

此外有报道讲，吃辣椒能消耗更多的能量，有减肥作用，且辣椒越辣营养越高。世界上有一种"断魂椒"，其营养价值是辣椒中最高的，但不可吃太多。

3. 纤维素食物

纤维素有利减肥，热量低，咀嚼时间长，容易填饱肚子，又可降低体内脂肪。如某些蔬果、燕麦片、干蚕豆、大麦等，以及玉米、小米、荞麦等纤维性食物可降低血液中胆固醇，但不可吃太多，以免消化不良。

4. 水果

万一饥饿难耐，可以随身带上你喜欢吃的水果，不妨吃一个水果当点心，和其他食物比较起来，水果提供的热量最少，当然也不可吃太多。

另外，饮食的脂肪含量高低与体重变化密切相关。研究发现，肥胖动物的体脂含量与饮食的脂肪含量呈显著性正相关。高脂饮食比高碳水化合物饮食更易导致体脂含量增加，即高脂肪饮食造成的能量代谢正平衡对体重增加作用更显著。

(二) 改进饮食方式

合理分配三餐，正常一日三餐饮食热能量分配应为 3∶4∶3。减肥者科学的三餐热量分配大约为：早餐占全天总热量的 28%，午餐占 39%，晚餐占 33%，也可根据实际需要作适当调整。人体胰腺分泌的各种消化酶夜间高于白天，即消化吸收功能夜间好于白天，如果晚餐丰富、过量，加之晚间消耗能量的活动少，会增加体内脂肪储存。故晚餐忌吃得过饱和过于丰富，而宜清淡。还可适当增加早餐热量摄入，减少晚餐热量摄入。另外，睡前不要加餐，纠正吃零食的习惯；进食避免过快；少饮酒与咖啡；适量饮茶；少食盐，每天不超过 5 g。改进烹饪方式，少煎、炒、烹炸、油焖、干烧，多拌、卤、煮、清蒸、滑溜，减少用油量等。

现在中国健身健美界还提倡一种饮食原则：能生吃的不要熟吃，能淡吃的不要咸吃，能素吃的不要油吃(肉要吃点)。

(三) 适当控制食量

控制食量不等于禁食，如果摄入糖、脂肪过少，"脂库"中储存的脂肪转化为热量后一时难以满足人体的正常活动需要，就会导致低血糖，出现头晕、心悸、乏力等症状。因此，控制饮食既不能禁食也不能减得太快，要逐渐递减。食量控制应以有饥饿感又能保持正常活动的精力、体力为宜，一般是逐步降低到正常需要热量的 60%～70%。

在任何一种情况下，每减少身体中 0.454 kg 的脂肪，须消耗 3 500 kcal 热能。如果一个人每天有 500 kcal 的能量的负平衡，那么每周可同样减少身体中 0.454 kg 的脂肪。建议每周降体重的最大数量为每周 0.454～0.908 kg(约 0.5～1.0 kg)，每天的能量负平衡不宜超过 1 000 kcal。

对于肥胖的人，饮食调整的原则是控制总能量摄入基础上的平衡膳食。能量摄入一般建议每天减少 1 256 kJ～2 093 kJ(300 kcal～500 kcal)，严格控制油脂和精制糖，适量控制精白米面和肉类，保证蔬菜水果和牛奶的摄入。根据肥胖程度的不同，减少总摄入热量标准如下：如果是轻度肥胖者，每天减少热量摄入 125～250 kcal，每月可减脂 0.5～1.0 kg；中度肥胖者每天减少热量摄入 500～1 000 kcal，每月可减脂 0.5～1.0 kg。但女性尽量勿使每天的膳食供能量低于 1 000 kcal，男性勿低于 1 200 kcal。

目前，国际上推荐的正常人热能需要量（指非减肥者也应注意控制饮食）：以 20～39 岁年龄段者的热能需要量作为基数，40～49 岁年龄段者减少供能 5%，50～59 岁年龄段者减少 10%，60～69 岁年龄段者减少 20%，70 以上年龄段者减少 30%。

此法行之有效,可以延缓衰老过程。

节食控制法忠告。

(1) 每天至少饮 2 000 mL 水。

(2) 准确了解自己的需要,摄入足够量的蛋白质。

(3) 每天最好摄入 200~250 g 碳水化合物(每顿约 75~100 g 主食)和 10 g 脂肪。

(4) 不饿也要按顿饮食,并且吃各种食物。

(5) 体重减少控制在 0.5 kg／周~1 kg／周,直至达到目的。

(6) 避免吃泻剂、刺激剂、利尿剂,保证维生素和无机盐的摄入。

(7) 饮食与体育锻炼相结合,每周锻炼至少 3 次,每次最好 40~60 min。

(8) 长年锻炼,贵在坚持。

四、运动控制方法

对运动和限制饮食减体重的研究发现,经常进行有氧运动结合饮食结构的改变(减少摄入的能量密度),可有效地减少体脂成分,减轻肥胖。通过限制饮食或增加身体活动,或两者结合可达到降体脂和体重的目的。重度肥胖的人,在实行长期严格的限制卡路里摄入时,运动所致的体内能量缺失比单纯限制饮食效果好,降体重量多,可保持瘦体重不丢失,运动耐久力增加。

(一) 运动减脂的好处

1. 增加热能消耗量

脂肪的动用和释放有滞后时间,所以仅在小强度长时间的运动中充分动用。

运动锻炼期间身体成分的变化取决于运动及热量摄入变化引起的热量亏损。通过对正常人和肥胖者运动锻炼的研究,可得知运动锻炼后身体成分只发生轻微的变化,并且与训练强度、频度等有关。有关专家们还研究了肥胖和正常妇女能量消耗对摄食和身体成分的影响,发现肥胖妇女没有因能量消耗增加而增加摄食,呈能量负平衡和体重减轻。而体重正常的妇女因能量消耗增加而增加摄食,以维持其能量平衡和保护肌肉、脂肪及总体重。

高脂饮食条件下运动可增加 24 h 内睡眠能量消耗。一些研究发现,数周至数月的运动增加睡眠能量消耗。甚至当饮食脂肪含量为 37%~50%时,一次急性运动后睡眠能量消耗也增加。

另外,运动所致的能量消耗增加,在女性身上并未导致食欲增加、能量摄入增加,反而可抑制饥饿感,延缓进食时间。

2. 影响安静代谢率(RMR)及生热作用

RMR 的主要决定因素是瘦体重(LBM)的大小，一般瘦体重 RMR 低是肥胖的高危因素。肥胖者单位体重的 24 h 能量消耗低于正常人。身体成分发生改变时，RMR 可能随着运动锻炼发生改变，降体脂而保持瘦体重，RMR 会增加，24 h 能量消耗也增加。一次运动后耗氧量可持续增高 48 h。运动对进餐后产热反应影响的研究发现，瘦者的餐后产热增加，而肥胖者无显著变化。肥胖者对寒冷刺激的生热作用下降，耐力训练有一定的改善作用。

3. 使能量消耗和能量摄入准确适应，利于保持脂肪平衡

运动可减轻从低脂到高脂饮食所造成的正脂肪平衡。卡路里饮食脂肪含量从低脂到高脂，出现正脂肪平衡，促进体内脂肪积累。身体活动可加快脂肪氧化，限制身体脂肪积累。

长期中等强度的运动，可增加脂肪(碳水化合物)氧化能力，在同等能耗水平工作，有训练者比未训练者脂肪代谢比例增加，如 12wk 训练(一种国际上的训练方法)可增加 20%的脂肪代谢比例。有规律的中等强度运动，自由进食，40%饮食脂肪，不会引起过剩脂肪积累；而不运动，将处于正脂肪和能量平衡，有极大超重和肥胖危险性，20%饮食脂肪时即达脂肪代谢平衡。

研究还发现，运动可抑制过度进食引起的细胞数量增加。Applegate E.A.等对大鼠的研究发现，运动虽不能减少脂肪细胞的数量，但可完全阻止高脂膳食引起的脂肪细胞数量的增加，并减少脂肪细胞体积的增加。

4. 改善心血管、呼吸、消化系统功能，保持瘦体重，防止减体脂后的体重反弹

男子降体重后保持 3 次/周，500 kcal/次，35～60 min 的有氧运动可使体重反弹最少。因为每次运动后，人体基础代谢升高的时间可持续 24 h，所以每两天运动 1 次就能使人体的基础代谢率不致减缓，此时如果配合饮食控制，人体内多余的脂肪就会被有效燃烧掉。动物实验和人体实验都表明，对于女性，运动不易改变能量平衡。无运动习惯的女性，运动对降体重后减少体重反弹也有效。停止运动体重会恢复反弹。

5. 改善肥胖内分泌失调

运动减体脂可产生对肥胖有益的代谢适应。提高交感神经系统活性和胰岛素敏感性，增加肌肉葡萄糖摄取及脂肪组织中的能量贮备和转运能力。运动使肌体易于保持能量平衡。

肥胖者普遍存在交感神经活性下降、胰岛素敏感性下降、胰岛素抵抗、葡萄糖经肌细胞膜的转运减少等问题。经常进行身体活动，可刺激交感神经，提高交感神经系统活性，使脂肪组织对儿茶酚胺的脂解作用加强。严重肥胖者存在胰岛

素抵抗，肥胖和胰岛素抵抗是 II 型糖尿病的高危因素。进行有氧运动可通过提高肝细胞、脂肪细胞和肌细胞膜胰岛素受体结合容量，提高胰岛素敏感性，减轻胰岛素抵抗。

6. 防止或减轻肥胖合并症

有规律的运动可防止或减轻肥胖合并征，对减轻减肥综合征的某些生物学和行为学特征也有重要作用。

此外，研究还证明，体重减少 1%，收缩压和舒张压可分别降低 1mmHg 和 2mmHg。一些闭经的肥胖妇女减肥成功后，月经功能有可能恢复正常。当减掉过多体重后，肥胖儿童肝脂肪变性综合征将最终消失。在社会心理方面，减肥成功者的社会交流能力、焦虑、抑郁及精神健康状态将发生明显改善。

(二) 运动与脂肪代谢的关系(分解代谢)

体内脂肪首先分解为甘油和脂肪酸。1 g 脂肪在体内氧化产生 37.65 kJ(9 kcal) 热能。甘油可经一系列反应步骤，最后经糖代谢途径氧化。脂肪酸在体内经 β 氧化逐步释放大量能量供 ADP 再合成 ATP。反应过程简式为

$$脂肪 \to 脂肪酸 \to 乙酰辅酶 A \to 三羧酸循环 + O_2 \to CO_2 + H_2O + ATP$$

除脑组织外，大多数组织都有氧化脂肪酸的能力，尤其以肝和肌肉最为活跃。

在长期饥饿、剧烈运动(长时间运动)或应激情况下，脂肪动员加速，肝内酮体生成与输出增多，骨骼肌等组织对酮体的氧化加速，可抑制骨骼肌等组织对葡萄糖的摄取和利用，使血糖充分供给大脑(这对维持肌体工作能力有重要意义)。

若脂肪合成大于脂肪分解，则脂肪积蓄于人体内就会发生肥胖。

(三) 运动中脂肪代谢的特点

(1) 动员(分解)较慢。即使是运动水平较高的人也需在持续运动 20~40 min 后才可能动用部分脂肪供能，一般人常在运动 2~4 h 后，体内糖原贮备降低的情况下，血浆游离脂肪酸(FFA)才成为收缩肌的主要供能物质，此时血浆 FFA 才达到峰值水平。

(2) 长时间运动后期(如越野跑、马拉松后半程)，肌肉氧供应充足，可利用的 FFA 浓度增加，抑制了肌肉摄取葡萄糖，所以脂肪供能占总能耗的 90%左右。

(3) 短时间剧烈运动时，脂肪分解受到抑制。因为糖代谢利用增加，血乳酸水平增高，脂肪组织成分分解减少，导致肌肉摄取和利用 FFA(游离脂肪酸)减少。

总之，脂肪供能特点是：随运动持续时间延长而脂肪供能增多(减肥)；随运动强度增大而脂肪供能减少(长壮)。

(四) 运动对脂肪代谢的影响

(1) 优秀长跑(包括马拉松)运动员以 70%的最大吸氧量强度运动 1 h,其 75%的能量来自脂肪氧化分解供能(是指在 1 h 的运动中有 75%的供能来自脂肪,而不包含 1 h 之后)。

(2) 运动可改善血脂异常。血脂异常指血浆总胆固醇(TCH)、低密度脂蛋白(LDL)及甘油三酯(TC)升高,高密度脂蛋白(HDL)降低等。

(3) 减少体脂积蓄。运动提高脂肪酸(LPL)活性,促进脂肪水解,加速 FFA 氧化供能。

(五) 运动的形式、内容和方式

用于降低体重的运动应以中等强度(体质差者采用小强度)、较长时间、动力性、全身性的有氧运动为主,辅之以力量训练和柔韧训练(运动形式);需要大肌肉群参与,如走、跑、游泳、骑车、有氧舞蹈和健身操等。

各种运动形式都有各自的优缺点,如走、跑虽方便易行,但耗时枯燥及下肢负担重;坐位或卧位骑车(采用功量计),下肢不着地,膝关节负担轻,且可调节运动量,并在室内进行,但需设备,且有坐久或卧久后体位不适,还有固定体位运动的热传导差及枯燥等问题;有氧舞蹈及健身操是一种良好的运动,既是全身性活动,又可提高健身者兴趣,易于坚持,但可能需要经费投入。

此外,身体状况好的练习者还可选择跳绳,每天在进行其他运动的同时跳绳 10 min,其效果相当于 500 m 健身跑的功效。游泳对减肥也有效果,每周 3~4 次,每次不少于 20 min;还有各种球类、游戏和气功等也可能达到减肥的目的。

减肥运动中为什么要进行肌肉力量训练呢?一是修塑健美的形体,完美的身体曲线除力量训练外,别无他法。二是增加和保持瘦体重。本节已提到在节食减去的体重中,肌肉组织占 35%~45%,有研究报告,即使是温和的节食减肥也会减少瘦体重的 25%。三是肌肉含量增加可提高人安静状态下的代谢率,如果通过力量训练增加了 1 kg 肌肉,在不运动时也会每天多消耗 100~200 kcal 热量,这其中也包括脂肪的消耗。这正是在现代减肥运动处方中,常常首先安排力量练习的缘故。

(六) 运动的时间和频率

每次运动持续 30~60 min(每次活动能量消耗为 300 kcal 左右),每周至少运动 3 次,也可早晚各锻炼一次。减肥者每天坚持运动则效果最佳。建议减肥者每次持续运动时间最好不要少于 40 min(水平较高者可达 90 min 左右),因为运动中脂肪代谢的特点是分解较慢,常在运动 2~4 h 后,即便是训练水平高的人,在持续运动 20~40 min 后才可能动用游离的脂肪酸提供热能。美国运动医学研究显示,有氧运动前 15 min,由肌糖原供能为主,脂肪供能在运动 15~20 min 后才开始,运动 20 min 内基本不减脂肪。运动 30~60 min 时由糖原和脂肪同时供能，脂肪供能达 40%~70%。运动 60~90 min 时，消耗的能量大部分由脂肪提供，脂肪供能所占比例可达 90%以上。故此，减肥者每次持续运动时间不可少于 20 min，但也不要超过 120 min。

关于减肥运动最佳锻炼时间的选择，健身专家有三种建议。

(1) 一种建议认为，每天下午 4 点至晚上 9 点，即 16~21 时运动为宜，19~20 时最佳。因为晚餐后即 19~20 时锻炼，可以消耗晚饭摄取的能量，防止吃饱后睡觉时能量的堆积，同时消耗掉一天多余的热量。

(2) 一种研究证实，晚餐前 2 h，即每天的 16~18 时锻炼最佳。有人通过人体实验比较了每天的 16~18 时与 19~20 时这两个时间段的减肥效果，证实晚饭前跑步与晚饭后跑步都有减肥效果，但晚饭前跑步的减肥效果明显好于晚饭后跑步的减肥效果，前者在 60 天内体重指数比后者多下降了 2.66。其原因可能有如下 3 种。

① 晚饭前运动时，会动员脂肪供能，降低了运动对含脂类、糖类食物的食欲，使人们较容易减少能量质的摄入。

② 晚饭前跑步，由于运动负荷的增加，不但提高了身体机能，也有利于睡眠的改善和脂肪的代谢。

③ 由于晚饭时间相对延后，使睡眠前的饥饿期相应延迟到睡眠期内，不仅避免了饥饿感的痛苦，还再次动员了脂肪供能。

(3) 一种观点认为，早饭前锻炼最佳。因为早饭前锻炼，其消耗的热量约 2/3 来源于脂肪，这是因为人在长达近 10 h 活动后(睡觉同样要消耗能量)，早上起床后是空腹，体内储存的糖原已被消耗殆尽，运动时无"原料"供应，只有靠分解脂肪供能。所以锻炼效果最好。但注意起床时先喝上一杯温开水和吃少量食品。因为，长期在早晨进行空腹锻炼可能出现下述问题，一是空腹跑步时胃里没有吸收一定的糖分，会因跑步而产生脂肪酸，使胃液分泌旺盛，甚至可能导致胃痛和十二指肠溃疡；二是空腹跑步不仅会增加心脏和肝脏负担，而且极易引发心律不齐，导致猝死，尤其 50 岁以上的中老年人，由于利用肌体内游离脂肪酸的能力比年轻人低得多，因此发生意外的可能性更大；三是可能导致结石病和低血糖。故建议早晨锻炼不可起得太早，早餐时间也不宜晚于 8：30。

总之，晚饭或早饭前跑步可使减肥进入良性循环状态，即增加了运动量(即能量的消耗)，又减少了能量物质的摄入，所以减肥效果更好。但有研究证实，不论早上或晚上锻炼，其消耗的能量是一样的。

(七) 运动的强度及监控(靶心率)

运动强度是运动处方的四要素(其他三要素是运动形式、时间、频率)中最重要的一个因素。一般用运动中的心率反映运动的强度，准确测量 10 s 的脉搏乘以

6 即代表运动中的每分钟心率。在有氧运动中,减肥运动的强度应为最大吸氧量(VO_2 max)的50%~70%或最大靶心率的60%~70%(青少年人可达75%)。在此负荷强度范围内运动,脂肪氧化的绝对速率处于理想状态,即此时脂肪燃烧最快。

通过实验发现,能强身健体的合理运动负荷是本人最大运动心率值的65%~85%之间(减肥者为最大心率的60%~70%)。计算方法详见健身健美运动锻炼效果的测量与评价一章。运动强度的判断也可参照表10-9进行。

表10-9 运动强度的判断

运动强度	相当于最大心率的百分数(%)	自觉疲劳程度(RPE)	代谢当量(MET)	相当于最大吸氧量(VO_2max%)
低强度	40~60	较轻	<3	<40
中强度	61~70	稍累	3~6	40~60
高强度	71~85	累	7~9	61~75
极高强度	>85	很累	10~11	>75

目前在健身运动中应用较多且较简便的是靶心率(THR),运动强度可根据锻炼时的心率、梅脱(梅脱是另一种计量单位,即代谢当量比值 METs,是指运动时的耗氧量(能耗量)与安静时的耗氧量的比值)及主观感觉程度(如自觉疲劳分级 RPE)等进行量化。

近年来,美国运动医学会与美国疾病预防控制中心(CDC)联合推出了一个新方案,采用的是3~6梅脱的运动强度(1 min内每千克体重耗氧3.5毫升就是1梅脱),3~6梅脱相当于40%~75%最大心率,每次运动30 min,每周运动7次。这种低强度的运动负荷更易于被肥胖者接受和坚持。

还有一种是靶心率范围法。靶心率(target heart rate)是运动中能获得最佳效果并能确保安全的心率。近年来,适宜运动强度的确定采用靶心率范围,而不是单一训练时心率值,如一名40岁的男子,安静心率为75次/min,最高心率为(220一年龄),即等于180次/min。靶心率范围法的计算方法示例如表10-10所示。

表10-10 靶心率范围法

	靶心率下限	靶心率上限
最高心率	180	180
安静时心率	60	60
心率贮备=最高心率-安静时心率	120	120
适宜强度%=60%~80%的贮备心率	120×60%=72	120×80%=96
靶心率范围=适宜强度+安静时心率	72+60=132	96+60=156

日本池上教授认为，心率过低，对肌体无明显影响；心率过高，易产生疲劳与运动伤病。因此，最佳心率范围如下。

男 21~30 岁(女 18~25 岁)：150~160 次/min
男 31~40 岁(女 26~35 岁)：140~150 次/min
男 41~50 岁(女 36~45 岁)：130~140 次/min
男 51~60 岁(女 46~55 岁)：120~130 次/min
男 61 岁以上(女 55 岁以上)：100~120 次/min

也可依据表 10-11 选定适宜心率范围。

表 10-11　各年龄组运动强度与心率的关系

运动强度/(%)	100%		80%		60%		40%		20%	
性　别	男	女	男	女	男	女	男	女	男	女
10(Y)	202	195	174	168	146	141	117	114	88	87
20(Y)	195	168	168	161	141	136	114	110	87	85
30(Y)	188	175	162	152	137	129	111	106	86	83
40(Y)	181	165	157	144	133	123	108	102	84	81
50(Y)	175	155	152	136	129	117	106	98	83	79
60(Y)	168	146	146	127	125	112	103	94	82	77
70(Y)	161	136	141	121	121	106	100	90	80	75

研究证明，持续运动 30~60/min，用最大靶心率的 50%的负荷强度锻炼，每分钟可燃烧 7 kcal 热量，且 90%的热量来自脂肪；而用最大靶心率的 75%的负荷强度锻炼，每分钟可燃烧 14 kcal 热量，约 60%的热量来自脂肪。可见低强度长时间的有氧运动更有利于减肥。

(八) 不同减肥方法对肌体的影响

采用运动措施结合减少膳食的热能摄入量来减轻体重有很多优点。例如，在增加运动量后使热能的消耗量增加，即可使膳食热能的限制减少。此外，运动可使瘦体重增加、心血管机能改善、胰岛素的敏感性提高及对心理和精神产生良好的影响，并可免除单纯采用限制饮食减肥所引起的代谢合并症及副作用(见表 10-12)。

有研究证明，在只是单独限制饮食降低体重时，减少的体重当中 35%~45% 是瘦体重而不是脂肪的重量。看来，要降低体重，限制饮食也可达到，但要健康、要健美，锻炼才是更重要的生活方式。结论只有一个，运动为主，节食为辅(两者结合)是降低体重的最佳方式，燃烧脂肪只能靠运动。

表 10-12　不同减体重措施的比较

观察指标	单纯控制饮食减体重	运动+少量限制膳食
心脏血管呼吸机能	减弱	改善
营养缺乏情况	容易发生	一般不会发生
瘦体重	减少	增加或保持
体脂	少量减少	减少较多
胰岛素敏感度		提高
生热作用	减少	增加或不变
生理及精神状态	压力大	改善
体力	下降，无氧工作能力降低	肌肉工作能力改善，耐力提高，肌肉力量增加
副作用	可发生代谢紊乱	一般无副作用
减体重计划	不易坚持，效果不持久	容易执行和坚持

五、药物减脂方法

药物减肥一般不宜提倡，但有时药物在肥胖的治疗中有其他手段不可替代的作用，尤其是肥胖可引起的多种并发症，严重危害健康，应用药物可减少肥胖并发症。目前应用于肥胖者降体重的药物主要有以下几种。

(一) 抑制食欲的胺类和拟5-羟色胺类药物

这类抑制食欲的药物其中包括酚氟拉明和D-酚氟拉明，许多情形下其治疗肥胖效果良好，由于发现其有损害心脏瓣膜的作用，一些国家禁止使用，但也有研究认为，合理的短期使用不会造成心脏瓣膜损害。不远的将来 Sibutramine 和 Orlistat 将被广泛应用。Sibutramine 是一种新型的 5-羟色胺和肾上腺素再摄取抑制剂，是拟 5-羟色胺和儿茶酚胺类药物，在美国已用来治疗肥胖，效果良好。Orlistat 是一种胃肠和胰酶抑制剂，可减少食物中营养成分的吸收。

(二) 促进代谢的生热药物

促进代谢的生热药物有多种，其中包括麻黄碱、咖啡因、甲状腺素和生长素等，还包括一些刺激棕色脂肪组织的生热药物。

研究发现，在极低卡路里饮食降体重时，使用生长素可保持瘦体重不丢失。肥胖妇女(BMI>32)极低卡路里饮食减体重期间，使用生长素后瘦体重显著高于对照组，且4周后尿素排出量显著下降，但体脂并无显著性的降低。

β3-肾上腺素受体激动剂通过 BAT 介导产生生热作用，CL316.243 对啮齿动物肥胖模型有显著的降体重作用。对人类其抗肥胖作用的研究发现，服用 1 500 mg/天的剂量，对非肥胖男性的能量消耗无影响，但可刺激脂肪氧化，24 h 后 RQ 降低。BRL26830A 也作用于棕色脂肪组织，增加生热。LY104119 和 LY79771 可增加棕色脂肪组织内 cAMP 含量，来刺激脂肪分解。

(三) 其他

肥胖蛋白(Leptin)、神经肽 Y(NPY)颉抗剂、阿片颉抗剂和其他一些作用于神经内分泌途径的药物可应用于治疗肥胖。

肥胖蛋白是作用于中枢神经系统控制身体脂肪量的脂肪细胞反馈信号。LY355101——新型的抗肥胖蛋白类制剂，是重组的肥胖蛋白，可与肥胖蛋白受体作用，经人体实验发现，其半衰期短，清除快。健康人皮下吸收 LY355101 受身体体积大小影响，但测试餐后未表现急性作用效果。

目前也正不断发现一些通过调节肥胖基因实现减体脂作用的方法。研究发现，γ-亚麻酸可使人类低卡路里饮食降体重后的体重增加幅度减小。对于肥胖的动物和人，其细胞膜缺少花生四烯酸。给基因肥胖的动物喂食 γ-亚麻酸，可增加肝脏内花生四烯酸的产生，从而抑制体重增加。花生四烯酸对人类也有同样效果，它的代谢改变对肥胖基因就有下调效果。

今后，还可能有抗生脂作用和抗脂肪细胞的药物用来治疗肥胖。随着基因技术的发展，人为地改变基因也可能是治疗肥胖的有效方法。

第五节　体重控制与减肥塑身新理念

一、低 GI 食物减肥法

(一) 何谓 GI

GI 是"食物血糖生成指数"的英文缩写。食物血糖生成指数是指 50g 碳水化合物的食物与相当量的葡萄糖在一定时间(一般为 2 h)体内血糖反应水平的百分比值，反映食物与葡萄糖相比升高血糖的速度和能力。有时也称"升糖指数"。通常把葡萄糖的血糖指数定为 100。一般而言，食物血糖生成指数大于 70 为高 GI 食物，小于 55 为低 GI 食物，55～70 为中 GI 食物。专家们提出用"食物血糖生成指数"的概念来衡量某种食物或膳食组成对血糖浓度影响的程度。最初食物血糖生成指数适用于糖尿病患者选择富含碳水化合物类食物的参考依据，现在也广泛用于肥胖者和代谢综合征患者的膳食管理及健康人群的营养教育中。

而 GI 值指的是，当我们将食物吃进体内后，(相对于吃进葡萄糖时)使血糖升高的比例。简单来说，越容易使血糖快速上升的食物，其 GI 值就越高，像糖类和淀粉类是属于高 GI；反之，使血糖上升速度较慢的食物，其 GI 值就越低，像油脂类和蛋白质属于低 GI。

如何由吃低 GI 食品来达到减肥的效果，这和胰岛素的分泌有极大的关系。我们在吃下糖类、淀粉类等 GI 值高(升糖指数高)的食物后，血糖就会快速升高，促使胰脏分泌胰岛素来降低血糖浓度，将之转换成为生活中所需的能量，但是如果摄取了过多的糖类、淀粉类食物时，胰岛素会将多余的糖类转换成脂肪，储存在体内，就容易导致肥胖了。所以当我们吃进 GI 值低(升糖指数低)的食物，减缓血糖上升的速度，胰岛素的分泌量减少，也减少脂肪的形成和堆积，这就是所谓的"低 GI 饮食法"，也称为"低胰岛素减肥法"。

(二) 如何选择 GI 低的食物

豆类(如豌豆等)、乳类、燕麦(含麦芽糊精)、蔬菜(含烤土豆等)、水果(如苹果、桃)等纤维含量高，都是低 GI 值食物，魔芋粉的血糖生成指数只有 17，在几乎所有食物中是最低的。而葡萄糖、蔗糖、蜂蜜、葡萄干、白面包、馒头、香蕉、玉米片、米饭、蛋糕、饼干、冰淇淋、甜点等则属于高 GI 食物，通心粉、面条、麦片粥、橘子、黑葡萄、绿葡萄等属中 GI 食品。谷类、薯类、水果常因品种和加工方式不同，特别是其中的膳食纤维含量发生变化，而引起 GI 的变化。此外，选择未经过太多烹调手续和较少调味、添加物的较粗糙的食物，少吃过于精致的食物，也是一种挑选低 GI 食物的方法。

(三) 过量食用 GI 低的食物也会长胖

很多人对低 GI 食物有误解，认为低 GI 的食品是吃不胖的，可以尽情享用，但事实上并非如此，如果吃了过量的低 GI 食物，其总热量还是很高，一样会造成发胖的结果。所以必须在固定的食物总热量范围内，重新组合食物的品质(GI 值)而非食物的量，才能有效发挥低 GI 的减重功效。因此除必须选择低 GI 的饮食外，还必须控制食物的总热量。

还有人说"低胰岛素减肥法"是人性化的减肥方式，认为它不需要特别的运动，更不需要忍饥挨饿，就可以达到减肥的效果。其实，这种为糖尿病患者以饮食的方式来控制血糖而设计的饮食疗法，并不一定适合当作塑身减肥的理想方式。减肥塑身还是要靠长期的运动，才能维持良好的身材，并在全身性有氧运动+肌肉负荷训练+局部训练(体形修塑)+伸展性训练的基础上结合饮食调控才能收到最佳效果(即获得健美的体形或理想的曲线)。而科学平衡的膳食只是减肥塑身和健美方法中最重要的因素之一。

当然"GI 减肥食谱"在某种程度上也有一些进步的意义，但更多是体现在提倡健康时尚的生活方式上。专家们认为仅仅靠吃低碳水化合物还不行，仍要配合低热量、低饱和脂肪酸的食物，多吃蔬菜水果，减少咖啡因的摄入，保证良好的睡眠，缓解压力，让人想吃东西才行。"GI 减肥食谱"还要求食用者坚决不吃糖，不喝果汁而吃水果，永远不要吃果泥、蔬菜泥，吃生的蔬菜，不吃奶酪，不摄入咖啡因，每 3 h 吃一次东西，以避免低血糖等，这些方法也有一定借鉴作用。

(四) 低 GI 食物减肥法和节食减肥法的不足

长期的低 GI 食物减肥法和节食减肥的主要不足在于，单纯节食减去的体重中，肌肉组织占 35%～45%，虽然节食可能使身体各部位围度缩小，但很难改变身体的曲线，只有力量练习再配以有氧运动才可以减少肌肉组织的丢失和修塑健美的形体和曲线。此外，如果长期采用低糖饮食，当葡萄糖耗尽，脂肪便以酮体形式提供能量，长此下去还会导致摄入过多的胆固醇和脂肪，久而久之更会导致心脏功能的衰竭。

二、天天吃早餐更苗条，不吃早餐倒发胖

据美国《小儿科》杂志最新(2008 年)报道，美国明尼苏达大学公共卫生学院的一项新研究发现，与不吃早餐的孩子相比，有规律进食早餐的青少年体重更轻、锻炼更多、饮食更健康。研究人员对美国明尼苏达州明尼阿波利斯圣保罗地区的 2 216 名青少年进行了研究，对他们的饮食模式、体重及其他生活方式展开了为期 5 年的跟踪调查。研究结果表明，早餐越有规律的孩子，其体脂指数越低。总是不吃早餐的孩子比每天吃早餐者平均体重高出大约 2.3 kg。

研究人员指出，美国大约有 25%的孩子经常不吃早餐，导致年轻人肥胖率日益升高。皮雷拉教授的理论解释是：早上吃饱肚子，孩子们在一天里可以更好地控制食欲，防止中餐及晚餐时暴饮暴食，有助于控制体重，保持身材。

三、主食吃得太少不利于减肥

米饭和面食等重淀粉食物含碳水化合物较多，摄入后可变成葡萄糖进入血液循环并产生成能量。很多人为了减少高血糖带来的危害，往往想到去限制主食的摄入量。特别是在美国阿特金斯教授提出低碳水化合物可快速减肥之后，就流行起了一种不含碳水化合物的减肥膳食"理论"。另外，有一些女性为了追求身体苗条，也很少吃或几乎不吃主食。要知道，淀粉能保护人体不受病菌感染，能预防心脏病和癌症。因此我们的食谱上必须有面包和米饭，因为大米中含有近 80%的淀粉，但脂肪含量极低。每 100 g 熟米饭的热量降低到 120 kcal 左右，糖含量仅占 25%，只相当于一个半苹果所含热量。如果把大米做成稠粥，则一份米要加 5～

6倍水,所含热量更低,除非在米饭中加入含油脂的配料,如炒米饭等。有人将下列食物提供的热量(kcal/100g)作过比较,其数据分别是:米饭 116 kcal、馒头 221 kcal、瘦肉 143 kcal、肥瘦肉 395 kcal、鸡蛋 147 kcal、豆腐 81 kcal、牛奶 54 kcal、花生米 546 kcal。看来,在主食中米饭所含热量并不高,在正常食量下,米饭也并非令人发胖的食品,米粥更是低能量食品,而且精米比粗米所含的热量更低。不少减肥者对米饭刻意回避,常常在午餐、晚餐时,只吃菜不吃饭,这是一种极大的误区。菜里含有油脂,热量更高,长期这样,反而会引起肥胖。况且,有的人用面包、饼干、蛋糕之类代替主食,殊不知它们才是真正的高热量食品。中老年人要特别注意,每天的主食必不可少,也可以每天吃 80 g 扁豆或土豆。

碳水化合物是人体不可缺少的营养物质,在体内释放能量快,是红细胞唯一可利用的能量,也是神经系统、心脏和肌肉活动的主要能源,对构成肌体组织、维持神经系统和心脏的正常功能、增强耐力、提高工作效率都有重要意义。正常人合理膳食的碳水化合物提供能量比例应达到 55%～65%。过去医生给糖尿病患者推荐的膳食中,碳水化合物提供的能量仅占总能量的 20%,使患者处于半饥饿状态,这对病情控制不利。随着科学研究的深入,现在已改变了这种观点,对糖尿病者逐步放宽碳水化合物的摄入量。目前在碳水化合物含量相同的情况下,更强调 GI 低的食物。

前些年在美国流行阿特金斯低碳水化合物减肥膳食,在起初阶段就可快速减轻体重的原因是加快了体内水分的流失,其后这种膳食减少体内脂肪的作用与其他低能量膳食没有差别。这种减肥膳食有更明显的副作用,可导致口臭、容易腹泻、疲劳和肌肉痉挛,更重要的是增加了患心血管疾病的危险,使糖尿病患者更容易发生并发症。

许多人认为碳水化合物是血糖的唯一来源,不了解蛋白质、脂肪等非糖物质在体内经糖异生途径也可转变为血糖,所以他们严格限制主食,并大量食用高蛋白质及高脂肪的食物,盲目鼓励吃动物性食物。这种做法只注意到即时血糖效应,而忽略了总能量、脂肪摄入量增加的长期危害。因此,将这个备受争议的减肥膳食模式盲目用于正常人,是不正确的,会产生很大的负面作用。

无论碳水化合物还是蛋白质或脂肪摄入过多,都会变成脂肪在体内储存。食物碳水化合物的能量在体内更易被利用,食物脂肪更易转变为脂肪储存。近年来我国肥胖和糖尿病发病率明显上升,最主要的原因是由多吃少动的生活方式造成的,并不是粮食吃得多,而是其他食物特别是动物性食物和油脂吃得太多了。

四、摄入蔬菜过量不利于健康

大家都知蔬菜里含有丰富的维生素和食物纤维,适量食用可促进肠道蠕动,发挥抗氧化作用。但摄入过多会产生三大危害。故值得那些用吃蔬菜代替吃主食的减肥者们警惕。

（一）容易形成结石

某些蔬菜含较多的草酸，如菠菜、芹菜等，与其他食物中的钙结合，容易形成草酸钙结石，对于已患有磷酸钙结石的病人，吃大量蔬菜可使结石增多，且不易排出体外。

（二）不易消化

粗纤维含量高的蔬菜，如芹菜、春笋等，大量进食后很难消化，胃肠疾病患者不宜多食。粗纤维还容易使肝硬化患者造成胃出血或食管静脉曲张出血等症状，加重病情。

（三）影响吸收

怀孕的妇女和生长发育期的儿童、青少年，大量摄入蔬菜会阻碍体内钙、锌吸收，影响孩子智力发育和骨骼生长。

（四）易导致缺铁性贫血

肥胖者如果为了节食而大量食用蔬菜，不但影响肌体摄取和吸收必须的脂肪酸和优质蛋白质，更阻碍了从荤食中吸收丰富的钙、铁和锌等营养物质，导致缺铁性贫血和缺钙。

五、国际减肥四原则

（一）不厌食

以往有些减肥药品，特别是以苯丙胺类为代表的药品就是食欲抑制剂，通过抑制食欲，减少能量的摄入，达到减轻体重的目的。尽管人们对这类药物进行了改造，尽量减小其副作用，但仍不是减肥首选手段，只有在肥胖至比较严重时，才可在医生指导下使用。

（二）不腹泻

在以往的减肥方法中，有的是通过药物泻下与增加排尿量来达到减肥的目的。泻下和利尿减肥主要是通过大量排出体内水分，使体重下降，对脂肪组织影响甚小，无助于肥胖症的治疗。众所周知，国际奥委会是禁止运动员使用利尿剂减轻体重的。

(三) 不乏力

减肥药中不仅是泻下剂使人感到乏力，而且有一类减肥药叫做能量消耗增强剂，如甲状腺素类、生长激素、二硝基酚等，这些药物副作用较大，可使人心悸、气短、乏力。所以，这类药物也应在医生指导下针对特殊肥胖病人使用，而不能作一般减肥药物使用。

(四) 不反弹

减肥控制体重的本质是不反弹。运动为主、节食为辅是控制体重的最佳方式。研究及实践证明：男子降体重后保持 3 次/周、500 kcal/次、35～60 min 的有氧运动体重反弹最少。女子每次运动持续 40～60 min，每周至少运动 3 次(也可早晚各锻炼一次)效果较好。减肥者每天坚持运动既可减肥瘦身又可塑身美体。总之，要想达到理想的体重和体脂比例及塑造健美的体形，需要养成良好的饮食习惯和坚持不懈的终身锻炼。

思考题

1. 简述肥胖的定义、危害、原因及其体重调节机制。
2. 简述肥胖的类型与部位。
3. 简述肥胖的标准及各种测评方法。
4. 试述运动减肥与饮食控制的方法。
5. 简述运动中脂肪代谢的特点及运动对脂肪代谢的影响。
6. 如何理解体重控制与减肥塑身新理念。

第11章

健身健美运动从业指导

本章提要

本章主要介绍了我国高校健身健美运动的开展情况、我国社会体育的现状和与社会体育有关的法律法规文件、社会体育指导员及健身指导员等级制度,论述了高校健身健美教师及健身健美指导员的必备素质和工作职责,分析了我国的社会体育发展现状与社会体育指导员及健身健美指导员的市场需求趋势。

第一节 学校健身健美运动专业课与选项课教师

一、高校健身健美运动的开展情况

(一)高校是现代健身健美运动的发源地

自20世纪30年代赵竹光先生在上海沪江大学创立中国的第一个健身健美组织——沪江大学健美会以来,这一个在高等学府滋生的新生事物,相继在沿海及内地的一些大、中城市得到开展。新中国成立不久,由于历史和政治的原因,随即中断。

当时间的车轮驶到20世纪80年代,复苏后的健身健美星星之火又从高校点燃。上海、广州、北京、武汉等地的高校率先恢复了健美运动,不少高校还开设了健美选修课。1983年前后,北京体育学院(现为北京体育大学)、武汉教育学院(现为江汉大学)等全国的众多高校向社会敞开大门,开办健身馆和健美培训班,在全国高校掀起了中国历史上真正意义的健身健美运动热潮,并迅速蔓延到广大工厂、社区和中、小学校,使我国群众性的健身健美运动焕发了蓬勃生机。

到了20世纪90年代,原国家教育委员会更明确规定在各大学体育课中增加了深受学生欢迎的健美教材内容(约占20%)。

近年来,清华大学等高校还举行每年一度的健身健美比赛,北京市高校和全国其他省市高校也设有大学生健身健美比赛项目,北京体育大学、西安体育学院、江汉大学、上海体育学院、山西大学、西安石油大学、成都体育学院等高校更是走在了当代中国大学生健身健美运动的最前列。今天,健身健美运动已经在各大学、中学得到了空前广泛和积极的开展,并为广大学生所喜爱,也更好地塑造了活力健康的当代大学生的形象。

(二) 高校是培养健身健美师资的宝库

1985年1月，娄琢玉先生等在上海体育学院开办了全国第一期健美教练员培训班，培养了至今仍活跃在中国健身健美科研教学最前沿的张先松、田里等教授。从那以后，全国性的健身健美师资和教练员培训班在各高校层出不穷。如今，全国几乎所有的普通高校都开设了健身健美选修或必修课，并有200余所高校开设了涉及面更广的社会体育专业，如江汉大学体育学院设置了健身健美专业方向，有的高校招收了健身健美硕士生，少量学校还培养了社会体育的博士生，为国家和社会培养了大批健身健美和社会体育的师资和骨干力量。目前担任全国社会体育指导员、健身指导员、健身健美教练员(含私人教练)、健身健美操教练员培训工作的师资，以及担任我国健身健美竞赛正副裁判长、担任国家健美队教练员的相建华、张盛海、田振华、张先松、邓玉、程路明等也都是各高校的健身健美专业教师。此外，曾担任2005年世界健美锦标赛和2006年多哈亚运会健美比赛国家队教练员并培养了我国第一个世界和亚运会60 kg级健美冠军钱吉成的相建华教授就来自山西大学。

(三) 高校是健身健美冠军的摇篮

我国的高校不仅孕育和传播了现代健身健美运动，造就了曾经引领中国时尚潮流的健身健美大师(如赵竹光、曾维琪)，培养出了遍布全国的成千上万的健身健美师资和教练，也塑造了众多名噪一时的全国和亚洲的健身健美冠军。20世纪80年代开始，全国各地众多高校创办健身馆，他们在为广大民众传道授业解惑的同时，也培养了一大批尖子运动员，如全国首届健身小姐冠军刘令妹就出自北京体育大学；全国总工会首届"华康杯"健身健美操大赛中，以武汉教育学院(现为江汉大学)为主力军的健美队就一举夺得了4枚金牌、4枚银牌，并获得全国团体冠军的荣誉；还有如今仍活跃在我国健身健美讲台的陈静、程丹彤、王丽君、张菁、魏斌、张惠明、邱亚娟等众多全国或亚洲健身健美冠军都来自大学校园。

如今，大学校园里的每一个角落都弥漫着健与美的春风，这项本来由中国健美运动的先驱赵竹光先生率先在大学校园里兴起的运动，近年来又一次次真正轰动了全国校园，赵竹光先生早年就一直期盼在中国大学生中举行健身健美比赛的理想终于得以实现。2006年11月8日—12日，在华中科技大学举行了"英派斯杯"中国大学生健康活力大赛暨首届中国全明星健身健美锦标赛，进行了男子和女子健康明星、混合健美明星、男子健美明星(只设65 kg以上和65 kg以下两个级别)及集体健康明星、集体健美明星等组别的比赛。经过激烈的角逐，江汉大学健身健美代表队夺得了男女混合双人健美冠军、健美先生冠军杯、最佳形体奖、最佳肱二头肌奖、最佳体能奖、最佳配对奖、集体健康明星赛最佳造型奖、集体健美明星赛最佳造型奖，囊括了混合健美明星赛全部奖牌，还有三位队员获得了全国校园"十大偶像"奖荣誉称号，共获金奖 14 项、银奖和铜奖 8 项，并以 22 座奖杯、42 个奖项、121 分的总分，夺得健身健美锦标赛全国省区团体总分第一、全国高校团体总分第一和本次大赛唯一的最佳团队奖，江汉大学健身健美代表队亦被同行们誉为"本次大赛中全国高校健身健美运动竞技水平综合实力最强的一支团队"。在 2008 年全国健身先生、健身小姐、女子形体健身、体育健身模特锦标赛上，西安体育学院的大学生们更是以健美的形体、完美的造型、高超的技艺和强劲的实力囊括了多枚金牌。由于众多大学生的广泛参与，使得全国及各省市的健身先生、健身小姐比赛的冠亚军几乎都被青年学子所垄断，并逐渐演变成了大学生展示健与美的专场。难怪人们常将大学誉为美的土壤和健美冠军的摇篮，把健身健美教师誉为美的种子和弹奏美的旋律的人。总之，高校为全民健身健美运动的普及和推广发挥了良好的示范和带头作用，为实践健身健美、宣传健身健美和推动健身健美运动的发展作出了贡献。

二、学校健身健美专业课教师的必备素质和工作职责

（一）必备素质

素质既指人的先天生理心理禀赋，又指后天习得文化的内化而成的素养。用教育学的观点来表述，则是指人的先天禀赋基础，经过环境和教育的影响，逐渐形成和发展起来的文化心理结构及其质量水平。素质层面或方面到底包括哪些内容，学术界至今提法不一。大体由身体素质、心理素质、思想道德素质、科学知识素质、审美素质、劳动素质及交往素质等众多要素组成。

教师素质是教师做好教学、教育工作的基础和条件，缺乏这种素质，就不能顺利完成教育任务。根据健身健美专业教师的工作特点和工作任务，从事健身健美专业教学的健身健美教师必须具备下列素质。

1. 高尚的思想道德品质

健身健美专业教师既是"人类灵魂的工程师"，又是"人类健身健美的工程师"，因此，健身健美专业教师本身应该具备完美而高尚的人格和高度的政治觉悟。

（1）热爱祖国和社会主义教育事业，坚持四项基本原则，拥护党的路线、方针和政策。

（2）爱岗敬业，乐于奉献；有使命感和责任感；热爱学生，诲人不倦；既教书又教人；以学生为本，全心全意为学生服务。

（3）具有协作精神和协调能力，能顾全大局；善于团结同志，充分发挥团队作用，能和其他教师融洽相处；严于律己，宽以待人，乐于帮助别人。

（4）做学生的表率，要求学生做到的，自己应先做到；有实事求是的科学态

度，对自己的弱点、缺点不放过，敢于在学生面前坦率承认，勇于克服。

(5) 心胸开阔，平易近人，作风正派，处事公正。

(6) 具有开拓精神和民主意识，充分发挥组织领导才能，广泛地征求其他教师和学生的意见，努力搞好健身健美专业教学工作。

2. 深厚的专业基础功底和广博的知识素养

健身健美专业教师是培养和塑造人才的人，其主要任务就是向学生传授健身健美的知识、技能和技术的同时发展学生的智力、体力和潜能，使他们形成良好的思想品德。健身健美教师工作的这种特殊性，就要求教师必须具有深厚的专业基础功底和广博的知识素养。其衡量的具体标准如下。

(1) 深厚的专业基础功底 所谓深厚是指专业教师对所教学科的内容十分精通，如对健身、健美、减肥、塑体、增高等原理和有氧、无氧、发达肌肉、休闲消遣、运动处方、饮食健身等方法，以及健身健美教学、训练、竞赛、裁判、营养、锻炼效果的测量评价与科研方法等非常熟悉和运用自如；对其重点、难点、关键了如指掌；对健身健美学科的前沿及理论与实践问题有较深的研究；对学生提出的有关问题能做出科学的回答；对健身健美运动及学科发展的历史、现状和趋势非常了解。

(2) 广博的知识素养 所谓广博是指具有宽广扎实的知识面，特别要掌握与健身健美运动相关的运动解剖学、运动生理学、遗传学、营养学、保健学、运动生物力学、运动生物化学及人体美学等学科的相关知识；熟悉教育学、心理学、体育理论、测量学及体育统计学等学科的相关知识；还必须具备一定的哲学、数学、语言文学、历史、法律、音乐、艺术等有关学科的相关知识，增加健身健美专业教师的知识含量和文学素养。

3. 极强的实践能力

21世纪的竞争是人才的竞争，说到底是知识与能力的竞争。健身健美运动是一个面向大众的事业，教师所培养的学生将面对学校、社区和广大民众，由于潜移默化的作用，教师的知识水平和能力在某种程度上一定会影响到学生能力的发展和潜能的发掘。而且健身健美学科又是一个理论与实践并重且实践多于理论的学科，故教师的实践能力十分重要。具体实践能力如下。

(1) 较强的表达能力 表达能力在某种程度上反应了教师的语言教学艺术。教师逻辑严密、简洁明了的讲解，情感真挚、富于启发的语言，再加上优美正确的示范，可极大地激发学生求知和练习的欲望。健身健美专业教师由于要进行讲解和示范，就必须具备较强的表达能力，包括口头、文字、数字和图表表达能力等，只有提高了表达能力，才能使自己阐述的观点、意见或思想更加准确、鲜明和生动。

(2) 完美的示范能力 它是人的智力转化为物质力量的关键，是健身健美教师必须具备的一种基本能力。不论是教师还是学生只懂得健身健美的技术原理，而不能做出优美正确的示范动作，那就像一个学富五车而不能立刀上马的"将军"一样，只能是纸上谈兵，健身健美教师的身教作用也就荡然无存了。

此外，健身健美教师还应具备指导学生实践和公众健身健美锻炼的能力，如根据不同人群特点、需要和锻炼目的制订锻炼计划和运动处方的能力，运动训练、竞赛与裁判工作的能力，搜集和处理信息的能力，社会交往和公共关系的能力，应变与决策能力，组织管理与创新能力，观察与判断能力等。健身健美专业教师在教会学生学习的同时，自己也应不断地勤奋学习、积累知识、积极参与、勇于实践，并树立终生学习的思想，不断提升自己的执教能力。

4. 健全的身心素质

身心素质的内涵包括健全的体魄和健康的心理素质。作为集"人类灵魂工程师"和"健身健美工程师"于一身的健身健美使者，其健壮的体格和健美的体形，无疑是教师从事教学训练的前提条件之一。而优秀的健身健美教师所具备的崇高的理想、坚定的信念、高尚的品德和完善的个性，以及充沛旺盛的活力、积极乐观的心态、锐意进取的精神、克服与战胜困难的信心等，都是吸引学生学习和锻炼的强大动力。

(二) 工作职责

健身健美专业教师是学校健身健美教学工作的主要执行者和组织者。健身健美专业教师的工作职责是指作为一个健身健美专业教师分内应该做的工作，它是评价该专业教师工作的依据。

上好健身健美专业课是健身健美教师的基本职责。具体说，就是根据健身健美教学计划、教学大纲和教科书，教授学生掌握健身健美的基本知识、基本技术和技能，发展学生智力、体力和潜能，培养学生的能力与创造性思维，进行相应的思想品德教育，使学生在德、智、体、美等诸方面都得到发展。根据教师的基本职责，主要提出以下工作标准。

1. 教学文件齐全，认真备好每一节课

主要表现在能认真钻研健身健美教材，并根据健身健美教学大纲和学生实际制订切实可行的教学进度；课备得好，教案齐全、详细；传授知识、技能、技术，发展智力、体力、能力，进行思想教育的目的和任务具体明确；重点、难点、关键清楚；教学方法手段和教具选择恰当，并有一定数量自己制作的教具、图表或多媒体课件；教案内容经过自己的重组和加工，而不是教科书内容的重抄。

通过一本完整的教案，就能透视出健身健美专业教师知识结构的网络化程度和一定的教学技巧水平，这是说明教师掌握的知识不是一堆零散的知识，而是带有创造性的、规律性的、网络化的知识体系结构，也就更有利于学生德、智、体、美的全面发展和知识、能力、素质的协调发展，为宽口径的教学打下良好基础。

2. 全身心投入课堂教学

平时能坚守教学岗位，提前准备场地器材和教具，着装适当，准时上课、下课，不任意缺课、串课，对所误课时能及时补上；能严格执行教学大纲，恰当掌握教学进度；针对健身健美教学特点和学生实际，重视多样化、个性化、特色化的教学；重视启发式教学和多媒体电化教学手段的运用；重视运用实验、演示、动作示范等手段；板书有计划，字迹工整；重视实践练习环节；运动量安排合理；布置作业的数量恰当，内容具有典型性和代表性；课后有评注和小结。

3. 重视对学生的学习辅导

主要表现为能够确定专门辅导时间，并根据学生的文化技术水平、身体特点和素质差异等情况，有针对性地安排辅导，给学习好的学生加量，给学习差的学生补课，使全部学生都能完成教学任务；指导学生科学的学习(包括锻炼)方法；对每个学生的学习进行讲评，纠正错误，给学生提出以后应注意的问题；对学生的课外锻炼进行检查和指导。

4. 积极组织和指导学生的校外实践活动

技能技术的掌握除练习外，主要是运用。健身健美专业教师应经常组织学生参加健身俱乐部和基层的健身健美活动，参加训练、竞赛和裁判实(见)习活动，并能帮助学生制定活动计划，指导学生选择活动内容，联系实(见)习点，适当参与活动，使学生在实践活动中增长知识和才干。

5. 重视对学生进行学习质量的检查和评定

理论考试的重点在于掌握健身健美的原理、方法和基础知识；技术动作考试重在掌握健身健美动作的示范标准、要领讲解等准确程度；素质测定应兼顾力量、速度、耐力、柔韧和协调等项目；能力考查应重视学生试教能力、制订锻炼计划和健身运动处方的能力、编操带操能力、组织指挥队列能力及裁判工作能力等。此外，还应将学生平时的表现、考勤及作业等情况作为检查评定的内容之一。

考试题目和内容应该既符合教学大纲的要求，又做到基础知识、基本技能、技术和智力方面的内容各占一定比例，考题出完后必须同时写出标准(参考)答案，作为评卷的依据；监考认真负责，严肃考场纪律；评分按照标准答案，客观公正；考试结束后，能对考卷进行认真分析，写出质量分析报告。

三、学校健身健美公共体育选项课教师的必备素质和工作职责

(一) 必备素质

随着我国高等学校教育改革的不断深化和发展,高校公共体育课程的教学也突破了传统的教育模式的束缚,开始向着基础化、选项化、多样化、个性化、小型化和特色化的方向发展,对学生进行分项上课也渐成趋势。让学生根据自己的兴趣、爱好、能力和发展需要选项上课,使学生能较系统扎实地掌握一项或几项运动技能,并养成习惯,以便于学生长期坚持锻炼,这不但提高了公共选项课的教学质量和效果,还由于学生所选运动项目大都是自己所钟爱的运动项目,就使得学生养成终身体育锻炼的习惯成为可能。但同时也给健身健美教师的素质提出了更高的要求。

从事公共体育健身健美选项课教学的健身健美专业教师与从事健身健美专业教学的健身健美专业教师相比,有其显著的不同点,那就是教学工作对象更广泛,授课的班和学生更多,工作的影响面更大,其劳动的范围和效益也更具基础性、普及性和社会性。

根据公共体育健身健美选项课教师的工作特点和工作任务,公共体育健身健美选项课教师的必备素质应当包括优良的思想品德、广博的知识素养、全面的能力素养和健美的体魄等四个方面。

1. 优良的思想品德素质

合格的公共体育健身健美选项课教师必须具备与其职业相适应的基本的思想品德素养,这包括正确的政治方向、坚定的理想信念、牢固的专业思想、朴实的工作作风、全面的爱生情怀、高尚的道德品质、健康的思想情操等。

2. 广博的知识素养

根据公共体育健身健美选项课教师的职业特点,健身健美选项课教师应具备下列几方面的知识。

(1) 教育科学知识　公共体育健身健美选项课教师既是体育工作者,更是教育工作者,所以应当懂得教育理论,掌握教育规律,熟悉教育学、心理学、体育理论等学科的相关知识。

(2) 生物科学知识　熟悉人体的结构、机能等生理、解剖知识。掌握人体生长发育及其在运动中的变化规律,懂得一些人类遗传和营养、保健知识,是做好健身健美教学工作必备的前提。因此,公共体育健身健美选项课教师也应掌握人体解剖学、运动生理学、遗传学、营养学、保健学、运动生物力学、运动生物化学等学科的相关知识。

(3) 方法论的知识　公共体育健身健美选项课教师应掌握包括公共健身健美

教学大纲中规定的各类技术技能教材的教学法、裁判法、保护帮助法、健身健美锻炼法、不良体形体态的矫正法、减肥法、增高法、运动处方法、人体测量法和一般的数理统计法等有关方法论的知识。

为顺利进行教学,公共体育健身健美选项课教师还应具备必要的哲学、数学、语言文学、外语、美学、历史、音乐、艺术等有关学科的相关知识。

3. 全面的能力素质

公共体育健身健美选项课教师应具备教学、教育、运动和训练等方面的能力素质,同时还需要较强的语言表达能力、动作示范能力(能较好地示范大纲规定的各种健身健美动作)及社会交往和公共关系能力等素质。

4. 健美的体魄

健壮的体格和健美的体形,是健身健美教师胜任繁重的工作,使其职业活动能够顺利进行的前提条件,也是吸引学生积极参加健身健美锻炼的一种无形的感召力量,这一条是对健身健美教师提出的特殊要求。

此外,还应包括大方的仪态仪表、良好的心理素质等。

(二) 工作职责

鉴于从事公共体育健身健美选项课教学的健身健美专业教师劳动的特殊性和工作的基础性与广泛性特点,决定了其履行工作职责的特殊性要求。主要内容如下。

(1) 努力完成好健身健美选项课的授课任务　上好健身健美选项课是公共体育健身健美选项课教师的主要职责,主要表现在能够认真钻研健身健美选项课教学大纲和教材,在了解学生基本情况的基础上,制订出健身健美选项课教学工作计划;认真备课;遵照体育教学原则,恰当运用体育教学方法,教学手段和形式新颖;理论与实践教学环节及运动量安排恰当;有较高的教学水平和良好的教学效果,并不断提高教学质量。

(2) 积极组织和开展课外健身健美活动　切实组织好早操、课间操、课外体育健身健美活动和班级体育健身健美活动;积极推行《学生体质健康标准》,指导学生科学地锻炼,提高健身健美运动技术水平;搞好业余运动队的训练指导或课外锻炼指导,组织好校内外健身健美竞赛和群众性的健身健美娱乐活动。

(3) 组织开展好学生体质与健康的测定、监控和评价工作　建立学生的体质健康测定和评价卡片及档案,促进体育工作与卫生保健工作的密切结合。

(4) 器材维护与管理　发扬自力更生、勤俭办体育的精神,自己动手制作与维修健身健美器材,协同有关部门做好场地的修建和维护、器材的选购和保管工作,教育学生爱护体育健身器材和其他公共财物。

(5) 以身作则、为人师表　严格要求自己，为学生树立楷模；对学生，特别是对后进学生做到关怀爱护、严格要求、热情鼓励、耐心说服，不放弃一个学生，全面关心学生的成长。

(6) 关心时事政治，积极要求进步　努力提高政治和业务水平，热爱体育教育事业，搞好公共体育健身健美选项课的教学工作；工作积极主动，定期总结汇报，提出体育和健身健美教学工作的意见和建议，不断开创体育工作和公共健身健美选项课教学的新局面。

第二节　健身健美类社会体育指导员

一、我国社会体育的现状与健身健美类社会体育指导员的需求分析

(一) 我国社会体育的现状及发展趋势

从1995年实施《全民健身计划纲要》以来，我国的全民健身事业取得了世人瞩目的成就。体育法规逐步完善；社会体育组织和全民健身组织网络基本形成；全民健身设施和资金投入逐年增加；各地健身俱乐部广泛兴起，群众体育健身消费逐步加大；社会体育队伍包括健身健美队伍不断壮大；群众体育健身的环境和条件有了较大改善。特别是随着人民物质文化生活水平的逐步提高及现代文明病的不断出现，使得民众的健身意识大大增强，体育人口逐年增长。由于我国大规模群众性的健身热潮的形成，也使得我国的社会体育尤其健身健美运动步入了一个崭新的阶段，并成为全民健身运动中最活跃的一部分。

有关专家还把我国社会体育的发展趋势归纳为四个方面：活动组织的社会化(单位→社会)、活动形式的生活化(余暇→闲暇)、活动内容的轻快化(锻炼→康乐)和活动方法的简易化(复杂→简单)。

(二) 我国社会体育指导员的需求分析

《全民健身计划纲要》第二期工程规划明确规定，到2010年，我国参加经常性体育活动的人口总数比例要达到40%左右，城市社区和农村乡镇必须普遍建立体育指导站，社会体育指导员数量达65万人，社会体育指导员与总人口的比例达到两千分之一，当然，这个数字离人民群众健身的实际需求还有很大差距，还需要付出很大的努力。从1995年到当前为止，虽然我国公益性社会体育指导员数量已达50万人，被批准为国家级公益性社会体育指导员的也有2709人，但事实上流失相当严重，因为有相当部分社会体育指导员本身就是各级体育组织或职能部

门的体育干部和工作人员,且不说有的是从三级升到二级,二级升一级或一级升国家级的重复培训。国家权威部门和专业人士通过调查得出结论,从事社会体育指导员工作的人员远不足参加培训人员的10%,更有卢元镇教授等权威人士估计,真正从事社会体育指导员工作的人员约占参加培训人员的5%。所以要落实并实施国家全民健身战略,实现《纲要》确定的任务目标,就必须加大社会体育指导员的培养和培训的力度,贯彻社会培训和学校培养两条腿走路的方针,其中之一就是充分发挥高等学校的"酵母"作用。

国内权威部门和专业人士根据我国未来社会发展的趋势分析和预测,按平均2 000人配备1名公益性社会体育指导员计算(减去过去90%~95%的流失率),至少还需60万人。如果按每1 000名锻炼者配备5名职业社会体育指导员计算,其需求简直就大得惊人了,因为从2006年以来,我国培养的职业社会体育指导员还不足2 000人,而我国人口早已超过13亿,随着我国体育人口比例的增加(目前我国的体育人口成人仅占20%左右,加上青少儿约占38%),其需求量就可想而知了,由此可见,职业社会体育指导员人数与我国体育人口的比例严重失调,这是一个值得我们注意的人才需求与开发动向。可喜的是,截止2008秋季为止,全国已有200余所高校开设了社会体育及相关专业,而且真正具有较高理论知识和技术、技能水平,同时取得社会体育指导员资质证书的专业学生供不应求。据悉,湖北大学的社会体育专业毕业学生,就业率达95%~100%,南方的华南师范大学等高校的体育毕业生有的一人就有3~5个单位需求,江汉大学健身专业方向的毕业生尚未毕业就被健身会所预订一空,还有相当部分学生在就学期间就在健身会所担任了兼职私人健身教练,且不少兼职私人健身教练的工资都在3 000元以上。由此可见,社会体育的市场和社会体育指导员(特别是职业社会体育指导员)、健身健美指导员的前景非常光明,任重而道远。

(三) 我国健身健美类社会体育指导员的社会需求分析

国家体育总局社会体育指导中心、中国健美协会自2000年7月开展健身指导员培训以来,截止2008年12月,共举办全国等级健身指导员培训班81期,培训等级健身指导员近万人。根据国家体育总局官方资料显示,我国现有体育健身场馆(含综合、游泳和球类等室内馆)近6万家,其中专施健身健美且注册的大、中型健身俱乐部就有18 380余家。但据我们调查,有不少经营状况非常好的独资和合资的大型健身俱乐部具有等级资质证书的健身指导员不足1/2,有的健身俱乐部甚至根本就没有获得资质证书的等级健身指导员。如果每家健身俱乐部平均需要5~6名健身指导员(含教练员),按18 000家健身俱乐部计算,全国目前至少尚缺8万名左右有健身健美资质证书的指导员。或者说,目前全国在各健身俱乐部工作的从业人员中至少有2/3~3/4的从业人员未获得健身指导员或健美教练员资质证书。由此可见,健身健美类社会体育指导员(含教练员)是有较大市场需求的。

值得说明的是,从 2006 年起,我国在原公益性社会体育指导员培训的基础上,逐步开始了社会体育指导员的职业技能鉴定工作,国家体育总局职业技能鉴定指导中心进行了部分项目的职业技能鉴定试点工作(我国现有职业社会体育指导员近 2 000 人),也有了首批国家职业技能鉴定(包括健身健美项目)考评员。这里简要介绍一下两类社会体育指导员的区别。

两类社会体育指导员的区别在于:①称呼不同——前者为公益社会体育指导员,后者称职业社会体育指导员;②管理部门不同——公益社会体育指导员由国家体育总局及各省市社体中心(或群体部门)管理,职业社会体育指导员由国家体育总局人事司职业鉴定指导中心管理;③从业人员分类不同——公益社会体育指导员主要从事组织管理和(一般)技能传授,职业社会体育指导员主要从事专业技能传授;④工作性质不同——公益社会体育指导员主要是兼职、无酬的,职业社会体育指导员是以此为职业的专业从业者,是有酬的;⑤待遇不同——公益社会体育指导员是荣誉称号,后者与职业和利益相关;⑥管理法规不同——公益社会体育指导员的管理法规主要是《社会体育指导员技术等级制度》(原国家体委 1993 年第 19 号令, 共 19 条, 从 1994 年 6 于 10 日起施行),职业社会体育指导员主要是《社会体育指导员国家职业标准》(2001 年 8 月 7 日, 由国家劳动和社会保障部正式颁布, 并在全国范围内实施), 且两个管理法规并行, 不能取代;⑦组成人员结构不同——公益社会体育指导员主要由相关干部、社会下岗及兼职人员组成(年龄偏大, 流失严重), 职业社会体育指导员主要由退役运动员、教练员、专业院校学生及专业(专职)从业人员组成;⑧评审办法不同——前者由 9~11 人组织一起评审, 很容易, 职业社会体育指导员由国家考评员考评再报职业鉴定站审批。

二、我国健身健美类社会体育指导员就业市场分析

(一) 社会体育的巨大市场呼唤健身健美类社会体育指导员

《全民健身计划纲要》实施 14 年来,由于参与者之众,使得社会体育产业逐渐跃升成为我国体育产业中的第一产业,其中健身健美等时尚体育产业又成了社会体育产业中的龙头老大和最流行的部分。加之社会体育指导员已正式纳入并成为我国 3 500 种职业中的一种,特别随着《社会体育指导员国家职业标准》的实施,更使得考级和持证成为学校体育大学生和广大社会体育工作者的一种趋势和潮流。

(二) 国家体育市场管理制度规范并扩大了健身健美类社会体育指导员的就业市场

自 20 世纪 90 年代以来，在体育产业化的发展进程中，全国性体育市场宏观管理制度的不断出台，为广大社会体育指导员、健身健美类社会体育指导员从业带来了一定保障。原国家体委先后下发了《关于培育体育市场，加速体育产业化进程的意见》、《关于加强体育市场管理的通知》、《体育产业发展纲要》、《关于进一步加强体育经营活动管理的通知》等法规文件，对我国体育经营与体育市场的宏观管理不断进行规范。在《中华人民共和国体育法》中也作出了对以健身健美、竞技等体育活动为内容的经营活动进行管理和督促的规定。在有关法规确定的体育经营与市场活动范围中，明确将体育健身健美、体育娱乐及相关的表演、培训和技术与信息服务等作为其中的基本内容。在法规中规定的对体育经营活动主管部门、体育经营活动从业条件、申请与审批程序、有关经营服务等要求，也是从事社会体育经营活动必须执行的基本规范。另外，根据有关法规建立的各类体育项目经营、体育广告经营管理、体育比赛转播管理等法规制度，同样也适用于社会体育工作领域。由于体育市场的不断壮大和良性发展，需要大量的精通专业技能技术的从业人员，就为广大社会体育指导员、健身健美类社会体育指导员就业提供了良好的环境和广大舞台。

(三) 地方性体育市场管理制度规范了从业人员的具体内容与资质要求

在我国地方体育立法的加速发展中，体育经营与市场管理方面的法规占有较大的比例，有地方立法的人大和政府在七八年间制定了 50 多部有关体育经营与市场管理方面的地方性法规或规章，一些综合性的地方性法规和规章中，也有一些相关的内容规定。有的地方还出台了相配套的健身健美、台球、保龄球、武术、气功、水上等单项体育经营活动的管理办法。上述地方法规中，普遍明确了体育行政部门以及工商、税务、公安、卫生等部门的体育市场管理责任，规定了体育经营者和体育消费者的权利与义务，并建立了体育市场管理资质证书、体育经营审查许可等基本制度。这些体育市场经营法规制度中，自然包含了社会体育的有关内容和要求。这些由各省、市根据有关政策法规，结合本地实际制定的体育市场管理办法对从业人员都有入行门槛要求（见表 11-1）。

表 11-1 部分省、市关于体育经营部门从业人员资质的规定

省、市文件名称	对体育经营部门从业人员的资质规定
广东省体育市场管理暂行规定	通过体育行政管理部门资质认定的人员
安徽省体育市场管理办法	有经过岗位培训并取得专业资格认证的从业人员

续表

省、市文件名称	对体育经营部门从业人员的资质规定
山东省体育市场管理办法	有资格证书的专业人员
北京市体育运动项目经营活动管理办法	有与经营项目性质相适应的专业技术人员
浙江省经营性体育场所管理办法	有合格证书的体育专业技术人员
烟台市体育市场管理办法	有《社会体育指导员证书》或体育专业资格证书的专业技术人员
贵州省体育经营活动管理办法	有经过专业培训并取得资格证书的体育专业技术人员
湖北省体育市场管理条例	有经过专业岗位培训合格,具备专业知识的经营管理和从业人员
山西省体育经营活动管理条例	有取得资格证书的体育专业人员
广西壮族自治区体育市场管理条例	取得体育市场主管部门发给的资格证书的从业人员
河北省体育经营活动管理办法	有经过岗位培训、具有专业知识的经营管理人员及从业人员
河南省体育经营活动管理办法	有取得资格证书的体育专业技术人员
黑龙江省体育经营活动管理条例	有经过专业培训取得资格证书的体育专业技术人员
江西省体育经营活动管理条件	有取得资格证书的体育专业技术人员
宁夏回族自治区体育市场管理规定	有经过岗位培训,具备专业知识的从业人员
四川省体育经营活动管理办法	具有合格的体育专业技术人员,对体育专业技术人员考试发证
天津市体育经营活动管理办法	须经体育行政部门资格认定,取得证书后方可上岗
重庆市体育市场管理条件	有经过专业培训并取得资格证书的体育专业技术人员

(四)《社会体育指导员国家职业标准》和《社会体育指导员技术等级制度》的实施为体育大学生拓宽了就业渠道

随着我国社会的发展和人民群众不断地追求更新、更高质量生活的需要,社会体育指导员、健身健美指导员作为增进大众体育发展、提高人民群众的身体素质、活跃城乡文化体育活动的新兴力量服务于现代社会。根据我国《中华人民共和国体育法》、《全民健身计划纲要》和《社会体育指导员技术等级制度》(以下简称《制度》)的精神和相关规定,我国社会体育指导员分为三级社会体育指导员、二级社会体育指导员、一级社会体育指导员和国家级社会体育指导员等四个技术等级。社会体育指导员各级证书的获得须经过自愿申请、参加培训、统一考试、体育主管部门的审批等环节或程序。

《社会体育指导员国家职业标准》(以下简称《标准》)将社会体育指导员定义在群众性体育活动中从事运动技能传授、科学健身指导和组织管理工作的人员。并将该职业设为初级、中级、高级社会体育指导员和社会体育指导师四个级别,并与国家职业资格五级、四级、三级和二级相对应。《标准》还规定了各级别晋级培训的期限和学时、申报条件、鉴定方式,以及职业道德、基础知识和工作要求等。为广大从事或即将从事本职业的人员提供了从业准则和依据,也为广大高校体育大学生尤其是社会体育及相关专业毕业的大学生提供了一块大显身手的用武之地。

此外,国家体育总局社会体育指导中心和中国健美协会为了加强对全国健身俱乐部的规范管理,也制订出台了健身指导员等级资质标准,将健身指导员分为三级、二级、一级和国家级健身指导员等四个等级,并将健身指导员定义在健身健美行业中从从事教学活动、指导锻炼、传授技能、业务咨询、组织管理等工作的专业人员。目前国家体育总局已经培训等级健身指导员、健美教练员和健身私人教练员总共近 80 余期,并有近万名经过培训的健身指导员(含教练员)在全国各健身俱乐部持证上岗。

目前我国开展的非竞技体育项目(即社会体育比赛项目)已达 101 个之多,由于社会体育发展的趋势非常强劲,队伍成倍增长,也导致各高校社会体育及相关专业的设置呈多元化态势,如华南师大的社会体育指导员和体育产业专业方向,江汉大学的健身健美专业方向和健身休闲专业方向,湖北大学的社会体育管理专业方向,以及有关高校开设的体育经纪人、体育新闻、体育广告、体育市场营销,还有高尔夫、网球等专业方向都受到社会的欢迎和好评。总之,社会体育范畴有多大,人们的兴趣与参与就有多广,就可能有更多的专业方向出现。但不管从事哪一个专业方向,或准备未来从事哪一项社会体育及相关的职业,都必须持有相关资质证书。因为多掌握一门专业技能,多获得一个专业技术资质证书,就多一份就业的机会和出路,现在上海体育学院、山西大学、江汉大学、湖北大学、华南师大等众多高校的体育大学生都在实施"双证"或"多证"策略。因为取得了双证或多证,加上过硬的专业技能和一定的实践工作经验,就增大了获得理想工作岗位的机会。

三、健身健美类社会体育指导员的必备素质和工作职责

(一) 健身健美类社会体育指导员的必备素质

1. 思想道德素质

思想道德素质是健身健美类社会体育指导员的综合素质的灵魂。对于指导工作的方向和成就具有根本性的影响作用。健身健美类社会体育指导员要具有正确的政治方向和较高的思想觉悟，把大众健身健美运动指导工作同社会的发展和人民的利益紧密结合起来，为加强全民族的体质建设积极奉献；要具有较强的法制观念和自觉的道德修养，不断提高公共道德和职业道德水准；要爱岗敬业，诚实守信，遵纪守法，自重自爱，依法经营和执教，竭诚为大众服务。此外，还要具有高度的职业责任感和扎实的工作作风，要树立强烈的事业心、励精图治、艰苦创业，积极而富有成效地开展健身健美运动的指导工作。

2. 科学文化素质

文化素质是健身健美类社会体育指导员的基础素质。健身健美指导工作是一项科学性、技术性较强的工作。只有具备一定的科学文化素质，才能够真正地胜任这一工作。在具有一定的文化知识的基础上，健身健美类社会体育指导员应掌握的专业理论知识主要包括政策理论知识、基础理论知识、组织管理知识、健身健美锻炼指导知识及科学研究知识等。其中下列两点尤为重要。

(1) 丰富的基础理论知识　如运动解剖学、运动生理学、运动生物化学、运动生物力学、营养学、保健学、美学等。

(2) 扎实的实践知识　竞赛方面如竞赛指导、竞赛规则、竞赛裁判法等；大众锻炼方面如器械锻炼技术、徒手操锻炼技术和轻器械锻炼技术，以及私人教练的个体知识和体型矫正与修塑等方面的知识。

此外，要有一定的人文素养和科学素养，具备一定的人体艺术鉴赏力等。因为只有具备了一定的文化、哲学和艺术修养，还有教学与训练的管理知识，俱乐部(健身馆)的管理知识、相关的体育法规知识等，才能达到自身"真、善、健、力、美"的完美结合。

3. 工作能力素质

工作能力素质是健身健美类社会体育指导员在健身健美项目的指导过程中表现出来的实际工作本领，是工作态度、理论知识向实践转化的关键环节。健身指导员的工作能力素质主要包括组织管理能力、健身健美锻炼指导能力(能根据学员的需要为学员制订健身健美锻炼计划或运动处方)，以及科学研究能力和指导低等级健身健美指导员的能力等。此外，还应包括健身健美类社会体育指导员自身的思考能力、创新能力、观察判断能力及决策能力等。其中下面的两点必须具备。

(1) 表达能力　主要指能进行简明扼要的讲解、直观生动的教学和形象正确的技术动作示范等。

(2) 编制不同锻炼课程的能力　如能根据学员需要编制增长体力和力量素质的课程、减少体内脂肪和增加肌肉弹性的课程、发达全身肌肉和健美体形的课程、恢复和提高人体机能功能的课程、增进身体健康和体形体态雕塑的课程等。

4. 身体和心理素质及仪表

身心素质与文化素质一样在人的综合素质中居于基础地位，其内涵包括健全的体魄和健康的心理素质。健身健美指导员必须具备良好的身体和心理素质及仪表，这也是体现现代俱乐部(健身馆)高品位、高素质健身健美指导员(教练员)水准的一种素质。此外还要掌握一些接待礼仪、服务礼仪和洽谈礼仪等。

(二) 健身健美类社会体育指导员的主要工作职责

大众健身健美运动是社会化的全民性事业。直接面向大众健身健美消费者的实际需要，坚持经常性地，开展各种健身健美运动项目的指导工作，热情为大众健身健美锻炼服务，可以说是健身健美类社会体育指导员负有的重要责任。其具体应履行的工作职责如下。

(1) 指导体育健身健美活动者学习掌握体育健身健美的知识、技术和技能。
(2) 组织人们进行健身、健美、休闲、娱乐、康复等活动。
(3) 组织开展竞技性健身健美运动训练和竞赛(包括担任裁判工作)等活动。
(4) 组织开展体质、健康的测定、监控和评价等活动。
(5) 引导大众进行合理的健身健美消费和健康投资。
(6) 在经营性健身健美场所和健身健美体育的经营性活动中，承担管理和服务性工作。

思考题

1. 简述高校健身健美专业教师及健身健美类社会体育指导员的必备素质和工作职责。

2. 简述我国社会体育的现状和健身健美类社会体育指导员的需求趋势。

参 考 文 献

[1] 张先松. 健身健美指南[M].武汉：湖北人民出版社，1998.
[2] 张先松. 健身健美理论与实践[M].武汉：武汉出版社，2005.
[3] 张先松. 健身健美运动[M].北京：高等教育出版社，2005.
[4] 张先松. 健康生活百忌[M].武汉：湖北人民出版社，2008.
[5] 张先松. 实用长寿全书[M].武汉： 湖北人民出版社，1999.
[6] 田里，张盛海，张先松，等. 健身私人教练理论与实践[M].北京：北京体育大学出版社，2004.
[7] 唐宏贵，钱文军，张先松，等. 体育健身原理与方法[M]. 武汉：湖北人民出版社，2006.
[8] 相建华，杨润琴，尹俊玉. 初级健美训练教程[M].北京：人民体育出版社，2003.
[9] 相建华，王莹. 中级健美训练教程[M].北京：人民体育出版社，2004.
[10] 相建华，田振华，邓玉. 高级健美训练教程[M].北京：人民体育出版社，2006.
[11] 古桥. 健美理论与实践[M].北京：人民体育出版社，2000.
[12] 古桥. 健身指导员基础理论教程[M].北京：人民体育出版社，1999.
[13] 古桥. 健身法教程[M].北京：人民体育出版社，2001.
[14] 中华人民共和国体育总局审定.健美竞赛规则裁判法[M].北京：北京体育大学出版社，2002.
[15] 中国营养学会. 中国居民膳食指南（2007）[M].拉萨：西藏人民出版社，2008.
[16] 卢元镇. 社会体育导论[M]. 北京：高等教育出版社，2004.
[17] 杨则宜，冯炜权. 健康中年运动营养指南[M].北京：人民体育出版社，2007.
[18] 田麦久等. 运动训练学[M].北京：人民体育出版社，2000.
[19] 裔程洪. 健美减肥健身[M].北京：北京体育大学出版社，2002.
[20] 邓树勋. 运动生理学[M].北京：高等教育出版社，2000.
[21] 黄叔怀等. 体育保健学[M].北京：高等教育出版社，1999.
[22] 刘冬生等. 科学饮食强身大全[M].北京：新华出版社，1991.
[23] 蔡美琴. 医学营养学[M]. 上海：上海科学技术文献出版社，2001.
[24] 王红梅. 营养与食品卫生学[M]. 上海：上海交通大学出版社，2000.
[25] 国家体育总局群体司组编.社会体育指导员技术等级培训教材[M].北京：高等教育出版社，2003.